Familiäre Lebensbedingungen und Schulerfolg

AF209706

Empirische Erziehungswissenschaft

herausgegeben von

Rolf Becker, Sigrid Blömeke, Wilfried Bos,
Hartmut Ditton, Cornelia Gräsel, Eckhard Klieme,
Rainer Lehmann, Thomas Rauschenbach,
Hans-Günther Roßbach, Knut Schwippert,
Ludwig Stecher, Christian Tarnai, Rudolf Tippelt,
Rainer Watermann, Horst Weishaupt

Band 46

Waxmann 2014
Münster • New York

Daniel Paasch

Familiäre Lebensbedingungen und Schulerfolg

Lässt sich bei sozial benachteiligten Schülerinnen und Schülern ein Einfluss von protektiven Faktoren auf die Schulleistungen und die Schulkarriere feststellen?

Waxmann 2014
Münster • New York

Diese Arbeit wurde 2009 von der Friedrich-Alexander Universität
Erlangen-Nürnberg als Dissertation angenommen.

Bibliografische Informationen der Deutschen Nationalbibliothek
Die Deutsche Nationalbibliothek verzeichnet diese Publikation in
der Deutschen Nationalbibliografie; detaillierte bibliografische
Daten sind im Internet über http://dnb.d-nb.de abrufbar.

D 29

Empirische Erziehungswissenschaft, Band 46
ISSN 1862-2127
ISBN Print 978-3-8309-3048-8
ISBN E-Book: 978-3-8309-8048-3

© Waxmann Verlag GmbH, 2014
Steinfurter Straße 555, 48159 Münster

www.waxmann.com
info@waxmann.com

Umschlaggestaltung: Pleßmann Design, Ascheberg
Gedruckt auf alterungsbeständigem Papier,
säurefrei gemäß ISO 9706

Printed in Germany

Abstract

Family living conditions and success in school
Is it possible to identify an influence of protective factors on the academic perfor-
mance and the school career of socially disadvantaged pupils?

Family living conditions are seen as key factors for the school success of children and adolescents. The choice to enroll in Hauptschule, Realschule or Gymnasium is closely related to the social background of children and adolescents. Students from families with low socio-economic status or a migrant background are systematic disadvantaged in the German educational system. Their school achievement is on average lower and they finish school more often only with a lower secondary education. Social disparities have been a known fact for a long time and are the findings in numerous studies of empirical educational research and school assessment studies (Ditton, 1992; Köhler, 1992; Meulemann, 1992; Schimpl-Neimanns, 2000). However, in Germany there are also students who are, despite a disadvantageous social background, "unexpected" successful.

This study aims to identify meaningful factors that have esspecially positive effects on school success of students from families with a low socio-economic status or a migrant background. Social disadvantage is defined by two indicators: a low socioeconomic status and migration status. The academic success is measured by the students achievements in reading, math and spelling. In addition, the enrolement of the academic advanced Gymnasium is viewed as an indicator of academic success.

In order to answer the research question, three theoretical approaches are used. In the first approach central condition factors of school performance are identified with frameworks models of school performance. In the second approach sociological and psychological models are presented, with which the causes of disparities in the educational system are described and explained. In the third approach, a resilience research approach, risk-protective factor models are presented dealing with the compensation of risks.

In the different framework models of school achievement will be shown which factors may have a positive or negative impact on school achievement. In summary these determinants of school performance split into three main areas: First, characteristics of the student (eg, cognitive skills, motivation, scholastic self-concept), secondly extra-curricular factors (eg, socio-economic background) and, thirdly, teaching variables (eg, quality of teaching or classroom climate).

In the second approach explanatory models are presented, which identify possible conditional factors and causing processes of social inequality in the education system. In the sociological theories, social disparities are explained on the basis of different socio-economic background conditions. A fundamental distinction is based on an idea of Boudon (1974), who distinguishes primary and secondary effects of social origin. Primary origin effects refer to the relationship between social background and school performance. The higher the social status of a family, the better the chances, that children achieve good school performance. Secondary origin effects occur when educational choice have to be made, for example moving on from primary to secondary school. Depending on the social background, a different value is given to the educational choice.

In the third approach, in the model of risk and protective factors, it is considered that there are protective factors, characteristics and processes, which then come into effect when health-endangering circumstances or events occur (Scheithauer & Petermann, 1999). The protective factors reduce or compensate the influence of risk factors, so there are no negative impacts on the physical and mental health in the long term.

In the present work, the first two lines of theory are integrated into the risk-protective factor model from the field of resilience research. From the context of models of school performance and the sociological models of the causes of disparities potential risks for school success are derived. These risks can be divided roughly into three areas: risks that lie in the students' personality, out-of-school risks, risks in schools. In the present work only the out-of-school risks are taken into focus. As risks for school success a low socioeconomic family status and a non-German mother tongue are considered. For the determination of possible protective factors that can compensate for these effects, there is a referback to the theoretical models for school success. Possible protective factors are therefore also to be found in three areas: the living environment of children and young people, in their individual properties as well as in classroom activities. The analysis of protective factors focuses on the family life environment and personality characteristics of school children. It is investigated whether for children with social disadvandages, protective factors are effective. As possible protective factors family environment, parental educational aspirations, cognitive skills of the student, academic ability self-concepts, gender and selected personality characteristics are tested. The central question is: To what extent show protective factors effects on school success of disadvantaged children and how they are taught? The specified risk-protective factor model of school success was tested with regression analyzes for Bremer students at schools in a difficult situation in the 5th and 7th grade cross-sectionally and longitudinally.

The study confirms that many of the variables that what have been shown in previous studies and the frameworks models of school performance as resources come into consideration as protective factors. It could be shown that there are protective factors and resilience features are for both cross-curricular as well as domain-specific school achievement. As protective factors and resilience characteristics that have a compensating effect on school performance, the findings show a high professional self-concept and high cognitive abilities. Protective factors in the school performance on environmental side are especially high educational aspirations of the parents. Overall, the results provides the first evidence for generalizability of the risk-protective factors model to the school context and the criterion school success.

Inhalt

1 Einleitung und Überblick

Familiäre Lebensbedingungen sind ein zentraler Einflussfaktor für den schulischen Erfolg von Kindern und Jugendlichen. Der Besuch von Hauptschule, Realschule oder Gymnasium steht in engem Zusammenhang mit dem sozialen Hintergrund von Kindern und Jugendlichen. Schülerinnen und Schüler aus Familien mit niedrigem sozioökonomischem Status oder mit Migrationshintergrund sind im Bildungssystem strukturell benachteiligt. Sie erzielen häufiger schlechtere Schulleistungen und beenden die Schule seltener mit einem höheren Schulabschluss. Diese sozialen Disparitäten sind lange bekannt und zeigen sich als Befunde in zahlreichen Untersuchungen der empirischen Bildungs- und Schulleistungsforschung (Ditton, 1992; Köhler, 1992; Meulemann, 1992; Schimpl-Neimanns, 2000). Dieser Befund bestätigt sich erneut durch die Ergebnisse der ersten beiden Untersuchungswellen des Programme of International Student Assessment (PISA) von 2000 und 2003, welche für die Gruppe der Fünfzehnjährigen deutliche soziale Ungleichheiten bei der Bildungsbeteiligung und den schulischen Leistungen belegen (Baumert & Schümer, 2001, 2002). Erst in den Auswertungen der PISA-Untersuchung von 2006 finden sich erste Anzeichen dafür, dass sich diese ausgeprägten Disparitäten bei der Bildungsbeteiligung zu reduzieren scheinen (Prenzel, 2007). Wenn also in Untersuchungen zentrale Rahmendaten, wie beispielsweise die Berufe der Eltern bekannt sind, lassen sich damit Erwartungen für den Verlauf der weiteren Schulkarriere formulieren. Allerdings gibt es in Deutschland auch viele Schülerinnen und Schüler, die trotz eines benachteiligenden sozialen Hintergrundes „erwartungswidrig" erfolgreich sind. Obwohl eine wenig erfolgreiche Schulkarriere prognostiziert wird, sind eine Vielzahl von sozial benachteiligten Kindern und Jugendlichen dennoch in der Schule erfolgreich. In der vorliegenden Arbeit wird untersucht, welche Faktoren für den schulischen Erfolg dieser Schülerinnen und Schülern bedeutsam sind.

Dabei wird der Frage nachgegangen, ob sich Faktoren identifizieren lassen, die speziell bei diesen Schülerinnen und Schülern positive Effekte auf den Schulerfolg aufweisen. Zunächst werden als Indikatoren für soziale Benachteiligung einerseits ein niedriger sozioökonomischer Status und zum anderen ein Migrationsstatus festgelegt. Der schulische Erfolg wird an den fachlichen Leistungen in Lesen, Mathematik und Rechtschreiben bemessen. Darüber hinaus wird der Besuch eines Gymnasiums als Indikator für schulischen Erfolg angesehen.

Um sich der Forschungsfrage anzunähern, werden drei theoretische Stränge herangezogen. Im ersten Theoriestrang werden zentrale Bedingungsfaktoren der schulischen Leistung mit Rahmenmodellen der Schulleistung identifiziert. Im zweiten Theoriestrang werden soziologische und psychologische Modelle vorgestellt, mit denen Ursachen von Disparitäten im Bildungssystem beschrieben und erklärt werden. Im dritten Theoriestrang werden Risiko-Schutzfaktoren-Modelle aus der Resilienzforschung vorgestellt, die sich mit der Kompensation von Risiken beschäftigen.

In den verschiedenen Rahmenmodellen der Schulleistung wird aufgezeigt, welche Faktoren sich positiv oder negativ auf die Schulleistung auswirken können. Diese Determinanten der Schulleistung lassen sich zusammenfassend in drei wesentliche Bereiche unterteilen: Erstens Eigenschaften des Schülers oder der Schülerin (beispielsweise kognitive Fähigkeiten, Motivation, schulisches Selbstkonzept, aufgewendete Lernzeit), zweitens außerschulische Faktoren (z. B. Familie, Freunde, Medien) und drittens Unterrichtsvariablen (z. B. Qualität des Unterrichts, Klassenklima). Es wird die Hypothese aufgestellt, dass einige Determinanten der Schulleistung bei sozial benachteiligten Schülerinnen und Schülern zusätzlich kompensierend wirken und somit den Zusammenhang zwischen sozialem Hintergrund und Schulleistung abschwächen.

Im zweiten Theoriestrang werden Erklärungsansätze vorgestellt, in denen mögliche Bedingungsfaktoren und verursachende Prozesse für die soziale Ungleichheit im Bildungssystem benannt werden. In den soziologischen Theorien werden soziale Disparitäten ausgehend von unterschiedlichen sozioökonomischen Hintergrundmerkmalen erklärt. Eine grundlegende Unterscheidung geht auf Boudon (1974) zurück, der primäre und sekundäre Herkunftseffekte unterscheidet. Dabei beziehen sich primäre Herkunftseffekte auf den Zusammenhang von sozialem Hintergrund und Schulleistung. Je höher der Sozialstatus in einer Familie ist, desto besser sind die Chancen, dass Kinder gute Schulleistungen erzielen. Sekundäre Herkunftseffekte treten zusätzlich auf, wenn Bildungsentscheidungen anstehen, wie beispielsweise beim Übertritt von der Grundschule auf eine weiterführende Schule. Je nach sozialer Herkunft wird den Bildungsentscheidungen dabei ein unterschiedlicher Wert beigemessen. Verschiedene Bildungsgänge werden im Verhältnis zur sozialen Herkunft bewertet. Wenn in einer Familie die Eltern beispielsweise das Gymnasium besucht haben, werden sie für ihr Kind wollen, dass es dies auch tut. Demgegenüber werden Eltern, die einen Hauptschulabschluss haben, nach Boudons Vorstellungen, weniger Wert auf einen höheren Schulabschluss ihres Kindes legen. Die Übertrittsentscheidungen der Eltern und Kinder werden durch diese Bildungsaspirationen geprägt, was zu sozialer Benachteiligung führt. Primäre und sekundäre Herkunftseffekte bedingen zusammen die sozialen Disparitäten im Bildungssystem. Es wird die Hypothese aufgestellt, dass hohe elterliche Aspirationen dazu beitragen, die Bildungschancen sozial benachteiligter Kinder zu erhöhen.

Bei dem Konzept der Risiko- und Schutzfaktoren wird davon ausgegangen, dass es schützende Einflüsse, Eigenschaften und Prozesse gibt, die dann zum Tragen kommen, wenn gesundheitsbelastende Umstände oder Ereignisse auftreten (Scheithauer & Petermann, 1999). Die Schutzfaktoren vermindern oder kompensieren den Einfluss der Risikofaktoren, sodass es langfristig zu keinen negativen Auswirkungen auf die physische und psychische Gesundheit kommt.

In der vorliegenden Arbeit werden die beiden erstgenannten Theoriestränge in das Risiko-Schutzfaktoren-Modell aus dem Bereich der Resilienzforschung integriert. Aus den Rahmenmodellen der Schulleistung und den soziologischen Modellen zu den Ursachen von Disparitäten werden mögliche Risiken für den Schulerfolg abgeleitet. Diese Risiken lassen sich grob in drei Bereiche unterteilen: Risiken, die in der Schülerpersönlichkeit liegen, außerschulische Risiken (z. B. massiver Medienkonsum), Risiken im schulischen Bereich (z. B. schlechter Unterricht). In der vorliegenden Arbeit werden nur die außerschulischen Risiken in den Blickpunkt genommen. Dabei werden ungünstige Effekte des sozialen Hintergrundes auf den Schulerfolg beleuchtet. Für die Bestimmung möglicher Schutzfaktoren, die diese Effekte kompensieren können, wird auf die theoretischen Modelle zum Schulerfolg rekurriert. Mögliche Schutzfaktoren sind demzufolge ebenfalls in drei Bereichen zu finden: in der Lebensumwelt der Kinder und Jugendlichen, in ihren individuellen Eigenschaften sowie im Unterrichtsgeschehen. Die Analyse von Schutzfaktoren konzentriert sich auf die familiäre Lebensumwelt und Persönlichkeitseigenschaften von Schulkindern. In der vorliegenden Arbeit wird untersucht, ob bei Kindern aus Familien mit niedrigem sozioökonomischen Status und/oder Migrationsstatus, die gute Leistungen in der Schule erbringen, Schutzfaktoren wirksam werden. Die zentrale Fragestellung der Arbeit lautet: In welchem Ausmaß zeigen schützende Faktoren Effekte auf den Schulerfolg sozial benachteiligter Kinder und wie werden sie vermittelt?

1.1 Gliederung der Arbeit

Die Arbeit gliedert sich in vier Teile: Einen theoretischen Teil, der mit der Ableitung der Fragestellungen endet, einen methodischen Teil, in dem die Datenbasis und die Erhebungsinstrumente beschrieben werden, einen Ergebnisteil, der die Befunde der statistischen Analysen beinhaltet, sowie eine Zusammenfassung und Diskussion, in der die Resultate vor dem Hintergrund der existierenden Forschung bewertet und diskutiert werden.

Die theoretische Fundierung besteht aus vier Kapiteln. Zunächst werden in Kapitel 2 erwartungswidrig erfolgreiche Schulkarrieren definiert. Anschließend werden Belege aus den nationalen und internationalen PISA-Untersuchungen für solche Schulkarrieren referiert. In Kapitel 3 werden Schulleistungsmodelle dargestellt. Es werden zunächst klassische Modelle wie das Produktivitätsmodell von Walberg (1981), Carolls Modell des schulischen Lernens (1963) oder das Modell von Bloom (1976) vorgestellt. Anschließend wird auf aktuellere Sichtweisen wie z. B. das Struktur-Prozess-Modell von Baumert, Stanat und Watermann (2006) eingegangen. Daraufhin werden in Kapitel 4 theoretische Modelle zur Erklärung von Disparitäten im Bildungssystem dargestellt. In den Blickpunkt genommen werden die *Übergänge* im Schulsystem. Den Ausgangspunkt der meisten Modelle bilden das Konzept der *primären* und *sekundären* Effekte auf die Bildungskarrieren von Boudon (1974) und die Überlegungen von Bourdieu (1983), der *ökonomisches, kulturelles* und *soziales Kapital* unterscheidet, sowie Coleman (1991), der sich ausführlicher mit dem sozialen Kapital im schulischen Kontext befasst. Weiterhin werden soziologische und psychologische Werterwartungstheorien beschrieben, die Aspekte des Schulwahlverhaltens von Eltern und Schülern erklären. Abschließend folgt eine Gegenüberstellung und Bewertung der verschiedenen bisher vorgestellten Ansätze. In Kapitel 5 wird das Konzept der Riskound Schutzfaktoren im Hinblick auf die Anwendung im schulischen Kontext beschrieben. In Kapitel 6 werden die theoretischen Überlegungen zusammengefasst und die Fragestellung der Arbeit vorgestellt.

Im Methodenteil wird die Datenbasis der vorliegenden Arbeit, die aus zwei Erhebungswellen der Bremer Längsschnittstudie EIKA (Entwicklung und Implementierung eines neuen Konzeptes zur Eingliederung Jugendlicher in die Berufs- und Arbeitswelt in Schulen mit erhöhtem Förderbedarf) stammt, beschrieben. Es werden die Operationalisierungen der Konstrukte dargestellt und es wird erläutert, welche statistischen Verfahren zur Anwendung kommen, um die Effekte von Risiken und schützenden Faktoren auf die Schulkarriere zu analysieren. In Kapitel 8 (Ergebnisteil) werden die Ergebnisse der Analysen referiert. Abschließend folgt in Kapitel 9 eine Zusammenfassung und Diskussion der Befunde.

2 Das Phänomen: erwartungswidrig erfolgreiche Schulkarrieren

Warum gibt es Schülerinnen und Schüler aus sozial benachteiligten Familien, die gegen alle Wahrscheinlichkeit eine erfolgreiche Schulkarriere absolvieren? In diesem Kapitel wird dargestellt, weshalb die Gruppe der Schülerinnen und Schüler, deren Schulkarriere einen unerwartet erfolgreichen Verlauf nimmt, in Schulleistungs- und Bildungsstudien oftmals nicht hinreichend gewürdigt wird. Das gilt sowohl für Querschnittsuntersuchungen wie auch für Analysen unterschiedlicher Bildungskarrieren im Zeitverlauf. Weiterhin wird beschrieben, wie Erwartungen in Bezug auf die Bildungskarriere von verschiedenen Akteuren in Bildungssystemen sowie in bildungsstatistischen Analysen gebildet werden.

Um gute schulische Leistungen und erfolgreiche Bildungskarrieren als „unerwartet" zu klassifizieren, muss es Annahmen bzw. Erwartungen geben, die sich mit dem tatsächlichen Ablauf nicht decken, d. h., dass Schulkarrieren ab einem bestimmten Zeitpunkt nicht mehr in der angenommenen Richtung verlaufen. Annahmen bzw. Erwartungen im Zusammenhang mit schulischen Leistungen und Bildungskarrieren werden zum einen bedingt durch politische Systeme, Forscher, Lehrer und andere Praktiker sowie durch die jungen Menschen im Bildungssystem selber und deren familiäres Umfeld. Diese Erwartungen bilden in der vorliegenden Arbeit den Rahmen der Analysen.

Der Verlauf von Bildungskarrieren lässt sich aus den Befunden der Bildungsstatistik sowie aus den großen empirischen Schulleistungsuntersuchungen ableiten, wenn die relevanten Rahmendaten bekannt sind (z. B. sozioökonomischer Status, kognitive Fähigkeiten oder Migrationsstatus von Schülerinnen und Schülern). Hieraus ergeben sich Erwartungen, wie die Schulkarrieren von Schülerinnen und Schülern wahrscheinlich verlaufen werden. Für die Erklärung erwartungswidriger Bildungskarrieren ist es aus methodischer Perspektive allerdings erforderlich über statistische Ansätze, die nach dem Prinzip „one size fits it all" funktionieren, hinauszugehen. In diesem Kontext müssen die schulischen Leistungen der jungen Menschen, auf die zusammenfassende statistische Aussagen nicht zutreffen, gründlicher untersucht werden. Auch wenn es in der Forschung nicht möglich ist, alle besonderen Eigenschaften für jedes Individuum zu erfassen (vgl. Feinstein & Peck, 2008), ist es dennoch notwendig, eine ausreichende Anzahl an Variablen in die statistische Analyse einzubeziehen, um Faktoren, die eine erwartungswidrige Schulkarriere beeinflussen, identifizieren zu können.

Das allgemein verwendete Vorgehen zur Ermittlung von Zusammenhängen mit Regressionsanalysen ist die Methode der kleinsten Quadrate (vgl. z. B. Bortz, 2005; Sedlmeier & Renkewitz, 2008). Dieser Ansatz ermöglicht es, ein Schätzmodell für eine lineare Vorhersage der abhängigen Variable durch unabhängige erklärende Variablen zu erstellen. So wird versucht, die Leistungen einer Schülerin oder eines Schülers durch den sozioökonomischen Hintergrund und den Migrationsstatus der Eltern vorherzusagen. Bei dieser Standardvorgehensweise wird in Kauf genommen, dass im

Vorhersagemodell ein substanzieller Anteil von Schülerinnen und Schülern vorhanden ist, auf welche die statistischen Vorhersagen nicht zutreffen. Die Regressionsgerade entspricht der Erwartung des Vorhersagemodells. Werte von Schülerinnen und Schülern, die außerhalb der Regressionsgeraden liegen, entsprechen nicht der Erwartung des Vorhersagemodells. Alternativ lassen sich ähnliche Annahmen über Erwartungen und deren statistische Fehler auch auf Strukturgleichungsmodelle übertragen (Feinstein & Peck, 2008), auf die in dieser Arbeit allerdings nicht näher eingegangen wird.

In der vorliegenden Arbeit werden auch Schülerinnen und Schüler untersucht, deren Leistungswerte nicht hinreichend durch das ermittelte Regressionsmodell vorhergesagt werden. Es handelt sich dabei um jene Fälle, die vom Durchschnitt abweichen und hohe Regressions-Residuen aufweisen. Technisch lässt sich dies bewältigen, indem man mit einer schrittweisen Regressionsanalyse umfangreichere Schätzmodelle anpasst, in welche die zusätzlichen Prädiktorvariablen einbezogen werden (vgl. Kapitel 7.5).

In den Artikeln des Sonderbandes des *Journal of Social Issues* (2008, Nr. 1, Jahrgang 64) werden empirische Studien vorgestellt, in denen teilweise nach diesem Ansatz vorgegangen wird (vgl. Messersmith & Schulenberg, 2008; Neuenschwander & Garrett, 2008). Dort werden zunächst spezifische Fälle identifiziert, bei denen diese zusätzlichen Prädiktorvariablen besonders hervorstechen. In einem zweiten Schritt wird betrachtet, welche Folgen sich daraus ergeben. Dieses Beleuchten von Subgruppen als Analyseeinheiten zeigt die Heterogenität, welche zwischen den Individuen besteht. Üblicherweise geht diese mangels spezifischer Subgruppenuntersuchungen in Untersuchungsstichproben im Fehlerterm des Variablen zentrierten Vorhersagemodells verloren.

Das in abstrakten statistischen Termini dargestellte Konzept erwartungswidriger Schulkarrieren wird konkreter, wenn es auf eine bestimmte psychologische, ökonomische oder soziologische Forschungsfrage angewendet wird.

Neuenschwander und Garrett (2008) untersuchen die Bildungsübergänge Schweizer Jugendlicher von der Primarstufe in die Sekundarstufe und von der Sekundarstufe in einen weiterführenden Bildungsgang. Hier werden erwartungswidrige Schulkarrieren als jene definiert, die vom akademischen oder beruflichen Kurs abweichen, der auf Basis des vorherigen Bildungsweges vorhergesagt worden wäre.

Messersmith and Schulenberg (2008) definieren in ihrer US-amerikanischen Studie erwartungswidrige Schulkarrieren als solche, bei denen sich die Vorstellungen der Schülerinnen und Schüler in der 12. Jahrgangsstufe von ihrem letztlich erzielten Abschluss unterscheiden. In dieser Studie werden u. a. die systematischen Beziehungen zwischen einer Auswahl von Hintergrundfaktoren (z. B. Vorwissen, Bildungsgrad der Eltern) und der Art der erwartungswidrigen Schulkarriere (z. B. Collegeabschluss, obwohl das Gegenteil erwartet wurde und kein Collegeabschluss, obwohl es erwartet wurde) untersucht.

Die Untersuchungen von Neuenschwander und Garrett (2008) sowie von Messersmith und Schulenberg (2008) greifen den beschriebenen Fehler der regressionsbasierten Vorhersagemodelle auf. Sie machen deutlich, dass es methodisch unzureichend ist, sich nur auf Haupteffekte in einem Regressionsmodell zu konzentrieren. Vielmehr zeigt die Untersuchung von Subgruppen, dass es bestimmte Schlüsselfaktoren gibt, durch die sich diese Subgruppen qualitativ von der Personengruppe unterscheiden, deren Verhalten oder erzielte Leistungen mit den Linearerwartungen eines statistischen Regressionsmodells erklärt werden können.

Bildungserfolg lässt sich demnach am besten verstehen, wenn berücksichtigt wird, wie komplex Interaktionen zwischen einzelnen Variablen sind. Es können unterschiedliche kausale Dynamiken für verschiedene Untergruppen gelten. Mit anderen Worten: Nicht untersuchte komplexe Interaktionen im Gesamtsample können verschleiern, wie Prädiktorvariablen bei verschiedenen Subgruppen von Personen qualitativ unterschiedlich zusammenspielen. Erst durch die Analyse dieser Interaktionseffekte lässt sich aufklären, warum Schülerinnen und Schüler erwartungswidrig gute Leistungen in der Schule erbringen bzw. eine erwartungswidrig gute Schulkarriere absolvieren.

Empirische Befunde aus den nationalen PISA-Studien (PISA-E) von 2000, 2003 und 2006 (vgl. Deutsches PISA-Konsortium, 2000, 2003, 2005, 2008), die sich mit den Zusammenhängen von sozialem Hintergrund, Bildungsbeteiligung und Kompetenzerwerb befassen, zeigen deutlich, dass es soziale Disparitäten im deutschen Bildungssystem gibt. Im Folgenden soll anhand dieser Befunde aufgezeigt werden, dass es dennoch einen substanziellen Anteil von Schülerinnen und Schülern gibt, der eine erwartungswidrig gute Schulkarriere absolviert. Einige Schülerinnen und Schüler lassen sich also nicht in das allgemeine Muster der Disparitäten einordnen. Die nachfolgenden Befunde aus den PISA-E-Untersuchungen für Deutschland zeigen deutlich vorhandene Disparitäten im Bildungssystem, aber auch einen beachtlichen Anteil von Schülerinnen und Schülern, die trotz eines niedrigen sozialen Hintergrundes ein Gymnasium besuchen oder gute Leistungsergebnisse in Lesen, Mathematik oder Rechtschreibung erzielen. Da in der vorliegenden Arbeit Schülerinnen und Schüler aus Bremer Schulen in schwieriger Lage untersucht werden, werden die PISA-Befunde für Bremen explizit berichtet.

2.1   Befunde aus den PISA-Studien zu Zusammenhängen zwischen Sozialstatus, Migrationshintergrund und dem Schulerfolg

In den Kapiteln 2.1.1 und 2.1.2 werden zunächst die Befunde aus den nationalen PISA-Untersuchungen (PISA-E) über die Zusammenhänge zwischen dem Sozial- und Migrationsstatus und dem besuchten Bildungsgang dargestellt. Anschließend werden in den Kapiteln 2.1.3 und 2.1.4 die Befunde zu Zusammenhängen zwischen dem Sozial- und Migrationsstatus und den Leistungen in Lesen und Mathematik referiert.

2.1.1   *Relative Chancen der Bildungsbeteiligung nach sozialem Status in Deutschland und in Bremen*

Die Ergebnisse verschiedener Studien (u. a. Baumert & Schümer, 2001; Bos, Schwippert & Stubbe, 2007; Lehmann & Nikolova, 2005) verdeutlichen, dass der sozioökonomische Status (*socioeconomic status, SES*) der Familie eines Kindes maßgeblich mit der Schulkarriere zusammenhängt. Die soziale Herkunft ist ein wichtiger Faktor bei der Wahl eines bestimmten Bildungsganges. In allen drei bisher durchgeführten nationalen PISA-Untersuchungen (PISA-E) zeigte sich, dass in Deutschland die relativen Chancen für den Besuch eines bestimmten Bildungsganges von dem ökonomischen, sozialen und kulturellen Status der Familie einer Schülerin oder eines Schülers abhängen (vgl. Deutsches PISA-Konsortium, 2000, 2003, 2005, 2008). Die schulischen Karrieren sind eng an die soziale Herkunft gekoppelt. Arbeiterkinder haben deutlich geringere Chancen, ein Gymnasium zu besuchen, als Akademikerkinder. Die sozialen Disparitäten sind dabei in den verschiedenen Bundesländern unterschiedlich stark ausgeprägt. Für die Darstellung der sozialen Disparitäten wurde in den PISA-E-Untersuchungen u. a. die von Erikson, Goldthorpe und Portocarero (1979) vorgenommene Einteilung in soziale Klassen, das *EGP-Klassenschema*, gewählt. Die EGP-Klassen beruhen auf der Berufs-Klassifikation des Internationalen Arbeitsamtes. In ihnen werden die Berufsstellung einer Person und das Ausmaß der jeweiligen beruflichen Weisungsbefugnis berücksichtigt (Erikson & Goldthorpe, 1992). In Tabelle 1 werden die einzelnen EGP-Klassen kurz beschrieben. In der ursprünglichen Fassung gibt es elf verschiedene Klassen, die sich für das deutsche Beschäftigungssystem sinnvoll zu sechs Klassen zusammenfassen lassen (vgl. Brauns, Haun & Steinmann, 1997; Maaz, Baumert & Cortina, 2008).

Deutlich werden soziale Disparitäten in der Bildungsbeteiligung durch die Analyse der Zugehörigkeit zu einem bestimmten Bildungsgang, wie zum Beispiel dem Gymnasium. In Tabelle 2 ist anhand der Daten der nationalen PISA-Studien von 2000 und 2006 vergleichend dargestellt, wie hoch die relativen Chancen des Gymnasialbesuchs für Jugendliche im Alter von 15 Jahren auf Bundesebene und in Bremen sind. Diese Chancen werden über die sogenannten *odds ratios* angegeben. Dabei werden Chancen, in diesem Fall die Beteiligungschancen, zueinander ins Verhältnis gesetzt. Die Beteiligungschancen werden in ganzzahligen Verhältnissen wiedergegeben (Maaz, Baumert & Cortina, 2008). Die Chance für einen Jugendlichen aus einem Facharbeiterhaushalt, ein Gymnasium statt einer anderen Schulform zu besuchen, beträgt ungefähr 3 zu 17, d. h. auf drei Gymnasiasten kommen 17 Jugendliche die eine andere Schulform besuchen (Maaz, Baumert & Cortina, 2008). Diese Beteiligungschancen lassen sich in odds ratios umrechnen. Sie ergeben sich aus dem Verhältnis von Wahrscheinlichkeit und Gegenwahrscheinlichkeit bzw. dem Verhältnis von Beteiligungs- und Nichtbeteiligungsfällen dividiert durch die Gesamtzahl der Fälle. In unserem Beispiel beträgt die Wahrscheinlichkeit das ein Jugendlicher aus einer Facharbeiterfamilie, ein Gymnasium besucht $p = .15$ und die Gegenwahrscheinlichkeit $p = .85$. Nimmt man die Jugendlichen aus Facharbeiterfamilien als Referenzkategorie (die relative Chance beträgt dann 1), so wäre die Chance eines Jugendlichen der oberen Dienstklasse ein Gymnasium anstelle einer anderen Schulform zu besuchen etwa 5,7-mal so hoch. Diese Relation, d. h. die zueinander ins Verhältnis gesetzten Beteiligungschancen, bezeichnet man als *odds ratio*.

Tabelle 1: **EGP-Klassenschema als Sechs-Klassen-Version**

I **Obere Dienst-klasse**	Dazu zählen die Angehörigen von freien akademischen Berufen, führende Angestellte und höhere Beamte, selbstständige Unternehmerinnen und Unternehmer mit mehr als zehn Mitarbeitern und alle Hochschul- und Gymnasiallehrerinnen und -lehrer. Ausschlaggebend für die Zuordnung zur oberen Dienstklasse sind Merkmale wie Verantwortung (auch für die Tätigkeit anderer), Entscheidungsbefugnis und Autonomie der Tätigkeit.
II **Untere** **Dienstklasse**	Die Angehörigen der unteren Dienstklasse schließen sich im Einkommen an die Ränge der oberen Dienstklasse an. Sie verfügen jedoch in geringerem Ausmaß über Macht, Verantwortung und Autonomie in der Tätigkeitsausübung. Zu dieser Klasse gehören Angehörige von Semiprofessionen, Angehörige des mittleren Managements, Beamte im mittleren und gehobenen Dienst und technische Angestellte mit nicht manueller Tätigkeit.
IIIa und IIIb **Routinedienst-leistungen in** **Handel und** **Verwaltung**	Zur Klasse IIIa zählen klassische Büro- und Verwaltungsberufe mit Routinetätigkeiten; der Klasse IIIb werden Berufe mit niedrig qualifizierten, nicht manuellen Tätigkeiten wie z. B. Verkaufs- und Servicetätigkeiten zugeordnet. Diese Tätigkeiten erfordern oftmals keine Ausbildung.
IV **Selbstständige**	Zur Klasse IV zählen Selbstständige außerhalb der Landwirtschaft (z. B. eigenständige Handwerker) und Landwirte.
V-VI **Facharbeiter** **und Arbeiter** **mit Leitungs-funktion sowie** **Angestellte in** **manuellen Be-rufen**	In der EGP-Klasse V werden untere technische Berufe zusammengefasst. Dazu gehören Vorarbeiterinnen und Vorarbeiter, Meisterinnen und Meister, Technikerinnen und Techniker, die in manuellen Arbeitsprozessen eingebunden sind, sowie Aufsichtsräte im manuellen Bereich. Zur EGP-Klasse VI gehören abhängig Beschäftigte mit manueller Tätigkeit und abgeschlossener Berufsausbildung oder vergleichbarer Qualifikation.
VIIa und VIIb **Un- und ange-lernte Arbeiter** **sowie Landar-beiter**	Der Klasse VIIa werden alle un- und angelernten Berufe aus dem manuellen Bereich sowie einige Dienstleistungsberufe mit weitgehend manuellem Charakter und geringem Anforderungsniveau zugeordnet. Zur Klasse VIIb zählen alle Arbeiter, gelernt oder ungelernt, in der Land-, Forst- und Fischwirtschaft sowie der Jagd.

(Quelle: Maaz, Baumert & Cortina, 2008, S. 210)

Bei den odds ratios in Tabelle 2, werden wie im eben genannten Beispiel, die Beteiligungschancen für den Besuch eines Gymnasiums für eine bestimmte soziale Gruppe (bestimmt durch die EGP-Klasse) ins Verhältnis gesetzt zu einer Referenzgruppe (Gruppe der Jugendlichen aus Facharbeiterfamilien). Die relativen Chancen für Jugendliche aus Facharbeiterfamilien, ein Gymnasium zu besuchen, sind jeweils als 1 gesetzt.

Die erste Datenzeile in Tabelle 2 unter *PISA 2000* ist so zu interpretieren, dass für Bremer Jugendliche aus Familien der oberen Dienstklasse (EGP-Klasse I) die Chance, ein Gymnasium zu besuchen, im Jahr 2000 etwa 6,1-mal so hoch ist wie für Jugendliche aus Facharbeiterfamilien bzw. Familien mit leitenden Arbeitern (EGP-Klasse V-VI). Für Jugendliche aus der unteren Dienstklasse (EGP-Klasse II) ist diese Chance im Vergleich zur Referenzgruppe 3,8-mal so groß, für Jugendliche, deren Eltern Berufe mit Routineleistungen (EGP-Klasse III) ausführen, 2,3-mal so groß und für Jugendliche aus Familien mit un-, angelernten und Landarbeitern nur 0,6-mal so groß. Im

Jahr 2006 sind weiterhin deutliche strukturelle Disparitäten bei den Bildungschancen vorhanden. In Bremen hat eine wahrnehmbare Verringerung der Chancenvorteile von Jugendlichen aus Elternhäusern, die zu den oberen EPG-Klassen (I und II) zählen, stattgefunden. Zum Beispiel ist in EGP-Klasse I die relative Chance, ein Gymnasium zu besuchen, nur noch 4,8-mal so groß wie in der Referenzgruppe. Gleichzeitig sind die Chancen, ein Gymnasium zu besuchen, für Jugendliche mit Eltern der EGP-Klasse VII gestiegen. Somit hat sich insgesamt das Ausmaß der Disparitäten verringert. Ähnliche Befunde zeigen sich auch insgesamt für Deutschland. Die strukturellen Disparitäten im Jahr 2000 und 2006 sind dabei vergleichbar mit denen von Bremen. In den Großstädten sind die sozialen Disparitäten am höchsten ausgeprägt. Daher haben dort Jugendliche mit Eltern aus der oberen Dienstklasse eine über 14-mal höhere relative Chance ein Gymnasium zu besuchen als Jugendliche aus Facharbeiterfamilien (Baumert & Schümer, 2002, S. 166).

Tabelle 2:   **Relative Chancen des Gymnasialbesuchs in Abhängigkeit von der Sozialschichtzugehörigkeit 2000 und 2006 in Deutschland und Bremen (Referenz: Jugendliche aus Facharbeiterfamilien, Verhältnisse der Beteiligungschancen [odds ratios])**

| | PISA 2000 | | | | | | PISA 2006 | | | | | |
| | EPG-Klassen | | | | | | EGP-Klassen | | | | | |
	I	II	III	IV	V,VI	VII	I	II	III	IV	V,VI	VII
Bremen	**6.1**	**3.8**	**2.3**	1.4	1	0.6	**4.8**	**3.5**	**2.4**	1.4	1	0.9
Deutschland	**6.0**	**3.6**	**1.6**	**1.3**	1	0.6	**4.6**	**3.0**	**1.8**	**1.5**	1	**0.7**

(Quelle: Ehmke & Baumert 2008, S. 338)
Fettgedruckte Kennwerte unterscheiden sich signifikant von der Referenzgruppe ($p < .05$).

In Tabelle 3 wird der Effekt des sozialen Hintergrundes kontrolliert, in dem als weiterer Prädiktor die Lesekompetenzen einbezogen werden. Nach Kontrolle dieser Variable sinkt die Bedeutung, die die Zugehörigkeit zu einer sozialen Gruppe für den Gymnasialbesuch hat. Die Lesefähigkeiten tragen substanziell dazu bei, zu erklären, welche Schulform eine Schülerin oder ein Schüler besucht. Mit anderen Worten je höher die Lesefähigkeiten sind desto höher sind die relativen Chancen, dass ein Gymnasium besucht wird und desto weniger ist der soziale Hintergrund von Bedeutung. Für das Land Bremen verringert sich in der PISA-Untersuchung von 2000 nach Berücksichtigung der Lesekompetenz die relative Beteiligungschance für Kinder von Angehörigen der oberen Dienstklasse von 6,1 auf 3,0 (vgl. Tabelle 2, Tabelle 3). Für Gesamtdeutschland sinken die relativen Chancen ein Gymnasium zu besuchen für Kinder aus dieser Gruppe, nach Kontrolle der Lesekompetenz ebenfalls deutlich und die Chancen für Kinder von un- und angelernten Arbeitern steigen geringfügig (von 0,6 auf 0,8). Im Vergleich zu der Referenzgruppe der Facharbeiter sind sie aber dennoch benachteiligt. Unter Kontrolle der Lesekompetenz lässt sich die in Tabelle 2 über die Zeit dargestellte Verringerung der sozialen Disparitäten beim Gymnasialbesuch nicht mehr in gleicher Art feststellen. In Gesamtdeutschland sind dann die relativen Chancen, ein Gymnasium zu besuchen, 2006 für alle Jugendlichen genauso groß wie schon 2000. In Bremen steigen die relativen Chancen für Jugendliche mit Eltern der EGP-Klasse VII deutlich, aber nicht signifikant unterschiedlich zur Referenzgruppe. Im direkten Gegensatz zu den nicht durch die Lesefähigkeit kontrollierten Maßzahlen in Tabelle 2 haben sich in Bremen die relativen Beteiligungschancen für Jugendliche aus Familien der beiden oberen EGP-Klassen im Vergleich der Messzeitpunkte 2000 und 2006 nach Kontrolle der Leseleistungen leicht erhöht und nicht, wie man es aus den Veränderungen über die Zeit in Tabelle 2 hätte erwarten können, verringert.

Tabelle 3: **Relative Chancen des Gymnasialbesuchs in Abhängigkeit von der Sozialschicht-zugehörigkeit unter Kontrolle der Lesekompetenz für Bremen und Deutschland (Referenz: Jugendliche aus Facharbeiterfamilien, Verhältnisse der Beteiligungschancen [odds ratios])**

	PISA 2000						PISA 2006					
	EPG-Klassen						EGP-Klassen					
	I	II	III	IV	V,VI	VII	I	II	III	IV	V,VI	VII
Bremen	**3.0**	1.5	1.2	1.2	1	0.7	**3.2**	**2.1**	1.7	1.3	1	1.1
Deutschland	**3.2**	**2.2**	**1.4**	**1.4**	1	**0.8**	**3.2**	**2.1**	**1.4**	**1.4**	1	**0.8**

(Quelle: Ehmke & Baumert, 2008, S.338)
Fettgedruckte Kennwerte unterscheiden sich signifikant von der Referenzgruppe (p < .05).

Die aufgezeigten Zusammenhänge belegen die sozialen Disparitäten im Schulsystem. Dennoch gibt es einen beachtlichen Anteil von Jugendlichen mit niedrigem sozioökonomischen Hintergrund, die ein Gymnasium besuchen. In Tabelle 4 wird die unterschiedliche Bildungsbeteiligung der einzelnen Sozialschichten (abgebildet durch die EPG-Klassen) für Deutschland und Bremen für PISA 2000 und 2006 gegenübergestellt. Die Tabelle zeigt, dass in Bremen im Jahr 2000 immerhin 12 Prozent der Jugendlichen aus der niedrigsten EGP-Klasse ein Gymnasium besuchten. Im Jahr 2006 waren es bereits 17 Prozent.

Insgesamt ist die Gymnasialbeteiligung der fünfzehnjährigen Jugendlichen in Deutschland in den PISA-Untersuchungen von 2000 zu 2006 tendenziell angestiegen. In PISA 2000 betrug der Anteil der Gymnasiasten 28 Prozent, 2006 waren es 31 Prozent (Ehmke & Baumert, 2008, S. 336).

Tabelle 4: **Gymnasialbeteiligung in Bremen und Deutschland differenziert nach Sozialschichtzugehörigkeit im Vergleich zwischen PISA 2000 und 2006**

	PISA 2000						PISA 2006					
	EPG-Klassen						EGP-Klassen					
	I	II	III	IV	V,VI	VII	I	II	III	IV	V,VI	VII
Bremen	60.6	48.4	35.2	22.1	19.5	11.6	53.9	45.1	34.2	25.3	19.1	16.8
Deutschland	57.3	44.6	25.6	19.8	18.1	12.0	**52.6**	**41.4**	27.6	**26.6**	19.1	13.1

(Quelle: Ehmke und Baumert 2008, S. 336) Fettgedruckte Prozentwerte unterscheiden sich signifikant zwischen beiden Erhebungszeitpunkten (p<.05).

2.1.2 Relative Chancen der Bildungsbeteiligung nach Migrationsstatus in Deutschland und Bremen

Die relativen Chancen eines Jugendlichen, ein Gymnasium zu besuchen, hängen neben dem sozialen Status der Eltern auch vom Migrationshintergrund der Familie ab. Er wird in den nationalen und internationalen PISA-Untersuchungen über zwei Merkmale definiert: das Geburtsland des Jugendlichen und seiner Eltern, sowie die Sprache, die in der Familie überwiegend gesprochen wird (Adams & Wu, 2002; Organisation for Economic Cooperation and Development [OECD], 2005; Stanat, 2003).

Tabelle 5: **Prozentuale Häufigkeiten von fünfzehnjährigen Schülerinnen und Schülern mit Migrationshintergrund in Deutschland**[*]

Migrationsstatus	2000		2003		2006	
	%	(SE)	%	(SE)	%	(SE)
Ohne Migrationshintergrund	78.4	(0.9)	79,4	(1.1)	80.6	(1.2)
Mit Migrationshintergrund	21.6	(0.9)	20.6	(1.1)	19.4	(1.2)
Migrationsstatus						
Ein Elternteil im Ausland geboren	6.4	(0.4)	**5.2**	(0.4)	5.6	(0.4)
Zweite Generation	5.1	(0.5)	**6.9**	(0.8)	7.6	(0.7)
Erste Generation	10.1	(0.6)	8.5	(0.7)	**6.3**	(0.5)

(Quelle: Walter & Taskinen, 2007, S. 346)
*Die Daten beruhen auf Schülerangaben. Nicht berücksichtigt wurden Schülerinnen und Schüler aus Sonder- und Förderschulen. Signifikant unterschiedliche Werte (p < .05) zur jeweils früheren PISA-Studie sind fettgedruckt. SE = Standardfehler.

Seit 2006 wird die Einteilung der Schülerinnen und Schüler mit Migrationshintergrund nach der Terminologie der internationalen Migrationsforschung in vier Gruppen unterschieden (OECD, 2006; Walter & Taskinen, 2007). Erstens gibt es *Jugendliche ohne Migrationshintergrund*, bei denen beide Elternteile im Inland geboren sind. Die zweite Gruppe umfasst *Jugendliche mit einem im Ausland geborenen Elternteil*. Drittens werden Jugendliche, die im Inland geboren wurden, deren Eltern aber beide im Ausland geboren wurden, als *Jugendliche der zweiten Generation* (vor 2006: Erste Generation) bezeichnet. Die vierte Gruppe umfasst die Jugendlichen, welche selbst und deren Eltern im Ausland geboren wurden. Sie werden als *Jugendliche der Ersten Generation* (vor 2006: Zuwanderer) bezeichnet. Die Gruppen zwei bis vier können zusammengefasst werden als Jugendliche mit Migrationshintergrund (vgl. Tabelle 5).

In Tabelle 5 ist dargestellt, wie hoch der Anteil der fünfzehnjährigen Schülerinnen und Schüler mit Migrationshintergrund in den PISA-E-Untersuchungen 2000, 2003 und 2006 war. Insgesamt zeigt sich eine leicht sinkende Tendenz für den Anteil der Schüler mit Migrationshintergrund (2000: 21.6 %; 2003: 20.6 %; 2006: 19.4 %).

Tabelle 6 zeigt, inwieweit der Migrationsstatus mit der Umgangssprache in der Familie verbunden ist. Gerade in Haushalten mit Migrationshintergrund spricht über die Hälfte der fünfzehnjährigen Jugendlichen zu Hause kein Deutsch, während bei Jugendlichen ohne Migrationshintergrund nahezu alle Deutsch sprechen. Bei allen Fünfzehnjährigen mit Migrationshintergrund stieg zwar der Anteil derer, die zu Hause Deutsch sprachen, von 2000 zu 2003 deutlich (von 54.5 % auf 63.8). Die Zahlen fielen allerdings 2006 wieder auf ein ähnliches Niveau wie im Jahr 2000.

Tabelle 6: **Prozentuale Anteile von fünfzehnjährigen Schülerinnen und Schülern in Deutschland, die zu Hause Deutsch sprechen**[*]

Migrationsstatus	2000		2003		2006	
	%	(SE)	%	(SE)	%	(SE)
Ohne Migrationshintergrund	99.7	(0.1)	99.9	(0.1)	**99.5**	(1.2)
Mit Migrationshintergrund	54.5	(2.6)	**63.8**	(1.9)	**55.8**	(2.3)
Migrationsstatus						
Ein Elternteil im Ausland geboren	93.4	(1.5)	94.0	(1.9)	**86.1**	(2.5)
Zweite Generation	40.8	(4.9)	**55.2**	(4.4)	45.5	(4.5)
Erste Generation	31.4	(3.5)	**51.0**	(3.8)	**40.9**	(3.2)

(Quelle: Walter & Taskinen, 2007, S. 347)
[*]Die Daten beruhen auf Schülerangaben. Nicht berücksichtigt wurden Schülerinnen und Schüler aus Sonder- und Förderschulen. Signifikant unterschiedliche Werte ($p < .05$) zur jeweils früheren PISA-Studie sind fettgedruckt.

Tabelle 7: **Mittelwertsunterschiede in der sozialen Herkunft zwischen Jugendlichen ohne Migrationshintergrund und Jugendlichen mit Migrationshintergrund**

Migrationsstatus	Sozioökonomischer Status der Eltern				Bildungsniveau der Eltern			
	2000		2006		2000		2006	
	M	(SE)	M	(SE)	M	(SE)	M	(SE)
Ohne Migrationshintergrund	50.8	(0.3)	51.0	(0.5)	14.6	(0.1)	14.4	(0.1)
Mit Migrationshintergrund	43.6	(0.8)	43.0	(0.7)	13.6	(0.2)	13.5	(0.2)
Migrationsstatus								
Ein Elternteil im Ausland geboren	50.5	(1.1)	50.2	(1.2)	14.4	(0.1)	14.4	(0.2)
Zweite Generation	42.5	(1.2)	39.1	(1.1)	12.9	(0.3)	12.3	(0.3)
Erste Generation	39.6	(1.0)	40.9	(1.0)	13.4	(0.3)	14.2	(0.3)

(Quelle: Walter & Taskinen, 2007, S. 348)
[*]Die Daten beruhen auf Schülerangaben. Nicht berücksichtigt wurden Schülerinnen und Schüler aus Sonder- und Förderschulen. M = Mittelwert, SE = Standardfehler.

In Tabelle 7 ist dargestellt, wie sich Schülerinnen und Schüler mit und ohne Migrationshintergrund im Hinblick auf den sozioökonomischen Status und das Bildungsniveau ihrer Eltern voneinander unterscheiden. Der sozioökonomische Status wurde über den höchsten ISEI in der Familie (*Highest international socio-economic index, HISEI*) erfasst und das Bildungsniveau wurde über die Zahl der Ausbildungsjahre erhoben. Der ISEI wurde von Ganzeboom, De Graaf, Treiman und De Leeuw (1992) entwickelt (vgl. ausführlicher Kap. 7.2.2.1). Er kann Werte zwischen 16 und 90 Punkten annehmen (Ehmke, Siegle & Hohensee, 2005). Der mittlere HISEI liegt bei den Fünfzehnjährigen 2003 in Deutschland bei 49,2 Punkten (Ehmke, Siegle & Hohensee, 2005, S. 239).

Eltern von Jugendlichen mit Migrationsstatus verfügen häufiger über einen geringeren sozioökonomischen Status und ein niedrigeres Bildungsniveau als Eltern von Jugendlichen ohne Migrationshintergrund (Tabelle 7). Sowohl für PISA 2000 wie für PISA 2006 bestehen diese sozialen Disparitäten unter Jugendlichen mit unterschiedlichem Migrationsstatus. Dabei haben sich der mittlere sozioökonomische Status und das Bildungsniveau der Eltern im Vergleich beider Messzeitpunkte kaum verändert.

Tabelle 8:   **Bildungsbeteiligung nach Migrationsstatus in PISA 2003 (in %)**

	Ohne Migrationshintergrund	Ein Elternteil im Ausland geboren	Ohne eigene Migrationserfahrung (zweite Generation)	Mit eigner Migrationserfahrung (erste Generation)
Hauptschule	19.2	22.4	43.9	33.2
Integrierte Gesamtschule	10.2	11.2	12.3	7.9
Realschule	33.5	33.9	26.8	38.9
Gymnasium	34.6	27.9	12.4	16.4
Andere	2.5	4.6	4.6	3.6
Insgesamt	100.0	100.0	100.0	100.0

(nach Ramm, Prenzel, Heidemeier & Walter, 2004, S. 267 und Stanat, 2008, S. 703)

Im internationalen PISA-Vergleich von 2000 gibt es in Bezug auf den besuchten Bildungsgang für Deutschland kaum Unterschiede zwischen Fünfzehnjährigen mit Eltern, die beide in Deutschland geboren wurden, und Jugendlichen, bei denen ein Elternteil im Ausland geboren wurde (Stanat et al., 2003). Wenn beide Eltern zugewandert sind, zeigt sich hingegen ein deutlicher Zusammenhang mit dem von den Jugendlichen besuchtem Bildungsgang. Von den Fünfzehnjährigen, deren Eltern beide im Ausland geboren wurden, besuchen knapp 15 % ein Gymnasium und fast 50 % eine Hauptschule, im Vergleich dazu beträgt der Anteil bei fünfzehnjährigen Gymnasiasten, deren Eltern beide in Deutschland geboren wurden, mehr als 30 % und der Anteil der Hauptschüler liegt bei 25 % (Stanat et al., 2003, S. 57). Wird der besuchte Bildungsgang über die in PISA 2000 erhobene Lesekompetenz der Schülerinnen und Schüler statistisch kontrolliert (Stanat et al., 2003), verschwinden die Unterschiede zwischen den beiden Gruppen. Werden also Fünfzehnjährige miteinander verglichen, die beim Lesen deutschsprachiger Texte eine vergleichbare Kompetenz aufweisen, ist keine Benachteiligung von Jugendlichen mit zugewanderten Eltern mehr sichtbar. Folglich stellen für diese Jugendlichen mangelnde Deutschkenntnisse den entscheidenden Benachteiligungsfaktor für ihre Bildungslaufbahn dar (Stanat et al., 2003). Ähnliche Befunde zeigen sich auch in der PISA-Untersuchung 2003 (Ramm, Prenzel, Heidmeier & Walter, 2004). Auch hier werden deutliche migrationsbedingte Disparitäten im deutschen Bildungssystem sichtbar. 2003 zeigen sich in den Befunden der PISA-Untersuchung deutliche migrationsbedingte Disparitäten bei der Bildungsbeteiligung in Deutschland (Tabelle

8). Schülerinnen und Schüler mit Migrationshintergrund besuchen wesentlich häufiger eine Hauptschule als solche ohne Migrationshintergrund. Dieser Anteil ist bei fünfzehnjährigen Migranten der zweiten Generation mit 43.9 % am höchsten. Dennoch besuchen auch in dieser Gruppe immerhin 12.4 % der Schülerinnen und Schüler ein Gymnasium.

2.1.3 Familiäre Lebensverhältnisse und Kompetenzerwerb in Lesen und Mathematik in Deutschland und Bremen

Bei der ersten PISA-Erhebung im Jahr 2000 gab es im internationalen Vergleich einen sehr starken Zusammenhang zwischen dem Kompetenzerwerb im Lesen und der sozialen Herkunft der Schülerinnen und Schüler. In kaum einem anderen Land der OECD (Organisation for Economic Co-operation and Development) waren die Leistungen so eng an die soziale Herkunft gekoppelt wie in Deutschland. Das bedeutet, dass der Leistungsabstand zwischen sozial benachteiligten und sozial privilegierten Schülerinnen und Schülern in Deutschland relativ groß ist (Deutsches PISA-Konsortium, 2003).

Die Kompetenzen der Schülerinnen und Schüler im Lesen und im Fach Mathematik hängen in den PISA-Untersuchungen mit den sozialen und ökonomischen Hintergrundmerkmalen zusammen. Auf die Kompetenzentwicklung in beiden Domänen wirkt sich der SES einer Familie aus. Das zeigt sich in den PISA-Untersuchungen am Verlauf des sozialen Gradienten. Der soziale Gradient beschreibt den Zusammenhang zwischen der Lese- und Mathematikkompetenz und dem sozioökonomischen Status der Familie. Die Steigung des Gradienten zeigt an, um wie viele Punkte sich Schüler, deren Familien einen niedrigen, mittleren oder hohen sozioökonomischen Status aufweisen, im PISA-Lese- oder -Mathematiktest unterscheiden. Sie ist also ein Maß für die Disparitäten bei der Leistung. In den Befunden aus PISA zeigt sich, dass Kinder aus Familien mit niedrigem sozioökonomischen Status bezüglich ihrer Lesekompetenz statistisch gesehen ungünstiger abschneiden als Kinder aus sozioökonomisch besser gestellten Familien (vgl. Tabelle 9).

Tabelle 9: **Vergleich der sozialen Gradienten der Lesekompetenz zwischen PISA 2000 und 2006 in Bremen und Deutschland**

	Pisa 2000				Pisa 2006			
	b	(SE)	R^2	(SE)	b	(SE)	R^2	(SE)
Bremen	47	(4.5)	16.3	(4.4)	40	(3.5)	13.4	(3.4)
Deutschland	44	(1.1)	19.9	(1.1)	**39**	(1.4)	**12.1**	(0.9)

(Quelle: Ehmke und Baumert, 2008, S. 332). SE = Standardfehler.

Ein ähnliches Bild wie in Tabelle 9 ergibt sich auch für die Mathematik. Ehmke, Siegle und Hohensee (2005) schätzen mittels eines multiplen Regressionsmodells ab, wie sich die Leistungen in Mathematik durch Variablen des familiären Hintergrundes voraussagen lassen. Die einbezogenen unabhängigen Variablen sind dabei die folgenden Indikatoren: „Kernfamilie (ja/nein), Kinderzahl (bis 2 Kinder/3 und mehr Kinder), höchste berufliche Stellung in der Familie (HISEI), höchste Zahl von Bildungsjahren in der Familie, Vollzeiterwerbstätigkeit der Mutter (ja/nein), Vollzeiterwerbstätigkeit des Vaters (ja/nein)" (Ehmke, Siegle & Hohensee, 2005, S. 236). Insgesamt klärt ihr Modell 18 Prozent der Gesamtvarianz der Kompetenzunterschiede in Mathematik auf. Die einzelnen Indikatoren der sozialen Herkunft tragen in unterschiedlichem Ausmaß dazu bei. Während die Familienstruktur sowie die Erwerbstätigkeit des Vaters oder der Mutter nur einen sehr geringen Effekt auf die mathematische Kompetenz besitzen, sind der höchste ISEI in der Familie und die Bildungsabschlüsse der Eltern vergleichsweise starke Prädiktoren.

2.1.4 Migrationsstatus und Kompetenzerwerb in Lesen und Mathematik in Deutschland und Bremen

Die internationalen PISA-Studien von 2000, 2003 und 2006 haben gezeigt, dass Jugendliche mit Migrationshintergrund in den meisten Staaten niedrigere durchschnittliche Kompetenzwerte als Jugendliche ohne Migrationshintergrund im Lesen und in der Mathematik erzielen. Dies schränkt ihre beruflichen und gesellschaftlichen Chancen ein (vgl. Walter & Taskinen, 2007). Zwischen den Ländern der Bundesrepublik Deutschland gibt es erhebliche Unterschiede im Umfang und der ethnischen Struktur der Zuwanderung (Stanat, 2003; Statistisches Bundesamt, 2008). Betrachtet man den Anteil der Fünfzehnjährigen mit Migrationshintergrund, dann sind die alten Bundesländer faktisch Einwanderungsländer, während die migrationsbedingte Heterogenität in den neuen Ländern quantitativ nicht bedeutend ist. In den alten Bundesländern wiesen im Jahr 2000 bei der PISA-E-Erhebung fast 27 Prozent der Schülerinnen und Schüler einen Migrationshintergrund auf, in den Großstädten lag der durchschnittliche Anteil bei 36 Prozent und in Bremen sogar bei über 40 Prozent (vgl. Tabelle 10).

Tabelle 10:   **Anteil der Fünfzehnjährigen aus Familien mit Migrationshintergrund nach Geburtsland des Vaters und Region in der Bundesrepublik in PISA 2000**

	Jugendliche mit Migrationshinter-grund*	Geburtsland des Vaters (in % der Fünfzehnjährigen mit Migrationshintergrund)					
	(in % der 15-Jährigen insg.)	Deutsch-land	Griechen chen-land, Italien	Türkei	Polen, ehem. Sowjet-union	Ehema-liges Jugos-lawien	Anderes Land
	% SE						
Alte Länder	26,6 (0,6)	12,9	7,7	16,0	34,2	6,7	22,5
Neue Länder	3,6 (0,3)	18,1	2,3	4,2	38,7	4,8	31,9
Groß-städte	36,1 (3,9)	36,1	3,9	18,8	19,9	8,9	26,9
Bremen	40,7 (1,9)	7,5	2,6	24,3	42,5	2,6	20,4

(Quelle: Stanat, 2003, S. 247) * Mindestens ein Elternteil ist Ausland geboren.

Während der Anteil der Jugendlichen mit Migrationshintergrund in den neuen Ländern nur bei vier % liegt und quantitativ nicht ins Gewicht fällt, sind die Befunde zu den Kompetenzen in Mathematik und Lesen für die alten Länder bedeutsam. Für alle alten Bundesländer haben Fünfzehnjährige, bei denen beide Elternteile im Ausland geboren wurden, einen signifikanten Leistungsrückstand in den Mathematik- und Lesekompetenzen gegenüber Fünfzehnjährigen, deren Elternteile beide in Deutschland geboren wurden (vgl. Stanat, 2003.). Die Abbildung 1 zeigt, dass der Leistungsrückstand von Bremer Jugendlichen mit im Ausland geborenen Eltern gegenüber Jugendlichen mit in Deutschland geborenen Eltern für den Bereich der Lesekompetenz bei 95 Punkten und für den Bereich der mathematischen Kompetenz bei 89 Punkten liegt.

Die Kompetenzen im Lesen und im Fach Mathematik weisen in Deutschland einen engen Zusammenhang mit dem SES in der Familie auf (vgl. hierzu auch Kapitel 3). In Tabelle 11 ist der höchste familiäre ISEI von Jugendlichen mit unterschiedlichen Migrationshintergrundmerkmalen für Bremen abgetragen (PISA-E 2003). Es ist aufgeführt, seit wann die Jugendlichen schon in Deutschland leben und ob zu Hause in der Familie Deutsch gesprochen wird oder nicht.

Abbildung 1:   **Leistungsrückstand von Fünfzehnjährigen (ohne Sonderschülerinnen und Sonderschüler) Bremern mit im Ausland geborenen Eltern im Vergleich zu Jugendlichen mit in Deutschland geborenen Eltern**

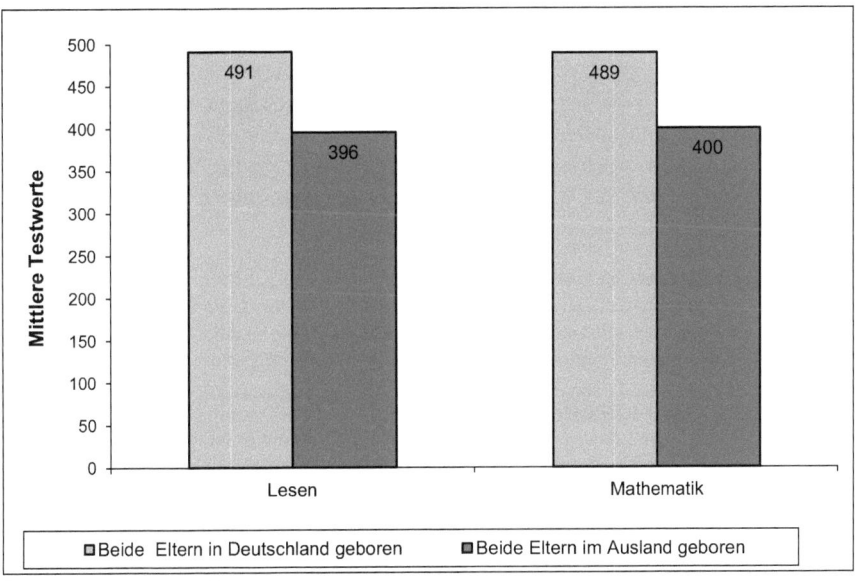

(nach Stanat, 2003, S. 248)

Im Gegensatz zu den Angaben in Tabelle 10, in der alle fünfzehnjährigen Jugendlichen mit Migrationshintergrund berücksichtigt wurden, ist die Untergruppe der Jugendlichen mit zwei im Ausland geborenen Elternteilen mit 25 % wesentlich kleiner.

Diese Jugendlichen zeichnen sich dadurch aus, dass nur in sehr wenigen Familien zu Hause Deutsch gesprochen wird und dass die Mehrheit der Jugendlichen (68%) nicht in Deutschland geboren wurde.

Tabelle 11: Sozioökonomische Stellung der Familie, Verweildauer in Deutschland und Umgangssprache in der Familie von fünfzehnjährigen Schülerinnen und Schülern aus Bremen, deren Eltern beide im Ausland* geboren sind (ohne Sonderschülerinnen und Sonderschüler)

Jugendliche, deren Eltern beide im Ausland geboren sind (in % der Fünfzehnjährigen insgesamt)	Höchster ISEI in der Familie	Verweildauer der Jugendlichen mit Migrationshintergrund in Deutschland (in % der Familien, in denen beide Eltern im Ausland geboren sind)				Anteil der Jugendlichen mit im Ausland geborenen Eltern, die in der Familie nicht Deutsch sprechen
%	M	Seit Geburt	Zuwanderung vor Schulbeginn	Zuwanderung während der Grundschulzeit	Zuwanderung während der Sekundarschulzeit	
25,3	41,6	32,5	21,8	30,9	14,8	82,5

(Quelle: Stanat, 2003, S. 252)
* Polen, ehemalige Sowjetunion, Türkei, ehemaliges Jugoslawien, Italien, Griechenland.

In Tabelle 12 sind Ergebnisse einer Kovarianzanalyse für das Land Bremen dargestellt, in der in einer schrittweisen Analyse die Effekte von Hintergrundmerkmalen auf die Leseleistung kontrolliert werden. Der korrigierte Leseleistungsmittelwert unterscheidet sich bei Konstanthaltung des ISEI in der Familie nur geringfügig vom unkorrigierten Mittelwert. Auch die zusätzliche Berücksichtigung der Verweildauer und in einem weiteren Schritt die Berücksichtigung der Umgangssprache in der Familie führt nur zu einer Veränderung von vier Leistungspunkten.

Tabelle 12: Leistungen im Lesen von fünfzehnjährigen Bremer Schülerinnen und Schülern (ohne Sonderschülerinnen und Sonderschüler) mit im Ausland* geborenen Eltern nach Kontrolle von sozioökonomischer Stellung der Familie, Verweildauer in Deutschland und Umgangssprache in der Familie (Mittelwerte)

Unkorrigierte Werte	Unter Kontrolle des SES der Familie	Unter Kontrolle des SES der Familie und der Verweildauer in Deutschland	Unter Kontrolle des SES der Familie und der Verweildauer in Deutschland sowie der Umgangssprache in der Familie
M	M	M	M
396	392	393	400

(Quelle: Stanat, 2003, S. 253)
* Polen, ehemalige Sowjetunion, Türkei, ehemaliges Jugoslawien, Italien, Griechenland.

Im Vergleich der Bundesländer werden in Bremen von Schülerinnen und Schülern mit Migrationshintergrund die niedrigsten Werte bei den Leistungsergebnissen im Lesen und Mathematik erzielt, der Abstand zum besten Bundesland Bayern beträgt beispielsweise bei den Leseleistungen für die unkorrigierten Werten 52 Punkte und nach Kontrolle der Hintergrundmerkmale 44 Punkte (Stanat, 2003, S. 253). Zu berücksichtigen ist aber, dass es in Bremen einen hohen Anteil von Fünfzehnjährigen gibt, die zu Hause in ihrer Familie nicht Deutsch sprechen. In Bremen haben in PISA 2000, bezogen auf die Fünfzehnjährigen, 25,3 % der Jugendlichen Eltern, die im Ausland geboren wurden (Stanat, 2003, S. 252). Bei 82,5 % von ihnen wird in der Familie nicht Deutsch gesprochen (Stanat, 2003, S. 252). Im Vergleich dazu ist diese Gruppe in anderen Bundesländern wie z. B. in Bayern sehr viel geringer. Dort hatten in PISA 2000 nur 11,1 % aller Jugendlichen Eltern, die im Ausland geboren waren. Unter diesen betrug der Anteil von Familien, in denen nicht Deutsch gesprochen wurde nur 68,3 % (Stanat, 2003, S. 252).

2.2 Zusammenfassung

Eingangs wurden die Randbedingungen für *erwartungswidrig positiven Schulerfolg* definiert, anschließend Befunde für den Zusammenhang zwischen sozialem Hintergrund und Schulerfolg berichtet. Erwartungswidrig positiver Schulerfolg liegt dann vor, wenn trotz eines benachteiligenden sozialen Hintergrundes eine gute Schulleistung erbracht wird. Belege für den Zusammenhang zwischen sozialem Hintergrund und Schulerfolg finden sich in vielen großen Schulleistungsstudien. In diesem Kapitel wurden exemplarisch Befunde der nationalen PISA-Untersuchungen für Deutschland und Bremen referiert. Bei den Merkmalen des sozialen Hintergrundes wurden der SES und der Migrationshintergrund der Eltern einbezogen. Schülerinnen und Schüler, deren Eltern nach dem EGP-Klassenschema der Arbeiterklasse angehören, erzielen im Durchschnitt schlechtere Leistungen in Mathematik und Lesen und sind seltener an einem Gymnasium vertreten. Gleiches gilt auch für Schülerinnen und Schüler, die zu Hause anstatt der deutschen Sprache überwiegend eine andere Sprache sprechen. Der Migrationsstatus besitzt unter Kontrolle des sozioökonomischen Hintergrundes und der Umgangssprache in der Familie nur einen sehr geringen Effekt auf den schulischen Erfolg. Entscheidend für die schulischen Leistungen ist die zu Hause gesprochene Sprache.

Obwohl es deutliche Zusammenhänge zwischen dem sozialen Hintergrund und dem Schulerfolg gibt, gibt es auch eine größere Anzahl von Jugendlichen, die trotz eines benachteiligenden Hintergrundes erfolgreich in der Schule sind. Sie erbringen gute Leistungen in Lesen oder Mathematik oder besuchen ein Gymnasium. Diese Gruppe von erwartungswidrig erfolgreichen Schülern wird in den PISA-Untersuchungen nicht weiter analysiert. Im Rahmen der vorliegenden Arbeit wird diese Gruppe untersucht.

Während die bisher vorgestellten Befunde der Schulleistungsuntersuchungen sich vor allem auf den Zusammenhang von sozialem Hintergrund und schulischer Leistung beziehen, wird im nächsten Kapitel umfassender auf weitere Bedingungsfaktoren der Schulleistung eingegangen. Dies geschieht anhand von Rahmenmodellen der Schulleistung.

3 Bedingungsfaktoren schulischer Leistungen

Die Schulleistungen eines Kindes werden durch viele verschiedene Merkmale bestimmt, sie hängen von individuellen Merkmalen des Lernenden, beispielsweise den kognitiven Grundfähigkeiten, wie auch von Merkmalen der Lebensumwelt in Familie oder Schule ab (vgl. Helmke & Schrader, 2006). Die einzelnen Merkmale beeinflussen sich wechselseitig. Die Definition und Bewertung der Ressourcen bzw. Determinanten der Schulleistung gestaltet sich deswegen schwierig. Werden in einer Untersuchung nur wenige Bedingungsfaktoren der Schulleistung berücksichtigt, erhöht sich die Gefahr von Fehlinterpretationen (vgl. Helmke & Schrader, 2006). Fehlen einige Ressourcen oder sind sie nur in geringem Ausmaß vorhanden, kann dies einen negativen Effekt auf die Schulleistung haben. In der Lehr-Lern-Forschung wurde eine Reihe von theoretischen Modellen entwickelt, deren Ziel es ist, die individuelle Schulleistung zu erklären und vorherzusagen. Dabei wird eine Vielzahl von unterschiedlichen Faktoren einbezogen.

Abbildung 2: Makro-, Meso- und Mikroebene bei Modellen des schulischen Lernens

Makroebene
Übergreifende Modelle, die Variablengruppen unterschiedlicher Ebenen miteinander kombinieren, wie z. B. Glaser (1984), Walberg (1990)

Mesoebene
,Zeit'-Modelle, die sich auf die reale Lernzeit der Schülerinnen und Schüler konzentrieren, wie z. B. Bloom (1976), Caroll (1963), Cooley & Leinhardt (1975), Harnischfeger & Wiley (1976)

Mikroebene
Lernpsychologische Modelle, die sich auf den Instruktionsprozess konzentrieren, wie z. B. Bruner (1966), Gagné (1974), Glaser (1976)

Das Spektrum reicht von Makro-Modellen (vgl. Abbildung 2), in denen soziologische und historische Faktoren berücksichtigt werden, über pädagogisch-psychologische Modelle auf der Mesoebene, bei denen Lehr- und Lernbedingungen im Klassenzimmer analysiert werden, bis hin zu instruktions- und kognitionspsychologischen Prozessmodellen, bei denen versucht wird, die der Schulleistung zu Grunde liegenden Prozesse direkt zu modellieren (vgl. Schroeder, 2006). In Abbildung 2 werden klassische Modelle nach ihrer jeweiligen Reichweite und nach spezifischen Gemeinsamkeiten diesen Ebenen zugeordnet.

Im Folgenden werden die Bestimmungsfaktoren schulischer Leistung am Beispiel von Rahmenmodellen zu Determinanten der Schulleistung dargestellt. Dabei werden zunächst Rahmenmodelle vorgestellt, die sich auf der Makro- und Mesoebene verorten lassen (vgl. Abbildung 2). Zuerst erfolgt für die Makroebene die Darstellung des Produktivitätsmodells von Walberg (Kapitel 3.1), dann folgen für die Mesoebene die Modelle von Caroll und Bloom (Kapitel 3.2, 3.3). Die Mikroebene ist für diese Arbeit nicht relevant, da der Fokus im Gegensatz zu den beiden anderen Ebenen auf dem schulischen Unterricht bzw. der Verbesserung der Unterrichtsqualität liegt und nicht alle Determinanten der Schulleistung hinreichend berücksichtigt werden. Aus diesem Grund wird stellvertretend für andere Ansätze das Modell von Gagné (1974) beschrieben.

Im Anschluss an die Präsentation dieser klassischen Rahmenmodelle der Schulleistung werden vier neuere Ansätze dargestellt, das Angebots-Nutzen-Modell von Helmke (2003), die Rahmenkonzeption der PISA-Studie (Deutsches PISA-Konsortium, 2000), ein Struktur-Prozess-Modell (Baumert, Stanat & Watermann, 2006) und Scheerens Synthese der Lehr-Lern-Forschung (Scheerens, 2008).

3.1 Das Produktivitätsmodell von Walberg

Das *Produktivitätsmodell* ist ein breit angelegtes Modell des schulischen Lernens. Es wurde von Wahlberg (1981; 1986; 1990) entworfen und in Zusammenarbeit mit verschiedenen Mitarbeitern mehrfach weiterentwickelt. Es beruht auf der metaanalytischen Auswertung der Ergebnisse einer Vielzahl von Studien der Unterrichtsforschung (Fraser et al., 1987; Wang, Haertel & Walberg, 1993).

Im Produktivitätsmodell werden neun Faktoren als zentral für die Schulleistung angesehen (Abbildung 3). Diese Faktoren lassen sich wiederum in drei Bereiche einordnen, nämlich in einen Bereich mit Variablen zur *Schülerkompetenz*, dazu zählen die kognitiven Fähigkeiten, die Motivation (vgl. Heckhausen, 1985, 2006; Rheinberg, 1999) und der Entwicklungsstand eines Schülers, in einen Bereich mit *Unterrichtsvariablen*, in dem die Quantität und Qualität des Unterrichts erhoben wird, und als dritten Bereich das *psychologische Umfeld* mit Variablen zur häuslichen Umwelt, zum Klassenklima, zur Peergroup und zu den Medien (vgl. Schroeder, 2006).

Im vorgestellten Modell sind alle Faktoren enthalten, die sich empirisch in irgendeiner Form als bedeutsam für die Schulleistung erwiesen haben. Walberg et al. sehen in dem Modell alle Faktoren als voneinander abhängig an. Mathematisch wird dies über multiplikative Verknüpfungen beschrieben. Einerseits führt dies dazu, dass bei einer Nullausprägung eines Faktors (z. B. der Motivation) trotz hoher Ausprägung eines anderen Faktors (z. B. der Unterrichtsqualität) kein messbarer Lernerfolg stattfindet. Auf der anderen Seite können einige der Faktoren durch andere kompensiert werden, so kann z. B. eine niedrige Qualität des Unterrichts durch hohes Vorwissen ausgeglichen werden. In dem Modell erhalten alle Faktoren jeweils eine Gewichtung in Form eines Exponenten, der kleiner als 1 ist. Diese Gewichtung führt zu typischen *„diminishing return"-Kurven*, die mit zunehmender Ausprägung eines Faktorwertes immer kleinere Zuwachsraten aufweisen (Walberg & Uguroglu, 1983). Um einen Faktor gegebenenfalls zu kompensieren, ist daher nicht einfach „genauso viel" eines anderen Faktors notwendig, sondern „unverhältnismäßig" viel mehr. Empirisch gut fundiert wird in dem Modell gezeigt, dass bei einem qualitativ minderwertigen Unterricht, eine Schülerin oder ein Schüler eine höhere Motivation oder höhere kognitive Fähigkeiten besitzen muss, nicht im Übermaß fernsehen darf und über einen Freundeskreis oder eine Familie mit hohen Bildungsaspirationen verfügen muss, um den gleichen Lernerfolg zu haben wie andere Schülerinnen und Schüler mit qualitativ höherwertigem Unterricht.

Abbildung 3:   **Produktivitätsmodell von Walberg (1990)**

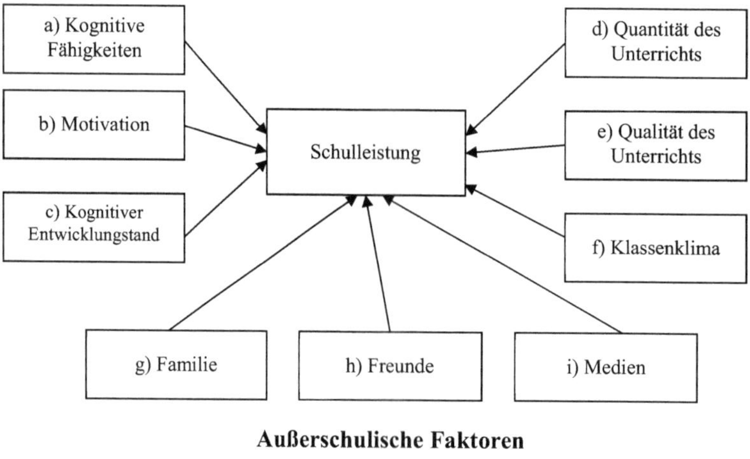

Außerschulische Faktoren

(Quelle: Haertel, Walberg & Weinstein, 1983)

3.2   Carolls Modell des schulischen Lernens (1963)

Carroll (1963) stellt in seinem Modell die Lernzeit in den Mittelpunkt (vgl. Abbildung 4). In Carrolls Modell gibt es fünf grundsätzliche Konstrukte (in Abbildung 4 mit Ziffern gekennzeichnet). Die ersten drei beziehen sich auf das anfängliche Verhalten von Schülerinnen und Schülern in einer Lernsituation. Erstens definiert er *aufgabenspezifische Begabung* ① als den Umfang der Lernzeit, die notwendig ist, um ein Lernziel unter optimalen Lernbedingungen zu erreichen. Eine Schülerin oder ein Schüler mit hoher Begabung wird demnach ein Lernziel schneller erreichen als eine Schülerin oder ein Schüler mit niedriger Begabung. Die benötigte Lernzeit hängt dabei von den für die jeweiligen Aufgaben relevanten Fähigkeiten der Schülerinnen und Schüler ab.

Abbildung 4: **Carrolls Modell des schulischen Lernens (1963)**

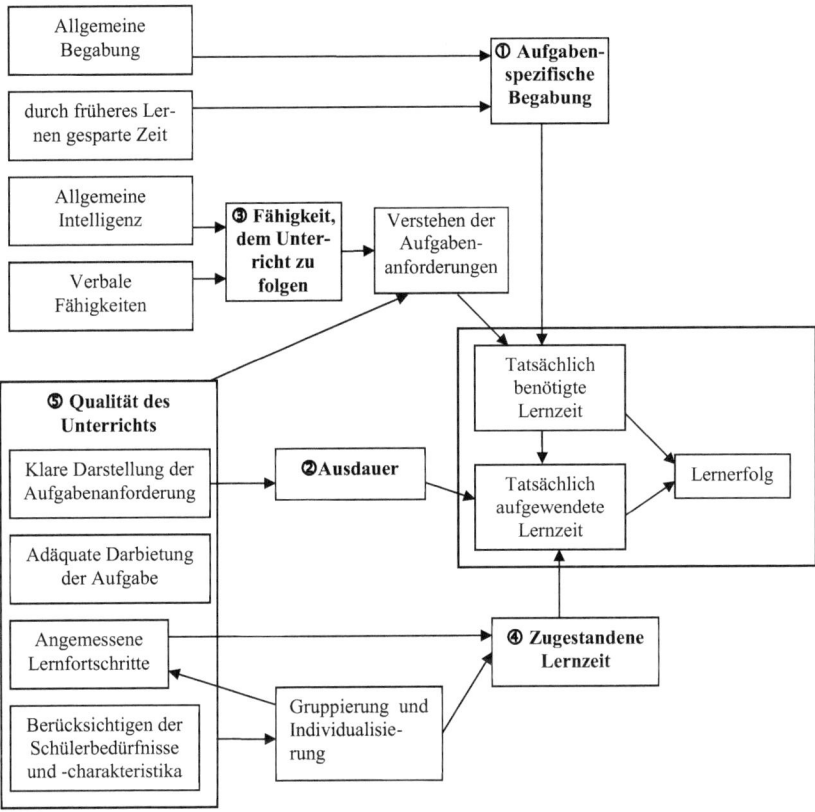

(angelehnt an Gruehn, 2000; Harnischfeger & Wiley, 1977)

Carrolls zweites Konstrukt, *Ausdauer* ② bezieht sich auf den Umfang der Lernzeit, die eine Schülerin oder ein Schüler bereit ist zu investieren. Eine hohe Ausdauer ist dadurch gekennzeichnet, dass mehr Zeit in ein Lernziel investiert wird, als es notwendig wäre, dass gelernt wird, obwohl die Lernbedingungen suboptimal sind oder dass auch dann Inhalte weiter gelernt werden, wenn es zuvor zurückgemeldete Misserfolge beim Lernen (z. B. eine schlecht benotete Klausur) gegeben hat. Die benötigte Lernzeit hängt von den für die jeweiligen Aufgaben relevanten Fähigkeiten der Schülerinnen und Schüler ab. Wenn die tatsächlich aufgewendete Lernzeit größer oder genauso groß ist wie die tatsächlich benötigte Lernzeit, stellt sich ein Lernerfolg ein. Bezogen auf den Unterricht handelt es sich bei diesem Ansatz um ein Schwellenkonzept, d. h., bei hoher Unterrichtsqualität ist die *aufgabenspezifische Begabung* die Determinante für die tatsächlich benötigte Lernzeit. Das dritte Konstrukt, die *Fähigkeit dem Unterricht zu folgen* ③, bezieht sich auf die *allgemeine Intelligenz* und die *verbalen Fähig-*

keiten (vgl. Abbildung 4). Schülerinnen und Schüler mit hoch ausgeprägter Fähigkeit, dem Unterricht zu folgen, werden nicht in dem Maße durch niedrige Unterrichtsqualität benachteiligt wie Schülerinnen und Schüler, die nur mit geringerer Fähigkeit dem Unterricht folgen können.

In Carrolls Modell beschreiben die drei erst genannten Konstrukte (aufgabenspezifische Begabung, Ausdauer sowie die Fähigkeit, dem Unterricht zu folgen), das Verhalten, welches die Schülerinnen und Schüler mit in ein Unterrichtssetting einbringen. Die beiden verbleibenden Konstrukte, die *zugestandene Lernzeit* ④ und die *Qualität des Unterrichts* ⑤, beziehen sich auf institutionelle Prozesse in der Schule. Die zugestandene Lernzeit ist der Zeitumfang, den eine Lehrkraft für das Lernen eines bestimmten Inhaltes vorgesehen hat. Lehrer, die diese Zeit nur schlecht einschätzen können, neigen dazu, zu viele Inhalte zu präsentieren und damit ihre Schülerinnen und Schüler zu überfordern. Die Qualität des Unterrichts wird darüber operationalisiert, wie die Unterrichtsgestaltung das Lernen erleichtert. Variablen, die die Qualität des Unterrichts bestimmen, sind die Genauigkeit der Lehreranweisungen und Abgestimmtheit des Unterrichtinhalts auf die Lernvoraussetzungen der Schülerinnen und Schüler. Wenn die Unterrichtsqualität schlecht ist, hängt der Lernerfolg von den oben genannten individuellen Ressourcen der Schülerinnen und Schüler ab.

Zusammengefasst findet optimales Lernen dann statt, wenn die tatsächlich aufgewendete Lernzeit genau so groß oder größer ist als die tatsächlich benötigte Lernzeit. Viele Determinationsmodelle wie z. B. Harnischfeger und Wiley (1976) bauen auf Carrolls Konzeption auf (vgl. hierzu Helmke & Weinert, 1997).

3.3   Blooms Modell des schulischen Lernens (1976)

Im Zentrum von Blooms Modell (1976) stehen die kognitiven und motivationalen Voraussetzungen der Schülerinnen und Schüler am Anfang einer Lernsequenz (vgl. Abbildung 5). Bloom wurde stark durch die Konzeption von Carroll (1963) beeinflusst. Seiner Ansicht nach kann jede Person unter den richtigen Lernbedingungen alles lernen (Bloom, 1976). Er unterstellt insgesamt eine hohe Wirksamkeit des schulischen Lernens und Lehrens, wenn die Qualität des Unterrichts hoch ist. Hohe Unterrichtsqualität zeichnet sich durch das Geben von kleinen Hinweisen, Ermutigungen, Feedback und Korrekturen aus und ist gleichzeitig durch die Partizipation der Schülerinnen und Schüler gekennzeichnet, indem diese offen oder verdeckt in das Unterrichtsgeschehen einbezogen werden (Abbildung 5). Ein Unterricht mit hoher Qualität soll sich nicht nur auf die *Leistungen* und *affektiven Lernergebnisse* der Schülerinnen und Schüler auswirken, sondern auch zu einer höheren *Lernrate* führen.

Die *kognitiven Eingangsvoraussetzungen* werden als wesentliche Vorbedingungen angesehen, um individuelle *Lernaufgaben* bewältigen zu können (Abbildung 5). In dieser Hinsicht sind sie vergleichbar mit Carrolls Vorstellung von allgemeiner Begabung. Allerdings beschreibt Bloom mit den allgemeinen kognitiven Eingangsvoraussetzungen auch Fähigkeiten wie das Leseverstehen und verbale Intelligenz, die bei Carroll unter der *Fähigkeit dem Unterricht zu folgen* (vgl. Abbildung 4) subsumiert werden. Neben den kognitiven Eingangsvoraussetzungen hängt die Erreichung von Lernzielen auch von der Ausgestaltung der Lernaufgaben ab. Die Unterrichtsgestaltung sollte an die Eigenschaften von Lerngruppen angepasst werden, ohne dabei aber die Lernziele zu verändern.

Abbildung 5:   **Blooms Modell des schulischen Lernens (1976)**

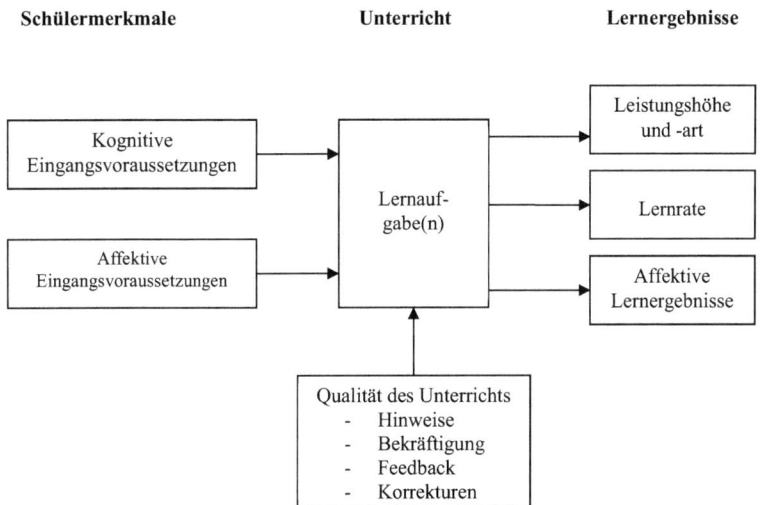

(angelehnt an Helmke & Weinert, 1997, S. 81)

Bei den drei verschiedenen Formen von *Lernergebnissen* in Blooms Modell muss seine Vorstellung von Leistung etwas näher erläutert werden. *Affektive Lernergebnisse* beziehen sich nicht so sehr auf das Erreichen von bestimmten affektiven Zielen, sondern auf die schrittweise, kumulative Weiterentwicklung der affektiven Eingangsvoraussetzungen von Lernenden, wenn sie Lernaufgaben erfolgreich bewältigt haben. Erfolgserlebnisse beim Lernen sollen zu einer positiveren Einstellung gegenüber dem schulischen Unterricht führen, das Selbstkonzept verbessern und Schülerinnen und Schüler dazu veranlassen in Zukunft aktiver in Lernsituationen zu sein. Dies soll, im Wesentlichen vermittelt über die höhere aktive Beteiligung des Lernenden, die *Lernrate* verbessern.

In vielen empirischen Befunden zeigt sich aber, dass die erwarteten Effekte nicht auftreten (Helmke & Weinert, 1997). Bei den Lernvoraussetzungen der Schüler gibt es bei gleichen Lernzielen große Differenzen in der benötigten Lernzeit oder es zeigen sich umgekehrt große Unterschiede in den Lernleistungen, wenn die gleiche Lernzeit zur Verfügung steht.

3.4   Die instruktionspsychologische Theorie von Gagné

Obwohl Gagnés Theorie primär in den Kontext der Instruktionspsychologie einzuord-
nen ist, kann sie auch zur Vorhersage des schulischen Lernerfolgs eingesetzt werden
(vgl. Aronson & Briggs, 1983; Haertel, Walberg & Weinstein, 1983). Einerseits ist der
Ansatz von Gagné im Gegensatz zu den vorher beschriebenen klassischen Theorien
sehr praxisnah, andererseits werden bei der mikropsychologischen Fokussierung auf
den Instruktionsprozess viele lernrelevante Faktoren wie der sozioökonomische Hintergrund oder der Klassenkontext nicht berücksichtigt. Die Theorie von Gagné (1974,
1985) ist wie andere instruktionspsychologische Theorien (z. B. Bruner, 1966) direkt
aus lerntheoretischen und kognitionspsychologischen Untersuchungen entwickelt worden, in deren Forschungsfokus die Bedingungen und Voraussetzungen des Lernpro-
zesses stehen. Gagné stellt weitergehende instruktionspsychologische Überlegungen
an, indem er Maßnahmen und Modelle spezifiziert, in denen die von ihm gefundenen
oder postulierten Lernvoraussetzungen in die Praxis umgesetzt werden sollen. Während sich die lernpsychologische Forschung auf der Makroebene outputorientiert mit
den Determinanten der Schulleistung beschäftigt, werden in der Mikroperspektive
konkrete Lehr-Lern-Prozesse beleuchtet. Innerhalb der Pädagogischen Psychologie
wird in diesem Zusammenhang meistens von *Instruktionspsychologie* gesprochen (vgl.
Leutner, 2006).

Abbildung 6:   Neun Lehr-Lernschritte nach Gagné

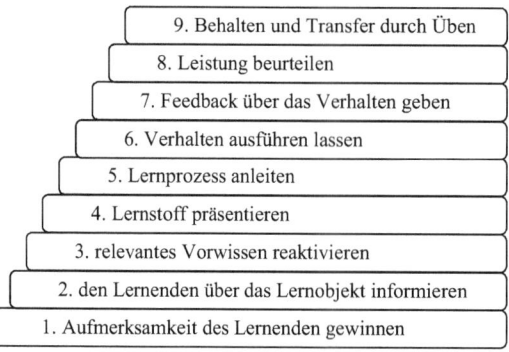

(angelehnt an Gagné, 1985)

Gagné geht in seinen Überlegungen von acht verschiedenen Lernarten (Signallernen,
Reiz-Reaktions-Lernen, Lernen motorischer Ketten, Lernen sprachlicher Ketten, Dis-
kriminationslernen, Begriffslernen, Lernen von Regeln und Prinzipien, Problemlösen)
aus (vgl. Gagné, 1962, 1980). Die aus dem Lernprozess resultierenden Ergebnisse unterteilt er in die fünf Kategorien „Intellektuelle Fähigkeiten", „Kognitive Strategien",
„Verbale Informationen", „Motorische Fähigkeiten" und „Einstellungen" (Gagné,
1980). Ausgehend von diesen Überlegungen entwickelte Gagné ein Modell mit neun
Lehr-Lernschritten (Abbildung 6).

Im ersten Schritt kommt es darauf an, die *Aufmerksamkeit des Lernenden* zu gewinnen (Gagné, 1985). Dies geschieht zum Beispiel durch die Präsentation eines Problems oder einer neuen Situation. Im zweiten Schritt wird der *Lernende über das Lernobjekt informiert*, d. h. erfährt was das Ziel der Unterrichts- oder Ausbildungseinheit ist (vgl. Leutner, 2006). Die Lernenden haben so die Chance, sich auf das Thema einzustimmen. Im dritten Schritt soll das für den Lernstoff wichtige *Vorwissen reaktiviert* werden, indem zum Beispiele Bezug auf frühere Unterrichtsstunden genommen wird. Im vierten Schritt sollte der *Lernstoff präsentiert* werden. Dabei sollen die zentralen Lerninhalte besonders herausgestellt und der Lernstoff aufgebaut nach dem Grad der Schwierigkeit in mehreren Sequenzen vorgestellt werden. Im fünften Schritt wird der *Lernprozess angeleitet*. Es geht nicht mehr um die Präsentation der Inhalte, sondern darum wie sie am effektivsten gelernt werden können. Im sechsten Schritt *führen die Lernenden das im Lehrziel geforderte Verhalten aus*. Die Lernenden wenden ihr neues Wissen z. B. in einer Textaufgabe an. Im siebten Schritt wird den Lernenden *Feedback* gegeben, inwieweit sie das Gelernte korrekt angewendet haben. Für den Fall, dass Fehler auftraten, können die Schritte vier bis sechs wiederholt werden. Im achten Schritt wird die *Lernleistung abschließend* beurteilt. Die Lernleistung kann beispielsweise mit einem Test überprüft und zurückgemeldet werden. Im neunten Schritt soll das Gelernte durch *weitere Übungen und Transferaufgaben* gefestigt werden. Das neue Wissen soll dabei in möglichst vielen verschiedenen Kontexten und in unterschiedlicher Art und Weise angewandt werden können.

3.5 Angebots-Nutzen-Modelle

Das Angebots-Nutzen-Modell von Helmke (2003) basiert auf theoretischen Überlegungen von Fend (1981) sowie Helmke und Weinert (1997) und greift drei Forschungstraditionen der Lehr-Lern-Forschung auf, nämlich das Persönlichkeitsparadigma, das Prozessprodukt-Paradigma und das Expertenparadigma (vgl. Köller, 2008). Im Folgenden werden zunächst der Begriff der Lehr-Lern-Forschung und die drei Paradigmen kurz umrissen. Zuvor aber einige erklärende Worte zum Bereich der Lehr-Lern-Forschung. In der Lehr-Lern-Forschung werden Beziehungen zwischen Unterrichtsmerkmalen und dem Wissens- und Kompetenzerwerb von Lernenden untersucht (Köller, 2008). Die Begriffe Lehr-Lern-Forschung, Instruktionspsychologie, Unterrichtsforschung und Unterrichtswissenschaft werden dabei in der psychologischen Forschung teilweise als gleichbedeutend verwendet (vgl. Niegemann, 2006). In der erziehungswissenschaftlichen Forschungstradition wird die Lehr-Lern-Forschung dem Bereich der Allgemeinen Didaktik zugeordnet. Viele Forschungsarbeiten in der Lehr-Lern-Forschung befassen sich mit der Frage, welche Merkmale einen erfolgreichen Unterricht kennzeichnen (vgl. Meyer, 2004). Eine zusammenfassende Beschreibung für Voraussetzungen und Merkmale erfolgreichen Unterrichts findet sich bei Köller

(2008). Hierzu zählen Grundsätze verständnisvollen Lernens[1], wie sie Baumert, Kunter, Brunner, Kraus, Blum und Neubrand (2004) oder auch Baumert und Köller (2000) beschreiben und Ziele schulischen Arbeitens, wie sie sich aus einer multikriterialen Perspektive (Gagné & Griscoll, 1988, Krathwohl, Bloom & Masia, 1964) ergeben. Ausgehend von diesen Zielbestimmungen lassen sich die genannten drei Forschungsparadigmen unterscheiden, welche die Grundlage für Helmkes Angebots-Nutzen-Modell bilden.

3.5.1 Persönlichkeitsparadigma

Das *Persönlichkeitsparadigma* stellte in den Anfängen der Lehr-Lern-Forschung das dominante Forschungsparadigma dar. Im Forschungsfokus standen dabei die typischen Eigenschaften einer positiven Lehrerpersönlichkeit. Gesucht wurde dabei nach „stabilen, situations- und zeitüberdauernden lernförderlichen Führungs- und Unterrichtsstilen" (Köller, 2008).

Als Beispiele für dieses Paradigma seien an dieser Stelle nur die Arbeiten von Kounin (1970) genannt, der in seinen empirischen Studien *Prinzipien effektiver Klassenführung* identifizierte, die auch Meyer (2004) wieder aufgreift. Zu den Prinzipien effektiver Klassenführung nach Kounin (1976) gehört z. B. das Vermitteln des Gefühls der Allgegenwärtigkeit des Lehrers, ein reibungsloser, unterbrechungsfreier, systematisch aufgebauter Unterricht, ein Lehrer, der immer auf die gesamte Lerngruppe achtet, oder das Erkennen und Vermeiden von vorgetäuschter Schüleraufmerksamkeit (vgl. Köller, 2008; Kounin, 1976; Meyer, 2004).

Insgesamt werden im Persönlichkeitsparadigma aber zu wenig Variablen einbezogen, die vermittelnd zwischen dem Einfluss der Lehrerpersönlichkeit auf die Leistungen der Schülerinnen und Schüler wirken (Helmke, 2003).

3.5.2 Prozess-Produkt-Paradigma

Das *Prozess-Produkt-Paradigma* ist dadurch gekennzeichnet, dass versucht wird, Zusammenhänge zwischen Unterrichtsmaßen (Prozess) und Produktmaßen (Leistungen, Kompetenzzuwachs etc.) herzustellen. Es findet aktuell Verwendung in der DESI-Untersuchung (DESI-Konsortium, 2006).

Nach Meyer (2004) lassen sich zusammenfassend in der vorliegenden Forschungsliteratur zehn wesentliche Merkmale für guten Unterricht identifizieren, die aus Forschungen gewonnen wurden, in denen das Prozess-Produkt-Paradigma die Grundlage bildete:

1.)   Klare Strukturierung des Unterrichts
2.)   Hoher Anteil echter Lernzeit (Time on Task)
3.)   Lernförderliches Klima
4.)   Inhaltliche Klarheit

---

1 Lernen soll z. B. sinnstiftend sein, die individuellen kognitiven Voraussetzungen der Schülerinnen und Schüler berücksichtigen, situations- und kontextorientiert sein, usw.

5.)   Sinnstiftendes Kommunizieren

6.)   Methodenvielfalt

7.)   Individuelles Fördern

8.)   Intelligentes Üben

9.)   Transparente Leistungserwartungen

10.)   Vorbereitete Lernumgebung

3.5.3 Experten-Paradigma

Im *Experten-Paradigma* wird systematisch versucht herauszufinden, wie Lehrerinnen und Lehrer Handlungsroutinen aufbauen und welche Professionalisierungsentwicklungen stattfinden (Köller, 2008). Lehrerinnen und Lehrer werden dabei als Unterrichtsexperten verstanden. In Studien werden die Handlungsroutinen erfahrener Lehrkräfte mit denen von jungen unerfahrenen Kolleginnen und Kollegen verglichen. Nach Helmke (2003) müssen dabei mindestens vier Bereiche berücksichtigt werden, in denen Lehrerinnen und Lehrer Expertise aufbauen sollten, um möglichst wirksam Lernprozesse unterstützen zu können (vgl. Köller, 2008): (1) fachwissenschaftliche Expertise, (2) fachdidaktische Expertise, (3) Expertise in der Klassenführung und (4) diagnostische Expertise. Als Quintessenz des Experten-Paradigmas lässt sich zusammenfassen, dass bei erfolgreichen Lehr-Lern-Prozessen alle vier Expertisen vorhanden sind und sich optimal ergänzen.

3.5.4 Angebots-Nutzungs-Modell von Helmke (2003)

Im *Angebots-Nutzungs-Modell* von Helmke werden die drei vorgestellten Forschungsparadigmen aufgegriffen und integriert (Abbildung 7).

Abbildung 7:   **Ein Angebots-Nutzungs-Modell der Wirkungsweise des Unterrichts**

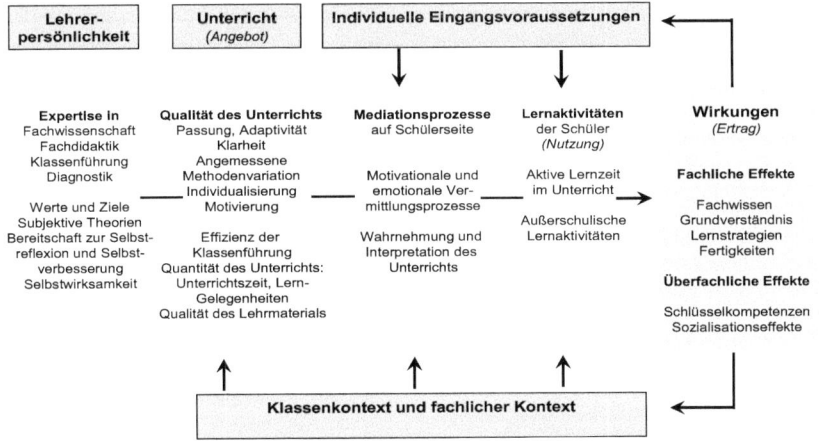

(aus Helmke, 2003, S. 42)

Eine Lehrerin oder ein Lehrer erteilt Unterricht, der im Modell lediglich als ein Angebot angesehen wird. Die Wirkungen bzw. der Ertrag des Unterrichts ist abhängig von zwei auf Schülerseite wirkenden Mediatoren: „(1) davon, ob und wie Erwartungen der Lehrkraft und unterrichtliche Maßnahmen von den Schülerinnen und Schülern überhaupt wahrgenommen und wie sie interpretiert werden und (2) ob und zu welchen motivationalen, emotionalen und volitionalen Prozessen sie auf Schülerseite führen." (Helmke, 2003, S. 41). Ob das Angebot „Unterricht" angenommen wird, hängt von vielen Faktoren ab, insbesondere aber von den Eingangsvoraussetzungen der Schülerinnen und Schüler (vgl. Köller, 2008).

3.6   Rahmenkonzeption der PISA-Studie

In Kapitel 2.1 wurde bereits auf die Befunde der PISA-Studie eingegangen. In diesem Abschnitt wird kurz für die PISA-Untersuchung 2000 die Rahmenkonzeption vorgestellt. Allgemeine Zielsetzung der PISA-Studien ist es, den Regierungen der teilnehmenden Staaten Prozess- und Ertragsindikatoren für ihr Bildungssystem zu liefern (Baumert & Artelt, 2003). Diese Indikatoren umfassen die Bereiche Lesekompetenz (*Reading Literacy*), mathematische Grundbildung (*Mathematical Literacy*), naturwissenschaftliche Grundbildung (*Scientific Literacy*) und fächerübergreifende Kompetenzen (*Cross-Curricular Competencies*). Fächerübergreifende Kompetenzen sind z. B. Merkmale selbstregulierten Lernens und die Vertrautheit mit dem Computer. In den drei Literacy-Bereichen geht es neben der Beherrschung des im Curriculums vorgesehenen Lehrstoffs auch um wichtige Kenntnisse und Fähigkeiten, die im Erwachsenenleben benötigt werden. Innerhalb der Literacy-Konzeption steht die Beherrschung von Prozessen, das Verständnis von Konzepten und die Fähigkeit innerhalb eines Bereichs mit unterschiedlichen Situationen umzugehen, im Mittelpunkt (vgl. Baumert & Artelt, 2003). Dabei steht ein Grundbildungskonzept im Vordergrund, in welchem Fragen zur curricularen Validität in den Hintergrund treten und mehr auf die Erfassung von Basiskompetenzen in variierenden Anwendungssituationen geachtet wird. Neben den internationalen Testbögen wurden nationale Ergänzungstests durchgeführt, in denen auf die nationalen Curricula geachtet wurde.

Das Rahmenmodell der PISA-Studie (Abbildung 8) geht von der Zusammenfassung des Forschungsstandes, den Helmke und Weinert (1997)[2] präsentieren, aus. In Abbildung 8 sind die zentralen Untersuchungskomponenten von PISA 2000 grau unterlegt. Im Erhebungsprogramm von PISA werden theoriegeleitet zentrale Bestandteile eines allgemeinen Erklärungsmodells schulischer Leistungen berücksichtigt. Auf Grund dieser Daten können theoretisch aussagekräftige Modelle geschätzt werden. Zu Recht weisen aber Baumert und Artelt (2003) auch auf einen Schwachpunkt der Konzeption hin: Die PISA-Erhebungen werden als querschnittliche Untersuchungen durchgeführt. Daher ist es in der Regel unmöglich, belastbare kausale Aussagen zu

---

2 Helmke und Weinert beziehen sich unter anderem auf Arbeiten von Haertel, Walberg und Weinstein (1983) und Wang, Haertel und Walberg (1993).

treffen. PISA eignet sich in erster Linie als deskriptives und exploratives Instrument, welches in der Lage ist, die „Wissensbasis in dem komplexen Anwendungsfeld von Schule, Unterricht und Lernen zu erweitern" (Baumert & Artelt, 2003, S. 18).

Abbildung 8:   **Bedingungen schulischer Leistungen in PISA**

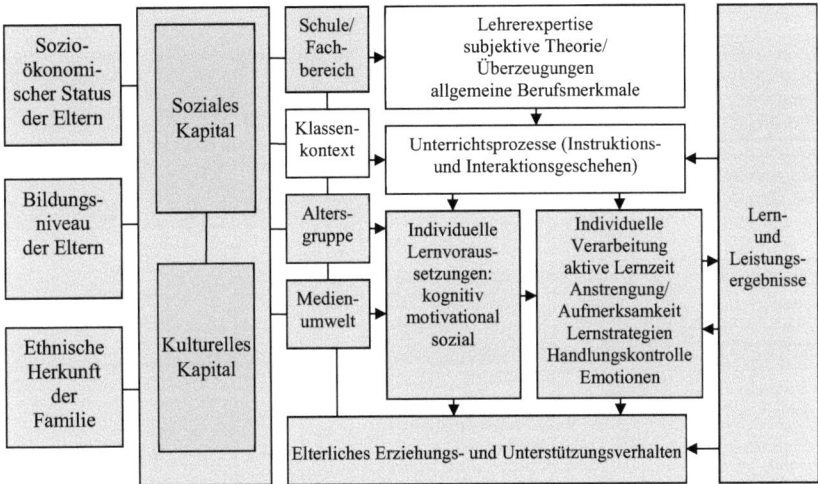

(aus Baumert & Artelt, 2003, S. 18)

3.7 Struktur-Prozess-Modell von Baumert et al. (2006)

Baumert, Stanat und Watermann (2006) beschäftigen sich in ihrem Struktur-Prozess-Modell mit Effekten von unterschiedlichen schulischen Kontext- und Kompositions-bedingungen auf Lern- und Entwicklungsprozesse von Schülerinnen und Schülern (vgl. Abbildung 9). Sie unterscheiden für den Kontext in ihrem Kompositionsmodell fünf Komponenten (vgl. Baumert et al., 2006):

(1)   Soziokulturelle Zusammensetzung der Schülerschaft
(2)   Konzentration sozialer Risikofaktoren durch belastende Familien-verhältnisse
(3)   Ethnisch-kulturelle Zusammensetzung der Schülerschaft
(4)   Fähigkeits- und Leistungsniveau der Schülerschaft
(5)   Konzentration lernbiographischer Belastungsfaktoren

Abbildung 9:   **Struktur-Prozess-Modell von Baumert, Stanat & Watermann**

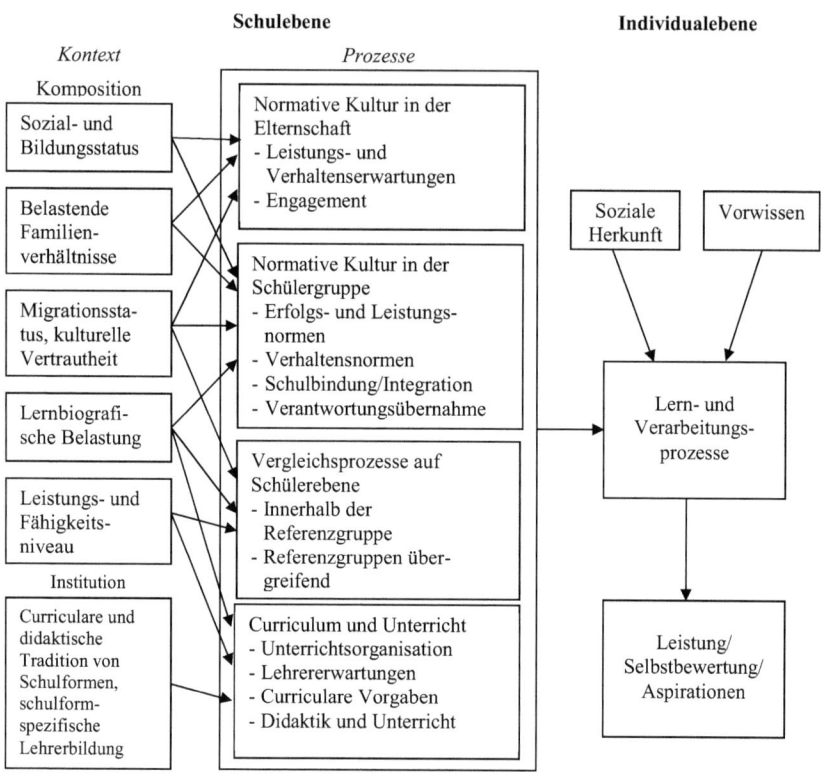

(Quelle: Baumert, Stanat, Watermann, 2006, S. 126)

Die einzelnen Komponenten werden über entsprechende Indikatorvariablen erfasst. So wird z. B. die soziokulturelle Zusammensetzung der Schülerschaft über Maße des Sozial- und Bildungsstatus erhoben (vgl. Baumert, Stanat & Watermann, 2006). Unsichere Beschäftigungsverhältnisse und instabile Familienstrukturen sind Indikatoren für belastende Familienverhältnisse. Die ethnisch-kulturelle Zusammensetzung der Schülerschaft wird über die Zuwanderungsanteile, die Verweildauer im Zuwanderungsland sowie über die Sicherheit und Vertrautheit im Umgang mit der deutschen Sprache erfasst. Das Fähigkeits- und Leistungsniveau der Schülerschaft wird über die Verteilungsmerkmale der allgemeinen kognitiven Fähigkeiten und des jeweils fachspezifischen Vorwissens bestimmt. Die Konzentration lernbiographischer Belastungsfaktoren wird über die Merkmale von Misserfolgskarrieren wie Klassenwiederholungen oder dem Abstieg in einen weniger anspruchsvollen Bildungsgang festgestellt.

Beim schulischen Kontext berücksichtigen Baumert, Stanat und Watermann nicht nur Kompositionsmerkmale, sondern auch institutionale Merkmale von Schulen (vgl. Abbildung 9). Sowohl in gegliederten wie auch in nicht gegliederten Schulsystemen ist es hauptsächlich „das mit der sozialen Zusammensetzung kovariierende Fähigkeitsniveau der Schülerschaft, auf das Lehrkräfte organisatorisch, curricular und didaktisch adaptiv reagieren" (Baumert, Stanat & Watermann, 2006, S. 129). In gegliederten Schulen werden jedoch auch Lernbedingungen durch bildungsgangsspezifische Traditionen in der Lehrplanarbeit, der Didaktik sowie der Lehrerbildung geprägt.

Auf Schulebene werden die Wirkungen der Kontext- und Kompositionsbedingungen auf die Lern- und Entwicklungsprozesse über verschiedene Prozesse (vgl. Abbildung 9) vermittelt und moderiert (Baumert, Stanat & Watermann, 2006). Zu den Prozessen zählt die soziale Interaktion zwischen Eltern, Lehrkräften und Schülerinnen und Schülern sowie deren normbildenden Wirkungen. Baumert, Stanat und Watermann (2006) greifen dabei den Ansatz von Dreeben und Barr (1988) auf, die die Bedeutung von unterrichtsorganisatorischen, curricularen und didaktischen Vermittlungsprozessen für die Lern- und Leistungsentwicklung hervorheben. Als fähigkeitsbezogene Kompositionsmerkmale wirken demnach das Leistungs- und Fähigkeitsniveau in einer Gruppe bzw. die Konzentration von Personen mit lernbiografischen Risiken.

Baumert, Stanat und Watermann (2006) haben angelehnt an ihr Struktur-Prozess-Modell eine Serie von Modellrechnungen durchgeführt, in denen schrittweise aufgeklärt wird, welchen Einfluss Kompositions- und Institutionseffekte auf die Lesekompetenz besitzen. Die Befunde dieser Regressionsanalysen finden sich in Tabelle 13. In den Berechnungen werden analog zum Modell in Abbildung 9.

Individual- und Schulebene unterschieden. Auf individueller Ebene wurden die folgenden Variablen konstant einbezogen: die kognitiven Grundfähigkeiten, der höchste sozioökonomische Status der Familie (HISEI), familiale Belastungen durch Arbeitslosigkeit und instabile Familienverhältnisse, die Familiensprache (Deutsch/ nicht Deutsch), die kulturelle und kommunikative Praxis in der Familie und das Bildungsniveau der Eltern. Auf Schulebene wurden drei Prädiktoren einbezogen, das mittlere Fähigkeitsniveau in der Schülerschaft, der Prozentsatz der Eltern ohne Berufsausbildung und der Bildungsgang. In den Modellen wird die Varianz der Lesekompetenz zerlegt in Varianz innerhalb von Schulen und zwischen Schulen. Im ersten Analyseschritte wird nur das Individualmodell berücksichtigt, ohne dass auf Schulebene Variablen mit einbezogen werden. In den folgenden Analyseschritten werden nach und nach Variablen auf der Schulebene berücksichtigt.

Im Ergebnis der Analysen von Baumert, Stanat und Watermann (2006) zeigen sich sowohl Kompositions- wie auch institutionelle Effekte auf die Leistungsentwicklung von Schülerinnen und Schülern. Unter den Kompositionsmerkmalen kommt dem Leistungs- und Fähigkeitsniveau einer Schule eine besonders herausragende Bedeutung zu (vgl. Baumert, Stanat, Watermann, 2006). Die soziale Zusammensetzung der Schule besitzt in ihren Analysen nur einen sehr geringen Effekt auf Leistungsentwicklung, der in weiteren Untersuchungen abgesichert werden müsste. Die Kompositionsdimensionen wurden in Kombination mit der Schulform auf Effekte, die sie auf die Leistungsentwicklung haben, untersucht. Schulformunabhängig erwiesen sich dabei die Leistungs- und Fähigkeitsniveaus der Schülerschaft als die Merkmale, die den größten Anteil der Varianzen in den Leistungen zwischen den Schulen erklären. Das Gymnasium erwies sich im Hinblick auf Wirkungen gegenüber den Leistungsergebnissen der Schülerinnen und Schüler als relativ robust gegenüber Veränderungen in der Schülerzusammensetzung. Anderes gilt für die Hauptschule. Der Arbeitserfolg in der Hauptschule wird am stärksten durch kritische Kompositionsmerkmale beeinflusst. Innerhalb dieser Schulform sind dies in Reihenfolge ihrer Bedeutung (Baumert, Stanat, Watermann, 2006): Konzentration von Schülerinnen und Schülern aus bildungsfernen Familien, Konzentration von Schülerinnen und Schülern, die Klassen wiederholen, ein niedriges Leistungs- und Fähigkeitsniveau sowie steigender Anteil von Schülerinnen und Schülern aus belastenden Familienverhältnissen.

Die normative Kultur in einer Altersgruppe kann sich vermittelnd auswirken auf die besuchten Schulen unter Kontrolle von kognitiven Fähigkeiten und familialen Lebensbedingungen auf individueller Ebene. In den durchgeführten Pfadanalysen wurden drei Facetten der normativen Kultur in den Altersgruppen berücksichtigt: Erstens die Akzeptanz von Leistungsnormen, zweitens die Bereitschaft, Gewalt gegenüber Sachen und Personen anzuwenden und drittens die Bindung an die Schule. Die Befunde aus den mehrebenenanalytischen Pfadanalysen für die Hauptschulen zeigen, dass ein hoher Anteil von gewaltbereiten Schülerinnen und Schülern ein Risikofaktor für die schulische Leistungsentwicklung ist. Wenn die Gewaltbereitschaft als vermittelnde Variable berücksichtigt wird, steigt der Anteil der aufgeklärten Varianz von 27 auf 43 % an. Überraschenderweise zeigte sich aber kein Zusammenhang zwischen dem Anteil der gewaltbereiten Schülerinnen und Schüler und der Zusammensetzung der Schülerschaft. Deviante Verhaltensweisen sind also keine Vermittler der Kompositionseffekte auf die Schulleistung. In der Hauptschule existiert kein Zusammenhang zwischen der mittleren Schulzufriedenheit sowie der geteilten Akzeptanz von Leistungsnormen und den Schulleistungen in der Gruppe. Diese Faktoren eignen sich an der Hauptschule nur auf individueller Ebene zur Vorhersage der Leistungen.

Insgesamt ähneln sich die Befunde für die Rolle der normativen Kultur der Altersgruppe über alle Schulformen hinweg. Deutlich wird, dass Unterschiede in der normativen Kultur in den Peergruppen verschiedener Schulen nicht durch die jeweilige Komposition der Schülerschaft erklärt werden können. Vielmehr sind sie teilweise durch Selektionsprozesse bedingt und hängen auch von der Qualität schulinterner pädagogischer Prozesse ab (vgl. Baumert, Stanat & Watermann, 2006).

Tabelle 13: Parameterschätzung für *Random-Intercept*-Modelle zur Vorhersage der Lesekompetenz von Fünfzehnjährigen durch Kompositions- und Institutionsmerkmale

Parameter/Indizes	Modell 1[5]	Modell 2	Modell 3	Modell 4	Modell 5	Modell 6	Modell 7	Modell 8
	499	500	498	499	494	496	495	496
Adjustierte mittlere Lesekompetenz (*Intercept*)	**51.79**[1]	**51.38**	**48.97**	**48.97**	**50.04**	**48.05**	**48.88**	**48.99**
Individualebene[2]								
Kognitive Grundfähigkeiten (KFT)	**5.27**	**3.33**	**2.95**	**2.95**	**2.84**	**2.79**	**2.86**	**2.81**
Sozioökonomischer Status (HISEI)	-1.52	-1.57	-1.43	-1.45	-0.76	-1.02	-0.89	-1.07
Vater nicht erwerbstätig	0.29	0.44	0.59	0.64	0.38	0.55	0.48	0.59
Alleinerziehend								
Deutsch nicht Familiensprache	**-26.01**	**-24.64**	**-24.98**	**-24.43**	**-25.74**	**-25.23**	**-24.93**	**-24.72**
Kulturelle Ressourcen	**3.30**	**3.34**	**3.07**	**3.10**	**3.09**	**3.03**	**3.11**	**3.05**
Kommunikative Praxis	**5.27**	**5.25**	**5.27**	**5.26**	**5.18**	**5.22**	**5.17**	**5.21**
Höchstes Bildungsniveau der Eltern								
Haupt- oder Realschule ohne Berufsausbildung	**-7.65**	**-6.47**	**-7.02**	**-6.54**	**-7.15**	**-7.00**	**-6.56**	**-6.60**
Hauptschule und Lehre	0.71	1.08	1.86	1.94	2.34	2.32	2.27	2.28
Realschule und Lehre (Referenzkategorie)	–	–	–	–	–	–	–	–
Realschule und Fachschule	1.47	1.31	1.59	1.51	1.85	1.76	1.61	1.60
Abitur ohne Hochschule	-1.56	-1.75	-1.79	-1.87	-2.08	-1.97	-2.27	-2.12
Hochschulabschluss	2.28	2.09	1.62	1.58	1.23	1.28	1.02	1.13
R^2 (*innerhalb von Schulen*)	*0.60*	*0.59*	*0.57*	*0.57*	*0.58*	*0.57*	*0.57*	*0.57*
Schulebene[3]								
Mittlere kognitive Grundfähigkeiten (KFT)[4]			**31.27**	**27.98**		**19.20**		**15.91**
% Eltern ohne Berufsausbildung (ISCED < 3)		**-22.70**		**-5.40**			**-8.90**	**-5.70**
Bildungsgang								
Hauptschule					**-37.08**	**-16.26**	**-28.74**	**-14.52**
Realschule (Referenzkategorie)					–	–	–	–
Gymnasium					**48.13**	**22.28**	**42.16**	**22.93**
Integrierte Gesamtschule					**-5.67**	**-3.07**	**-5.96**	**-3.71**
Schule mit mehreren Bildungsgängen (MBG)					**-5.38**	**-2.95**	**-7.46**	**-4.70**
R^2 (*zwischen Schulen*)		*0.41*	*0.76*	*0.77*	*0.72*	*0.79*	*0.76*	*0.80*
R^2 (*insgesamt*)	*0.62*	*0.67*	*0.72*	*0.72*	*0.72*	*0.72*	*0.72*	*0.73*

Quelle: Baumert, Stanat & Watermann, 2006, S. 130.

[1] Parameterschätzung mit Mplus 3.11 (Muthén & Muthén, 2004); signifikante Parameter sind fett gedruckt.
[2] Erwerbsstatus, Familienstatus, Familiensprache und Bildungsniveau *dummy-kodiert*; alle übrigen Parameter auf individueller Ebene *z*-standardisiert.
[3] Mittlere kognitive Grundfähigkeiten und % Eltern ohne Berufsausbildung auf Schulebene *z*-standardisiert; Bildungsgang *dummy-kodiert*.
[4] Quadratischer Trend wird nicht signifikant. Intraklassische Korrelation im Nullmodell *ICC* = .59, in Modell 1 *ICC* = .18.
[5] Intraklassische Korrelation im Nullmodell ρ = .59, in Modell 1 ρ_{res} = .18

Die Zusammensetzung der Schülerschaft kann sich auf die Persönlichkeits- und Kompetenzentwicklung der Schülerinnen und Schüler auswirken. Hierbei finden sich in den Untersuchungen von Baumert, Stanat und Watermann (2006) Belege für den *Big-Fish-Little-Pond*-Effekt (Marsh, 1987; Marsh & Hau, 2003; Marsh, Trautwein, Lüdtke, Baumert & Köller, 2007) und die Annahme, dass sich ein negativer Effekt auf die Anstrengungsbereitschaft und die Erfolgserwartung aller Schülerinnen und Schüler in einer Schule zeigt, wenn es dort eine hohe Anzahl von Schulabbrecherinnen und Schulabbrechern gibt.[3] Der *Big-Fish-Little-Pond*-Effekt besagt, dass sich die Selbstwirksamkeitsüberzeugungen bei gleichzeitiger Kontrolle des individuellen Fähigkeitsniveaus verschlechtern, wenn eine Schülerin oder ein Schüler auf eine Schule wechselt, an der das mittlere Fähigkeitsniveau höher ist. Dieser Effekt trat allgemein in beachtlicher Stärke auf. Bei Kontrolle der Wechselwirkungen zwischen Schulform und Kompositionsmerkmalen deutete sich der *Big-Fish-Little-Pond*-Effekt an Gymnasien und an Schulen mit mehreren Bildungsgängen nur an und wurde nicht signifikant. Ein negativer Kompositionseffekt trat signifikant nur nach der Kontrolle der Wechselwirkungen in beachtlicher Stärke an Hauptschulen auf.

Anhand von latenten Klassenanalysen für Haupt- und Realschulen sowie für Schulen mit mehreren Bildungsgängen fanden Baumert, Stanat und Watermann (2006) heraus, dass auch regionale Strukturbedingungen zu kritischen Kompositionsbedingungen führen können. Bei den Haupt- und Realschulen gab es eine kritische Gruppe von Schulen, an der mehrere negative Kompositionsmerkmale zugleich auftraten. Die negativen Wirkungen auf die Leistungsentwicklung beeinflussen sich dann gegenseitig und addieren sich zum Teil auch auf.

Kritisch ist erstens anzumerken, dass die empirischen Befunde durch eine Querschnittsanalyse gewonnen wurden, für die eigentlich Längsschnittdaten ausgewertet werden müssten. Zweitens sind die empirischen Befunde teilweise tautologieverdächtig, da beispielsweise erklärende Faktoren wie schulische Lerngelegenheiten und Entwicklungsmilieus der Schullaufbahnen zum gleichen Zeitpunkt gemessen werden wie die abhängige Variable.

Insgesamt zeigen die Befunde von Baumert, Stanat und Watermann (2006), dass die Schulstruktur in gegliederten Bildungssystemen und Zusammensetzung der Schülerschaft beachtliche, von individuellen Faktoren unabhängige, Einflüsse auf die Entwicklung schulischer Lern- und Entwicklungsumwelten besitzen.

---

3 Die lernbiografische Kompositionsannahme über den Effekt der Konzentration von Schulversagen greift die Befunde der klassischen Marienthal-Studie auf (Jahoda et al., 1933). In dieser Studie wurde ein Dorf mit einer hohen Anzahl von Arbeitslosen über eine längere Zeit untersucht. Die hohe Arbeitslosenquote wirkte sich negativ auf das ganze Dorf aus.

3.8 Scheerens Synthese der Lehr-/Lernforschung (2008)

Scheerens erstellt eine Synthese der Lehr-Lern-Forschung, in welcher er bisherige Forschungsarbeiten auswertet. Einer seiner wesentlichen Befunde ist, dass Lernen als Prozess gesehen werden kann, der teilweise durch den Lernenden autonom mitbestimmt wird. Unterrichten determiniert nicht das Lernverhalten, sondern stellt lediglich eine Art „Anschubhilfe" (im englischen Original „booster"; Scheerens, 2008) dar. Dadurch werden lediglich bestimmte Aspekte des Lernverhaltens stimuliert sowie der allgemeine Kontext, in dem Lernen stattfindet, verbessert. Aus dieser Perspektive besteht das Unterrichten darin, Lerninhalte zu präsentieren und bestimmte psychologische Abläufe bei Lernenden zu stimulieren. Bei der Planung von Unterrichts- und Lernsituationen sind *proaktive, interaktive* und *rückbesinnende* Aspekte bedeutsam (Scheerens, 2008). Proaktive Aspekte beziehen sich in erster Linie auf die Kurrikulums- und Unterrichtsplanung, aber auch die Lehrkompetenzen und die Entwicklung dieser bei den Lehrerinnen und Lehrern lassen sich hier zuordnen. Die interaktive Dimension umfasst den aktuellen Prozess des Schaffens einer Lernumwelt und die Verwirklichung von Unterrichtshandeln. In der Dimension der Rückbesinnung sind die Reflexion, Evaluation, Leistungsmessung und das Feedback im Unterricht zentral.

Die wesentlichen Variablen in Lehr-Lern-Kontexten sind in Abbildung 10 dargestellt.

Abbildung 10: Lernen bei Schülerinnen und Schülern

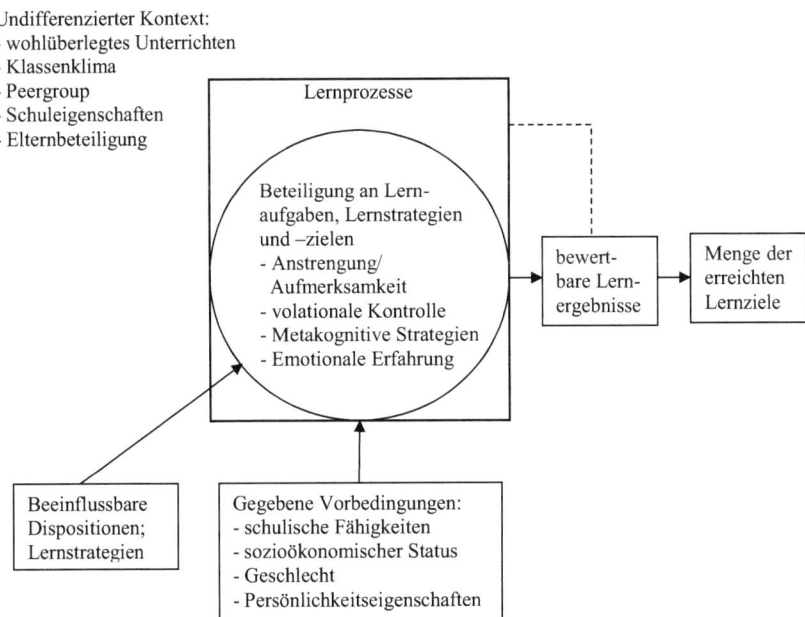

(übersetzt nach Scheerens, 2008, S. 3)

Die Dimensionen des Unterrichts, die in verschiedenen Unterrichtsmodellen auf unterschiedliche Weise als zentral angesehen werden, sind:

- Struktur vs. Unabhängigkeit in Unterrichts- und Lernsituationen
- die Hervorhebung von proaktiven und rückbesinnenden Aspekten
- die Unterscheidung zwischen direkten Unterrichtsaktivitäten und dem Schaffen einer Klassenzimmer-„Ökologie"
- die Schaffung von Lerngelegenheiten
- das Stimulieren von Schülereinstellungen

Abbildung 11: Überblick über Merkmale und Bedingungen des Unterrichtens

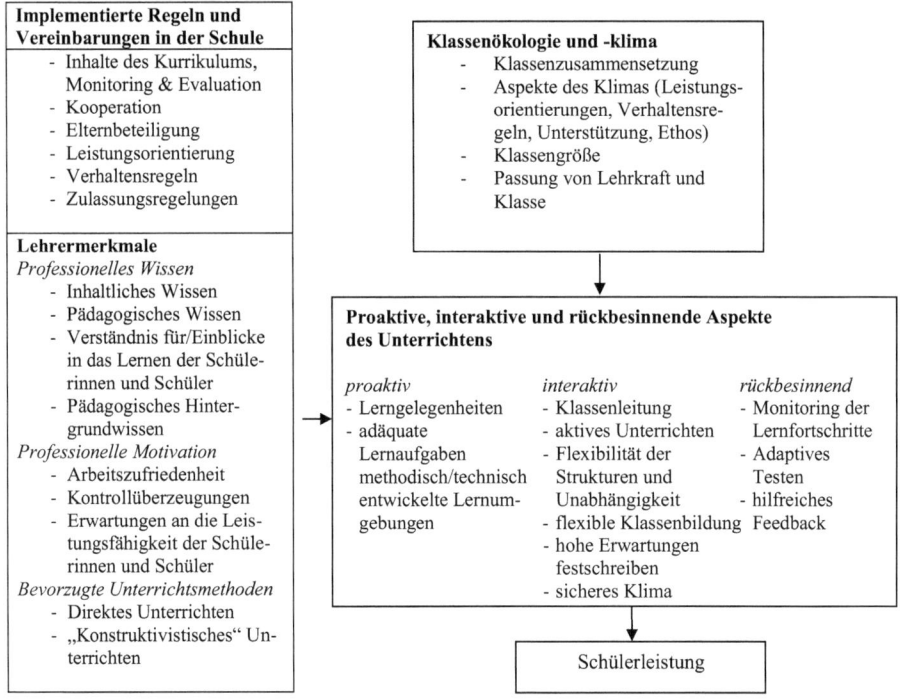

(übersetzt nach Scheerens, 2008, S. 23)

Die Tabelle 14 gibt einen Überblick über zentrale Kennwerte für erfolgreiches Lernen von Schülerinnen und Schülern. Unterschieden werden dabei Einflüsse des sozialen Hintergrundes und der Persönlichkeitseigenschaften, teilweise lehrbare Dispositionen und das Verhalten in Lernprozessen.

Tabelle 14: Überblick über Kennwerte des Lernens

Hintergrundvariablen	Teilweise lehrbare Dispositionen	Lernprozesse
Allgemeine Intelligenz Akademische Fähigkeiten Sozioökonomischer Status Geschlecht Migrationsstatus Relevante Persönlichkeitseigenschaften, wie z. B. Kontrollüberzeugungen oder kognitive Stile	Lernstrategien: - Memorierungsstrategien - Elaborationsstrategien - Kontrollstrategien Unterrichtsinteresse Instrumentelle Motivation Persistenz Selbstwirksamkeit Fachliches und allgemeines akademisches Selbstkonzept Metakognitives Wissen über kooperatives Denken	Unterrichtskonformes Verhalten Grad des Engagements Selbstberichte über aktuelle Lernprozesse (laut über die Vorgehensweise nachdenken)

(übersetzt nach Scheerens, 2008, S. 3)

Abbildung 12: Zusammenfassung von neueren Abhandlungen und die Beobachtungskategorien der niederländischen Aufsichtsbehörde

Unterrichten (Anderson)
- erlassener Lehrplan
- physische Ausstattung des Klassenraums
- Klassenklima
- Klassenorganisation und -management
- gegenwärtiger Unterricht:
  - Vorraussetzungen (Unterrichtsplanung)
  - Kommunikation mit den Schülerinnen und Schülern

Niederländische Schulinspektionsbehörde
- Lernzeit
- unterstützendes Klima
- herausforderndes Klima
- Unterrichtsstrukturen
- Schüleraktivierung
- Unterrichten von Lernstrategien
- Konzentration auf Zielerreichung
- Klassenorganisation

Bolphy
- Lerngelegenheiten
- kurrikulare Ausrichtung
- unterstützendes Klassenklima
- Leistungserwartungen
- kooperatives Lernen
- zielorientierte Bewertung
- kohärente Inhalte, eindeutige Erklärungen
- durchdachte Diskurse
- Etablierung von Lernorientierungen
- ausreichende Möglichkeiten für Übungen und Anwendungen

Baumert et al.
- Ausmaß und Qualität von Unterricht
- Lehrer-Schüler-Beziehungen
- Schüler-Schüler-Beziehungen

(übersetzt nach Scheerens, 2008, S. 38)

Die Dimension der Unterrichtsstruktur und die Unabhängigkeit beim Unterrichten ist eines der wichtigsten Unterscheidungsmerkmale von Schulen in Bezug auf ihre Unterrichtseffektivität. Auf Unterrichtsebene lassen sich als zwei wesentliche Orientierungen strukturiertes, direktes und konstruktivistisch orientiertes Unterrichten unterscheiden. Im traditionellen, *behavioristisch* ausgerichteten Ansatz werden die Effekte von strukturiertem direkten Unterrichten analysiert. Der *konstruktivistisch* inspirierte Ansatz zielt auf die kognitiven Variablen ab. Mit ihm werden die Metakognitionen von Schülerinnen und Schülern und das selbstregulierte Lernen in den Blickpunkt genommen.

Ob die eine oder die andere Orientierung präferiert wird, hängt von den jeweiligen Bedingungen der Unterrichtssituation ab, hierzu zählen die Fähigkeiten der Schülerinnen und Schüler, die Klassenstufe sowie die Art der Bildungs- und Erziehungsziele.

Scheerens gibt einen kurzen Überblick über vier Ansätze, in denen wesentliche Faktoren der Untereffektivität berücksichtigt werden (Abbildung 12).

Tabelle 15: Unterrichtsvariablen

Charakteristiken des Unterrichts	Indikatoren
(1) Lernzeit	Zeit für eine Lernaufgabe, effektive Nutzung der Zeit, Hausaufgaben, „mastery learning"
(2) Lerngelegenheiten	Inhaltlich abgesicherte Lerngelegenheiten
(3) Klassenorganisation	Klassenmanagement, Disziplin, Kontrolle
(4) Geordnete funktionale Lernumwelt	Lernklima, Klassenklima, Leistungsdruck, „mastery"-Orientierung, Leistungsorientierung
(5) Klares und strukturiertes Unterrichten	Direktes Unterrichten, strukturiertes Unterrichten, Veranschaulichungen durch den Lehrer, Lehren von Grundfertigkeiten, Klarheit
(6) Aktivierung	Kooperatives Lernen, situiertes Lernen, entdeckendes Lernen, „peer-tutoring", Schülerexperimente, praktische Aktivitäten, Gruppenarbeit, Einzelarbeit, individuelles Lernen, Diskussionen
(7) Lernen Lernstrategien anzuwenden	Training der kooperativen Lernstrategie, Problemlösen, metakognitives Training, wissenschaftliches Arbeiten, üben laut nachzudenken, „concept-mapping", Organisations-/Strukturierungsmethoden, Spracherwerbstraining, Training der phonetischen Bewusstheit, Lesestrategien, Schreibstrategien, formales Lernstrategietraining
(8) Herausforderungen	Kognitive Aktivierung, Verstehensorientierung, aktive Schülerbeteiligung, authentische Kontexte, Relevanz für die Schüler, Sprachniveau, unterschiedliche Darstellungsformate
(9) Unterstützung (wechselseitiger Respekt)	Qualität der Lehrer-Schüler-Interaktionen, Schüler-Schüler-Interaktionen, Unterstützung durch den Lehrer
(10) Feedback/Monitoring	Feedback, Monitoring, individuelle Bezugsnorm
(11) Evaluation der Ziele/ Leistungen	Assessments, Tests
(12) Adaptives Unterrichten	Unterschiedliche Lehrmethoden, adaptives Unterrichten, Orientierung an individuellen Lernprozessen, Wahlmöglichkeiten, Berücksichtigung der Voraussetzungen der Schüler
(13) Übungen	Drill, Wiederholungen, Anwendungen
(14) Material	Qualität des Kurrikulums, Textbücher, Arbeiten mit Computern
(15) „Integrierte" Unterrichtskonzepte	Konstruktivistisches Unterrichten, induktives Unterrichten, konzeptorientiertes/integriertes Unterrichten

(übersetzt nach Scheerens, 2008, S. 43–44)

In einer Metaanalyse wurden die Variablen aus den oben genannten (vgl. Abbildung 12) sowie aus weiteren Studien berücksichtigt und im Wesentlichen das Kategoriensystem der niederländischen Schulinspektionsbehörde[4] verwendet (Scheerens, Seidel, Witziers, Hendriks & Dornekamp, 2005). Eine Zusammenfassung der daraus resultierenden Variablenauswahl ist in Tabelle 15 dargestellt. Alternativ wurde ausgehend von der Metaanalyse ein zweites Modell mit nur sechs Kategorien konzipiert (vgl. Tabelle 17).

In der Metaanalyse wurden als abhängige Variablen die Ergebnisse von kognitiven Schülerleistungstests in Regressionsanalysen einbezogen. Die wesentlichen Befunde für die Effekte einzelner Unterrichtsfaktoren werden in Tabelle 16 dargestellt. Es zeigen sich im Durchschnitt hohe Effektgrößen für das Erlernen von Lernstrategien (.21), Lehrermerkmale (.15), einen herausfordernden Unterricht (.13), eine geordnete funktionale Lernumwelt (.13), klares und strukturiertes Unterrichten (.13) sowie Auswahl von Unterrichtsarrangements mit aktivierenden Elementen wie z. B. Gruppenarbeit (.12).

Tabelle 16: Ergebnisse der Meta-Analyse für Unterrichtsfaktoren (15 Kategorien)

Kategorie		durchschnittlicher Effekt	Standardfehler	p	Anzahl
1	Lernzeit	.095	.013	.000	173
2	Lehrermerkmale	.146	.039	.000	26
3	Klassenorganisation	.075	.019	.000	62
4	Lernumwelt	.129	.012	.000	138
5	Klar und strukturiert	.126	.016	.000	134
6	Aktivierend	.123	.012	.000	179
7	Lernstrategien	.213	.018	.000	103
8	Herausforderungen	.130	.013	.000	180
9	Unterstützung	.108	.017	.000	73
10	Feedback	.056	.019	.004	106
11	Evaluation	.086	.031	.006	46
12	Adaptives Unterrichten	.066	.027	.013	41
13	Übungen	-.080	.030	.007	27
14	Material	.015	.016	.033	28
15	„Integrierte" Unterrichtskonzepte	.089	.022	.000	90

(übersetzt nach Scheerens, 2008, S. 118)

In der Forschungsliteratur zur Unterrichtseffektivität existieren, wie oben beschrieben, zwei herausragende Denkrichtungen. Zum einen gibt es den eher traditionellen *behavioristischen* Ansatz, der die Effekte von strukturiertem, direktem Unterrichten analysiert, zum anderen den *konstruktivistisch* inspirierten Ansatz. Nur sehr selten wurden beide Ansätze hinsichtlich ihres Erfolges direkt miteinander verglichen (so geschehen z. B. bei Van der Werf, 2005). In den meisten Metaanalysen wird der traditionelle An-

---

4 Die niederländische Schulinspektionsbehörde hat die Aufgabe, die Bildungsqualität in niederländischen Bildungseinrichtungen zu sichern und zu fördern (vgl. Niederländische Schulinspektionsbehörde, 2009). Um dies zu realisieren, werden regelmäßig stattfindende systematische Befragungen an Schulen und anderen Bildungsinstitutionen durchgeführt.

satz favorisiert, wie z. B. in den Arbeiten von Fraser und Walberg (Fraser et al., 1987; Walberg, 1986; Wang, Haertel & Walberg, 1993). Wurden die 15 Dimensionen alternativ in sechs Dimensionen zusammenfasst, (vgl. Tabelle 17, Tabelle 18) zeigte sich bei der metaanalytischen Untersuchung der Modelle mit sechs Dimensionen, dass die mittleren Effekte im Vergleich zu den 15-Faktoren-Modellen deutlich geringer ausfielen (vgl. Tabelle 16 und Tabelle 18).

Im 6-Dimensionen Modell (Tabelle 18) haben konstruktivistische Unterrichtsstrategien mit .14 den höchsten Effekt, etwas höher als der des lehrerbestimmten Klassenmanagements (.10) und des strukturierten, direkten Unterrichtens (.09). Verglichen mit den Befunden aus früheren Analysen (Fraser et al., 1987, Walberg, 1986, Wang, Haertel & Walberg, 1993, Van der Werf, 2005) ist die höhere mittlere Effektstärke der konstruktivistischen Unterrichtsstrategien ein bemerkenswertes Ergebnis.

Ausgehend von der Zahl der Replikationen für die Dimension der konstruktivistischen Unterrichtsstrategien (Tabelle 18) ist ersichtlich, dass sich während der letzten zehn Jahre eine Vielzahl von Studien mit dem Thema „Lernen zu lernen", den allgemeinen metakognitiven Strategien, dem Erlernen von fachspezifischen Lernstrategien in Mathematik, den Naturwissenschaften und Sprache sowie mit kognitiver Aktivierung befasste. Die aktuelle Lehr-Lern-Forschung scheint stark durch die konstruktivistischen Orientierungen beeinflusst zu sein. Variablen wie „Peer tutoring" und kooperatives Lernen gehören ebenfalls zu der Kategorie 4 (Tabelle 18). Für sie gibt es eine längere Forschungstradition und sie wurden auch schon in früheren Metaanalysen (Fraser et al., 1987, Walberg, 1986, Wang, Haertel & Walberg, 1993) berücksichtigt in denen sie noch höhere Effekte aufwiesen als in den Untersuchungen von Scheerens.

Tabelle 17:   Kategorisierung der Unterrichtsvariablen in sechs Dimensionen

	Dimension	Beschreibung
1	Lehrplanorientiert	Die lehrplanorientierte Dimension umfasst Lerngelegenheiten, Lernstrategien im Hinblick auf vertieftes domänenspezifisches Wissen und Fachbücher.
2	Lehrerbestimmtes Klassenmanagement	Die Dimension des lehrerbestimmten Klassenmanagements und Schaffung des Klassenklimas umfasst Zeit, Leistungsorientierungen, hohe Erwartungen, Disziplin, aktivierende Maßnahmen wie zum Beispiel verschiedene Präsentationsformen, unterschiedliche Medien, Übungsaufgaben, Variation von theoretischen und praktisch relevanten Anwendungen, Formen der Gruppenarbeit und differenzielles sowie adaptives Unterrichten.
3	Strukturiertes, direktes Unterrichten	Orientierung am „mastery learning", Drill und Übungen
4	Konstruktivistisch orientierte Lehrstrategien	Lehren von metakognitiven Strategien, kognitive Aktivierung, häufiger offen gestaltete Lernaufgaben, entdeckendes Lernen, Übergehen von einem eher strukturierten Lernen zu offeneren Arbeitsweisen
5	Klimadimension	Unterstützung und positive Interaktionen
6	Evaluation und Feedback	Feedback, Beurteilungen, Tests

(übersetzt nach Scheerens, 2008, S. 101)

Tabelle 18: **Ergebnisse der Metaanalyse für die Unterrichtsfaktoren (6-Dimensionen-Modell)**

	Dimension	Durchschnittli-che Effekte	Standardfehler	p	Anzahl
1	Lehrplanorientiert	.077	.023	.001	61
2	Lehrerbestimmtes Klassenmanagement	.095	.010	.000	304
3	Strukturiertes, direktes Unterrichten	.085	.015	.000	165
4	Konstruktivistisch orientierte Lehrstrategien	.135	.008	.000	542
5	Klimadimension	.117	.011	.000	180
6	Evaluation und Feedback	.065	.017	.000	152

(übersetzt nach Scheerens, 2008, S. 135)

Der konstruktivistische Ansatz hat eine enorme gesellschaftliche Auswirkung, wenn Bildungsreformer in so unterschiedlichen Ländern wie z. B. den Niederlanden, Ghana oder der Türkei ihn als einen der Eckpfeiler ihrer Reformen in der Grund- und Weiterbildung ansehen.

Es wäre allerdings übertrieben, aus den Resultaten von Scheerens abzuleiten, dass die konstruktivistischen Unterrichtsorientierungen den strukturierten direkten Lehransätzen überlegen sind, auch wenn die Unterschiede in den Effektstärken in der Sechs-Faktoren-Kategorisierung nicht trivial sind (.09 vs. .14). In einer der wenigen Studien von D'Agostino (2000), in denen konstruktivistische und direkte Unterrichtsansätze direkt miteinander verglichen wurden, waren lehrerzentrierte Methoden in der ersten und zweiten Grundschulklasse erfolgreicher, während ein mehr schülerzentrierter anspruchsvollerer Ansatz besser in der vierten Jahrgangsstufe funktionierte. Derartige Interaktionseffekte mit Bildungszielen, Hintergrundmerkmalen der Schülerinnen und Schüler und ihrem Grad der Entwicklung in der Schulkarriere weisen darauf hin, dass beide Strategien effektiv differenziell wirksam sind. Anders gesagt scheint es erfolgversprechender zu sein, beide Ansätze (jeweils in Abhängigkeit von den Aspekten der Lehrsituation) als einander effektiv ergänzend zu betrachten, anstatt sie als Gegensätze anzusehen (Brophy, 2001).

In Scheerens Metaanalyse zur Unterrichtseffektivität war die einzige moderierende Variable, die signifikante Effekte auf andere Faktoren besaß, der Bildungssektor. Die Effektgrößen in den Grundschulen waren höher als in den weiterführenden Schulen. Obwohl in Bezug auf die Unterrichtsstrategien erwartbar gewesen wäre, höhere Effektgrößen bei experimentellen als bei nichtexperimentellen Studien zu finden, gab es nur Tendenzen in dieser Richtung, aber keine statistisch signifikanten Unterschiede. Da die Moderatorvariablen nicht systematisch verzerrend auf Haupteffekte der Unterrichtsfaktoren einwirkten, kann dies als Zeichen der Robustheit der Befunde interpretiert werden.

3.9   Zusammenfassung

Im bisherigen Teil wurde dargestellt, welche Faktoren bzw. Ressourcen die Schulleistung in der Schule bedingen. Die wichtigsten Determinanten der schulischen Leistungen sind die kognitiven Fähigkeiten, das Vorwissen sowie motivationale und affektive Determinanten (Fähigkeitsselbstbild, Lernmotivation, Interesse). Für alle diese Einflussfaktoren ist die Familie bedeutsam. Während bei der Familienstruktur die Familienform (Kernfamilie, Ein-Eltern-Familie, Stieffamilie) nur einen geringen Effekt auf die Schulleistung hat, gibt es einen negativen Zusammenhang zwischen Familiengröße und Schulleistung/Schulbesuch. Ebenfalls ungünstig für die Schulleistung ist ein niedriger SES der Familie. Die Befunde sind dahin gehend interpretierbar, dass in diesem Fall im Vergleich zu Haushalten der sozialen Mittel- und Oberschicht häufiger schulleistungsrelevante Ressourcen (soziale, kulturelle, ökonomische) fehlen. Der negative Zusammenhang zwischen dem Migrationshintergrund eines Kindes und seinen Schulleistungen ist oft auf Sprachdefizite zurückführbar.

Für sozial und sprachlich benachteiligte Schülerinnen und Schüler wird angenommen, dass andere Determinanten der Schulleistung über ihre Ressourcenfunktion hinaus dazu beitragen diese Benachteiligung zu vermindern. Konkret bedeutet dies, dass hohe fachliche Selbstkonzepte, ein positives Familienklima oder hohe kognitive Fähigkeiten kompensierend wirken, indem sie die negativen Effekte des sozialen Hintergrundes auf die Schulleistung abmildern.

Die dargestellten Determinanten der Schulleistung erklären aber nur einen Teil der sozialen Ungleichheiten im Bildungssystem. Disparitäten können auch durch Bildungsübergänge (wie beispielsweise zwischen Grundschule und weiterführenden Bildungsgängen) zu Stande kommen.

4 Theorien zu sozialer Ungleichheit im Bildungssystem

4.1 Theorien in der Soziologie

Dieses Kapitel setzt sich mit theoretischen Modellen und Konzepten auseinander, die gezielt soziale Disparitäten im Bildungssystem erklären wollen. Dass Bildung und Lebenschancen in westlichen Industrieländern zusammenhängen, ist lange bekannt (vgl. Floud, Halsey & Martin, 1956; Halsey & Gardner, 1953). Schelsky (1957, S. 18) bezeichnete Schule als „primäre, entscheidende und nahezu einzige soziale Dirigierungsstelle für Rang, Stellung und Lebenschancen des Einzelnen in unserer Gesellschaft". Neben der Tatsache, dass es viele weitere Faktoren (wie z. B. ererbten Besitz) gibt, die über Rang, Stellung und Lebenschancen in der Gesellschaft entscheiden, wird in der bildungssoziologischen Forschung häufig die Funktion der Schule als „soziale Dirigierungsstelle" untersucht. Im deutschen Bildungssystem existieren dabei herkunftsbedingte Ungleichheiten (vgl. Baumert & Köller, 2005; Baur, 1972; Becker & Lauterbach, 2004b; Blossfeld, 1985, 1988; Geißler, 2005; Handl, 1985; Köhler, 1992; Meulemann, 1985; Meulemann & Wiese, 1984; Ramseier, Brühwiler, 2003; Rodax, 1995; Schimpl-Neimanns, 2000; Solga, 2008). Inwiefern die Institution Schule tatsächlich zur *Produktion und Reproduktion sozialer Ungleichheit* im Lebensverlauf beiträgt, ist umstritten (Hillmert, 2004). Für die Erklärung der Disparitäten im Bildungssystem existieren verschiedene theoretische Ansätze (vgl. Becker & Lauterbach, 2004a). In vielen geht es dabei um die ‚Vererbung' von Disparitäten (z. B. Becker & Schubert, 2006; Becker, 2007; Fuchs & Sixt, 2007). Dabei wird postuliert, dass soziale Benachteiligungen oder Vorteile von der Elterngeneration auf die Generation der Kinder übertragen werden. Im Folgenden werden, angelehnt an den *mikrosoziologischen Ansatz von Boudon* (1974), für ‚sozial vererbte' Ungleichheiten in unserem Bildungssystem zwei Erklärungsstränge als wesentlich angeführt: *primäre und sekundäre Effekte der sozialen Herkunft*. Im darauf folgenden Abschnitt wird Bourdieus (1983) Modell des ökonomischen, sozialen und kulturellen Kapitals vorgestellt, welches sich dazu eignet, die primären und sekundären Effekte bei Boudon näher zu beschreiben.

4.1.1 Boudon: Primäre und sekundäre Effekte der Bildungsbenachteiligung

Nach Boudon sind ungleiche Bildungschancen das Ergebnis von Bildungsentscheidungen, die nach einer Kosten-Nutzen-Analyse verschiedener Bildungsalternativen von Eltern und ihren Kindern getroffen werden. Er differenziert dabei zwischen im Entscheidungsprozess auftretenden primären und sekundären Effekten der Schichtzugehörigkeit (Boudon, 1974; S. 29f.).

Sowohl bei den primären als auch bei den sekundären Effekten der Herkunft wirkt sich die Schichtzugehörigkeit auf den Schulerfolg und die Bildungsgangszugehörigkeit aus (Abbildung 13). Primäre Herkunftseffekte wirken sich direkt auf die Schulleistung von Kindern aus, sekundäre Herkunftseffekte beeinflussen die Entscheidung für einen bestimmten Bildungsgang. Der gestrichelte Pfeil in Abbildung 13 soll verdeutlichen, dass sich die primären Effekte, vermittelt über die Schulleistung, zusätzlich zu den sekundären Effekten auf die Bildungsentscheidung auswirken.

Abbildung 13: **Primäre und sekundäre Effekte der sozialen Herkunft auf Bildungsgang und Schulerfolg**

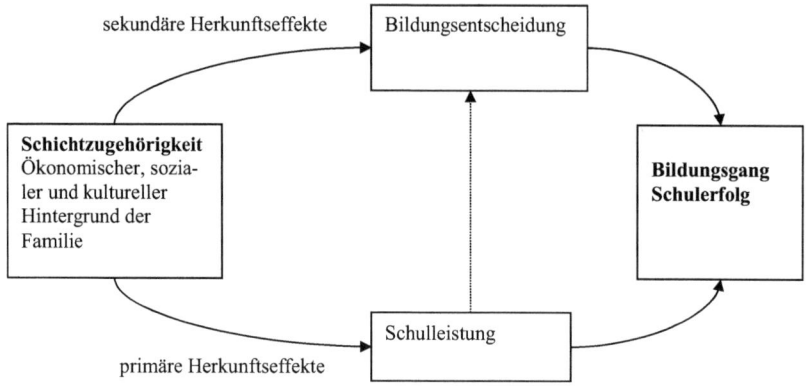

(eigene Darstelllung, angelehnt an Becker & Lauterbach, 2004b, S. 12)

Unter *primären Effekten* wird die Auswirkung des sozialen und kulturellen Hintergrunds auf die schulische Leistung von Kindern verstanden. Boudon geht grundsätzlich von schichtspezifischer Chancenungleichheit aus, die auf geringere kulturelle Ausstattung in unteren Schichten zurückzuführen ist. „Je niedriger der Sozialstatus der Familie, desto ärmer ist die kulturelle Ausstattung der Kinder und desto begrenzter ist deren Schulerfolg" (Kristen, 1999, S. 22).

Sekundäre Effekte bezeichnen die Auswirkung, die die Schichtzugehörigkeit auf Entscheidungen an Bildungsübergängen hat. Die Entscheidung für oder gegen einen Bildungsgang hängt von dem Wert ab, der diesem beigemessen wird. Ein bestimmter Bildungsgang wird dabei im Verhältnis zur eigenen sozialen Herkunft bewertet. Die soziale Distanz zu einem Bildungsgang ist in Abhängigkeit von der bisherigen eigenen Stellung unterschiedlich groß, je nachdem, welchen aktuellen Status jemand innehat. Auch die Kosten, die für eine höhere Bildung aufgewendet werden müssen, sind zwar absolut gleich, gemessen am sozialen Status der Herkunftsfamilie jedoch sehr unterschiedlich zu bewerten. Für Familien mit hohem Einkommen ist die Investition in den Besuch eines Gymnasiums relativ zum Einkommen betrachtet, mit deutlich geringeren Kosten verbunden als für eine finanziell schwach gestellte Familie, für die eine zusätzliche Ausbildungsdauer von mehreren Jahren eine Belastung darstellen kann. Die subjektiven Bewertungen von Bildungserträgen sollen in den verschiedenen Schichten ebenfalls unterschiedlich ausfallen: Während eine Entscheidung gegen einen höheren Bildungsabschluss in Familien mit höherem sozioökonomischen Status eher als Statusverlust wahrgenommen wird, ist dies in einer benachteiligten Familie viel weniger der Fall. Bereits 1974 zeigte Boudon in einer Untersuchung, dass der sekundäre Effekt maßgeblich für die unterschiedlichen schichtspezifischen Bildungsentscheidungen ist. Boudon hat mit seiner Arbeit die Kosten-Nutzen-Kalkulationen des Humankapitalansatzes aufgegriffen, darüber hinaus aber auch ein Erklärungsmodell erarbeitet, das die Kalkulationen im Entscheidungsprozess spezifiziert. Ein wesentlicher Beitrag, den Boudon mit seiner Arbeit leistet, ist die Betrachtung von Bildung als Prozess sequenzieller individueller Entscheidungen und dementsprechend Bildungsungleichheiten als Folge aus diesen Entscheidungen.

Der soziale Hintergrund und somit auch die resultierenden primären und sekundären Effekte lassen sich mit dem, im Weiteren dargestellten Konzept des sozialen, ökonomischen und kulturellen Kapitals (Bourdieu, 1983) beschreiben.

4.1.1.1 Ökonomisches, kulturelles und soziales Kapital

Zur Beschreibung des sozialen Hintergrundes hat sich in vielen bisherigen bildungswissenschaftlichen Untersuchungen (z. B. PISA, IGLU) das ressourcenorientierte Konzept von Bourdieu (1974) sowie von Coleman (1988) als effektiv erwiesen. Im Weiteren wird geschildert, wie sich diese Ansätze in die Ungleichheitsforschung einordnen lassen.

Der soziale Status eines Kindes kann in der Soziologie über die sozioökonomische Stellung seiner Familien bestimmt werden. Die sozioökonomische Stellung ergibt sich aus der relativen Position, welche die Eltern in der sozialen Hierarchie innehaben. Diese sagt etwas über das Ausmaß an *finanziellen Mitteln, Macht* oder *Prestige* aus, über welches eine Person verfügt. Zur Beschreibung der sozioökonomischen Stellung existieren verschiedene Konzepte. Den ökonomischen Aspekt betonen Klassenmodelle wie das von Marx (1867) oder die Unterteilung der Gesellschaft in soziale Schichten (z. B. Schelsky, 1965), in der neben Einkommen und Vermögen Macht und Prestige eine zentrale Rolle spielen. Zudem unterscheiden einige Soziologen verschiedene Wertvorstellungen in den einzelnen sozialen Schichten (vgl. Kohn & Schooler, 1983). Schichten und Klassen stellen nur sehr grobe Betrachtungswerkzeuge für die Gesellschaftsstruktur dar. Verschiedene Personen, die der gleichen Schicht oder Klasse zugeordnet werden, können sich dennoch in vielen Lebensbereichen unterscheiden. Für das Verständnis der Entstehung sowie Vererbung sozialer Ungleichheit greift bei einer Analyse die ausschließliche Berücksichtigung von Strukturmerkmalen wie dem sozioökonomischen Status oder dem erreichten Bildungsabschluss zu kurz.

Differenzierter arbeiten Milieu- oder Lebensstilkonzepte, die neben der vertikalen Schichtung der Gesellschaft horizontale Unterschiede in den Lebensumständen in den Blickpunkt nehmen. Die theoretischen Wurzeln des soziologischen Konzepts der Lebensstile liegen bei Max Weber (vgl. Weber, 1972) und Georg Simmel (1907; 2009). In der heutigen sozialwissenschaftlichen Forschung wird allerdings nur selten inhaltlich Bezug auf ‚Klassiker' wie Weber oder Simmel genommen. Vielmehr wird der Begriff Lebensstile sowohl häufig mit anderen Verständnisinhalten gefüllt als auch verschiedenen Funktionen zugeordnet (Hradil, 2000; Spellerberg, 1996; Müller &

Weihrich, 1992). Im Folgenden werden nur die heute gebräuchlichen, neueren Forschungsansätze vorgestellt.

Nach Hradil ist ein Lebensstil „der regelmäßig wiederkehrende Gesamtzusammenhang der Verhaltensweisen, Interaktionen, Meinungen, Wissensbestände und bewertenden Einstellungen eines Menschen" (Hradil 2001, S. 46; vgl. auch Hradil, 2000). Alle gängigen Lebensstilbegriffe haben im Kern einige Gemeinsamkeiten. Bei allen beruht *Lebensstil* auf individueller Organisation und Gestaltung des Alltags, wird in biographischen Prozessen entwickelt und ist das Ergebnis einer Synthese aus bewusst vorgenommenen und unbewusst zur Routine gewordenen Verhaltensweisen. Außerdem ist er geprägt durch die Einstellungen und Zielvorstellungen, die ein Mensch hat, und durch die Kontakte und Interaktionen, die mit Mitmenschen stattfinden. Ganz unerlässlich für Lebensstile ist ein *erhebliches Maß an Wahl- und Entscheidungsfreiheit*. Daher lassen sich bei erzwungenen Lebensweisen, wie es sie z. B. in Gefängnissen oder anderen *totalen Institutionen* (Goffman, 1972) gibt, keine Lebensstile identifizieren. Das Besondere an den Lebensstilkonzepten ist die Feststellung, dass die klassischen Schichtungsmerkmale (Alter, Bildung, Einkommen, usw.) zwar einen gewichtigen Einfluss auf den Lebensstil haben, aber nicht unbedingt die wirksamsten Faktoren darstellen.

Lebensstilkonzepte beruhen auf künstlich zusammengefügten Konstrukten. Sie umfassen jeweils eine Vielzahl von Dimensionen und werden durch breit angelegte Operationalisierungen konstruiert (vgl. Hradil, 2000). Die meisten Lebensstile sind im Sinne von *Idealtypen* (Weber, 1980 [1921]) zu interpretieren, die die Vielfalt individuellen Verhaltens nicht ausreichend wiederzugeben vermögen. Vielmehr werden mit ihnen bestimmte Akzente und Orientierungen beschrieben, die sich häufig im Erleben und Verhalten der Mitglieder verschiedener Sozialstatusgruppen nachweisen lassen.

Lebensstile werden immer auch beeinflusst durch Faktoren wie Alter, Bildungsgrad, Milieu, Berufsstatus, Einkommen, Generation und Geschlecht. Aber auch die bauliche Umwelt, z. B. das Wohnen in der Stadt oder auf dem Land, wirkt sich auf den Lebensstil aus.

Ein viel genutzter theoretischer Ansatz, um Lebensstile zu beschreiben, ist die Habitustheorie von Bourdieu (1974), in der er ökonomisches, soziales und kulturelles Kapital unterscheidet. Diese drei Ressourcen sind in der Bevölkerung ungleich verteilt. Je nach Ausmaß des Kapitalbesitzes lassen sich in einer Gesellschaft bestimmte Klassen identifizieren. Bourdieu klassifiziert für die französische Gesellschaft drei Klassen, die *Arbeiterklasse*, das *Kleinbürgertum* und die *Bourgeoisie*. Innerhalb dieser Klassen gibt es so genannte Klassenfraktionen, zu denen je nach der Zusammensetzung bzw. den Zukunftsaussichten ihres Kapitalbesitzes Gesellschaftsmitglieder zugeordnet werden. Für die Bourgeoisie unterscheidet Bourdieu Besitzbürgertum und Bildungsbürgertum, bei der Klasse der Kleinbürger gibt es die Klassenfraktionen altes, neues und exekutives Kleinbürgertum.

Das aus diesen Habitusformen resultierende Verhalten im Alltag innerhalb der einzelnen Klassenfraktionen erforschte Bourdieu mit Hilfe von Lebensstilmerkmalen. Diese Merkmale waren bei ihm u. a. die beliebtesten Sänger und Musikwerke, die jeweils favorisierten Wohnungseinrichtungen, die präferierten Speisen, die Häufigkeit von Museumsbesuchen sowie die Kenntnis von Komponisten und Malern. Bei den Präferenzen für bestimmte Merkmale stellte Bourdieu eine hohe Übereinstimmung bei der Zugehörigkeit zu einer Klassenfraktion sowie ähnliche Habitusformen und Verhaltensweisen fest. Ausgehend von dieser Untersuchung postulierte Bourdieu die drei Kapitalsorten ökonomisches, kulturelles und soziales Kapital.

Neben Bourdieu hat auch Coleman (1987; 1988; 1991) soziales Kapital definiert. Coleman und Bourdieu benutzen die Begriffe „kulturelles Kapital" und „soziales Kapital" für kulturelle und soziale Ressourcen von Personen, die deren Handlungsmöglichkeiten erweitern und somit auch ihren sozioökonomischen Status verbessern können (vgl. Baumert et al., 2003).

In Bourdieus Konzeption sind kulturelles Kapital und soziales Kapital prinzipiell in ökonomisches Kapital konvertierbar (Bourdieu, 1983). *Kulturelles Kapital* umfasst bei Bourdieu drei Erscheinungsformen (vgl. Bourdieu, 1983), (1.) als *objektivierter Zustand* in Form von Kulturgütern (Kunstwerke, Literatur, Instrumente, ...), (2.) als *inkorporierter Zustand* durch verinnerlichte Werte (Wissen, Umgangsformen) und als (3.) *institutionalisierter Zustand* in Form von Titeln (Titel, Zeugnisse, Bescheinigungen, ...).

Als *soziales Kapital* definiert Bourdieu „die Gesamtheit der aktuellen und potenziellen Ressourcen, die mit dem Besitz eines dauerhaften Netzes von mehr oder weniger institutionalisierten *Beziehungen* gegenseitigen Kennens oder Anerkennens verbunden sind" (Bourdieu, 1983, S. 190; Hervorhebung im Original). Anders ausgedrückt: Mit der *Zugehörigkeit zu einer Gruppe* ist gleichzeitig ein bestimmter Pool an Ressourcen verbunden. Diese Ressourcen lassen nach Qualität und Quantität differenzieren, sie besitzen in einer Gemeinschaft eine bestimmte Wertigkeit, sind nicht für jeden Menschen in gleicher Weise nutzbar und zugänglich. Durch die Pflege von Beziehungen entsteht ein Netzwerk von gegenseitigen Verpflichtungen, die auf „subjektiven Gefühlen (Anerkennung, Respekt, Freundschaft usw.) oder institutionellen Garantien (Rechtsansprüchen) beruhen" (Bourdieu, 1983, S. 192). Viele Sozialbeziehungen tragen dabei nach Bourdieu den „*Zauber des Geweihten*" in sich, welcher der Zugehörigkeit zu einer Gruppe „symbolische Wirklichkeit" zuweist. Eine weihevolle Atmosphäre wird durch den Austausch von Worten, Geschenken oder anderen Dingen immer wieder reproduziert. Letztlich sieht Bourdieu die Investition in soziales Kapital als Mittel einer gesellschaftlichen Gruppe an, ihren Status zu sichern und zu erhalten (vgl. Bourdieu, 1983).

Coleman bezieht sich in seiner Definition von sozialem Kapital wie auch Bourdieu auf das Konzept des Humankapitals. In diesem Konzept werden soziale Beziehungen als Kapital gesehen, welche Handlungsoptionen eröffnen, die es ermöglichen, anderes Kapital (ökonomisches Kapital, Humankapital) zu akkumulieren. Im Gegensatz zu Bourdieu betont Coleman jedoch stärker die Struktur- und Funktionsmerkmale von sozialen Beziehungen (vgl. Baumert et al., 2003). Soziales Kapital besteht bei ihm aus wechselseitigen Verpflichtungen und Erwartungen, aus denen sich Vertrauen bildet, Informationskanäle entstehen, sich normative Erwartungen entwickeln und soziale

Kontrolle stattfindet (Coleman, 1988; 1991). Gemeinsam ist den Konzeptionen von Bourdieu und Coleman, dass sie kulturelles und soziales Kapital für konvertierbar in ökonomisches Kapital halten und dass alle Kapitalsorten nur dann gebildet werden können, wenn Zeit und Anstrengungen aufgewendet werden und die Rahmenbedingungen die Kapitalbildung zulassen.

Kulturelles Kapital kann unter strukturellem und funktionalem Aspekt betrachtet werden. Zum strukturellen Aspekt (bei Bourdieu „institutionalisierter Zustand") des kulturellen Kapitals gehören formale Bildungszertifikate oder der Besuch bestimmter Bildungseinrichtungen, wie zum Beispiel der *Grand Ecoles* in Frankreich. Nicht alleine die erworbenen Kompetenzen, sondern bereits der Besuch renommierter Schulen oder Universitäten stellt ein *symbolisches* kulturelles Gut dar, welches sich in Sozialstatus transformieren lässt. Zum funktionalen Aspekt des kulturellen Kapitals zählen Einstellungen, Wertorientierungen und Kompetenzen, die grundlegend für die Teilnahme an einer bestimmten Kultur sind. Die daraus resultierenden Wahrnehmungs-, Denk- und Bewertungsmuster bezeichnet Bourdieu als Habitus. Bourdieu geht davon aus, dass die drei Kapitalsorten (ökonomisches, kulturelles und soziales Kapital) ungleich in der Bevölkerung verteilt sind (vgl. Hradil, 2000; 2006). Der Umfang des Kapitalbesitzes entscheidet, ob eine Person der „Arbeiterklasse", dem „Kleinbürgertum" oder der „Bourgeoisie" angehört. Diese gesellschaftlichen Gruppen differenziert Bourdieu noch weiter in die bereits genannten Klassenfraktionen. Angehörige der Bourgeoisie gehören je nach Zusammensetzung und Zukunftsaussichten ihres Kapitalbesitzes dem Besitzbürgertum, dem Bildungsbürgertum oder dem alten, neuen oder exekutiven Kleinbürgertum an. Durch das Aufwachsen innerhalb einer Klassenfraktion entstehen bestimmte Habitusformen (latente Denk-, Wahrnehmungs- und Bewertungsmuster), die verinnerlicht werden. Diese Habitusformen begrenzen und ermöglichen die Wahl alltäglicher Verhaltensweisen in einer Klassenfraktion. Nach Bourdieu existieren in der Arbeiterklasse eine „Kultur des Mangels" und ein weitgehendes Funktionsdenken. Bei Anschaffungen, der Einrichtung von Zimmern usw. spielen der Preis, die Haltbarkeit und der Nutzen eine größere Rolle als ästhetische Gesichtspunkte. Der Habitus der Arbeiterklasse kann mit einem „Sich-Einrichten" in gegebene Verhältnisse umschrieben werden (Hradil, 2000). Im Kleinbürgertum hingegen ist der Habitus auf sozialen Aufstieg und damit auf die Erfüllung von Normen, in Fragen der Bildung und des Geschmacks, ausgerichtet. Vereinfacht ist der Habitus des Kleinbürgertums ein stetiges Bestreben, das „Richtige" zu tun (Hradil, 2000). Die Bourgeoisie schließlich prägt mit ihrem Habitus die gesellschaftlichen Verhaltensweisen. In dieser Gruppe, die die „richtigen" kulturellen Standards kennt, besteht die Möglichkeit, sich über diese zu erheben, einen eigenen Stil zu entwickeln und diesen als neue kulturelle Norm einzuführen und durchzusetzen. Das Kleinbürgertum versucht dann, diesem Trend gerecht zu werden, die Arbeiterklasse verbleibt in ihrer Kultur des Mangels. Somit wird nach Bourdieu die Herrschaft der Bourgeoisie reproduziert über Kultur und Lebensstil (vgl. Hradil, 2000).

Auf Bildungsentscheidungen übertragen, ist nach dieser Theorie davon auszugehen, dass Eltern aus der Arbeiterklasse eher unambitioniert in der Frage sind, welchen

Bildungsgang ihre Kinder besuchen, und sich an Kriterien wie der Erreichbarkeit der Schule und/oder der Anzahl der Jahre, die ein Kind in einem bestimmten Bildungsgang zur Schule gehen müsste, orientieren. Eltern aus dem Kleinbürgertum versuchen, ihre Kinder auf anspruchsvollere Schulen (wie Realschule oder Gymnasium) zu schicken, Eltern aus der Bourgeoisie befürworten vermutlich, dass ihre Kinder ein Gymnasium besuchen, würden aber je nach Persönlichkeit des Kindes auch alternativen Bildungskarrieren nicht ablehnend gegenüberstehen.

In bisherigen Studien wurden Bourdieus Konzepte des sozialen und kulturellen Kapitals vor allem in qualitativen Untersuchungen berücksichtigt (vgl. Helsper, Böhmen, Kramer & Lingkost; Mehan, 1992; 2001; Stanton-Salazar, 2001). Colemans Konstrukt des sozialen Kapitals fand in den letzten Jahren vielfach in quantitativen Studien Berücksichtigung, in denen der Zusammenhang zwischen sozialer Herkunft und Bildungsbeteiligung untersucht wurde (vgl. Übersicht bei Dika & Singh, 2002). Demgegenüber existieren nur vergleichsweise wenige quantitative Untersuchungen, die Bourdieus Kapitalkonzept verwenden (vgl. Baumert et al., 2003; Kalmijn & Kraaykamp, 1996; Merkens & Dohle, 1997; Merkens & Wessel, 2002; Roscigno & Ainsworth-Darnell, 1999; Zinnecker & Silbereisen, 1996).

4.1.2 Die Humankapitaltheorie

Die Humankapitaltheorie wurde in den frühen sechziger Jahren entwickelt (Becker, 1993; Mincer, 1962; Schultz, 1961). Theoriegrundlage ist das Menschenbild des *Homo Oeconomicus* (vgl. z. B. Kirchgässner, 1991; Manstetten, 2002), das zurückgeht auf Eduard Spranger (1914), aber oft – fälschlicherweise – dem Ökonomen Adam Smith zugeschrieben wird. Der Begriff Homo Oeconomicus ist ein (humoristischer) Verweis auf die aus der Biologie bekannte Bezeichnung Homo Sapiens und versteht den Menschen als Individuum mit dem Ziel der persönlichen Nutzenmaximierung. Für die Erlangung eines maximalen Nutzens wählt ein Individuum der Theorie zufolge unter Berücksichtigung und Abwägung aller verfügbaren Informationen die vorteilhafteste Alternative aus. Mit dem Modell wird versucht, grundsätzliche menschliche Handlungsprinzipien in ökonomischen Zusammenhängen zu erklären. Die Humankapitaltheorie setzt hier an und orientiert sich an den Annahmen des neoklassischen Modells mit vollkommenem Wettbewerb und einer Entlohnung nach Produktivität (vgl. Kristen, 1999, S. 18). Der Humankapitaltheorie zählt zu den Rational-Choice-Theorien, in denen davon ausgegangen wird, dass Individuen rational handeln, ihren Nutzen maximieren und die Handlungsmöglichkeiten wählen, die ihren eigenen Zielen am meisten nützen. (vgl. Kunz, 2004).

4.1.3 Die Weiterentwicklung des Humankapitalansatzes durch Gambetta (1987)

Der Ansatz von Gambetta (1987) ist eine Weiterentwicklung des Humankapitalansatzes und des Modells der primären und sekundären Effekte von Boudon. Gambetta (1987) berücksichtigt zur Erklärung von Bildungsentscheidungen drei unterschiedliche Aspekte. Er zählt ,Push-Faktoren' auf, mit denen er institutionelle, kulturelle und ökonomische ‚Constraints' (Beschränkungen) beschreibt. Unter Push-Faktoren fasst er unterschiedliche, vor allem finanzielle schichtspezifische Ausgangslagen zusammen. Als ‚Pull-Faktoren' bezeichnet Gambetta die individuell angenommenen Erfolgswahrscheinlichkeiten bei der Wahl einer Bildungsalternative, welche aus dem Schulerfolg resultiert. Die dritte Größe bei Bildungsentscheidungen sind die Lebensplanung sowie die ‚Präferenzen' des Individuums. Hierunter fasst er z. B., dass Menschen, die allgemein eher bereit sind, langfristig zu planen, auch eher eine langfristige Bildungsinvestition tätigen. Auch Ehrgeiz spielt hier eine Rolle. Die Entstehung von Präferenzen führt Gambetta auf Persönlichkeitsmerkmale einer Person zurück, wobei hier auch sog. ‚Trägheitskräfte' wie subkulturelle Werte und normative Bezugsgruppeneffekte schichtspezifisch wirksam werden. Besonders beim letztgenannten Aspekt wird deutlich, dass Gambettas Ansatz über den ökonomischen Rational-Choice-Ansatz hinausreicht. Während bei der Humankapitaltheorie und bei Boudon noch von rein rational handelnden Personen ausgegangen wird, die aufgrund bestimmter Kosten-Nutzen-Rechnungen Entscheidungen treffen, wird bei Gambetta eine motivationale Komponente mit einbezogen, in der zusätzlich berücksichtigt wird, dass manche Entscheidungen aufgrund der individuellen Präferenzen eines Akteurs getroffen werden.

4.1.4 Erikson/Jonsson (1996)

Erikson und Jonsson (1996) beschäftigen sich mit der Erklärung schichtspezifischer Bildungsungleichheit am Beispiel von Schweden. Sie entwickelten im Rahmen der Wert-Erwartungs-Theorie (vgl. Kapitel 3.2) ein formales Modell zur Erklärung von Bildungsentscheidungen. In ihrem Beitrag gehen sie der Frage nach, wie es zu unterschiedlichen Ausprägungen ungleicher Bildungsbeteiligung in verschiedenen Ländern kommt (vgl. Kristen, 1999). Von besonderem Interesse ist dabei für sie, warum die Muster sozialer Disparitäten in Schweden vergleichsweise schwach ausgeprägt sind.

Sie gehen analog zu den Ansätzen der Humankapitaltheorie davon aus, dass Individuen einen Bildungsweg unter Abwägung von erwarteten Kosten und Nutzen auswählen. Genau wie Boudon folgen sie der Überlegung, dass einzelne Personen kalkulieren, welche Kosten mit der Entscheidung für einen bestimmten Bildungsgang verbunden sind, und welche Erträge sich hieraus ergeben (vgl. Boudon, 1974). Aus einer Gruppe möglicher Handlungsalternativen wird die Alternative gewählt, die den höchsten Nutzen verspricht. Während die Humankapitaltheorie davon ausgeht, dass Menschen umfassende Kalkulationen anstellen, nehmen Erikson und Jonsson an, dass Individuen in einer Entscheidungssituation nur eine ungefähre Schätzung des Nutzens und der zukünftigen Vorteile in ihre Kalkulationen einbeziehen (vgl. Kristen, 1999).

Zur Beschreibung und Erklärung des Zusammenhangs zwischen Kosten, Erträgen und Erfolgswahrscheinlichkeiten von Bildungsentscheidungen und dem sozialen Hintergrund bilden Erikson und Jonsson diesen mit einer Formel ab (vgl. Erikson & Jonsson, 1996). Sie schätzen für jede Entscheidungsalternative ab, mit welcher Wahrscheinlichkeit sie gewählt wird. Verschiedenen Bildungsabschlüssen werden jeweils Bildungserträge B *(benefit)* zugewiesen. Die Bildungserträge ergeben sich aus dem

erwarteten Einkommen und Prestige. Genauso werden Kosten und Erfolgswahrscheinlichkeit eines Bildungsweges eingeschätzt. Es gibt indirekte und direkte Kosten *C*
(costs) und eine Wahrscheinlichkeit für einen erfolgreichen Abschluss eines Bildungsganges *P (probability)*. Die Erfolgswahrscheinlichkeit ergibt sich aus den Fähigkeiten
des Kindes, den Ressourcen in der Familie und den institutionellen Rahmenbedingungen des Bildungssystems.

Die subjektive Werterwartung lässt sich somit mit folgender Gleichung darstellen:

$$U = (B-C)P-C(1-P)$$

U = Nettonutzen (estimated utility)
B = Bildungsertrag (benefit)
C = indirekte + direkte Kosten (costs)
P = Erfolgswahrscheinlichkeit (probability)

Nach Kürzung der Gleichung ergibt sich:

$$U = PB-C$$

Die auf diese Weise gebildeten Erwartungswerte werden miteinander verglichen, anschließend wird die Entscheidungsalternative ausgewählt, die den höchsten zu erwar-
tenden Ertragswert besitzt. Der Nettonutzen U *(estimated utility)* ist eine Funktion der
erwarteten Bildungsrendite B, der Erfolgswahrscheinlichkeit P und der erwarteten
Kosten C.

Erikson und Jonsson (1996) zeigen in ihrer Untersuchung, dass die erwartete Bildungsrendite, die Erfolgswahrscheinlichkeit und die erwarteten Kosten sich systematisch in den verschiedenen Sozialschichten unterscheiden. In einem ausführlichen
Überblick stellen sie eine Vielzahl in der Literatur diskutierter Hypothesen vor, die
sich mit diesen Unterschieden befassen. Zuerst gehen sie auf die Variation der akademischen Fähigkeiten von Kindern unterschiedlicher sozialer Herkunft ein (vgl. Erikson
& Jonsson, 1996.). Kinder aus höheren sozialen Schichten erbringen in der Schule
eher bessere Leistungen, weil sie in schulischen Belangen besser von ihren Eltern un-
terstützt werden, zu Hause mehr und bessere schulrelevante Ressourcen zur Verfügung
haben und aufgrund des höheren Bildungsniveaus in der Familie das Statuserhaltsmo-
tiv stärker ausgeprägt ist. Zudem bewerten Eltern aus höheren sozialen Schichten Bildungserträge höher und haben höhere Erfolgserwartungen als Eltern aus niedrigeren
sozialen Schichten. In Elternhäusern mit einem geringen sozioökonomischen Status ist
die Bedeutung der relativen Bildungskosten stärker ausgeprägt. Relativ zum Haus-
haltseinkommen sind die Bildungskosten bei statushöheren Eltern geringer als bei Eltern mit einem niedrigen sozioökonomischen Status. Im Vergleich zu Boudon werden
bei Erikson und Jonsson die *primären Herkunftseffekte* stärker betont.

4.1.5 Breen und Goldthorpe (1997)

Der mikrotheoretische Ansatz von Breen und Goldthorpe (vgl. 1997) wurde in der bildungssoziologischen Forschung breit rezipiert (vgl. z. B. Kristen, 1999; Maaz et al.,

2006). Sie entwickelten ein allgemeines Modell zur Erklärung von Bildungsentscheidungen, bei dem sie von einem sequenziellen Entscheidungsprozess mit verschiedenen
Übergängen im Bildungssystem ausgehen (vgl. Breen & Goldthorpe, 1997). Mit ihrem
Ansatz versuchen Breen und Goldthorpe, die steigende Bildungsbeteiligung, die Stabilität sozialer Ungleichheit im Bildungswesen und die schwächer gewordene Bedeutung des Geschlechts für Disparitäten im Bildungsverlauf zu erklären. Sie gehen in ihren Überlegungen von einer hierarchischen Aufteilung der Gesellschaft in drei Schichten aus, der *service class,* der *working class* und der *underclass,* die man vereinfacht
als Ober-, Mittel- und Unterschicht übersetzen kann.

Breen und Goldthorpe übernehmen in einem ersten Schritt Boudons Unterscheidung zwischen primären und sekundären Effekten der Herkunft. Bei den primären Effekten kommen sie zu dem Ergebnis (wie auch Boudon, 1974; Erikson & Jonsson,
1996), dass Kinder aus der Oberschicht bessere Startvoraussetzungen haben und deswegen im Durchschnitt bessere Schulleistungen erbringen. Die sekundären Effekte,
die im Entscheidungsprozess für einen bestimmten Bildungsgang wirksam werden,
lassen sich bei ihnen durch drei wesentliche Wirkungsmechanismen erklären (vgl.
Kristen, 1999; Breen & Goldthorpe, 1997):

1. die relative Risikoaversion bzw. das Motiv des Statuserhalts,
2. Unterschiede in den schulischen Fähigkeiten der Kinder und der Erfolgserwartung der Eltern,
3. Unterschiede in der Ressourcenausstattung in den verschiedenen Schichten.

Die relative Risikoaversion bezieht sich auf die Tendenz der Eltern, für ihre Kinder
diejenigen Positionen vermeiden zu wollen, die unterhalb der eigenen Statusposition
angesiedelt sind und somit einen sozialen Abstieg bedeuten. Breen und Goldthorpe
nehmen an, dass sich die verschiedenen Schichten in ihrer Risikoaversion prinzipiell
nicht unterscheiden. Die Bildungsunterschiede zwischen den Schichten resultieren aus
der unterschiedlichen Positionierung der Akteure im Statussystem (vgl. Kristen, 1999).
Dieselbe Bildungsentscheidung, die für jemanden aus einer oberen oder mittleren
Schicht einen Statusverlust bedeutet, wirkt für ein Kind aus der Unterschicht Status
erhaltend. Die Argumentation ist, wie bei Boudon, die Thematisierung der relativen
Distanzen der Statusposition zum jeweiligen Bildungsabschluss. Selbst für den Fall,
dass Eltern aus der Unterschicht die gleichen hohen Bildungsziele verfolgen wie Eltern aus einer höheren Schicht, ist es für sie, bei geringeren ökonomischen Ressourcen,
relativ gesehen wesentlich teurer, in höhere Bildungsgänge zu investieren. Im Modell
wirkt sich die relative Risikoaversion dahin gehend aus, dass Eltern der Oberschicht
versuchen werden, ihren Kindern den Weg in die Oberschicht zu ebnen, während Mit-
telschichteltern versuchen werden, das Abstiegsrisiko in die Unterschicht zu minimieren. In Breen und Goldthorpes Modell wird formal gezeigt, dass die relativen Risiko-
aversionen selbst bei identischen Erfolgserwartungen und kostenfreier Bildung ungleiche Bildungschancen zur Folge haben. Wenn zusätzlich die aus unterschiedlichen
schulischen Fähigkeiten resultierenden divergierenden Erfolgserwartungen sowie die

unterschiedliche Kostenbelastung in den drei Schichten einbezogen werden, verstärken sich die Effekte weiter.

Die Entscheidung an einem Bildungsübergang in eine bestimmte Schulform (z. B. Gymnasium) überzuwechseln, wird durch die zwei Optionen „*Verbleib im Bildungssystem*" und „*Verlassen des Bildungssystems*", beispielsweise dem Wechsel der Schulform bestimmt (vgl. Maaz et al., 2006). Der Entscheidungsprozess wird dabei über die Komponenten „*Kosten des Verbleibs*", „*subjektive Erfolgswahrscheinlichkeit*" sowie über den *Nutzen* und die *Konsequenzen* einer Handlungsalternative modelliert. Folgende Annahmen gelten beispielsweise für Schülerinnen und Schüler aus der Mittelschicht bei der Bildung der Kosten-Nutzen-Komponenten (vgl. Breen & Goldthorpe, 1997):

- Die Entscheidung von Schülerinnen und Schülern aus der Mittelklasse, in ein Gymnasium überzutreten, erhöht bei entsprechendem Schulerfolg die Wahrscheinlichkeit in die Oberklasse aufzusteigen.
- Bei schulischem Versagen führt die gleiche Entscheidung, mit größerer Wahrscheinlichkeit zum gesellschaftlichen Abstieg in die Unterklasse, als das Verlassen des Gymnasiums (in dem beispielsweise eine Ausbildung begonnen wird).

Das Modell von Breen und Goldthorpe ist dem bereits dargestellten Ansatz von Erikson und Jonsson (1996) sehr ähnlich. Die beiden Modelle unterscheiden sich hauptsächlich in der Bedeutung, die dem Motiv des Statuserhalts bzw. der relativen Risikoaversion beigemessen wird. Im Modell von Breen und Goldthorpe werden Bildungsentscheidungen maßgeblich durch die Wahrscheinlichkeit beeinflusst, dass eine Wahl zur Abwärtsmobilität führt. Die treibende Kraft für schichtspezifisch unterschiedliche Bildungsentscheidungen ist der Wunsch, den eigenen Status zu erhalten. Erikson und Jonsson hingegen betrachten diesen Wirkungsfaktor nur als eine unter mehreren möglichen Determinanten. Breen und Goldthorpe sehen in unterschiedlichen Erfolgswahrscheinlichkeiten und Kosten zwischen den Schichten weitere Verstärker der ohnehin schon bestehenden Ungleichheit im Bildungssystem. Mit dieser Adaption der primären und sekundären Effekte schließen sie unmittelbar an Boudon an.

Breen und Goldthorpe sehen in ihrem Ansatz Vorzüge bei der Erklärung von Bildungsentscheidungen. Sie verdeutlichen anhand einer Reihe von Beispielen, wie sich mit dem Modell verschiedene empirische Besonderheiten erklären lassen (vgl. Breen & Goldthorpe, 1997). So lässt sich u. a. die Beobachtung erklären, dass sich trotz erhöhter Bildungsbeteiligung aller Bevölkerungsschichten an den schichtspezifischen Strukturen von Bildungsungleichheit nur wenig geändert hat (vgl. Kristen, 1999). Schichtspezifische Disparitäten in der Bildungsbeteiligung verändern sich nur geringfügig bei sinkenden Bildungskosten, weil alle Bevölkerungsgruppen gleichermaßen von der Kostensenkung profitieren und dann alle gleich motiviert sind, ihr Bildungsverhalten zu ändern. Die Senkung der Bildungskosten hat nur dann einen disparitätsmindernden Effekt, wenn sie sich in den verschiedenen Schichten unterschiedlich auswirkt. Wenn die Kosten für Bildung insgesamt niedrig sind und für die Mehrheit der Bevölkerung kein Hindernis für den Besuch einer weiterführenden Schule darstellen, dann ist die gezielte Kostensenkung, z. B. über institutionelle Regelungen wie Geld für Schulbücher oder Schulverpflegung, nur für die ökonomisch schlechter gestellten Familien von Bedeutung. In allen anderen Bevölkerungsgruppen hätte eine Kostenminderung in diesem Fall keinerlei ausschlaggebende Bedeutung für die Bildungsentscheidung. Zusammenfassend zeigen Breen und Goldthorpe, dass in ihr Modell eine Vielzahl von Einzelfaktoren integriert werden kann und der Ansatz sich auf unterschiedliche empirische Gegebenheiten anwenden lässt (vgl. Kristen, 1999).

4.1.6 Die Wert-Erwartungstheorie von Esser

Die im Folgenden vorgestellte Wert-Erwartungstheorie von Esser (1999) ist vergleichbar mit den bereits beschriebenen Ansätzen und lässt sich ebenfalls den Rational-Choice-Theorien zuordnen.

Bildungsungleichheit wird bei Esser als Ergebnis von Entscheidungen von Familien gesehen, die je nach sozioökonomischer Situation der Eltern unterschiedlich ausfallen. Eltern, die selber höher gebildet sind, haben eher die begründete Erwartung, dass ihr Kind erfolgreich einen weiterführenden Bildungsgang absolvieren wird. Ein Grund hierfür sind die familiären Ressourcen, die aufgrund primärer Herkunftseffekte schichtspezifisch unterschiedlich zugunsten der Eltern mit hohem sozioökonomischen Status ausfallen. Für Esser sind also sekundäre Effekte der Schichtzugehörigkeit der entscheidende Mechanismus für Bildungsungleichheiten (vgl. Maaz et al., 2006). Im Gegensatz zu den zuvor genannten Arbeiten von Boudon (1974), Erikson und Jonsson (1996) sowie Breen und Goldthorpe (1997) betont Esser in seinem Modell die Bedeutung des Statuserhaltsmotivs, dem er einen eigenen Nutzen- und Erwartungswert zuweist (vgl. Becker, 2000). Die zusätzliche Berücksichtigung des Motivs des Statuserhalts wird als wichtiges Element zur Erklärung der Entstehung und Dauerhaftigkeit von Disparitäten im Bildungssystem angesehen (vgl. Goldthorpe, 2000; Maaz et al., 2006).

Gemeinsam ist allen neueren Ansätzen in der Soziologie zur Untersuchung von Bildungsentscheidungen die Berücksichtigung von Boudons Unterscheidung der primären und sekundären Herkunftseffekte. Die Verschiedenheiten liegen in der Gewichtung, die einzelnen Parametern für den Entscheidungsprozess beigemessen wird (vgl. Kristen, 1999). Als Fazit aus allen theoretischen Ansätzen ist festzuhalten, dass die Entscheidung für einen bestimmten Bildungsgang eine Abwägung von mit der Entscheidung verbundenen Kosten und dem beigemessenen Nutzen ist, sowie der Wahrscheinlichkeit, dass das Kind tatsächlich einen Bildungsgang erfolgreich abschließt und somit den Bildungsertrag erhält. Bildungsnutzen und Erfolgserwartung hängen von der Leistung des Kindes sowie vom sozioökonomischen Hintergrund ab, der meistens über das Konzept von Bourdieu (1974) in ökonomisches, kulturelles und soziales Kapital operationalisiert wird.

4.2 Entscheidungstheoretische Ansätze in der Psychologie

In diesem Abschnitt werden die Erwartung-mal-Wert-Modelle aus der Psychologie beschrieben und ihre Relevanz bei der Erklärung von Bildungsentscheidungen aufgezeigt. In der psychologischen Forschung werden, ähnlich wie in der Soziologie entscheidungstheoretische Ansätze verwendet, um das Handeln und Entscheidungsverhalten von Personen zu erklären. In der psychologischen Terminologie werden solche Ansätze als Erwartung-mal-Wert-Modelle bezeichnet. Erste Ansätze, die nach den Prinzipien von Erwartung und Wert arbeiten, lassen sich schon in den theoretischen Arbeiten über die Feldtheorie von Lewin (1926, 1936, 1946) und in der kognitiven Lerntheorie von Tolman (1932) finden. Das erste bekannte Erwartung-mal-Wert-Modell ist das Risiko-Wahl-Modell von Atkinson (1957, 1964, 1974). In Erwartung-mal-Wert-Modellen setzt sich die Handlungswahrscheinlichkeit multiplikativ durch zwei Faktoren zusammen: Den Erwartungen, die eine Person hat, dass eine bestimmte Handlung zu einem bestimmten Ziel führen wird, sowie dem Wert, den sie diesem Ziel beimisst. Wird ein Ziel zwar als erstrebenswert eingestuft, die Wahrscheinlichkeit jedoch, es erreichen zu können als unwahrscheinlich angenommen, so unterbleibt die Handlung. Wird eine Handlung als tatsächlich zielführend eingeschätzt, ist das Ziel jedoch unbedeutend, unterbleibt die Handlung ebenfalls.

Die im Folgenden beschriebenen Ansätze der *Theory of Reasoned Action* (Fishbein & Ajzen, 1975) und der *Theory of Planned Behavior* (Ajzen, 1991, 2002, 2005) gehören zu den bekanntesten Erwartung-mal-Wert-Modellen. Im Anschluss werden zwei Erweiterungen dieser Modelle vorgestellt, die sich mit Bildungsentscheidungen befassen.

4.2.1 Ajzen und Fishbein (1975): Theory of Reasoned Action

In der „*Theory of Reasoned Action*" (Theorie des überlegten Verhaltens) ist die Verhaltensabsicht die direkte Ursache für Verhalten (Fishbein & Ajzen, 1975). Unter Verhaltensabsicht wird die bewusste Entscheidung verstanden, ein bestimmtes Verhalten auszuführen. Alle Einflüsse, die Verhalten beeinflussen, werden vermittelt über die Verhaltensabsicht analysiert. Im Modell wird davon ausgegangen, dass die Einstellungen gegenüber einem Verhalten sowie die subjektive Norm einer Person Einfluss auf ihre Verhaltensabsicht haben.

Einstellungen gegenüber einem spezifischen Verhalten werden durch die Überzeugung bestimmt, wie *wahrscheinlich* bestimmte *Konsequenzen* aus diesem Verhalten folgen. Diese Wahrscheinlichkeit wird mit der *Bewertung* der Konsequenzen multipliziert. Hier wird sichtbar, dass die Theorie des überlegten Handelns zu den Erwartung-mal-Wert-Modellen gehört.

Bei der subjektiven Normkomponente schätzen Personen einerseits ein, inwiefern relevante Bezugspersonen ein Verhalten positiv oder negativ bewerten würden. Zum anderen über sie, wie wichtig es, sich gemäß den Wünschen der Bezugspersonen zu verhalten. Die Bezugspersonen können beispielsweise die Eltern oder Freunde sein.

Die Annahmen der theory of reasoned action wurden in vielen Untersuchungen bestätigt (vgl. van den Putte, 1991; Sheppard, Hartwich & Warshaw, 1988).

Abbildung 14:   Theory of Reasoned Action

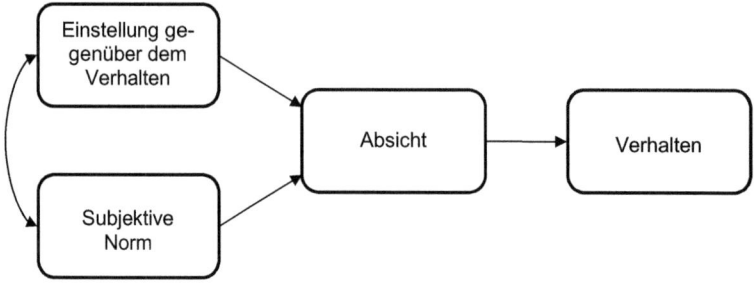

(nach Fishbein & Ajzen, 1975)

Am Beispiel eines Grundschülers, der vor der Entscheidung steht, ein Gymnasium in der etwas weiter entfernen Stadt oder eine nahegelegene Realschule zu besuchen, sollen die Zusammenhänge zwischen den das Wahlverhalten bestimmenden Elementen veranschaulicht werden. Die Einstellung des Grundschülers gegenüber dem (Wahl-)Verhalten (Besuch eines Gymnasiums oder einer Realschule) wird durch die Wahrscheinlichkeit von Konsequenzen, beispielsweise längere Jahre die Schule zu besuchen, sowie der Beurteilung dieser Konsequenzen (positiv, weil er gerne viel lernt oder negativ, weil er dann morgens früher aufstehen müsste) determiniert. Die subjektive Normkomponente könnte hier sein, dass er wahrnimmt, dass seine Eltern seinen Gymnasialbesuch wünschen. Sofern dieser Grundschüler die Aussicht auf eine Schule, an der viel gelernt wird, als positiv ansieht und er das Eintreten dieser Konsequenz für wahrscheinlich hält (weil er möglicherweise Geschwister hat, die gerne ein Gymnasium besuchen), wird dies die Intention, ein Gymnasium zu besuchen, positiv beeinflussen. Die Vorstellung, dass seine Eltern sich über diese Entscheidung freuen, unter der angenommenen Bedingung, dass ihm an der Meinung seiner Eltern etwas liegt, würde ebenfalls die Intention, das Gymnasium zu besuchen, verstärken und es zunehmend wahrscheinlicher machen, dass er eine dahin gehende Entscheidung trifft. Nun muss er eventuell aber feststellen, dass er mit seinem Notendurchschnitt von 3,0 keineswegs ein Gymnasium besuchen darf, denn eine entsprechende verbindliche Gymnasialempfehlung erfordert, beispielsweise, einen Notendurchschnitt von 2.3. Hier wird die Grenze der Theorie des überlegten Handelns sichtbar: Einstellung und subjektive Norm führen zwar zur Intentionsbildung, ob aus dieser jedoch Verhalten resultieren kann, wird oft durch weitere Faktoren determiniert. Mit der Theorie des geplanten Verhaltens wird versucht, diese ‚Lücke' mit der Einführung einer weiteren Komponente zu beheben.

4.2.2 Ajzen (1991): Theory of Planned Behavior

Die *Theory of Planned Behavior* (Ajzen, 1991) – übersetzt die *Theorie des geplanten Verhaltens* – ist eine Weiterentwicklung und Modifikation der *Theory of Reasoned Action*. Wie bei der *Theory of Reasoned Action* wird die Verhaltensintention einer Person durch die ihre Einstellungen zum Verhalten und durch die Komponente der subjektiven Norm bestimmt (vgl. Abbildung 15). Für diese zwei Wirkmechanismen werden wiederum zwei verschiedene Evaluationen durchgeführt.

Die Einstellung gegenüber einem bestimmten Verhalten wird durch die Erwartung bestimmt, wie wahrscheinlich bestimmte Konsequenzen aus diesem Verhalten folgen. Diese Wahrscheinlichkeit wird mit der Bewertung der Konsequenzen multipliziert.

Abbildung 15:   Kernmodell der Theory of Planned Behavior (Ajzen, 1985)

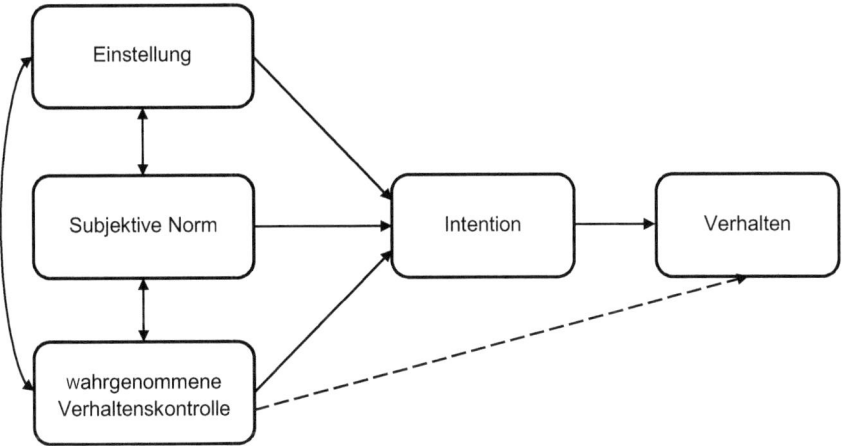

(nach Ajzen, 1991)

Neu im Modell ist die subjektiv *wahrgenommene Verhaltenskontrolle* (Ajzen, 1991). Diese Erweiterung soll die Vorhersage für Verhaltensweisen verbessern, über die eine Person denkt keine (vollständige) Willenskontrolle zu besitzen. Im vorigen Kapitel ging es um einen Schüler, der die Wahl hatte eine bestimmte Schulform zu besuchen. Die subjektiv wahrgenommene Verhaltenskontrolle wäre in diesem Beispiel die Einschätzung inwiefern er selber die Möglichkeit hat, sich konkret für eine Schule zu entscheiden. Diese Entscheidung für eine Schule wird beeinflusst durch Empfehlung der Grundschule und durch die Entscheidung der Eltern. Der schraffierte Pfeil von der wahrgenommenen Verhaltenskontrolle auf das Verhalten ist dann gültig, wenn Wahrnehmung und Realität übereinstimmen. Im Beispiel hätte der Schüler keine Wahl, wenn seine Eltern sich schon fest für eine andere Schulform als er entschieden haben.

Ein anderes Beispiel findet sich bei Ajzen & Madden (1986). In ihrer Studie untersuchten sie Studenten, die in einer Klausur eine gute Zensur schreiben wollten. Sie befragten die Studenten am Anfang des Semesters, d. h. lange Zeit vor dem Klausurtermin und dann noch einmal kurz vor der Klausur, wie sie die Wahrscheinlichkeit einschätzen eine gute Note in der Klausur zu schreiben. Kurz vor der anstehenden Arbeit konnten die Studenten sehr viel genauer einschätzen, ob sie die Klausur eher gut oder eher schlechter bestehen würden. In ihrer subjektiv wahrgenommenen Verhaltenskontrolle konnten sie besser einschätzen, ob sie die Lerninhalte für die Klausur beherrschen bzw. ob es in der verbleibenden Zeit noch möglich ist sich den Lernstoff zu erarbeiten. Zu Beginn des Semesters waren die Studenten nicht in der Lage dies zuverlässig einzuschätzen.

Allgemein formuliert beschreibt die subjektiv wahrgenommene Verhaltenskontrolle die Einschätzung, inwieweit äußere Einflüsse oder Umstände ein bestimmtes Verhalten möglich bzw. unmöglich machen. Die theory of planned behavior wurde in vielen Studien als theoretische Basis zur Erklärung von Verhalten gewählt (vgl. Ajzen & Madden, 1986; Ajzen, 2005; Bamberg & Lüdemann, 1996; Bamberg & Schmidt, 1993; Beck & Ajzen, 1991; Erten, 2002; Klee, Bamberg, Erten & Graf, 2000; Sparks & Shepherd, 1992).

4.2.3 Modellerweiterung von Maaz et al. 2006: Genese von Bildungsentscheidungen

Maaz et al. (2006) schlagen vor, die allgemein konzipierte Theorie des geplanten Verhaltens für die Erklärung der Schulwahlentscheidung zu verwenden, „da es sich bei dieser Entscheidung nicht um eine spontane, kurzfristige Reaktion handelt, sondern um eine bewusste Entscheidung" (Maaz et al., 2006, S. 313). In dieser Konzeption verlagert sich der Blickpunkt der drei erklärenden Konzepte (Einstellung zum Verhalten, subjektive Norm, wahrgenommene Verhaltenskontrolle). Einerseits werden weiterhin die Entscheidungsintention und die getroffene Entscheidung erklärt, auf der anderen Seite wird weniger die Entscheidungshandlung selbst betrachtet, sondern in erster Linie die der Entscheidung zugrunde liegenden Alternativen (vgl. Maaz et al., 2006). Bei der Modellierung der Bildungsentscheidung werden hier Kinder und Eltern berücksichtigt, Lehrer und Peers werden als die Entscheidung beeinflussende Akteure ebenfalls einbezogen. Abbildung 16 zeigt die für die Bildungsentscheidung nach der Grundschule adaptierte Version der *Theory of Planned Behavior* (vgl. Maaz et al., 2006).

Die Wahl des Bildungsganges (*Bildungsentscheidung*) ist das unmittelbare Ergebnis der *Entscheidungsintention* und der Möglichkeit der *tatsächlichen Entscheidungskontrolle der Eltern*. Die Entscheidungsintention resultiert aus der subjektiven Norm der Eltern und Kinder, der wahrgenommenen Verhaltenskontrolle und der Einstellung gegenüber den verschiedenen Bildungsgängen. Die Einstellung zu einem bestimmten Bildungsgang ergibt sich aus der Einschätzung und Bewertung der Konsequenzen, die der Besuch dieses Bildungsganges für das Kind hätte. Eine Einschätzung wäre zum Beispiel, dass der Besuch eines Gymnasiums mit höheren direkten und indirekten Kosten verbunden ist als der Besuch einer Realschule. Falls die Kosten für die Familie als zu groß angesehen werden, wird der Besuch des Gymnasiums insgesamt unattraktiv. Die *subjektive Norm* ist in diesem Fall erstens die wahrgenommene Erwartung von Bezugspersonen, dass das Kind das Gymnasium besuchen bzw. nicht besuchen sollte, und zweitens die Motivation, diesen Erwartungen zu entsprechen. Die *wahrgenomme-ne Verhaltenskontrolle* bei der Entscheidung, die gymnasiale Oberstufe zu besuchen oder zu meiden, ist abhängig von der Beurteilung der Ressourcen, die zur Verfügung stehen, um das intendierte Ziel (nämlich das Gymnasium erfolgreich zu besuchen und abzuschließen) zu erreichen. Die *tatsächliche Entscheidungskontrolle* der Eltern ist ein zentraler Faktor, wenn es darum geht, ob ein Kind ein Gymnasium besuchen kann. Sie hängt von der *wahrgenommenen Entscheidungskontrolle* und den *institutionellen Rahmenbedingungen* ab. Für Kinder mit niedrigem sozioökonomischem Hintergrund, die vor der Alternative stehen, ein Gymnasium oder einen anderen Bildungsgang zu besuchen, bedeutet dies, dass bei Entscheidungsfreiheit der Eltern allein die Familie entscheidet, welcher Bildungsgang gewählt wird.

Abbildung 16: **Vereinfachtes Modell der Genese von Bildungsentscheidungen nach den Grundannahmen der Theorie des geplanten Verhaltens von Ajzen**

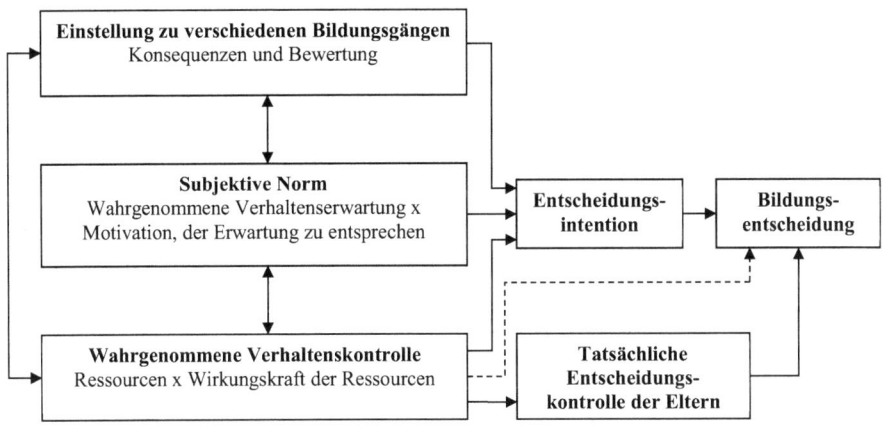

(nach Maaz et al., 2006, S. 314)

Die institutionellen Rahmenbedingungen für die Bildungsentscheidung sind allerdings in den Bundesländern sehr unterschiedlich ausgestaltet (vgl. Bellenberg, Hovestadt & Klemm, 2004; Bellenberg, 1999). Der weitere Schulbesuch nach der Grundschule wird neben *der Wahl der Eltern* bestimmt durch die *Bildungsgang-Empfehlung* am Ende der Grundschulzeit. Für den Übergang in die Sekundarstufe I sind die Grundschulen rechtlich verpflichtet, die Eltern und Kinder bei der Wahl der Schullaufbahn durch ei-ne *Empfehlung* zu unterstützen (Kultusministerkonferenz [KMK], 2003). Diese Emp-fehlung hat in den einzelnen Bundesländern unterschiedlich verpflichtenden Charak-ter. In den meisten Ländern (11 von 16) entscheiden letztendlich die Eltern, welchen Bildungsgang ihr Kind besucht („Elternrecht gilt vor Schulrecht"). Nur in Baden-

Württemberg, Bayern, Brandenburg, Sachsen, dem Saarland und Thüringen gelten andere Regelungen (Bellenberg, Hovestadt & Klemm, 2004; Einsiedler, 2003). In Bayern z. B. sind die Bedingungen sehr restriktiv, dort setzt der Übergang nach Klasse 4 in das Gymnasium einen Notendurchschnitt von 2,33 voraus, zusätzlich müssen die Fächer Deutsch und Mathematik mit einer 2,0 abgeschlossen sein. Falls diese Bedingungen nicht erfüllt sind, besteht die Möglichkeit eines dreitägigen Probeunterrichts an der aufnehmenden Schule. Wird dieser erfolgreich abgeschlossen, kann dieser Bildungsgang gewählt werden. Wenn die Lehrerempfehlung für die Wahl eines bestimmten Bildungsganges obligatorisch ist, hat der Elternwille eine untergeordnete Bedeutung, die tatsächliche Entscheidungskontrolle der Familie ist in diesem Fall kleiner.

4.2.4 Eccles (1983): Erweitertes Wert-Erwartungs-Modell

In den 1980er Jahren wurde von Eccles und ihren Kollegen und Kolleginnen ein allgemeines Modell zur Erklärung von Verhalten, Einstellungen und Entscheidungen entwickelt. Verschiedene Forscher haben in Analysen zu Bildungsentscheidungen, Leistungsverhalten sowie in Analysen zu Anstrengungen bei zielgerichteten Aktivitäten erfolgreich das Modell von Eccles benutzt (vgl. Eccles et al., 1983; Eccles, Barber & Jozefowicz, 1999; Eccles, 2005; Wigfield & Eccles, 2000). Eccles geht von den Erwartung-mal-Wert-Modellen aus und erweitert diese, indem sie die Wertkomponente weiter ausdifferenziert, die Erwartung durch das Selbstkonzept näher bestimmt und Opportunitätskosten berücksichtigt (vgl. Maaz et al., 2006). Die Wert- und Erwartungskomponente ist in diesem Modell differenzierter ausgearbeitet als in den ursprünglichen Erwartung-mal-Wert-Modellen. Eccles bezieht in ihr Modell zur Erklärung psychologische und soziokulturelle Einflussfaktoren ein.

In dem Modell von Eccles resultieren Entscheidungen und auch Verhaltensweisen aus einer Abwägung von Kosten und Nutzen einer Aufgabe (wie z. B. der Wahl eines Bildungsgangs). Für das Modell zentrale direkte Bestimmungsfaktoren einer Entscheidung sind der *subjektive relative Wert* und die *Erwartung der Wahrscheinlichkeit* eines Erfolgs, die einer Entscheidungsalternative zugeschrieben werden (Maaz et al., 2006). In dem Grundmodell von Eccles wird die Wertkomponente in vier Teilbereiche untergliedert. Diese Teilaspekte umfassen (nach Maaz et al., 2006) die subjektive Wichtigkeit, eine Aufgabe erfolgreich zu bewältigen, den einer Aufgabe beigemessenen intrinsischen Wert, den Nutzen, der durch die Bearbeitung einer Aufgabe erwartet wird, und schließlich die Einschätzung der Kosten, die bei der Erfüllung einer Aufgabe erwartet werden.

Die individuelle Einschätzung, ob eine Aufgabe erfolgreich bewältigt werden kann, ist bestimmend für die *Erfolgserwartung*.

Die Ausgestaltung der Wert- und Erwartungskomponenten ergibt sich aus einem komplexen Zusammenspiel von verschiedenen psychologischen Komponenten, die zugleich den Effekt anderer Hintergrundvariablen mediieren. Zu den Hintergrundvariablen zählen z. B. individuelle Personenmerkmale wie Geschlecht und Kompetenzen oder Umweltmerkmale wie das kulturelle Milieu, in dem eine Person sich bewegt. Als

Mediatoren wirken weiterhin persönliche Ziele sowie aufgabenbezogene Überzeugungen über die eigene Lösungskompetenz und die Wahrnehmung der Aufgabenschwierigkeit (Maaz et al., 2006). Die Mediatoren werden ihrerseits beeinflusst von Faktoren wie Geschlechtsrollen, kulturellen Stereotypen, den eigenen Interpretationen früherer Erfahrungen oder der Wahrnehmung von Einstellungen und Erwartungen der sozialen Umwelt. Bisherige (Bildungs-)Erfahrungen definieren auch wie die verschiedenen Wertkomponenten aktuell eingeschätzt werden (vgl. Eccles et al., 1983, S. 135 zit. nach Maaz et al., 2006). Die für ein Verhalten relevanten Faktoren für eine Entscheidung variieren bei Eccles je nach theoretischer Fragestellung. Übertragen auf die Bildungsentscheidung am Ende der Primarstufe, muss bei dem Modell von Eccles beachtet werden, dass die Entscheidung häufig von den Eltern und nicht von den Schülern selbst getroffen wird. Das Modell fokussiert daher mehr auf die Bildungsgangsentscheidung der Eltern als auf die der Kinder

Eine adaptierte Modellierung für die Bildungsentscheidung am Ende der Grundschule, wie sie Maaz et al. (2006) in Anlehnung an das Modell von Eccles konzipiert, ist in Abbildung 17 dargestellt.

Abbildung 17: **Vereinfachtes Modell der Genese von Bildungsentscheidungen nach den Grundannahmen des erweiterten Wert-Erwartungs-Modells von Eccles**

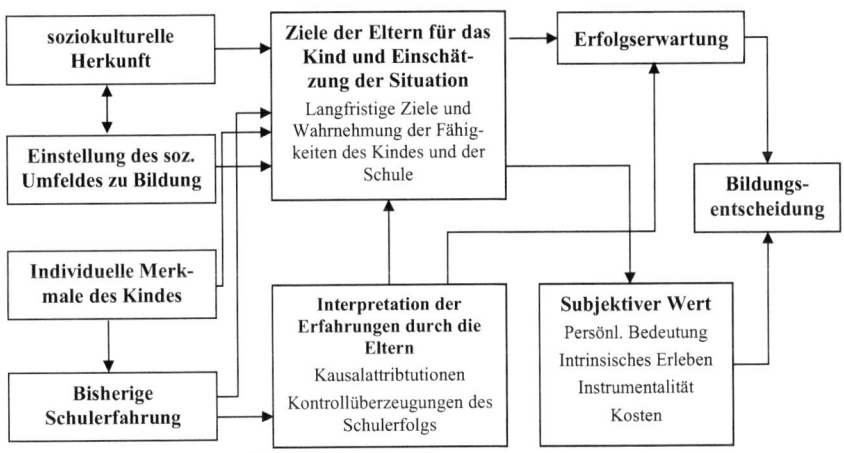

(aus: Maaz et al., 2006, S. 312)

Die Bildungsentscheidung am Ende der Grundschule ergibt sich aus dem *subjektiven Wert,* der einem weiterführenden Bildungsgang zugewiesen wird, und der beigemessenen *Erfolgserwartung* für ein Kind im Hinblick auf einen bestimmten Bildungsgang. Der subjektive Wert und die Erfolgserwartung ergeben sich aus den Zielen, die Eltern für ihre Kinder haben, der Einschätzung der Fähigkeiten der Kinder sowie der Berücksichtigung der vermuteten Leistungsanforderungen der Schule. Die Ziele der Eltern, ihre Situationseinschätzung und ihre Bewertung der bisherigen Erfahrungen mit Schule vermitteln den Effekt von Faktoren wie dem sozialen Milieu, den normativen Einflüssen des sozialen Umfelds und den individuellen Merkmalen (z. B. Geschlecht, Kompetenzen) des Kindes (vgl. Maaz et al., 2006).

Maaz et al. (2006) versuchen mit ihrer Version des Eccles-Modells, eine Erweiterung der Wert-Erwartungs-Modelle zur Bildungsentscheidung zu schaffen, bei der die „Wirkungsmechanismen zwischen Hintergrundvariablen und dem jeweiligen Wert und der Erfolgserwartung verschiedener Schulalternativen differenziert spezifiziert und psychologisch untermauert werden" (Maaz et al., 2006).

4.3   Zusammenfassung/Bewertung von soziologischen und psychologischen Modellen

In den beiden vorangehenden Abschnitten wurden ausgewählte soziologische und psychologische Theorien zur Analyse von Bildungsentscheidungen vorgestellt. In den soziologischen Theorien wird vor allem versucht, die sozialen Disparitäten bei der Bildungsbeteiligung zu erklären. Individuelle Entscheidungsprozesse wurden in den „klassischen" Untersuchungen dabei nur selten erforscht (vgl. Kristen, 1999). Erst in den letzten Jahren beziehen die genannten soziologischen Modelle (Erikson & Jonsson, 1996; Breen & Goldthorpe, 1997; Esser, 1999; vgl. auch Becker, 2000; 2003) individuelle Entscheidungen in ihre Analysen ein. Der gegenwärtige wissenschaftliche Diskurs zum Thema Bildungsentscheidungen ist zum großen Teil durch soziologische Entscheidungsmodelle geprägt. Diese haben den Vorteil, dass sie elementar konzipiert sind und in ihren Erklärungen dem Alltagsverständnis der Menschen entgegenkommen. Zentrale Annahmen finden sich bereits in früheren Ansätzen wie in der Humankapitaltheorie oder in den erweiterten soziologischen Werterwartungsmodellen. In allen wird postuliert, dass sich Investitionen in Bildung erst dann lohnen, wenn die Kosten für eine Bildungsentscheidung nicht zu hoch und der Nutzen nicht zu gering eingeschätzt werden. In neueren Theorien wird das Statuserhaltmotiv berücksichtigt, welches die Wert- und Erwartungskomponente des Kindes und seiner Familie beeinflusst, damit zur Erklärung schichtbedingten Entscheidungsverhaltens beiträgt und erklärungskräftig für die Entstehung von sozialen Disparitäten im Bildungssystem ist. Darüber hinaus fehlen in den soziologischen Modellen viele individuelle Merkmale (z. B. Persönlichkeit, Selbstkonzepte, Überzeugungen, …). Eine andere Schwachstelle ist die oft mangelhafte Instrumentierung in soziologischen Ansätzen. Indikatoren werden oft nur über Einzelitems berücksichtigt, deren Reliabilität unbekannt ist (Maaz et al., 2006).

Bei den psychologischen Modellen treten diese Probleme seltener auf. In ihnen werden individuelle Indikatoren systematisch berücksichtigt. Individuelle Konstrukte sind dabei vermittelnde Variablen zwischen Merkmalen des sozialen Hintergrundes und den Wert- und Erwartungswerten. Im Gegensatz zu den soziologischen Modellen sind die psychologischen Ansätze zudem empirisch gesichert und breit instrumentiert. Ihnen fehlt lediglich der spezielle Bezug zur Analyse von Bildungsübergängen.

In psychologischen Modellen wie in den Arbeiten von Ajzen (1991) und Eccles et al. (1983) werden die soziologischen Modelle in theoretischer Hinsicht erweitert. Sie berücksichtigen explizit Faktoren, die zwischen einem sozialen Hintergrund und den dazugehörigen Werterwartungen vermitteln. Es gibt bisher allerdings keine hinreichende theoretische Anbindung der Modelle für die Analyse von Bildungsentscheidungen (Maaz et al., 2006).

Für die Fragestellung dieser Arbeit, über welche evtl. auch protektiv wirkenden Ressourcen Kinder mit niedrigem sozioökonomischen Status verfügen, die erfolgreich ein Gymnasium besuchen, liefern sowohl psychologische, wie auch soziologische Modelle Anhaltspunkte. Insbesondere das psychologische Modell von Eccles zeigt die Bedeutung, die elterliche Aspirationen und das Eltern-Kind-Verhältnis für die Bildungsentscheidung haben. Das soziologische Konzept von Bourdieu wiederum eignet sich zur Beschreibung des sozialen und kulturellen Hintergrundes eines Kindes. Es wird die Hypothese aufgestellt, dass insbesondere hohe elterliche Bildungsaspirationen einen kompensierenden Effekt aufweisen, der dazu beiträgt, den Zusammenhang zwischen sozialem Hintergrund und Schulerfolg zu vermindern.

Die in diesem Kapitel vorgestellten soziologischen und psychologischen Modelle liefern Erklärungen für das Zustandekommen von sozialen Disparitäten im Bildungssystem. Bei ihnen steht aber nicht speziell im Vordergrund, warum Schüler mit benachteiligendem sozialen Hintergrund trotzdem erfolgreich in der Schule sind. Zu diesen „modellwidrigen Fällen" zählen z. B. Arbeiterkinder, die ein Gymnasium besuchen. Diese Lücke kann mit einem Ansatz aus der entwicklungspsychologischen Resilienzforschung erklärt werden. In dem Modell der Risiko- und Schutzfaktoren wird ein unerwartet guter Entwicklungszustand (unerwartet, weil beeinträchtigende Risikobelastungen vorliegen) mit der kompensatorischen Wirkung von protektiven Faktoren erklärt. Der gute Entwicklungsstand wäre an dieser Stelle die Schulleistung, die trotz eines niedrigen SES besser ausfällt, als dies aufgrund des statistischen Zusammenhangs erwartbar wäre.

5 Risiken und protektive Faktoren

Ein für die vorliegende Arbeit zentraler Forschungsbereich ist die Resilienzforschung und das in diesem Zusammenhang entwickelte Konzept der Risiko- und Schutzfaktoren. Dieses wird in dem vorliegenden Kapitel dargestellt. Es wird der Frage nachgegangen, ob und gegebenenfalls wie sich das Modell der Risiko- und Schutzfaktoren zur Erklärung von „sozial erwartungswidrigem Schulerfolg[5]" nutzen lässt.

Der Begriff der Resilienz, welcher mit „Widerstandsfähigkeit" übersetzt werden kann, wird in der Gesundheitsforschung verwendet und geht vom Gesundheitskonzept der Weltgesundheitsorganisation (WHO) aus, in dem nicht nur die körperliche Verfassung, sondern auch das psychische, soziale und subjektive Befinden für die Gesundheit als bedeutsam erachtet werden. Schon 1948 heißt es in der Präambel der WHO: „Gesundheit ist ein Zustand völligen körperlichen, geistigen und sozialen Wohlbefindens und nicht nur das Freisein von Krankheit und Gebrechen." In der Resilienzforschung wird untersucht, welche schützenden Einflüsse und Eigenschaften den Gesundheitszustand erhalten, wenn ein Mensch durch Risiken, d. h. durch belastende Umstände oder Ereignisse, gefährdet ist. Ein zentrales Konzept ist dabei das Modell der Risiko- und Schutzfaktoren. Risiko- und Schutzfaktoren lassen sich jeweils grob unterteilen in durch die Umwelt bedingte und in der Person/Persönlichkeit liegende Merkmale. Risiko- und Schutzfaktoren sind in der Literatur nicht einheitlich definiert, insbesondere die Unterscheidung der Dimensionen Umwelt und Person wird unterschiedlich benannt. Um die Verständlichkeit und Eindeutigkeit des Konstruktes zu gewährleisten, wird im Weiteren die Definition von Scheithauer und Petermann (1999) verwendet, in der beide Dimensionen eindeutig unterschieden werden.[6] Sie bezeichnen in der Umwelt liegende Risiken als *Risikofaktoren* und in der Person angesiedelte Risiken als *Vulnerabilität*. Bei den schützenden Merkmalen werden fortan protektiv wirkende Ressourcen in der Umwelt als *Schutzfaktoren* und protektiv wirkende Ressourcen in der Person als *Resilienz* bezeichnet (s. Tabelle 19).

Tabelle 19: Klassifizierung von Risiken und protektiven Faktoren nach umwelt- und personenbedingten Faktoren

	Faktoren in der Umwelt	Faktoren in der Person
Risiken	Risikofaktoren	Vulnerabilität
Protektive Faktoren	Schutzfaktoren	Resilienz

Im Folgenden werden zunächst „Risikofaktoren" und „Vulnerabilität" sowie anschließend „Schutzfaktoren" und „Resilienz" näher beschrieben.

---

5 Vgl. Kapitel 2
6 Eine vergleichbare Klassifikation findet sich bei Laucht (1999).

5.1 Risiken: Risikofaktoren und Vulnerabilität

Nach Laucht wird ein Risiko[7] als „(...) ein Merkmal, das bei einer Gruppe von Individuen, auf die dieses Merkmal zutrifft, die Wahrscheinlichkeit des Auftretens einer Störung im Vergleich zu einer unbelasteten Kontrollgruppe erhöht" (Laucht, 1999, S. 303) bezeichnet. Wenn ein risikoerhöhender Faktor auftritt, kommt es nicht zwangsläufig zu einer Störung, nur die Wahrscheinlichkeit, dass eine Störung auftritt, steigt. Übertragen auf den schulischen Kontext kann eine solche Störung auch die Beeinträchtigung der Schulleistung darstellen (Garmezy, Masten & Tellegen, 1984; Luthar, Cicchetti & Becker, 2000).

Risikofaktoren
Viele *Risikofaktoren* treten im familiären Umfeld auf (vgl. Laucht et al., 1998; Scheithauer & Petermann, 1999)[8]. Schon bei der Geburt können Geburtskomplikationen, eine Frühgeburt oder ein niedriges Geburtsgewicht die Entwicklung eines Kindes negativ beeinflussen. Negativ kann sich auch das Verhalten der Mutter direkt nach der Geburt auswirken. Wenn sie sich beispielsweise ungesund ernährt oder Drogen konsumiert. Innerhalb der Eltern-Kind-Interaktion erweisen sich bestimmte Bindungsstile als ungünstig. So stellen unsicher-vermeidende, unsicher-ambivalente und desorganisierte Bindungserfahrungen ein Risiko dar (Scheithauer & Petermann, 1999). Weiteres Risikopotenzial in der Familie ergibt sich durch einen niedrigen SES, eine sehr junge Elternschaft, Konflikte der Eltern, Gewalt und Misshandlung in der Familie oder ein Erziehungsverhalten, das durch Inkonsequenz, Uneinigkeit oder vorwiegend strafendes Verhalten geprägt ist (Scheithauer & Petermann, 1999; Fries, 2008). Koglin, Janke und Petermann (2009) untersuchten die Beeinflussung von IQ-Veränderungen vom Kindergarten zum Schulalter durch psychosoziale Risikofaktoren. Sie stellten eine erhöhte Beeinträchtigung der IQ-Entwicklung mit steigender Zahl von Risikofaktoren fest. Sie bezogen als Risikofaktoren den Migrationshintergrund, geringe Bildung der Eltern, fehlende Berufsausbildung der Eltern, Flaschenernährung des Kindes, eine abwechslungsarme Freizeit, hohen Fernsehkonsum, hohen Computerkonsum und kritische Lebensereignisse in ihre Analysen ein (Koglin, Janke & Petermann, 2009).

Vulnerabilität
Zur *Vulnerabilität* eines Kindes zählen chronische Krankheiten, niedrige Intelligenz oder ein schwieriges Temperament (Petermann, 1997). In der Entwicklung eines Kindes lassen sich Phasen mit erhöhter Vulnerabilität identifizieren (Scheithauer & Petermann, 1999). Hierzu zählen soziale und biologische Entwicklungsübergänge wie z. B. die Einschulung oder die Phase der Pubertät. In diesen Phasen wirken bestimmte

---

7 In der von Laucht verwendeten Terminologie werden Risiken also „Risikofaktoren" bezeichnet, Bedingungen, die sich auf biologische und psychische Merkmale beziehen, werden ebenfalls „Vulnerabilität" genannt und Bedingungen, die die psychosoziale Umwelt eines Individuums beeinträchtigen, werden als „Stressoren" bezeichnet (Laucht 1999, S. 303).

8 Diese Risikofaktoren unterteilen Petermann und Scheithauer in biologische Faktoren, Faktoren innerhalb der Eltern-Kind-Interaktion und familiäre und soziale Faktoren (Scheithauer & Petermannr, 1999).

Risikofaktoren stärker auf das psychosoziale Funktionsniveau ein als zu anderen Zeitpunkten. Scheithauer und Petermann (1999, S. 11) schreiben hierzu: „Insbesondere die Adoleszenz stellt dabei eine Phase vielfältiger Übergänge und damit erhöhter Vulnerabilität dar" (...), „die mit komplexen Veränderungen im Leben der Jugendlichen, sowohl im biologischen, kognitiven als auch sozialen Kontext, einhergehen". Einige Entwicklungsübergänge wie z. B. der Übertritt von der Grundschule auf eine weiterführende Schule finden altersynchron statt, andere variieren in ihrem zeitlichen Auftreten, wie z. B. der Auszug aus dem Elternhaus.

Scheithauer, Niebank und Petermann (2000) unterscheiden zwischen der primären und der sekundären Vulnerabilität. Die primäre Vulnerabilität ist durch ungünstige genetische Dispositionen oder durch Schädigungen vor, während oder kurz nach der Geburt bestimmt, die sekundäre Vulnerabilität durch negative Umwelteinflüsse.

Petermann und Scheithauer (1999) nennen zwei Formen von Risiko erhöhenden Faktoren, die *strukturellen* und die *variablen Faktoren*. Die strukturellen Faktoren verändern sich nicht bzw. sind nicht veränderbar. Hierzu zählen beispielsweise das Geschlecht oder die Ausbildung der Eltern. Die variablen Faktoren verändern sich oder können verändert werden. Variable Faktoren werden unterteilt in diskrete Faktoren und kontinuierliche Faktoren. Unter diskreten Faktoren sind einmalig wirkende Lebensereignisse zu verstehen, die zu einem konkreten Zeitpunkt stattfinden, wie z. B. die Scheidung der Eltern oder ein Todesfall in der Familie. Mit kontinuierlichen Faktoren sind Lebensereignisse gemeint, die über einen Zeitraum in Ausmaß und Auswirkung variieren können, wie z. B. die Qualität der Eltern-Kind-Beziehung in verschiedenen Lebensabschnitten.

Oft treten mehrere Risikofaktoren gleichzeitig bzw. parallel auf. Kinder, die unter ungünstigen sozioökonomischen Bedingungen aufwachsen, haben häufiger Eltern mit psychischen Störungen oder erhalten öfter als andere Kinder eine schlechtere Versorgung (Zeanah, Boris & Larrieu, 1997).

Die Bedeutsamkeit von Risikofaktoren ist von Alter und Geschlecht abhängig (Prior, Smart & Oberklaid, 1993; Scheithauer & Petermann, 1999). In verschiedenen Altersabschnitten verändert sich die Größe des Effektes, den bestimmte Risiken für psychische Störungen haben. Schmidt (1993) geht davon aus, dass mit steigendem Alter Risikofaktoren im familiären Bereich an Bedeutung verlieren, während solche in der schulischen Umwelt oder im Freundeskreis wichtiger werden.

Einigen Studien zufolge ist Vernachlässigung nicht nur im Kindesalter, sondern auch noch im Jugendalter ein bedeutsamer Risikofaktor (Forehand, Miller, Dutra & Chance, 1997; Frick, 1994; Rothbaum & Weisz, 1994). Die Wiederheirat eines Elternteils stellt für Jungen im Alter von zwölf bis fünfzehn Jahren im Vergleich zu anderen Altersabschnitten und zu gleichaltrigen Mädchen ein besonderes Risiko dar (Pagani, Tremblay, Vitaro, Kerr & McDuff, 1998). Bisherige Befunde aus Resilienzstudien zeigen weitere geschlechtsspezifische Unterschiede. Jungen weisen eine höhere Vulnerabilität gegenüber familiären Risikofaktoren (z. B. Scheidung der Eltern) in der Kindheitsphase auf, während Mädchen in der Jugendphase potenziell gefährdeter sind (Davies & Windle, 1997; Kazdin, 1995).

Entwicklungsrisiken können nicht alleine durch die Betrachtung von Risiko erhöhenden Faktoren eingeschätzt werden. Ergänzend müssen Resilienz- und Schutzfaktoren und ihre Interaktion mit risikoerhöhenden Faktoren berücksichtigt werden. Ein weiterer Ansatz ist das Diathese-Stress-Modell von Rutter (1985). Hier müssen zu der Anlage der Vulnerabilität bestimmte Umweltfaktoren hinzutreten, um die beeinträchtigende Entwicklung auszulösen. Die Interaktionen von vielfältigen verschiedenen, miteinander interagierenden Einflussfaktoren können unter ähnlichen Stressbedingungen zu unterschiedlichen Störungen führen.

5.2   Protektive Faktoren und das Konzept der Resilienz

Nicht alle Personen, die Vulnerabilitätseigenschaften aufweisen oder Risikofaktoren ausgesetzt sind, bilden psychische Störungen aus. Übertragen auf das Thema der vorliegenden Arbeit sinkt nicht bei allen Schülerinnen und Schülern schulische Leistung ab, wenn sie Risikofaktoren ausgesetzt sind oder eine erhöhte Vulnerabilität aufweisen. Bestimmte Faktoren mildern oder kompensieren die Wirkung von risikoerhöhenden Faktoren. Genau wie bei den Risikofaktoren, sind die protektiven Faktoren in umweltbedingte Faktoren (*Schutzfaktoren*) und in der Person liegende Faktoren (*Resilienz*) unterscheidbar (vgl. Tabelle 19).

Schutzfaktoren bzw. umgebungsbezogene Faktoren sind unter anderem (vgl. Petermann & Schmidt, 2006; Scheithauer & Petermann, 1999)

- eine stabile emotionale Beziehung zu einer Bezugsperson,
- die psychische Gesundheit der Mutter,
- eine gute Schulbildung der Mutter,
- ein offenes, unterstützendes Familienklima,
- ein guter familiärer Zusammenhalt und
- positives Bewältigungsverhalten innerhalb der Familie.

Resilienz tritt häufig bei folgenden Gegebenheiten auf (vgl. Petermann und Scheithauer, 1999; Laucht et al., 1997):

- weibliches Geschlecht,
- erstgeborenes Kind,
- positives Temperament,
- positives Sozialverhalten,
- positives Selbstwertgefühl und Selbstwirksamkeitsüberzeugung,
- aktives Bewältigungsverhalten.

Genau wie verschiedenste *Ressourcen* tragen Schutzfaktoren und Resilienz zu einer gesunden Entwicklung eines Kindes bei (vgl. Petermann & Schmidt, 2006). Einige Forscher vertreten die Ansicht, dass risikoerhöhende und -mildernde Faktoren gegenüberliegende Pole ein- und derselben Variable sind: Je nachdem, welche Seite des Kontinuums der Variable betrachtet wird, spricht man von Schutz- oder aber von Risikofaktoren (Stouthamer-Loeber et al., 1993). Hier zeigt sich ein grundlegendes Problem bei der Unterscheidung von Risiko- und Schutzfaktoren (vgl. Scheithauer & Petermann, 1999): Lassen sich bestimmte Variablen als Schutzfaktoren klassifizieren? Stellt beispielsweise ein positives Familienklima einen Schutzfaktor dar oder ist das Fehlen eines solchen ein risikoerhöhender Faktor? Während das Nichtvorhandensein von Schutz- oder Resilienzfaktoren teilweise als Risiko gesehen wird, kann das bloße Fehlen von Risiken nach Scheithauer und Petermann (1999) nicht als risikomildernder Faktor konzipiert werden. Im Gegensatz zu Ressourcen, die unabhängig von auftretenden Risikofaktoren oder Vulnerabilität positive Effekte für die Entwicklung einer Person haben, wirken sich Schutzfaktoren und Resilienz nach dieser Sichtweise *nur* moderierend und schützend aus, wenn risikoerhöhende Faktoren vorliegen (Scheithauer & Petermann, 1999; Rutter, 1990). Es handelt sich also um Interaktionseffekte. Umgekehrt bedeutet ein Fehlen von risikomildernden Faktoren, dass risikoerhöhende Effekte voll zum Tragen kommen (vgl. Scheithauer & Petermann, 1999).

Legt man diese Definition zu Grunde, ergeben sich zwei Anforderungen an schützende Faktoren. Sie müssen erstens *zeitlich vor* den risikoerhöhenden Faktoren vorhanden sein, um deren Wirkung moderieren zu können (Laucht et al., 1997; Rutter, 1990). Zweitens muss sichergestellt sein, dass ein positiver Entwicklungsausgang durch schützende Faktoren bewirkt wird und nicht nur eine geringere Risikobelastung vorliegt (Laucht et al., 1997).

Für Schutzfaktoren und Resilienzmerkmale gilt, dass sie mit steigendem Risiko an Bedeutung zunehmen (Scheithauer & Petermann, 1999, Laucht et al., 1997). Je höher das potenzielle Risiko ist, desto wichtiger werden protektive Faktoren.

5.3   Empirische Forschungsergebnisse

Als bedeutsame Untersuchungen der Resilienzforschung werden im Folgenden die so genannte Pionierstudie der Resilienzforschung, die Längsschnittstudie auf der Hawaiianischen Insel Kauai unter Leitung von Werner und Smith (2001), die „Mannheimer Risikokinderstudie" von Laucht, Schmidt und Esser (2000) sowie die „Bielefelder Invulnerabilitätsstudie" von Lösel und Bender (1999) vorgestellt. Obwohl in den Arbeiten die untersuchten Risikobelastungen sehr unterschiedlich waren und methodisch unterschiedlich vorgegangen wurde, gab es relativ übereinstimmende Befunde zu Schutzfaktoren und Resilienz.

5.3.1   Die hawaiianische Längsschnittstudie von Werner und Smith

Die seit 1955 auf der hawaiianischen Insel Kauai durchgeführte Längsschnittstudie von Werner und Smith (1982, 1992, 2001; Werner, 1999a, 1999b, 2000, 2001) ist die bekannteste, größte und älteste Untersuchung zu Resilienz. Erstmals wurden hier Kinder mit Risikobelastungen von der Geburt bis in Erwachsenenalter systematisch untersucht. In der Studie wurden mögliche Langzeitfolgen von aufgetretenen Komplikationen vor und bei der Geburt untersucht. Weiterhin wurde analysiert, wie sich ungünstige Lebensumstände in der frühen Kindheit auf die kognitive, psychische und physische Entwicklung auswirken. Die Studie war prospektiv angelegt und konzentrierte sich auf den Vergleich von resilienten und nicht resilienten Kindern. Der komplette Geburtsjahrgang 1955 der Insel Kauai ($N = 698$) wurde längsschnittlich über 40 Jahre hinweg untersucht. Die Daten wurden im Geburtsjahr und im Alter von 1, 2, 10, 18, 32 und 40 Jahren erhoben. Die Mehrzahl der untersuchten Kinder wuchs in Armut auf. Erhebungsinstrumente waren Interviews und Verhaltensbeobachtungen (von Psychologen, Krankenschwestern, Lehrern, Sozialarbeitern), Leistungstests sowie weitere Informationen von Gesundheits- und Sozialdiensten, Familiengerichten und Polizeibehörden. In den letzten drei Erhebungen wurden die untersuchten Personen selbst hinsichtlich ihrer Lebenssichtweise interviewt.

Für ein knappes Drittel ($N = 201$) der untersuchten Kinder konnte frühzeitig ein erhöhtes Entwicklungsrisiko festgestellt werden. Diese Kinder werden nach Werner und Smith als so genannte „high risk children" bezeichnet. Bei ihnen zeigten sich bereits vor dem zweiten Lebensjahr vier oder mehr Risikobedingungen. Zu den multipel auftretenden Risikobelastungen zählten z. B. Geburtskomplikationen, psychisch kranke Eltern, ein geringes Bildungsniveau der Eltern, andauernde Armut oder chronische familiäre Disharmonie. Bei zwei Dritteln ($N = 129$) dieser Kinder traten negative Folgen auf. Die Kinder zeigten in ihrer Entwicklung schwere Lern- und Verhaltensstörungen, delinquentes Verhalten. Außerdem kam es vermehrt zu Schwangerschaften im frühen Jugendalter. Das restliche Drittel ($N = 72$) entwickelte sich trotz erheblicher Risikobelastung unauffällig (zu selbstsicheren und leistungsfähigen Erwachsenen). Diese Kinder werden im Folgenden als resiliente Kinder bezeichnet. Werner und Smith identifizierten als Gründe für diese günstigen Entwicklungsverläufe erstmals „Resilienzfaktoren". Sie fanden schützende Ressourcen beim Kind sowie Schutzfaktoren in der Familie und im sozialen Umfeld. Über den Zeitraum der 40-jährigen Längsschnittstudie konnte eine Reihe von protektiven Merkmalen und Faktoren identifiziert werden. Hierzu zählen schulische Leistungsfähigkeit, günstige Temperamentseigenschaften, Kommunikations- und Problemlösefähigkeiten, Selbstvertrauen, religiöser Glaube/Lebenssinn sowie externe Unterstützungssysteme in der Kirche, in Jugendgruppen oder in der Schule. Eine zentrale Rolle spielten auch so genannte ‚positive Wendepunkte' im Erwachsenenalter wie Heirat, die Geburt des ersten Kindes, die Wahrnehmung von Weiterbildungsangeboten oder der Eintritt in den Militärdienst. Sie waren entscheidend für einen günstigen Entwicklungsverlauf.

Bei den resilienten Kindern in der Kauai-Längsschnittstudie konnten schon frühzeitig Faktoren in der Persönlichkeit gefunden werden die sie von anderen belasteten Kindern unterschieden. Schon im Säuglingsalter wurden sie von ihren Bezugspersonen als liebevoll, sozial aufgeschlossen und sehr aktiv charakterisiert (Wustmann, 2005). Sie konnten sich leicht an neue Situationen anpassen und wirkten emotional ausgeglichener, fröhlicher und kontaktfreudiger als vergleichbare Kinder ohne Resilienz.

Im Kleinkindalter waren resiliente Kinder im Vergleich zu nichtresilienten Kindern selbstbewusster und selbständiger. Ihre Fähigkeiten zur Kommunikation und Bewegung waren weiter entwickelt und sie waren bei sozialen Spielen mit Gleichaltrigen in höherem Maße integriert. Einerseits konnten sie sich in Problemsituationen gut selber helfen, anderseits waren sie auch kompetent genug, um Hilfe zu bitten, wenn sie diese benötigten. Eine höhere Schulbildung der Eltern war in der Studie gekoppelt mit positiveren Eltern-Kind-Interaktionen in den ersten beiden Lebensjahren. Verbunden waren damit die Fähigkeit der Kinder zur Autonomie sowie eine hohe soziale Reife. Sie lernten, gemessen an vergleichbaren nichtresilienten Kindern, von ihren Eltern bessere Kommunikations- und Problemlösefähigkeiten, wiesen einen besseren Gesundheitszustand auf, hatten weniger Fehlzeiten in der Schule und erbrachten in der Grundschule bessere Schulleistungen.

Im Alter von zehn Jahren besaßen die resilienten Kinder besser entwickelte Kommunikations- und Problemlösefähigkeiten und ein positives Selbstkonzept. Sie verhielten sich in Problemsituationen eher proaktiv als reaktiv, indem sie in der jeweiligen Situation selbständig Verantwortung übernahmen und aktiv um eine Lösung des Problems bemüht waren, anstatt zu warten, bis jemand anderes, z. B. ein Erwachsener, ihnen zur Hilfe kam. Die resilienten Kinder zeichneten sich nicht dadurch aus, dass sie besonders talentiert oder überdurchschnittlich intelligent waren, sie nutzten aber ihre eigenen Ressourcen und Fähigkeiten effektiv aus. Darüber hinaus verfügten sie über positive Selbstwirksamkeitsüberzeugungen, sie hatten den Glauben, mit dem eigenen Handeln tatsächlich etwas bewirken zu können.

Im Jugendalter zeichneten sich die resilienten Kinder der Kauai-Studie durch eine höhere Sozialkompetenz sowie ein positives Selbstkonzept und ein hohes Selbstvertrauen in die eigenen Fähigkeiten aus. Sie waren selbständiger, zielorientierter und verfügten über mehr Selbstbewusstsein als vergleichbare nicht resiliente Kinder. Sie hatten eine größere Auswahl an effektiven Konfliktlösestrategien und eine optimistische, zuversichtliche Lebenseinstellung. Weitere Kennzeichen der resilienten Kinder waren Empathiefähigkeit und hilfsbereites Verhalten gegenüber anderen Menschen. Oftmals mussten sie schon frühzeitig im Haushalt Verantwortung übernehmen, wie z. B. ein Geschwisterkind betreuen, den Haushalt führen oder auch mit einer Teilzeitarbeit zum Lebensunterhalt beitragen, wenn die Eltern krank oder behindert waren. Diese frühzeitige Verantwortungsübernahme für sich und andere scheint die Entwicklung von Selbstwirksamkeit, Ausdauer und positiver internaler Kontrollüberzeugung begünstigt zu haben (Julius & Goetze, 2000, Wustmann, 2007).

Insgesamt sind es die begünstigenden personalen Ressourcen und die Unterstützung durch das soziale Umfeld (Familie, Peers, Lehrer), die das Kind vor Risiken schützen (Werner, 1999).

5.3.2 Die „Mannheimer Risikokinderstudie" von Laucht et al.

Die „Mannheimer Risikokinderstudie" von Laucht, Schmidt und Esser (1996, 1998, 1999, 2000) begann 1986 und wird am Zentralinstitut für Seelische Gesundheit in Mannheim durchgeführt. Sie ist wie die Kauai-Studie als prospektive Längsschnittstudie angelegt. Untersucht werden Kinder, bei denen vor, nach oder während der Geburt organische oder psychosoziale Belastungen auftraten. Ziel der Untersuchung ist es, herauszufinden, welche Kinder in ihrer Entwicklung gefährdet sind, welche Entwicklungsfunktionen beeinträchtigt werden können und welche Kinder vor Beeinträchtigungen geschützt sind.

In der Studie wird eine systematisch ausgewählte Geburtskohorte von Kindern hinsichtlich ihrer individuellen und familiären Entwicklung untersucht. In der Ausgangsstichprobe gab es 362 Kinder (178 Jungen, 184 Mädchen), die im Februar 1986 in zwei Frauenkliniken geboren wurden. Die Säuglinge, die in die Studie aufgenommen wurden, mussten folgende Kriterien erfüllen: Erstgeborenes Kind, Aufwachsen bei den leiblichen Eltern, deutschsprachige Familie, keine schweren angeborenen Erkrankungen oder Behinderungen, keine Mehrlingsgeburt. Bisher wurden fünf Datenerhebungen durchgeführt, die erste im frühen Säuglingsalter von 3 Monaten, die weiteren im Alter von 2, 4½, 8 und 11 Jahren. Wie bei der Kauai-Studie wurden als risikoerhöhende Bedingungen sowohl organische Risiken, d. h. Komplikationen vor und während der Geburt, als auch psychosoziale Risiken, wie z. B. ein niedriges Bildungsniveau der Eltern, eine unerwünschte Schwangerschaft, eine disharmonische Partnerschaft oder beengte Wohnverhältnisse, identifiziert. Zur Schätzung der Risikobelastung wurde eine dreistufige Skala für die einzelnen Risikofaktoren verwendet: Keine, leichte und schwere Belastung. Zum Zeitpunkt der Geburt ergaben sich daraus im Untersuchungsplan neun ungefähr gleich große Risiko-Teilgruppen. Sie reichten von einer Gruppe mit unbelasteten Kindern bis hin zu einer Gruppe, in der die organische und psychosoziale Belastung maximal war. Die Teilgruppen waren hinsichtlich der Gruppengröße und des Geschlechts gleich verteilt. Von der Ausgangsstichprobe blieben 347 Kinder (176 Mädchen und 171 Jungen) erhalten. Die Zuordnung eines Kindes zu einer Teilgruppe wurde anhand der Interviews mit den Eltern und der Einsicht in die jeweilige Krankenakte vorgenommen. Im weiteren Verlauf der Studie wurden die Daten mit Hilfe von Entwicklungstests, Interviews mit den Eltern und Kindern sowie Verhaltensbeobachtungen gewonnen.

Die Befunde der Mannheimer Risikokinderstudie zeigen, dass die Auswirkungen psychosozialer und organischer Risikobelastungen bis in das Grundschulalter nachweisbar sind. Bei den Risikokindern zeigen sich bis zu dreimal häufiger Beeinträchtigungen in der Entwicklung als bei unbelasteten Kindern. Bei Risikokindern mit organischer und gleichzeitig psychosozialer Belastung kumulieren die Belastungen und münden in eine ungünstige Entwicklungsprognose. Als bedeutsamster Frühindikator für eine ungünstige kognitive Entwicklung im Alter von 8 Jahren erwies sich bei den organischen Risiken ein niedriges Geburtsgewicht, während Krampfanfälle, die bei der Mutter kurz vor der Geburt auftraten, am stärksten das Risiko für eine entwicklungsgestörte Motorik erhöhten. Bei den psychosozialen Risikobelastungen stellten eine unerwünschte Schwangerschaft und psychische Belastungen der Eltern ein hohes Risikopotenzial für das Sozialverhalten des Kindes dar, während sich niedriges elterliches Bildungsniveau, beengte Wohnverhältnisse und frühe Elternschaft ungünstig auf die kognitive Entwicklung auswirkten. Ob es zwischen den Risikobelastungen mit hohem Risikopotenzial und den Entwicklungsstörungen einen spezifischen kausalen Zusammenhang gibt, kann nicht abschließend geklärt werden, weil die Hochrisiko-Belastungen gehäuft mit anderen Risiken auftreten (vgl. Wustmann, 2007). Nach den bisherigen Ergebnissen lässt sich das kognitive Leistungsniveau am besten voraussagen, weil es sowohl von psychosozialen als auch organischen Risiken stark beeinflusst wird. Störungen der sozial-emotionalen Entwicklung werden vorrangig durch psychosoziale Risiken beeinträchtigt und motorische Funktionen hauptsächlich durch organische Risiken.

Bei der mikroanalytischen Auswertung von gefilmten zehnminütigen Wickel- und Spielsituationen von Mutter und Kind (im Alter von 3 Monaten) wurde die Mutter-Kind-Interaktion analysiert. Das mütterliche Interaktionsverhalten hatte prognostische Relevanz für die sozial-emotionale Entwicklung des Kindes im Alter von 2, 4½ und 8 Jahren. Wies die Mutter einen Mangel an Einfühlungsvermögen, Lächeln und Freude auf und redete nicht mit ihrem Kind, korrelierte dies mit problematischen Entwicklungen des Kindes. Anders betrachtet erweist sich ein positives Interaktionsverhalten zwischen Mutter und Säugling beispielsweise als schützender Faktor bei Kindern, die in psychosozial hoch belasteten Familien leben oder für Kinder mit einem niedrigen Geburtsgewicht. Nach diesen Befunden liegt es nahe, den Schluss zu ziehen, dass der mütterliche Umgang mit dem Risikokind eine Art Weichenstellung für dessen spätere sozial-emotionale Entwicklung darstellt (Laucht, 1999). Auf psychosozial gering belastete Kinder und bei Kindern, die ohne Komplikationen geboren wurden, wirkte das Verhalten der Mutter nicht als Schutzfaktor.

5.3.3 Die „Bielefelder Invulnerabilitätsstudie"

Die „Bielefelder Invulnerabilitätsstudie" von Lösel und Mitarbeitern (Bender & Lösel, 1998; Lösel & Bender, 1994, 1999; Lösel, Bliesener & Köferl, 1990; Lösel, Kolip & Bender; 1992) hatte als Zielsetzungen, die seelische Widerstandskraft unter Bedingungen eines besonders hohen Entwicklungsrisikos zu untersuchen und außerfamiliäre Resilienzphänomene sowie in der Literatur diskutierte schützende Merkmale zu überprüfen (Wustmann, 2007).

Die Untersuchungsgruppe waren Jugendliche aus Institutionen der Heimbetreuung, die aus einem sehr belasteten Multiproblemmilieu mit unvollständigen Familien, Erziehungsdefiziten, Armut, Gewalttätigkeit und Alkoholmissbrauch stammen. Die Bielefelder Forschergruppe suchte im Gegensatz zu anderen Studien (z. B. die „Mannheimer Risikostudie" oder die „Kauai-Studie") von Beginn an nach resilienten Jugendlichen. Die Rekrutierung der Untersuchungsgruppe erfolgte über die Mitarbeiter der Jugendhilfe. Den Mitarbeitern von 60 Einrichtungen wurde das Konzept der Resilienz vorgestellt und anschließend gefragt, ob sie Jugendliche aus ihrer Einrichtung benennen könnten, die sich trotz hoher Risikobelastung auffallend positiv entwickelten. Auf der Basis der Einschätzungen der Erzieher wurde eine Stichprobe von 66 resilienten Jugendlichen im Alter von 14 bis 17 Jahren aus 27 Heimen gewonnen. Als Vergleichsgruppe wurden 80 Jugendliche aus denselben Heimen gewählt, für die eine vergleichbare Risikobelastung berichtet wurde, die aber ausgeprägte Verhaltens- und Erlebensstörungen aufwiesen. Als Erhebungsinstrumente dienten für beide Gruppen Interviews, Tests, Frage- und Selbsteinschätzungsbogen sowie ein Risikoindex mit

70 Kriterien. Mit den Instrumenten wurden vier Merkmalsbereiche untersucht: (1) biographische Belastungen und Risikobedingungen, (2) Problemverhalten bzw. Erlebens- und Verhaltensstörungen, (3) personale Ressourcen und (4) soziale Ressourcen. Für die Diagnose der Risikobelastungen wurden *objektive* Faktoren, wie z. B. Arbeitslosigkeit, Schulwechsel, Krankenhausaufenthalte, Scheidung der Eltern und *subjektive* Belastungen, wie z. B. Vernachlässigung oder Alkoholprobleme, berücksichtigt. Wie erwartet, erwies sich der Zusammenhang zwischen den subjektiven Risikofaktoren und den Verhaltensproblemen höher, als bei den objektiven Risikofaktoren und den Verhaltensproblemen. Hiermit wurde die vorher bekannte Bedeutsamkeit der individuellen Wahrnehmung von Belastungen bestätigt. Die Ergebnisse der Datenauswertung belegten, dass die vorherigen Einschätzungen der Erzieher in den Heimen valide waren.

Die Gruppe der resilienten Jugendlichen unterschied sich in den Symptombelastungen sowie in personalen und sozialen Ressourcen eindeutig von der Gruppe der nicht nichtresilienten Jugendlichen. Quer- und längsschnittlich zeigte sich eine Vielzahl von schützenden Effekten:

„Stabil resiliente Jugendliche zeigten ein flexibleres und weniger impulsives Temperament, hatten eine realistischere Zukunftsperspektive, waren in ihrem Bewältigungsverhalten aktiver und weniger vermeidend, erlebten sich als weniger hilflos und mehr selbstvertrauend, waren leistungsmotivierter und in der Schule besser als die Jugendlichen mit Verhaltensstörungen. Sie hatten öfter eine feste Bezugsperson außerhalb ihrer hochbelasteten Familien, waren zufriedener mit der erhaltenen sozialen Unterstützung, hatten eine bessere Beziehung zur Schule und erlebten ein harmonisches und zugleich normorientiertes Erziehungsklima in den Heimen" (Lösel & Bender, 1999, S. 38). Die Auswertung der qualitativen Interviewdaten aus Heim-Stichproben zeigte, dass die resilienten Jugendlichen positive Selbstwirksamkeitsüberzeugungen und ein hohes Selbstwertgefühl besaßen und sich mit ihrer Heimsituation konstruktiv auseinandergesetzt hatten. Etwa zwei Drittel der Jugendlichen waren den gesamten Untersuchungszeitraum über als stabil resilient oder stabil deviant klassifizierbar. Das erlebte Erziehungsklima im Heim war dabei eine bedeutsame stabilisierende Variable. Insbesondere ein autoritatives Erziehungsklima, welches durch hohe Strukturiertheit, hohe Normorientierung, Empathie und Zuwendung gekennzeichnet war, hatte einen entwicklungsförderlichen Effekt.

Weiterhin wurden in der Bielefelder Invulnerabilitätstudie 21 resiliente Jugendliche mit genau so vielen Jugendlichen ohne Risikobelastung verglichen. Die Vergleichsgruppe wurde aus einer repräsentativen Schülerstichprobe gewonnen. Die Schüler wurden dabei über Geschlecht, Alter und Schultyp zu den 21 resilienten Jugendlichen parallelisiert, sodass sie in diesen Merkmalen vergleichbar waren. Als Ergebnis dieses Vergleiches zeigten sich insgesamt nur geringe Unterschiede zwischen beiden Gruppen. Lediglich bei den personalen Faktoren erschienen die resilienten Jugendlichen tendenziell als etwas problemlösungsorientierter, leistungsmotivierter und proaktiver im Umgang mit Alltagsproblemen. Sie schätzten sich weniger hilflos ein und hatten von sich ein positives Selbstwirksamkeitsbild. Die Ergebnisse zeigen insgesamt, dass es sich bei den Jugendlichen um keine „Wunderkinder" handelt, die gegen alle Belastungen geschützt sind, sondern, dass diese Jugendlichen in der Lage sind, trotz belastender Lebensumstände die Fähigkeiten und Persönlichkeitseigenschaften auszubilden, die ansonsten eine gesunde Entwicklung im Jugendalter ausmachen (Wustmann, 2007).

5.3.4 Die Rostocker Längsschnittstudie

In der Rostocker Längsschnittstudie, die im Jahr 1970 begann, wurde die Entwicklung von Kindern mit perinatalen Schädigungen mit dem Ziel untersucht, die prognostische Vorhersagegültigkeit von Risikofaktoren zu bestimmen. An der Studie nahmen $N = 294$ Kinder teil, die aus einer Geburtskohorte von 1000 Neugeborenen der Geburtsjahrgänge 1970–1971 ausgewählt worden waren (Meyer-Probst & Teichmann, 1984). Davon konnten im Längsschnitt 95 % im Alter von sechs Jahren, 91 % im Alter von 10 Jahren 84 % im Alter von 14 Jahren und noch 72 % im Alter von 25 Jahren wieder erfasst werden (Meyer-Probst & Reis, 2000; Teichmann, Meyer-Probst & Roether, 1991). Erhoben wurden ein gehirnphysiologischer Risikoindex, ein biologischer Risikoindex, ein sozialer Risikoindex und verschiedene entwicklungsbezogene Indizes. Die Befunde der Studie zeigten, dass die biologischen Risikofaktoren, beispielsweise Geburtskomplikationen, im Laufe der Entwicklung an Bedeutung verlieren, während psychosoziale Umweltfaktoren wie der Bildungsgrad der Eltern oder vor Ort angebotene Förderungsmöglichkeiten an Einfluss gewinnen. So zeigte sich kein Zusammenhang zwischen perinatalen Risikofaktoren und emotionalen Problemen im Jugendalter. Nur einen geringen Zusammenhang gab es für den Entwicklungsquotienten im Alter von zwei Jahren und den Intelligenzkoeffizienten mit 14 Jahren ($r = .25$). Hingegen zeigte sich für den IQ im Alter von sechs Jahren, der sowohl durch die psychosozialen Umweltfaktoren wie durch genetische Faktoren bedingt ist und dem IQ mit 14 Jahren eine Korrelation von $r = .43$. Die sozioökonomischen Unterschiede, die durch Indikatoren zum Bildungsniveau der Eltern erfasst wurden, bestimmten die intellektuellen Fähigkeiten der Kinder bis weit in das Jugendalter hinein. Die Befunde der Rostocker Längsschnittstudie deuten darauf hin, dass die wichtigste Rahmenbedingung einer späteren günstigen Entwicklung der Bildungsstand der Eltern und damit die Förderung, welche ein Kind erhält, ist. Vergleichbare Befunde zeigen sich auch in anderen Untersuchungen (vgl. Sameroff, Seifer, Baldwin & Baldwin, 1993; Sameroff, Seifer & Elias, 1982).

5.3.5 Resilienter Persönlichkeitsprototyp

In einer Vielzahl von Studien wurden bei der Analyse drei Hauptpersönlichkeitsprototypen gefunden: *resilients, overcontrollers, undercontrollers* (Asendorpf & van Aken, 1999; Asendorpf, Borkenau, Ostendorf & van Aken, 2001; Caspi, 1998; Robins, John & Caspi, 1998; Robins, John, Caspi, Moffit & Stouthammer-Loeber, 1996; Schnabel, Asendorpf, Ostendorf, 2002). Diese Persönlichkeitsprototypen fanden sich in allen Untersuchungen, obwohl sich die Studien in vielen Punkten deutlich unterschieden. Unterschiede gab es hinsichtlich der benutzten Sets von Persönlichkeitseigenschaften

(z. B. „Big Five"-Skalen, „Q-sort"-Muster), Beurteilungsformen (Selbst- und Fremd-
beurteilungen), Stichprobeneigenschaften (Alter, Geschlecht, Ort) sowie in der Methode, Persönlichkeitstypen abzuleiten. Zwar wurden in den verschiedenen Untersuchungen unterschiedliche Benennungen für die Persönlichkeitstypen vergeben, dennoch ließen sich in allen Untersuchungen bei weiterführenden Analysen die drei
Haupt-Persönlichkeitsprototypen *resilient, overcontrolled* und *undercontrolled* finden.
Diese Bezeichnungen lassen sich in den theoretischen Ansatz von Block und Block
(1980) einordnen, in dem sie die zwei Dimensionen „ego-control" und „ego-
resiliency" vorschlagen. „Ego-resiliency" beschreibt die Fähigkeit, in neuen herausfordernden Situationen, das heißt in Situationen mit Stress, in Konflikten sowie in un-
sicheren Situationen flexibel und nicht in festgelegten Mustern zu reagieren. Diese Fähigkeit hängt mit den Konstrukten Kompetenz, sozialer Intelligenz und „coping" zusammen. „Ego-control" bezieht sich auf die Neigung, Motivationen und Emotionen
entweder auszudrücken oder zu kontrollieren und lässt sich den Konstrukten Introver-
sion/Extraversion, „reflection-impulsivity", „internalizing-externalizing", „delay of
gratification" zuordnen (Schnabel, Asendorpf & Ostendorf, 2002, S. 8).

Schnabel, Asendorpf und Ostendorf (2002) fanden die drei Persönlichkeitsprototypen in einer Stichprobe von $N = 1200$ Personen im Alter von 16–83 Jahren, die sie mit
dem deutschen „Big-Five"-Instrumentarium NEO-PI-R (Ostendorf & Angleitner,
2004)[9], welches aus der Originalfassung des „Revised NEO Personality Inventory"
(Costa & McCrae, 1992) ins Deutsche übertragen wurde, untersuchten. Da in der vorliegenden Arbeit ebenfalls die Big Five als Grundlage für den resilienten Persönlichkeitstyp dienen, werden sie im Folgenden erläutert.

In vielen Untersuchungen wurde die Existenz von fünf Merkmalen, die als „Big
Five" bezeichnet werden, nachgewiesen. Entwickelt wurden die „Big Five" in einem
lexikalischen Ansatz von Allport und Odbert, H. (1936). Auf Grundlage dieses Mo-
dells entwickelten Paul T. Costa und Robert R. McCrae mit dem NEO-Fünf-Faktoren-
Inventar (NEO-FFI) einen heute international gebräuchlichen Persönlichkeitstest für
Jugendliche und Erwachsene.

Mit den Big Five (Tabelle 20) werden Persönlichkeitsunterschiede zwischen Individuen definiert, die durch verschiedene Verhaltensmuster und unterschiedliches individuelles Erleben geprägt sind. Die Persönlichkeit soll auf der Grundlage von den fünf
zentralen Persönlichkeitsdimensionen *Neurotizismus, Extraversion, Offenheit für Erfahrungen, Verträglichkeit* und *Gewissenhaftigkeit* erfasst werden. Die fünf Dimensionen beruhen ihrerseits wiederum auf einer Vielfalt von inhaltlich heterogen aufgebau-
ten Eigenschaftskonstrukten, für die angenommen wird, dass sie insgesamt jeweils das
übergeordnete Konstrukt ergeben. In der einschlägigen Forschungsliteratur wurden
verschiedene Begriffe und Bezeichnungen für die Big Five verwendet (John & Srivastava, 1999). Im Folgenden werden einige kurze Beschreibungen der häufigsten und
am weitesten verbreiteten Beschreibungsmerkmale für jede der fünf Persönlichkeitsdimensionen genannt (vgl. Lang & Lüdtke, 2005): *Extraversion* umfasst Persönlich-

---

9   2002 war der Test noch unveröffentlicht.

keitsdispositionen wie Aktivität, Geselligkeit, Tatendrang, Begeisterungsfähigkeit und Durchsetzungsfähigkeit. *Verträglichkeit* bezieht sich auf die Facetten der Freimütigkeit, der Nachgiebigkeit, der Bescheidenheit, der Kooperationsbereitschaft, des Vertrauens und Altruismus. *Gewissenhaftigkeit* umfasst Ordnungsliebe, das Streben nach Leistung, Kompetenz, Besonnenheit, Pflichtbewusstsein und Selbstdisziplin. *Neurotizismus* meint Facetten der Traurigkeit, der Ängstlichkeit, der Unsicherheit, der Irritierbarkeit und der Impulsivität. Die Dimension der *Offenheit* umfasst die Bereitschaft und Wertschätzung für neue Erfahrungen, Phantasie, neue Ideen, Ästhetik, Gefühle, Abwechslung sowie ein flexibles Werte- und Normensystem.

Tabelle 20:   Idealtypische Darstellung der Big Five

Big Five

- *Extraversion*: emotional expressiv; redselig-mitteilsam; stellt leicht soziale Kontakte her; nicht gehemmt oder eingeschränkt.

- *Verträglichkeit* (angenehmes Wesen, gefallend): warm und aufgeschlossen; helfend und kooperativ; entwickelt eigene und enge Beziehungen; Neigung zu geben, zu teilen und zu leihen.

- *Gewissenhaftigkeit*: ausdauernd bei Aktivitäten; gibt nicht leicht auf, aufmerksam und fähig zur Konzentration; planend und vorausdenkend; reflektiv (denkt und elaboriert vor dem Sprechen oder Handeln).

- *Neurotizismus*: furchtsam und ängstlich; gerät unter Stress außer Kontrolle, wird verwirrt und desorganisiert; hat kein Selbstvertrauen; fühlt sich wertlos und hält sich für schlecht.

- *Offenheit/Intellektualität*: neugierig und explorierend; hohe intellektuelle Fähigkeiten; kreativ im Wahrnehmen, Denken, in der Arbeit oder im Spiel; verfügt über eine lebhafte Phantasie.

(nach Oerter, 2008, S. 229)

Der resiliente Persönlichkeitsprototyp bei Schnabel, Asendorpf und Ostendorf (2002) ist gekennzeichnet durch niedrige Werte bei Neurotizismus und hohe Werte bei Gewissenhaftigkeit. Resiliente Personen haben leicht überdurchschnittliche Werte bei Extraversion und durchschnittliche Werte bei Offenheit und Verträglichkeit.[10]

5.4   Schützende Faktoren im schulischen Kontext

In der Resilienzforschung wird nur in wenigen Untersuchungen explizit geprüft, welche Faktoren schützend auf den schulischen Erfolg wirken. Hierzu zählt die im Folgenden beschriebene „Study of Stress and Competence in Children" (1984). In weiteren Studien wurden die schützenden Effekte von frühen Fördermaßnahmen bei Risikokindern untersucht. Ein großangelegtes Programm der Vorschulförderung, das zunächst als gescheitert angesehen wurde, ist das „Head-Start-Projekt" (1965) in den USA. Nachfolgende Reanalysen und weitere Studien belegen aber Effekte, die Frühfördermaßnahmen auf den späteren Schulerfolg haben. Im Anschluss an den nächsten

---

10   Auf die Persönlichkeitstypen „Overcontrollers" und „Undercontrollers" soll an dieser Stelle nicht näher eingegangen werden. Eine genaue Beschreibung findet sich bei Asendorpf und van Aken (1999).

Abschnitt werden unter 5.4.2 das Head-Start-Projekt und unter 5.4.3 weitere Schulmodellversuche vorgestellt.

5.4.1 The Study of Stress and Competence in Children

Resilienz ist ein wichtiges Konzept, um die gesunde Entwicklung bei beeinträchtigenden Risiken zu erklären. Zur resilienten Entwicklung eines Kindes speziell im schulischen Bereich sind wenige Untersuchungen durchgeführt worden. Schulleistungen wurden in anderen Untersuchungen nur als ein wichtiger Indikator bei der Feststellung von allgemeiner Resilienz angesehen (Garmezy, Masten & Tellegen, 1984; Pellegrini, Masten, Garmezy & Ferrarese, 1987).

In der Studie von Garmezy, Masten und Tellegen (1984) wurden die Wirkungen von Geschlecht, Alter, Intelligenz, sozioökonomischem Status und Stress auf das Sozialverhalten und die Schulleistungen untersucht und in die Analyse von drei verschiedenen Kohorten einbezogen. Kohorte 1 stammte aus der kommunalen Erhebung von 200 Kindern, die aus zwei städtischen Stichproben (*N* = 612) ausgewählt wurden (Garmezy, Masten & Tellegen 1984, S. 98). Kohorte 2 umfasste eine kleine Gruppe von 32 Kindern, die im Säuglingsalter und in der frühen Kindheit unter einem lebensbedrohenden, angeborenen Herzfehler gelitten hatten. Kohorte 3 bestand aus einer Gruppe von 29 stark körperbehinderten Kindern, die den Wechsel von einer Körperbehindertenschule in eine reguläre Schule bewältigen mussten. Da für die vorliegende Arbeit die Kohorte 1 relevant ist, wird im Folgenden nur auf diese näher eingegangen. In dieser Kohorte wurden alle 200 Kinder je zwei Stunden und ihre Eltern jeweils insgesamt 6 Stunden interviewt. Die Eltern gaben in diesen Interviews Auskunft über Stress verursachende Lebensereignisse, welchen die Kinder ausgesetzt waren. Weiterhin wurde eine Vielzahl von Laborstudien durchgeführt, in denen in erster Linie die Resilienzmerkmale der untersuchten Kinder in den Blickpunkt genommen wurden und unterschiedliche Messungen zu Stress und Kompetenz stattfanden. Belastende Lebensereignisse wurden dabei mit dem selbstentwickelten *Life Events Questionaire* (LEQ) erhoben, der auf den Arbeiten von Coddington (1972a, 1972b) basiert. Die Informationen zu den belastenden Lebensereignissen aus den zweistündigen Elterninterviews wurden in mehreren weiteren Interviews mit den Müttern ergänzt. Der soziökonomische Status (SES) wurde mit dem Duncan Socioeconomic Index (Duncan, Featherman & Duncan, 1972) und die schulischen Leistungen wurden mit dem Peabody Individual Achievement Test (PIAT) (Dunn & Markwardt, 1970) erhoben.

Es wurden mehrere hierarchische multiple Regressionsanalysen mit verschiedenen abhängigen Variablen berechnet (Eingebundenheit in die Klassengemeinschaft, Störverhalten in der Klasse, Schulleistung). In der vorliegenden Arbeit ist nur die Vorhersage der Schulleistung von Interesse. In die Analyse wurden als Prädiktoren Geschlecht, Alter, Intelligenz, SES und Stress sowie Interaktionseffekte mit einbezogen. Im Ergebnis korrelierten Intelligenz und SES positiv mit der Schulleistung und mit Stress negativ. Es konnte eine nur knapp signifikante Interaktion (p = .048) zwischen Intelligenz als Schutzfaktor und Stress als Risikofaktor gefunden werden), die somit nur einen sehr kleinen Erklärungsbeitrag leistete ($\Delta R^2 = .02$). Bei der Interpretation dieses Interaktioneffekts ist methodische Vorgehensweise der Autoren zu beachten. Sie sind wie folgt vorgegangen: Die Probanden wurden anhand der Werte von IQ- und Stresstest in der Versuchsgruppe jeweils in zwei Gruppen mit hohen und niedrigen Werten aufgeteilt. Als Auswahlkriterium für hohe und niedrige Werte wurden die positiven und negativen Abweichungen der einzelnen Werte vom Mittelwert herangezogen. Dann wurden vier Regressionsanalysen jeweils mit IQ hoch, IQ niedrig und Stress hoch und Stress niedrig berechnet. Alle anderen Variablen wurden mit dem Mittelwert in die Analyse einbezogen. Durch diese Vorgehensweise werden bei einer ohnehin schon kleinen Stichprobe von $N = 200$ viele Fälle in den Berechnungen nicht mehr berücksichtigt. Zusammen mit der knappen Signifikanz und dem geringen Effekt kann der Interaktionseffekt zwischen Intelligenz und Stress, der auf die Schulleistung wirkt, als äußerst schwacher Befund angesehen werden. Im Ergebnis der Analysen sinkt bei Kindern mit niedriger Intelligenz die schulische Leistung mit steigendem Stress, während bei Kindern mit hoher Intelligenz die Schulleistung unabhängig von Stress ist (Garmezy et al., 1984). Dieser Befund ist aus den genannten Gründen nur wenig aussagekräftig und sollte daher in Studien mit einer größeren Stichprobe repliziert werden. Dem nachzugehen ist eines der Ziele der vorliegenden Arbeit.

5.4.2 Head-Start-Projekt

Im Jahr 1965 wurde in den USA mit dem so genannten Head-Start-Projekt (vgl. Circirelli, Evans & Schulle, 1969; Dau, 1973) begonnen. Ziel des Projektes war es, Vorschulkinder so zu fördern, dass benachteiligte Kinder Chancengleichheit im Schulsystem erhalten und erfolgreich eingeschult werden können. Ausgangspunkt hierzu waren unter anderem Untersuchungen von Bloom (1964), der auf Grund der Befunde aus Längsschnittuntersuchungen zur Intelligenzentwicklung feststellte, dass bezogen auf das Alter von 17 Jahren „etwa 50 % der intellektuellen Entwicklung sich zwischen Empfängnis und dem vierten Lebensjahr abspielen" (Bloom, 1964, S. 88) und weitere 30 % im Alter von vier bis acht Jahren gebildet werden.

Das Head-Start-Projekt startete mit achtwöchigen Sommerkursen für Kinder, die kurz vor der Einschulung standen. Unterprivilegierte Kinder sollten in einer Art Aufholjagd dazu befähigt werden, sich bis zum Schulbeginn mit Mittelschichtkindern messen zu können (Dau, 1973). Die Auswertung des Programms wurde von der Westinghouse Learning Corporation und der Universität Ohio durchgeführt. Im angefertigten Bericht wurde ein längerfristiger Erfolg der Fördermaßnahmen bezweifelt. Nach der Veröffentlichung kam es in der politischen Öffentlichkeit zu heftigen Reaktionen, in deren Folge Geldmittel für das Förderprogramm maßgeblich gekürzt wurden. In wissenschaftlichen Veröffentlichungen (z. B. Campbell & Erlebacher, 1970) wurde hingegen kritisiert, dass die Förder- und die Kontrollgruppe des Programms nicht vergleichbar waren. Die Ergebnisse deuteten darauf hin, dass die Kinder in der Kontrollgruppe überwiegend aus weniger benachteiligten Familien stammten als die Head-

Start-Kinder. Durch diese Ungleichwertigkeit ist das Ergebnis des Reports insgesamt fragwürdig.

Smith und Bissel (1979) reanalysierten die Daten und gelangten im Gegensatz zum vorherigen Bericht zu der Schlussfolgerung, dass das Head-Start-Projekt auf Grund der messbaren Erfolge fortgesetzt werden sollte. Sie befürworteten insbesondere die Ganzjahresprogramme und plädierten für die sukzessive Verbesserung der Programme sowie die differenzielle Bewertung einzelner Zentren und einzelner Fördermaßnahmen.

In allen Untersuchungen zeigte sich, dass die erzielten Leistungssteigerungen und Erfolge des Programms nicht dauerhaft bestehen blieben. Beim Vergleich von geförderten und ungeförderten benachteiligten Kindern schnitten erstere bis zum Ende des dritten Schuljahres signifikant besser ab. Der nachfolgende Leistungsabfall konnte verhindert werden, wenn die Kinder an so genannten „Follow-Through-Projekten" bis in das Grundschulalter hinein teilnahmen (Farran, 1990). Der vorbeugende schützende Effekt von Frühfördermaßnahmen konnte für die Schulleistung im Head-Start-Projekt nur in Ansätzen bestätigt werden. Für die vorliegende Arbeit sind daher die in der Folgezeit durchgeführten Schulmodellversuche von höherer Relevanz.

5.4.3 Weitere Schulmodellversuche

In der Bundesrepublik Deutschland wurden in 1970er Jahren ebenfalls im Sinne einer kompensatorischen Erziehung vorschulische Fördermaßnahmen durchgeführt und in Modellversuchen verschiedene Settings vorschulischer Lernbedingungen wissenschaftlich evaluiert und analysiert. Diese Programme wurden in einigen deutschen und österreichischen Bundesländern durchgeführt (Schenk-Danzinger, 1980). So wurde in einem Modellversuch in Nordrhein-Westfalen die pädagogische Arbeit in 50 altersgemischten Kindergärten (mit Kindern im Alter von drei bis fünf Jahren) mit der Förderung in 50 Vorschulklassen mit Fünfjährigen verglichen (Minister für Arbeit, Gesundheit und Soziales, 1977).

Im Ergebnis waren die Kinder aus der altershomogenen Vorschule in der Schule erfolgreicher, als es nach dem Landesdurchschnitt zu erwarten gewesen wäre. Sie wechselten später überdurchschnittlich häufig auf ein Gymnasium und mussten seltener eine Klasse wiederholen. Im Verlauf der Grundschulzeit blieben allerdings Unterschiede zwischen den Sozialschichten erhalten. Die schlechtesten Leistungen wiesen die Kinder auf, die in keiner Weise institutionell gefördert worden waren. Kinder mit einem schwachen sozialen Hintergrund waren in dieser Gruppe am leistungsschwächsten. Während bei Mittel- und Oberschichtkindern im vierten Schuljahr die Unterschiede zwischen institutionell geförderten und nicht geförderten Kindern verschwanden, blieb bei Kindern aus der Unterschicht die Leistungsüberlegenheit der Vorschulkinder gegenüber den nicht geförderten Kindern mit vergleichbarem Hintergrund bestehen. Für die Schulleistungen konnten in den Modellversuchen kompensatorische Effekte der Förderprogramme nachgewiesen werden, die sich für die Intelligenzleistungen bislang nicht zeigen lassen konnten.

Eine weitere evaluierte Interventionsmaßnahme ist das Carolina Abecedarian Projekt (Masse & Barnett, 2002). Hier konnten langfristig positive Auswirkungen der vorschulischen Förderung für den Schulerfolg nachgewiesen werden. In dieser Maßnahme wurden Kinder aus benachteiligenden sozialen Verhältnissen gefördert und gleichzeitig Kontrollgruppen mit evaluiert. Die Interventionsmaßnahmen erstreckten sich auf die Vorschule und die ersten drei Grundschuljahre. In der Folgezeit erzielten die geförderten Kinder hohe Werte in Schulleistungstests, in denen Fähigkeiten in Mathematik, Lesen und Schreiben überprüft wurden. In Nachfolgeuntersuchungen konnte dieser Effekt auch noch nach vier sowie sieben Jahren nachgewiesen werden, als die Kinder zwölf bzw. fünfzehn Jahre alt waren (Campbell & Ramey, 1994). Dabei zeigten die Befunde, dass bei den Langzeiteffekten die Förderung im Vorschulalter den größeren Einfluss hatte. Campbell, Helms, Sparley und Ramey (1998) sehen dafür zwei Gründe. Erstens folgern sie, dass durch die frühe Förderung eine kognitive Basis für den weiteren Schulerfolg geschaffen wird, und zweitens nehmen sie an, dass die familiären Sozialisationsverhältnisse vor dem Schuleintritt durch die Einbeziehung der Eltern entscheidend verbessert werden.

5.5   Allgemeine vs. spezifische Resilienz

Viele Definitionen von Risiken, resilientem Verhalten oder der erfolgreichen positiven Abwehr von Risiken sind sehr unscharf und allgemein formuliert. Oft werden gleichzeitig Bündel von Risiken und schützenden Faktoren analysiert, sodass sich letztlich nicht mehr sagen lässt, welche Risiken besonders schädlich bzw. welche schützenden Faktoren besonders protektiv wirken. Dieses Problem kann vermieden werden, indem nur wenige eindeutig benannte Risiken und schützende Faktoren untersucht werden. Hilfreich sind in diesem Zusammenhang die Vorschläge von Luthar et al. (2000). Sie schlagen vor, speziellere Begriffe wie „emotional resilience", „social resilience" oder „academic/educational resilience" zu verwenden, um den Begriff der Resilienz zu präzisieren. Theoretisch sollte dabei genau dargelegt werden, *welche* Faktoren als Risiko oder Schutz *worauf* wirken und *warum* sie das tun. Für die akademische Resilienz („academic resilience") würde das z. B. bedeuten, dass nur einige wenige Risikofaktoren untersucht werden, wie beispielsweise ein niedriger SES oder ein Migrationsstatus, für die bekannt ist, dass sie negativ mit der schulischen Leistung korrelieren. Auf der Seite der schützenden Faktoren müssen zum einen proximale Determinanten der Schulleistung, wie z. B. Intelligenz, fachliches Fähigkeitsselbstkonzept und Unterstützung bei den Hausaufgaben einbezogen werden, die positiv mit der Leistung korrelieren und die vielleicht über ihre Wirkung als Ressource hinaus einen schützenden Effekt haben könnten. Zum anderen sollten Faktoren denen eine allgemeine schützende Wirkung zugeschrieben wird, wie z. B. die Persönlichkeitsmerkmale Stabilität und Gewissenhaftigkeit berücksichtigt werden.

5.6 Risiko-Schutzfaktoren-Modell für eine erfolgreiche Schulkarriere

Im Folgenden wird aus den bislang geschilderten Befunden zu Determinanten des Schulerfolgs (vgl. Kap. 2, 3) und schützenden Faktoren (Kap. 5) ein Arbeitsmodell (Abbildung 18) abgeleitet. Darin wird zunächst aufgeführt, welche relevanten Faktoren in der Umwelt eines Kindes und in seiner Persönlichkeit eine positive Wirkung auf die Schulkarriere haben. Es wird unterschieden zwischen Ressourcen in der Familie (Pfad 1 in Abbildung 18) und Ressourcen in der Persönlichkeit (Pfad 2 in Abbildung 18). Als Risiken (Pfad 3 in Abbildung 18) werden ein niedriger SES in der Familie sowie mangelnde Sprachkenntnisse (in der Familie wird überwiegend eine andere Sprache als Deutsch gesprochen) in der Familie gewählt. Ein niedriger familiärer SES sowie mangelnde werden als Risiken für den Schulerfolg aufgefasst werden, weil beide die Schulleistungen und die Zugehörigkeit zu einem Bildungsgang negativ beeinflussen können (vgl. Kap. 3 und Kap. 4).

Im Modell wurde darauf geachtet, dass die Variablen bei den schützenden Faktoren nicht zugleich als Risiken einbezogen worden sind. Im Gegensatz zu anderen Arbeiten, die sehr viele Variablen auf Risikoseite einbeziehen und bei denen die Auswahl bestimmter Variablen oft nicht schlüssig nachvollziehbar ist, wurden für das vorliegende Modell theoriegeleitet Ressourcen ausgewählt, die für die Schulleistung relevant sind.

Neben den Haupteffekten, welche die Ressourcen auf den Schulerfolg haben, wird getestet, ob sie zusätzlich die Auswirkungen von Risiken kompensieren oder zumindest abmildern. Dabei werden Interaktionseffekte zwischen Ressourcen und Belastungen überprüft Abbildung 18 (, Pfad 4, 5). Wenn die *Ressourcen in der Familie* und die *Ressourcen in der Persönlichkeit* kompensierend wirken, dann sollte der Zusammenhang zwischen benachteiligendem sozialen Hintergrund und Schulleistung kleiner werden oder ganz verschwinden (Abbildung 18, Pfad 3). Ändert sich der Zusammenhang nicht, dann liegt keine Schutzwirkung vor. Wirken die Ressourcen nur als Haupteffekte, dann erklärt das Modell nicht mehr als andere ressourcenorientierte Ansätze. Nur bei Interaktionseffekten gäbe es evtl. eine zusätzliche schützende Wirkung, die in weiteren Analysen überprüft werden muss.

Abbildung 18: Der Effekt von protektiven Faktoren auf die Schulleistung und die Schulart bei niedrigen sozioökonomischen Status (eigene Darstellung)

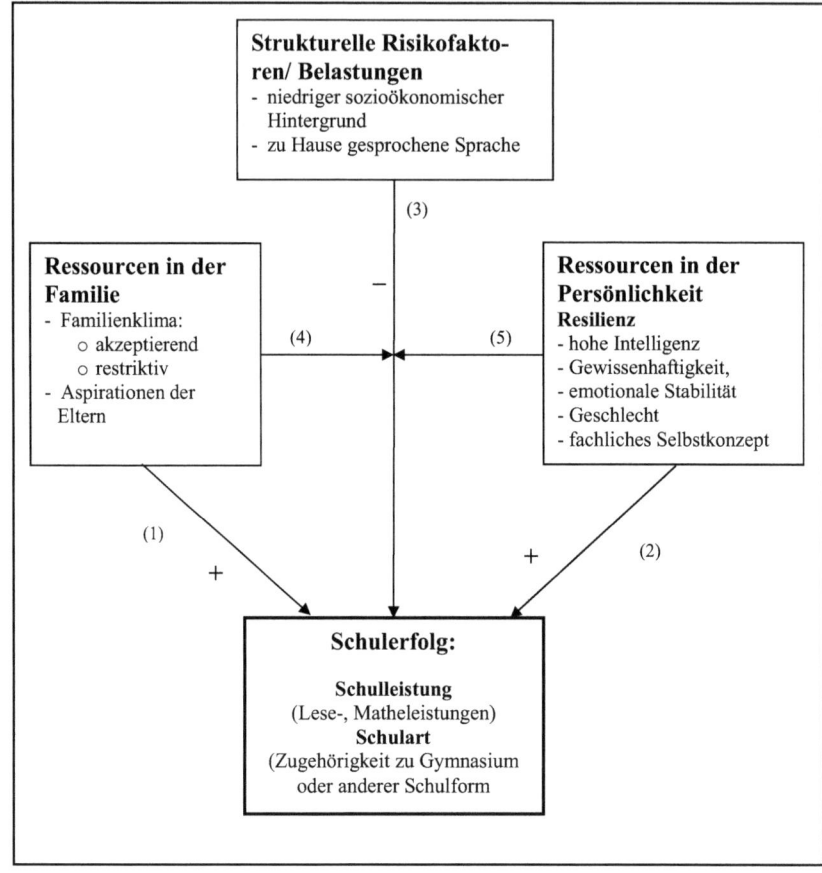

6 Fragestellung der Arbeit

In dieser Arbeit werden drei theoretische Stränge miteinander verknüpft: Erstens psychologische Rahmenmodelle der Schulleistung, zweitens soziologische Ansätze, die Ursachen von Disparitäten im Bildungssystem beschreiben und hierfür theoretische Begründungen liefern, und drittens psychologische Ansätze, die sich mit der Kompensation von Risiken beschäftigen. In Kapitel 2 dieser Arbeit wurde zunächst definiert, was erwartungswidriger Schulerfolg ist. Anschließend wurde gezeigt, dass der Schulerfolg und die Leistungen in den verschiedenen Schulfächern durch eine Vielzahl von Faktoren (schulexterne, schulinterne Faktoren, Geschlecht, Alter, kognitive Fähigkeiten, ...) bedingt sind. Diese Einflussfaktoren können auch als Ressourcen der Schulleistung bezeichnet werden, wobei die Anzahl, Güte und Verfügbarkeit von Ressourcen entscheidend für den Schulerfolg eines Kindes sind. Anschließend wurden Theorien zur sozialen Ungleichheit im Bildungssystem dargestellt sowie das Konzept der Risiko- und Schutzfaktoren aus der Resilienzforschung beschrieben. In dieser Arbeit wird der Frage nachgegangen, ob sich das Konzept der Risiko- und Schutzfaktoren auf den Bereich der Schule übertragen lässt.

Ein Elternhaus mit niedrigem sozioökonomischen Status und/oder einem Migrationshintergrund lässt sich mit Rückgriff auf die Resilienzforschung als Risiko für eine erfolgreiche Schulkarriere beschreiben. Bei Kindern, die trotz eines benachteiligenden familiären Hintergrundes erwartungswidrig erfolgreich in der Schule sind, könnten *schützende* oder *risikomildernde Faktoren* wirksam geworden sein, welche die nachteiligen Effekte des Hintergrundes zumindest teilweise kompensieren.

Werden also bei Kindern aus Familien mit niedrigem sozioökonomischen Status und/oder Migrationshintergrund, die gute Leistungen in der Schule erbringen, Schutzfaktoren wirksam? Die Forschungsfrage lautet:

In welchem Ausmaß wirken schützende Faktoren bei sozial benachteiligten Kindern und solchen mit Migrationshintergrund auf den Schulerfolg, und wie werden sie vermittelt? Diese Fragestellung beinhaltet weitere Teilfragestellungen:

1. Inwieweit existieren schützende Faktoren in Bezug auf die Schulleistungen bei Schülerinnen und Schülern aus Familien mit niedrigem sozioökonomischen Status und solchen mit Migrationshintergrund bei dem Wechsel von der Primar- in die Sekundarstufe?
2. Inwieweit existieren schützende Faktoren in Bezug auf die Bildungsgangszugehörigkeit bei Schülerinnen und Schülern aus Familien mit niedrigem sozioökonomischen Status und solchen mit Migrationshintergrund beim Wechsel von der Primar- in die Sekundarstufe?
3. Inwieweit existieren schützende Faktoren in Bezug auf Schulleistungen bei Schülerinnen und Schülern aus Familien mit niedrigem sozioökonomischen Status und Migrationshintergrund in der 7. Jahrgangsstufe?

4. Inwieweit existieren schützende Faktoren in Bezug auf die Schulleistungen und die Leistungsentwicklung bei Schülerinnen und Schülern aus Familien mit niedrigem sozioökonomischen Status und Migrationshintergrund im Längsschnitt von der 5. zur 7. Jahrgangsstufe?

5. Gibt es unterschiedliche schützende Faktoren bei Schülerinnen und Schülern am Ende der Grundschulzeit und in der 7. Jahrgangsstufe?

6. Wenn schützende Faktoren wirksam werden, sind es dann vornehmlich Einflüsse, die in der familiären Umwelt liegen, oder sind die Persönlichkeitseigenschaften eines Kindes bedeutsamer?

7. Wie wirken schützende Faktoren auf die Schulleistung? Kompensieren schützende Faktoren die Wirkung eines benachteiligenden sozioökonomischen Hintergrundes auf den Schulerfolg? Gibt es also eine Pufferwirkung der schützenden Faktoren für die Schulleistung, welche nur oder besonders stark zum Tragen kommt, wenn ein niedriger sozioökonomischer Hintergrund vorliegt? Methodisch würde eine solche Beziehung den Nachweis einer spezifischen Interaktion von Risiko- und Schutzfaktoren erfordern.

8. Wirken sich schützende Faktoren wie Ressourcen aus, die unabhängig von bestehenden Risiken einen positiven Effekt auf die Schulleistung ausüben?

Als Risiken für die Schulleistung werden im Weiteren ein niedriger SES der Eltern und ein Migrationshintergrund (enger definiert durch eine überwiegend nicht deutsche Umgangssprache in der Familie) in die Analyse einbezogen. Als mögliche schützende Faktoren werden im familiären Umfeld die elterlichen Bildungsaspirationen sowie das Familienklima berücksichtigt. Bei den Persönlichkeitseigenschaften mit potenziell schützender Wirkung fließen die kognitiven Fähigkeiten, das fachspezifische Selbstkonzept sowie die Persönlichkeitsmerkmale Stabilität und Gewissenhaftigkeit in die Untersuchung ein.

Die Forschungsfragen lassen sich nicht hinreichend mit Querschnittsdaten überprüfen. Die Analyse von Risiken und schützenden Faktoren im schulischen Kontext erfordert Längsschnittdaten, mit denen die zu Grunde liegenden Prozesse und Mechanismen modelliert werden können. Die Datenbasis für die Fragestellungen der vorliegenden Arbeit bildet daher die Längsschnittstudie *Entwicklung und Implementierung eines neuen Konzepts zur Eingliederung Jugendlicher in die Berufs- und Arbeitswelt in Schulen mit erhöhtem Förderbedarf* (EIKA). Diese Studie ermöglicht eine quer- und längsschnittliche Betrachtung der schützenden Faktoren für den Schulerfolg bei niedrigem familiären SES und/oder einer anderen Umgangssprach als Deutsch.

7 Methode

Zunächst wird in Abschnitten 7.1 und 7.2 die Datenbasis der Arbeit vorgestellt. In Abschnitt 7.3 wird auf die hierarchische Struktur der Daten eingegangen. In Abschnitt 7.5 folgt abschließend die Darstellung der statistischen Verfahren, die in den empirischen Analysen angewendet werden.

7.1 Stichprobe

Im Land Bremen leben etwa 150.000 Menschen unter oder an der Armutsgrenze (Arbeitnehmerkammer Bremen, 2005, S. 5). Ein Großteil davon sind Kinder und Jugendliche bis 15 Jahre. Im Jahr 2003 kamen in Bremen 15,8 % aller Schülerinnen und Schüler aus anderen Nationen (Arbeitnehmerkammer Bremen, 2005, S. 12). Sie verteilen sich ungleich in den verschiedenen Stadtgebieten. Während in den soziökonomisch bessergestellten Stadtvierteln der Ausländeranteil an den Schulen zwischen vier und sechs Prozent liegt, weisen Schulen in anderen Stadtvierteln einen Anteil von bis zu 35 Prozent auf (Arbeitnehmerkammer Bremen, 2005, S. 12; vgl. Anhang Abbildung 26). In den sozialen Brennpunkten des Landes Bremen finden sich in hohem Maße Schülerinnen und Schüler aus bildungsfernen Familien sowie aus Familien mit Migrationshintergrund (40,7 Prozent Schüler mit Migrationshintergrund bei PISA 2000; Deutsches PISA-Konsortium, 2003, S. 247).

Die aus dem Bundesland Bremen gewählte Stichprobe eignet sich gut zur Beantwortung der Forschungsfrage, weil in ihr (a) Schüler mit Migrationshintergrund und schwieriger sozialer Lage und (b) eben diese Schüler am Gymnasium überrepräsentiert sind. In der Stichprobe finden sich viele Schüler, die trotz ungünstiger Ausgangsvoraussetzungen zurzeit eine erwartungswidrig positiv verlaufende Schulkarriere eingeschlagen haben.

Die Datenbasis bilden zwei Datensätze der in Bremen und Bremerhaven durchgeführten, längsschnittlich angelegten, wissenschaftlichen Begleitung der Maßnahme *Entwicklung und Implementierung eines neuen Konzepts zur Eingliederung Jugendlicher in die Berufs- und Arbeitswelt in Schulen mit erhöhtem Förderbedarf* (EIKA). EIKA wurde als Reaktion auf das schlechte Abschneiden von Bremer Schulen bei den Schulleistungsstudien PISA 2000 und 2003 (Deutsches PISA-Konsortium, 2001, 2002, 2004, 2005) an sechs Bremer Schulen implementiert. Die wissenschaftliche Begleitung des EIKA-Projekts wird als Kooperationsvorhaben zwischen dem Institut zur Qualitätsentwicklung im Bildungswesen (IQB) der Humboldt-Universität zu Berlin, der Friedrich-Alexander-Universität Erlangen-Nürnberg und dem Max-Planck-Institut für Bildungsforschung in Berlin durchgeführt. Die Projektleitung liegt bei Professor Dr. Köller (IQB). Die Projektgruppe ist interdisziplinär zusammengesetzt und besteht aus Erziehungswissenschaftlern, Psychologen, Soziologen sowie Grund- und Hauptschullehrkräften.

Eine ausführliche Beschreibung zur Anlage und Durchführung der EIKA-Studie
findet sich bei Eßel-Ullmann (2009). Die gesamte Studie ist für einen Zeitraum von
fünf Jahren angelegt (siehe Abbildung 19). Untersucht werden Schülerinnen und Schüler der 5., 7. und 9. Jahrgänge an jeweils fünf bzw. sechs *Projekt-* und *Kontrollschulen*
in drei Erhebungszyklen (I, II, III) mit verschiedenen Testzeitpunkten (T1, T2, T3).
Projektschulen sind Schulen, an denen Fördermaßnahmen durchgeführt wurden. Kontrollschulen sind Schulen, die innerhalb der Projektlaufzeit keine Förderung erhalten
haben.

Abbildung 19: **Längsschnittliches Mehrkohorten-Design zur Überprüfung der Wirksamkeit**
der EIKA Maßnahmen an Bremer und Bremerhavener Schulen

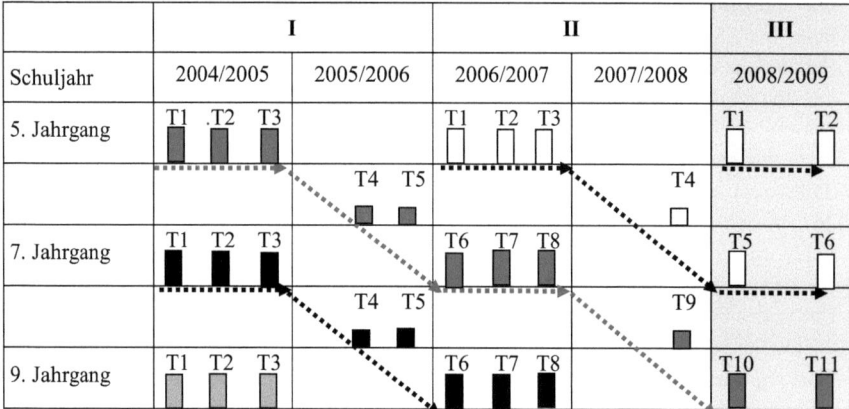

Anmerkungen: T = Testzeitpunkt; Für den grau hinterlegten Teil III lagen zum Zeitpunkt der
Fertigstellung dieser Arbeit noch keine Daten vor.
(Quelle: Eßel-Ullmann, 2008)

Die erste große Datenerhebung fand im Herbst 2004 statt, die zweite Datenerhebung
wurde im Herbst 2006 durchgeführt. Die dritte Datenerhebung fand im Herbst des Jahres 2008 statt. In dieser Arbeit werden Schülerinnen und Schüler der 5. und
7. Jahrgangsstufe aus den Testjahren 2004 und 2006 berücksichtigt. Im Jahr 2004
wurden in der 5. Jahrgangsstufe 1004 und in der 7. Jahrgangsstufe 1353 Schülerinnen
und Schüler erfasst. Für die Analysen in dieser Arbeit werden nur die Schülerinnen
und Schüler berücksichtigt, zu denen es Angaben im Schüler- oder Elternfragebogen
gibt. Dies ist 2004 in den 5. Klassen bei 901 und in den 7. Klassen bei 1195 Schülerinnen und Schülern der Fall, 2006 liegen Hintergrunddaten für 850 Schüler der
5. Klassen und für 1125 Schüler der 7. Klassen vor (vgl. Tabelle 21). Im Längsschnitt
gibt es von der 5. Klasse 2004 zur 7. Klasse 2006 soziale Hintergrundinformationen
von 875 Schülern.

In Bremen waren 2004 und 2006 die 5. Jahrgangsstufen in die Bildungsgänge
Gymnasium (Gym), Integrierte Gesamtschule (GS) und Sekundarschule (Sek) unterteilt. Die 7. Jahrgangsstufen umfassten 2004 die Bildungsgänge Gymnasium, Haupt-

schule (HS) und Realschule (RS). Durch Änderungen in der Bremer Schulstruktur können 2006 in der 7. Jahrgangsstufe nur die Bildungsgänge Gymnasium, Sekundarschule und Gesamtschule besucht werden (vgl. Abbildung 20). Die Bildungsgänge Haupt- und Realschule wurden 2006 für die 7. Jahrgangsstufe abgeschafft.

Tabelle 21:   **Anzahl der Schülerinnen und Schüler 2004 und 2006 nach Schulformen (mit Angaben im Eltern- oder Schülerfragebogen)**

	Angaben im Schülerfragebogen	Angaben im Elternfragebogen	Angaben im Schüler- oder Elternfragebogen
5. Klasse 2004	856	717	901
5. Klasse 2006	850	638	850
7. Klasse 2004	1153	817	1195
7. Klasse 2006	1125	806	1125
Längsschnitt 2004–2006	872	763	875

In den 5. Jahrgangsstufen der Jahre 2004 und 2006 und den 7. Jahrgangsstufen im Jahr 2004 betrug der Anteil der Schülerinnen und Schüler, die dem Gymnasium angehörten, ca. ein Drittel, in der 7. Jahrgangsstufe 2006 ist dieser Anteil mit 27 Prozent etwas geringer (vgl. Abbildung 20).

Abbildung 20: Schülerinnen und Schüler 2004 und 2006 nach Bildungsgang und Klassenstufe (mit Angaben im Eltern- oder Schülerfragebogen)

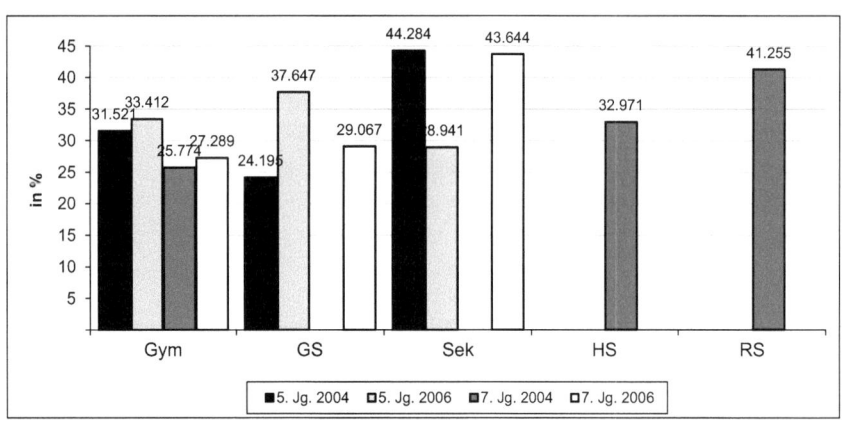

* Die Bildungsgänge werden wie folgt abgekürzt (Gymansium = Gym, Gesamtschule = GS, Sekundarschule = Sek, Hauptschule = HS, Realschule = RS)

7.2   Instrumente und Operationalisierung

Der *Schulerfolg* wurde über die Leistungen in Lesen, Mathematik und Rechtschreibung sowie über die Zugehörigkeit zu einem Bildungsgang definiert. Die Leistungen in den drei Fächern wurden mit einem so genannten Anker-Item-Design erhoben. Bei einem solchen Design existieren Schnittmengen von Aufgaben zwischen wenigstens zwei Erhebungszeitpunkten. Der Vorteil eines solchen Designs ist die Möglichkeit, Leistungen der 5., 7. und 9. Jahrgänge auf einer gemeinsamen Skala abtragen zu können. Mittels der Anwendung von Verfahren der probabilistischen Testtheorie können so die Leistungsveränderungen und Kompetenzzuwächse einer Schülerin/ eines Schülers (z. B. die Entwicklung von der 7. zur 9. Jahrgangstufe) wiedergegeben werden.

In einem ersten Schritt werden Risiken und schützende Faktoren als Determinanten des Schulerfolgs angesehen (Abbildung 21). In den weiteren Regressionsmodellen sind die Variablen des Schulerfolgs die abhängigen Variablen (Kriterien) und die Risiken und schützenden Faktoren bzw. Ressourcen die unabhängigen Variablen (Prädiktoren) (vgl. Tabelle 22). Risiken werden über den Sozialstatus und die zu Hause gesprochene Sprache definiert. Ressourcen und schützende Faktoren sind die elterlichen Aspirationen, die kognitiven Grundfähigkeiten, die fachlichen Selbstkonzepte, die Persönlichkeitsfaktoren Gewissenhaftigkeit und Stabilität, das Familienklima und das Geschlecht.

Abbildung 21:   Risiken- und Schutzfaktoren als Determinanten des Schulerfolgs

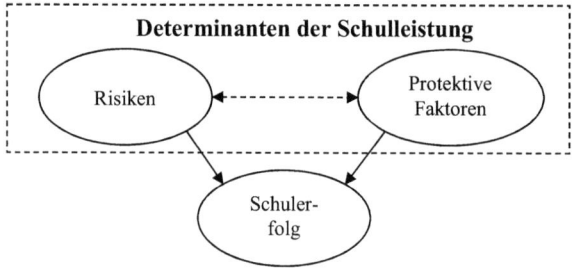

Tabelle 22:   Abhängige und unabhängige Variablen der Regressionsmodelle

Prädiktoren des Schulerfolgs		Kriterien
Risiken	*Schützende Faktoren*	*Indikatoren des Schulerfolgs*
Niedriger sozioökonomischer Status (ISEI)	Aspirationen der Eltern, dass ihr Kind mindestens einen Fachhochschulabschluss erwirbt	Mathematische Kompetenzen
Zu Hause wird überwiegend eine andere Sprache als Deutsch gesprochen	Kognitive Grundfähigkeiten	Lesekompetenzen

	Fachliche Selbstkonzepte in
	  – Deutsch
	  – Mathematik
		Orthografische Kompetenzen

	Persönlichkeitsfaktoren:
	  – Stabilität
	  – Gewissenhaftigkeit
	Familienklima:
	  – Akzeptierendes Familienklima
	  – Restriktives Familienklima
	  – Geschlecht
		Übertritt auf das Gymnasium nach der 4. Klasse

7.2.1 Indikatoren für den Schulerfolg

Im Folgenden werden die über Schulleistungstests erhobenen Indikatoren des Schuler-folgs für die 5. und 7. Jahrgänge[11] beschrieben. Die Tests zu den kognitiven Grundfä-higkeiten sowie die Leistungstests in Mathematik, Lesen und Rechtschreiben wurden in einem standardisierten Verfahren durchgeführt. Die Testleiter wurden geschult und gingen nach einem eigens für diese Erhebung erstellten Testleiterskript vor.

7.2.1.1 Mathematische Kompetenz

Die Mathematikleistungen im Fachunterricht wurden zum Teil mit Rückgriff auf In-strumente aus der Hamburger Lernausgangslagenuntersuchung (LAU) erhoben. Das verwendete Anker-Item-Design erlaubt zum einen das Abtragen der Leistungen auf ei-nem gemeinsamen Maßstab, zum anderen kann ein Vergleich mit den Schülerinnen und Schülern, die an der Hamburger LAU-Studie teilgenommen haben, durchgeführt werden. Im Gegensatz zu den Aufgaben in den internationalen Studien PISA und IGLU, die sich an grundlegenden Kompetenzen orientieren (vgl. Kap. 0), sind die Aufgaben aus LAU ausdrücklich lehrplanorientiert, d. h., die Aufgaben sind curricular verankert.

Zusätzlich wurde auch das in den internationalen Untersuchungen der letzten Jahre angewandte Grundbildungskonzept berücksichtigt, indem ergänzend Instrumente aus der internationalen Grundschul-Lese-Untersuchung (IGLU; Bos et al., 1997) sowie der zweiten und dritten internationalen Mathematik- und Naturwissenschaftsstudie für die Mittelstufe (TIMSS II; Baumert, Lehmann et al.; 1997) verwendet wurden. Mit diesen Instrumenten ist es möglich, die an der wissenschaftlichen Begleitung beteiligten Schülerinnen und Schüler mit national repräsentativen Stichproben zu vergleichen.

Tabelle 23: **Herkunft der Mathematikaufgaben in den verschiedenen Jahrgangsstufen**

Herkunft/ Jahrgang	LAU 5/ HST	LAU 7	IGLU	TIMSS II
5. Jahrgang	X		X	X
7. Jahrgang		X		X

Anmerkung: HST: Hamburger Schulleistungstest (Mietzel & Willenberg, 2000)

Die in der 5. Jahrgangsstufe verwendeten Aufgaben erlauben einen Vergleich mit LAU-5, mit IGLU und mit TIMSS III. Für die Erhebung in der 7. Jahrgangsstufe wurden Aufgaben aus LAU-7 und TIMSS II ausgewählt.

Die Metrik der gemeinsamen Skalierung wurde wie folgt festgelegt: Die mittlere Leistung in den mathematischen Kompetenzen in der 5. Jahrgangsstufe liegt bei einem Mittelwert $M = 100$ und einer Streuung von $SD = 30$.

---

11 Information zu den Indikatoren für die Testungen in den 9. Jahrgangsstufen finden sich bei Eßel-Ullmann (2009).

In allen Jahrgangsstufen wiesen die Tests durchgängig zufriedenstellende Reliabilitäten auf. Die Werte für Cronbachs α sind 2004 größer als .85 und liegen 2006 über .75.
Um die Validität zu erheben, wurden innerhalb der Jahrgänge Korrelationen zwischen
der Mathematikleistung, der letzten Zeugnisnote und den kognitiven Grundfähigkeiten
berechnet. Die Koeffizienten der Korrelationen zwischen den Testergebnissen in Mathematik und den kognitiven Grundfähigkeiten weisen Werte von $r > .50$ auf. Der Zusammenhang zwischen den Mathematikleistungen und der Note in Mathematik liegt
im 5. Jahrgang 2004 bei $r = -.55$ und 2006 bei $r = -.65$, im 7. Jahrgang 2004 bei
$r = -.54$ und 2006 bei $r = -.38$ (vgl. Tabelle 24). Alle Korrelationen sind hoch signifikant ($p < .001$). Im Vergleich der Befunde von 2004 und 2006 zeigt sich kein einheit-
liches Bild. Im Jahr 2006 korrelieren die Testergebnisse und die Mathenoten in den
5. Klassen höher miteinander, während es sich in den 7. Jahrgangsstufen genau anders
herum verhält. Hierfür liegt keine plausible Erklärung vor, insgesamt lässt sich aber
die Validität der Tests durch die berichteten Befunde bestätigen.

Tabelle 24: **Korrelationen in den untersuchten Jahrgangsstufen zwischen den Matheleistungen**
               und der Deutsch- und Mathematiknote

	2004		2006	
	Deutschnote	Mathematiknote	Deutschnote	Mathematiknote
5. Jahrgangsstufe	-.54	-.55	-.53	-.65
7. Jahrgangsstufe	-.49	-.54	-.25	-.38

Anmerkungen: Alle Koeffizienten sind hoch signifikant; p < .001

7.2.1.2 Lesekompetenz

Wie die Instrumente zur Testung der Mathematikleistung sind die Erhebungsinstrumente für das Leseverständnis zu einem Teil lehrplanorientiert und zum anderen an
das Grundbildungskonzept von PISA und IGLU angebunden.

Das Leseverständnis wurde im 5. und 7. Jahrgang mit den jeweils entsprechenden
Instrumenten aus LAU erhoben. Alle Jahrgangsstufen können wieder auf einem gemeinsamen Maßstab abgebildet werden, da sie über ein Anker-Item-Design miteinander gekoppelt sind. Diese Tests werden ergänzt durch Aufgaben aus IGLU.

Tabelle 25 zeigt die Instrumentierung der Lesetests nach Jahrgangsstufe und Herkunft
der Aufgaben. In allen Bildungsgängen des 5. Jahrgangs wurden zwei Versionen (A
und B) von Testheften eingesetzt, die sich in der Reihenfolge der Aufgaben unterschieden. Für die 7. Jahrgangsstufe wurde für den gymnasialen Bildungsgang eine er-
weiterte Testversion verwendet. Auch hier wurde jeweils eine A- und B-Version gewählt, mit den gleichen Items in unterschiedlicher Anordnung. Die Metrik wurde wie
folgt festgelegt: Die mittlere Leseleistung in der 5. Jahrgangstufe des Jahres 2004 liegt
bei $M = 100$ bei einer Streuung von $SD = 30$. Im Bereich zwischen 70 und

130 Punkten (± eine Standardabweichung) liegen die Fachleistungen von etwa zwei Dritteln der untersuchten Schülerinnen und Schüler. Die großen Studien der letzten Jahre (z. B. PISA oder IGLU) zeigten, dass der Lernzuwachs pro Schuljahr zwischen einer drittel bis halben Standardabweichung liegt. Dies entspricht bei der vorliegenden Metrik einem durchschnittlichen Leistungsvorsprung von 10 bis 15 Punkten pro Schuljahr. In Abbildung 22 sind Beispielitems mit relativen Lösungshäufigkeiten und ihrem Schwierigkeitsparameter aufgezeigt. Ein Schwierigkeitsparameter von 83 (Aufgabe 1 in Abbildung 22) bedeutet, dass eine Person, die genau eine Fähigkeit von 83 Punkten hat, diese Aufgabe mit einer Wahrscheinlichkeit von $p = 0.5$ löst. Bei Schülerinnen und Schülern mit höheren Fähigkeitswerten steigt auch die Lösungswahrscheinlichkeit.

Tabelle 25: **Herkunft der Lese- und Rechtschreibaufgaben in den verschiedenen Jahrgangsstufen**

Herkunft	LAU 5/ HST	LAU 7	LAU 9	IGLU	PISA 2000
5. Jahrgang	X			X	
7. Jahrgang		X			

Anmerkung: HST: Hamburger Schulleistungstest (Mietzel & Willenberg, 2000)

Der Test wies in allen Jahrgangsstufen eine zufriedenstellende Reliabilität auf (Cronbachs Alpha > .80). Für die Validität wurden in allen Jahrgängen die Korrelationen mit den Deutschnoten im letzten Zeugnis berechnet. Es ergaben sich in allen Jahrgängen in den Jahren 2004 und 2006 hoch signifikante Zusammenhänge (5. Jahrgang: $r = -.58$/ $-.51$[12]; 7. Jahrgang: $r = -.54/-.37$; siehe Tabelle 26. Die Korrelation der Testleistungen mit den Noten fällt 2006 besonders in der 7. Jahrgangsstufe deutlich niedriger als 2004 aus. Dies könnte auf die strukturelle Veränderung im Bremer Schulsystem zurückzuführen sein (2004 bestand in der 7. Jahrgangsstufe die traditionelle Dreigliedrigkeit).

Die Befunde belegen aber insgesamt die Validität der eingesetzten Tests. Für die Bearbeitung des Lesetests standen den Schülerinnen und Schülern 40 Minuten zur Verfügung.

Tabelle 26: **Korrelationen in den untersuchten Jahrgangsstufen zwischen den Leseleistungen und der Deutsch- und Mathematiknote**

	2004		2006	
	Deutschnote	**Mathematiknote**	**Deutschnote**	**Mathematiknote**
5. Jahrgangsstufe	-.58	-.52	-.51	-.46
7. Jahrgangsstufe	-.54	-.46	-.37	-.29

Anmerkungen: Alle Koeffizienten sind hoch signifikant; p < .001

---

12 Die Korrelationen von 2004 stehen vor dem Schrägstrich, die von 2006 hinter dem Schrägstrich.

Abbildung 22: **Beispielitems mit relativen Lösungshäufigkeiten und Schwierigkeitsparametern zur Illustration der verwendeten Metrik**

Mücken

Wenn uns eine Mücke umschwirrt, verjagen wir sie. Das ist eigentlich nicht immer nötig, denn nicht alle Mücken stechen. Nur die Weibchen der Stechmücken saugen Blut, die Männchen dagegen ernähren sich von Pflanzensäften. Trotzdem sehen wir uns vor, denn nur wenigen Menschen macht ein Mückenstich nichts aus. Bei den meisten schwillt die Haut um den Stich herum an. Die Mücke sticht zuerst mit einem scharfen Stechrüssel zu. Mit einer Saugröhre im Stechrüssel saugt sie ein bis zwei Tropfen Blut heraus. Eine Flüssigkeit am Ende der Saugröhre verhindert, dass dieses Blut dick wird oder gar eintrocknet. Diese Flüssigkeit vertragen die meisten Menschen nicht. Eine winzige Spur davon, die unter unserer Haut zurückbleibt, lässt die Stelle schon anschwellen. Fast immer spüren wir gleichzeitig ein leichtes Jucken.

1. Wodurch entsteht die Schwellung nach einem Mückenstich?

a	durch eine Flüssigkeit der Mücke	**rel. Lösungshäufigkeit** $p = 0.73$
b	durch Kratzen mit den Fingern	**(5. und 7. Jahrgangsstufe)**
c	durch das Jucken in der Haut	**Schwierigkeitsparameter: 83.6**
d	durch das Blut in unserem Körper	

2. Wie muss das Blut während des Saugens sein?

a	dickflüssig	**rel. Lösungshäufigkeit** $p = 0.55$
b	kalt	**(5. und 7. Jahrgangsstufe)**
c	trocken	**Schwierigkeitsparameter: 92.6**
d	dünnflüssig	

7.2.1.3 Orthografische Kompetenz

Im Rahmen des EIKA-Programms wurden bei der ersten Erhebung ausschließlich passive *orthografische Kompetenzen* erfasst. Dazu wurde der entsprechende Test aus LAU 5 („Die Geheimniße unserer Schule"; Originalüberschrift; Mietzel & Willenberg, 2000) verwendet. Es handelt sich dabei um einen fortlaufenden Text, bei dem sich unter jedem Wort ein Kästchen befindet, das anzukreuzen ist, sofern das darüber stehende Wort als falsch geschrieben erachtet wird. Der Text besteht aus insgesamt 307 Wörtern, davon sind 31 Wörter falsch geschrieben. Der Testwert ist definiert als

$$RS = \frac{(Anzahl\ richtig\ angekreuzte\ Fehler)^2}{Anzahl\ insgesamt\ angekreuzter\ Wörter}$$

Durch diese Operationalisierung werden die richtig identifizierten Fehler im Text relativiert an der Zahl insgesamt angekreuzter Wörter. Werden exakt alle 31 falsch geschriebenen Wörter angekreuzt, ergibt dies den Wert 31 ($31^2/31=31$). Werden mehr oder weniger Wörter insgesamt angekreuzt, sinkt der Wert entsprechend.

Dieser Test ist primär für die Feststellung orthografischer Kompetenzen in der 5. Jahrgangsstufe geeignet. Da aber von der Annahme auszugehen war (vgl. Kapitel

7.1), dass es sich bei den untersuchten Schülerinnen und Schülern um solche mit besonderem Förderbedarf handelt, die auch in höheren Jahrgängen noch erhebliche orthografische Schwächen aufweisen, wurde er auch in den 7. Jahrgangsstufen und mit Ausnahme des gymnasialen Zweigs in der 9. Jahrgangsstufe eingesetzt. Reliabilitätsanalysen im Rahmen von LAU 5 (Lehmann & Peek, 1997) zeigten die hohe Zuverlässigkeit des Tests. Außerdem wurde die Testleistung mit der Mathematik- und Deutschnote im letzten Zeugnis in Beziehung gesetzt, um so zusätzlich die Validität des Verfahrens zu überprüfen. Erwartet wurden relativ enge Zusammenhänge mit der Deutschnote und geringere Zusammenhänge mit der Mathematiknote. Die Ergebnisse fielen erwartungskonform aus, wie Tabelle 27 zeigt. In einer weiteren Analyse wurden die Leistungen der Schülerinnen und Schüler mit einer Lese-Rechtschreib-Schwäche (2004: $N = 127$; 2006: $N = 136$) untersucht. Dabei zeigten sich deutliche Unterschiede zwischen den leserechtschreibschwachen Schülern (2004: $M = 7.4$/$SD = 4.5$; 2006: $M = 8.2$/$SD = 5.2$) und den übrigen Schülern (2004: $M = 13.0$/SD: 9.5; 2006: $M = 12.8$/$SD = 6.5$). Das kann als weiterer Validitätshinweis interpretiert werden.

Für die Bearbeitung des Tests standen den Schülern 15 Minuten zu Verfügung.

Tabelle 27: **Korrelationen in den untersuchten Jahrgangsstufen zwischen den Leistungen im Rechtschreibtest und der Deutsch- und Mathematiknote**

	2004		2006	
	Deutschnote	**Mathematiknote**	**Deutschnote**	**Mathematiknote**
5. Jahrgangsstufe	-.55	-.42	-.58	-.45
7. Jahrgangsstufe	-.50	-.39	-.44	-.30

Anmerkungen: Alle Koeffizienten sind hoch signifikant; p < .001

7.2.1.4 Bildungsgang: Zugehörigkeit zum Gymnasium

Wie bereits bei der Beschreibung unter Kapitel 7.1 dargelegt, sind in der Stichprobe Bremer Schülerinnen und Schüler der 5. und 7. Jahrgänge aus den Jahren 2004 und 2006 enthalten. In der Stichprobe sind die Bildungsgänge Sekundarschule, Gesamtschule, Gymnasium, Hauptschule und Realschule vorhanden. Im Jahr 2004 und 2006 gab es in der 5. Jahrgangsstufe die Bildungsgänge Sekundarschule, Gesamtschule und Gymnasium (vgl. Tabelle 28). Während 2004 in der 7. Jahrgangsstufe die Bildungsgänge Gymnasium, Haupt- und Realschule vorhanden waren, ändert sich dies in der Stichprobe von 2006. Aufgrund der Neuordnung des Bremer Schulsystems bleibt nur das Gymnasium bestehen, statt Haupt- und Realschulen besuchen die Siebtklässler ab diesem Zeitpunkt Sekundar- und Gesamtschulen.

Für weitere Analysen wurde die Variable für den Bildungsgang dichotomisiert und nur noch zwischen dem Besuch eines Gymnasiums (mit dem Wert 1) und dem Besuch eines anderen Bildungsgangs (mit dem Wert 0) differenziert.

Tabelle 28: **Bildungsgänge in der Stichprobe 2004 und 2006**

	Sekundar-schule		Gesamtschule		Gymnasium		Hauptschule		Realschule	
	2004	2006	2004	2006	2004	2006	2004	2006	2004	2006
5. Jahr-gang	X	X	X	X	X	X				
7. Jahr-gang		X		X	X	X	X		X	

7.2.2 Risiken für den Schulerfolg

7.2.2.1 Sozioökonomische Stellung der Eltern

Auskünfte über Einkommensverhältnisse, soziale Anerkennung und Macht sind nur schwer reliabel und valide zu erfassen (Krupp, 1979; Maaz, Chang & Köller, O., 2004). Deshalb wurde der sozioökonomische Status der Familien über die Angaben zur Berufstätigkeit der Eltern erhoben. Für die Erhebung des familiären Hintergrundes der Schülerinnen und Schüler wurden Schüler- und Elternfragebogen eingesetzt. In den Fragebögen wurden die Berufe direkt erfragt. Mit den Angaben zum Erwerbstätigkeitsstatus (z. B. arbeitslos, vollerwerbstätig, in Rente usw.) und der genauen Berufsbezeichnung konnten die von den Eltern ausgeübten Berufe nach der „International Standard Classification of Occupation von 1988" kurz ISCO-88 (ISCO-88; vgl. Schwippert, Bos & Lankes, 2003) klassifiziert werden. Mit dem ISCO werden alle Berufe inhaltlich in Berufshauptgruppen, Berufsgruppen und Berufsuntergruppen unterteilt. Die Unterteilung nach Berufshauptgruppen ist dabei sehr vereinfacht. So umfasst z. B. die Hauptgruppe eins „Angehörige gesetzgebender Körperschaften, leitende Verwaltungsbedienstete und Führungskräfte in der Privatwirtschaft", die Hauptgruppe zwei „Wissenschaftler", die Hauptgruppe vier „Techniker und gleichrangige nichttechnische Berufe" usw. In den Berufsgruppen wird die Unterteilung etwas feiner. Die Hauptgruppe „Wissenschaftler" enthält unter anderem als Untergruppen die Gruppe 21 „Physiker, Mathematiker, Ingenieur", die Gruppe 22 „Biowissenschaftler und Mediziner" und die Gruppe 23 „Wissenschaftliche Lehrkräfte". Die Gruppen werden wiederum in Untergruppen genauer beschrieben. So wird die Gruppe der „Physiker, Mathematiker, Ingenieurwissenschaftler" in die Untergruppe 211 „Physiker, Chemiker und verwandte", Untergruppe 212 „Mathematiker, Statistiker, verwandte", Untergruppe 213 „Informatiker" usw. aufgeteilt.

Mit der ISCO-88 (COM) (von englisch common, „gemein(sam)") wurde vom Statistischen Amt der Europäischen Gemeinschaften (Eurostat) eine eigene, auf die Belange innerhalb der Europäischen Gemeinschaft ausgelegte Berufsklassifikation auf Grundlage der ISCO-88 erstellt (Elias & Birch, 1991).

Tabelle 29: Aufgliederung des ISCO-88 (COM)

10 Berufshauptgruppen			
1.	Angehörige gesetzgebender Körperschaften, leitende Verwaltungsbedienstete und Führungskräfte in der Privatwirtschaft		
2.	Wissenschaftler (auch als Akademiker bezeichnet)		
3.	Techniker und gleichrangige Nichttechnische Berufe		
4.	Bürokräfte	28 Berufs-gruppen	116 Berufsun-tergruppen	390 Berufs-gattungen
5.	Dienstleistungsberufe			
6.	Fachkräfte in der Landwirtschaft und Fischerei		
7.	Handwerks- und verwandte Berufe		
8.	Anlagen- und Maschinenbediener sowie Montierer		
9.	Hilfsarbeitskräfte		
10.	Soldaten		

(nach Elias & Birch, 1991)

Aus diesen Daten lässt sich der ISEI[13] – ein Akronym für „International Socio-Economic Index of Occupational Status" (Ganzeboom, de Graaf, Treiman & de Leeuw, 1992) – und der Wert für den SIOPS (Standard International Occupational Prestige Scale) von Ganzeboom & Treiman (1996) bestimmen (vgl. Schwippert, Bos & Lankes, 2003). Der von Ganzeboom und Treiman (1996) weiterentwickelte SIOPS misst das Berufsprestige. Ein anderes Konzept liegt dem ISEI zugrunde. Hier wird nicht das Prestige, sondern der sozioökonomische Status einer Tätigkeit gemessen. Prestige und SES sind nicht deckungsgleich, sondern können sich deutlich voneinander unterscheiden (vgl. Abbildung 23).

Ein Vergleich der mittleren Berufsgruppen, beispielsweise für Krankenschwestern und Verkäufer, zeigt, dass Verkäufer im Mittel ein geringeres Berufsprestige, aber ein höheres Einkommen als Krankenschwestern haben. Der ISEI hat einen Wertebereich von 16 bis 90 Punkten (Ehmke, Siegle & Hohensee, 2005). Zusammenfassend lässt sich für die Skalierung des ISEI sagen, dass unqualifizierte Berufe Werte um 20 belegen, akademische Berufe Werte über 60 besitzen, d. h., hohe Werte des ISEI deuten auf eine gute sozioökonomische Situation einer Familie hin, niedrige Werte weisen auf eine soziale Benachteiligung hin (vgl. Abbildung 23).

---

13 Die Liste zur Umwandlung des ISCO in den ISEI kann unter www.gesis.org/Dauerbeobachtung/Mikrodaten/ mikrodaten_tools/ISEI/isco_isei.pdf heruntergeladen werden.

Abbildung 23:   ISEI- und SIOPS-Werte für ausgewählte Berufe*

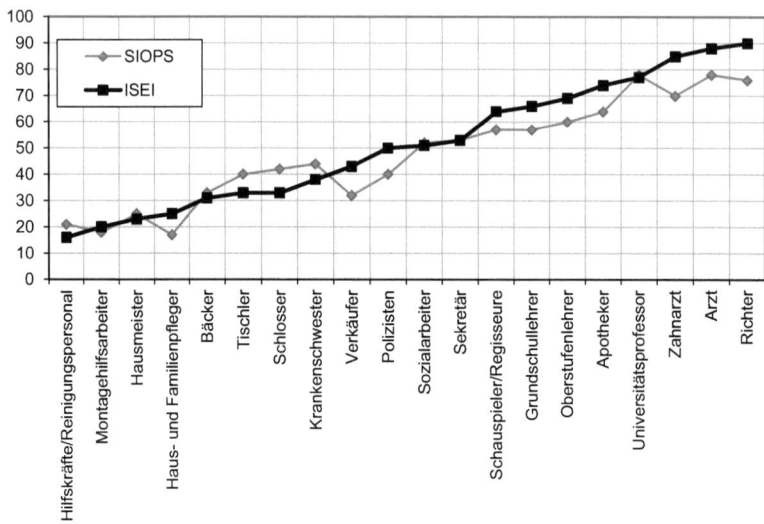

(aus: Köller, O., Eßel-Ullmann, Paasch, 2007, S. 37; nach Maaz, Chang & Köller, O., 2004, S. 167)
* Berufe aufsteigend sortiert nach dem ISEI

Es liegen jeweils die ISEI-Werte für Vater und Mutter vor. Diese Werte werden verglichen und in den Analysen wird der Wert ausgewählt, der in der Familie am höchsten ist: der *hISEI* (highest ISEI).

Den einzelnen Berufsangaben aus den Eltern- und Schülerfragebogen konnte jeweils ein Skalenwert des ISEI sowie des SIOPS zugeordnet werden. Die Codierung der Daten erfolgte durch das Data-Processing-Center (DPC, Hamburg).

7.2.2.2 Migrationshintergrund und Umgangssprache im Elternhaus

Im Eltern- und Schülerfragebogen wurden das Geburtsland der Eltern und Schüler, ihre Staatsangehörigkeit und die in der Familie gesprochene Sprache erhoben. Staatsbürgerschaft für sich genommen ist nur ein unzureichendes Kriterium für die Beurteilung der besonderen Lage der Jugendlichen, die schon in zweiter oder dritter Generation in Deutschland leben und einen deutschen Pass besitzen oder derjenigen, die neu zugewandert und als Aussiedler deutsche Staatsangehörige sind, teilweise aber nur über sehr schlechte Sprachkenntnisse verfügen (vgl. Kapitel 2.1.2). Weiterführend sind die Fragen zur eigenen Muttersprache und zu der in der Familie gesprochenen Sprache (Beispiel: „Welche Sprache sprecht ihr normalerweise zu Hause?"). Für die weitere Analyse wurde aus weiteren Angaben zu der in der Familie gesprochenen Sprache eine neue Variable gebildet. Bei dieser wurden Familien unterschieden in Familien, die zu Hause nur Deutsch sprechen und Familien, in denen überwiegend eine andere Sprache als Deutsch gesprochen wird. Diese Variable ist ein Indikator für mangelnde Sprachkenntnisse.

7.2.3 Ressourcen und schützende Faktoren für den Schulerfolg

7.2.3.1 Kognitive Grundfähigkeiten

Die *kognitiven Grundfähigkeiten* sind bedeutsame Prädiktoren für die Entwicklung der Schulleistung. Die Korrelationen zwischen den Maßen der kognitiven Grundfähigkeit und Schulleistungsindikatoren liegen zwischen $r = .50$ und $r = .60$ (vgl. Gustafsson & Undheim, 1996). Die Bandbreite der Werte für diese Korrelationen schwankt in verschiedenen empirischen Untersuchungen allerdings sehr (Helmke, 1997; Helmke & Weinert, 1997). Höhere kognitive Grundfertigkeiten ermöglichen es Schülerinnen und Schülern, schneller zu lernen. Sie können sich schneller auf neue Aufgaben einstellen, finden eher effektivere Problemlösungsstrategien und erkennen schneller lösungsrelevante Regeln. Außerdem weisen Schülerinnen und Schüler mit höheren kognitiven Grundfähigkeiten eine größere Verarbeitungskapazität und elaboriertere Gedächtnisstrategien auf (Köller & Baumert, 2008).

Zur Erfassung der kognitiven Grundfertigkeiten wurde wie in der Hamburger Längsschnittstudie „Aspekte der Lernausgangslage und der Lernentwicklung" (Lehmann & Peek, 1997; Lehmann, Gänsfuß & Peek, 1999; Lehmann, Peek, Gänsfuß & Husfeldt, 2002; Lehmann, Hunger, Ivanov & Gänsfuß, 2004; Lehmann, Vieluf, Nikolova & Ivanov, 2006) die erste Hälfte des Grundintelligenztests CFT 20 von Weiß (1998) verwendet. Diese besteht aus vier Subtests mit insgesamt 46 Items, mit denen die allgemeine Denkfähigkeit von Kindern und Jugendlichen erfasst werden soll. Mit diesem Testteil ist es möglich, die individuellen kognitiven Grundfähigkeiten reliabel und valide zu schätzen. Neben den Test aus dem CFT 20 wurden zwei Untertests aus dem Kognitiven Fähigkeitstest, Revision (KFT 4-12 + R; Heller & Perleth, 2000) verwendet. Aus dem KFT wurden die Subskalen „Figurenanalogien" (Untertest N2) und „Wortanalogien" (Untertest V3) eingesetzt. N2 erfasst die allgemeine Denkfähigkeit, V3 misst zusätzlich verbale Fähigkeiten. N2 besteht aus 25, V3 aus 20 Items. Im Sinne prozessorientierter Theorien (Waldmann, 1996) sind beide Tests geeignet, induktives Denken[14] zu erfassen (vgl. Klauer, 1993).

Tabelle 30: **Reliabilitäten der CFT 20-Werte zur Erfassung der kognitiven Grundfähigkeiten der Schülerinnen und Schüler aus Bremen und Bremerhaven**

Erhebungsjahr	Jahrgangstufe 5	Jahrgangsstufe 7	Jahrgangsstufe 9
2004	.79	.80	.80
2006	.76	.80	.81

14 „Induktives Denken bezeichnet die kognitiven Prozesse, die dazu befähigen, aus spezifischen Erfahrungen allgemeine Regeln, Gesetzmäßigkeiten oder Muster abzuleiten und auf neue Erfahrungen zu übertragen" (Waldmann, 1996, S. 448).

Da sich beide Tests hinsichtlich der Reliabilitäten bei beiden Testzeitpunkten nicht substanziell unterscheiden, werden die entsprechenden Werte in Tabelle 30 exemplarisch für den CFT dargestellt. Die Reliabilitäten liegen in allen Jahrgangsstufen bei mindestens .76 und sind somit äußerst zufriedenstellend.

7.2.3.2 Fähigkeitsselbstkonzepte in Deutsch und Mathematik

In der Psychologie befassen sich verschiedene Teildisziplinen mit dem Selbstkonzept (vgl. Fend, 1997; Hannover, 1997; Helmke, 1992; Köller, Trautwein, Lüdtke & Baumert, 2006). In der Literatur existieren deswegen vielfältige Definitionen zur Struktur, Entstehung und Wirkungsweise des Selbstkonzepts. Wild, Hofer und Pekrun (2001) erachten es als sinnvoll, das Selbstkonzept „als eine Gedächtnisstruktur zu definieren, die alle selbstbezogenen Informationen einer Person enthält" (Wild, Hofer & Pekrun, 2001). Dazu zählt das Wissen über die persönlichen Vorlieben, Einstellungen und Überzeugungen. Umgangssprachlich könnte das Selbstkonzept daran festgemacht werden, wie eine Person sich selbst sieht und wer sie zu sein glaubt. Selbstkonzepte sind multidimensional zusammengesetzt (Shavelson, Hubner & Stanton, 1976). Personen bilden für unterschiedliche Fähigkeiten jeweils eigene bereichsspezifische Selbstkonzepte aus. Nach Shavelson et al. (1976) kann zwischen dem akademischen und dem nicht akademischen Selbstkonzept differenziert werden, welches wiederum in ein soziales, emotionales und physisches Selbstkonzept untergliedert wird (Schwanzer, Trautwein, Lüdtke & Sydow, 2005).

Marsh und Hattie (1996) konnten zeigen, dass die Aufteilung des globalen akademischen Selbstkonzepts in ein sprachliches und in ein mathematisches Selbstkonzept erforderlich ist, weil diese Facetten kaum miteinander korreliert sind und sich nicht in einem generellen akademischen Selbstkonzept zusammenfassen lassen.

Weitere Arbeiten (z. B. Bong & Skaalvik, 2003) unterscheiden eine selbstbeschreibende (kognitiv-evaluative) von einer affektiven Komponente des Selbstkonzepts. Die selbstbeschreibende Komponente beinhaltet Aussagen wie „Ich bin gut in Mathematik", während „Ich mag Mathematik" ein Beispiel für die affektive Komponente wäre (Schwanzer et al., 2005). Beide Komponenten lassen sich faktorenanalytisch trennen. Da die affektive Komponente der akademischen Selbstkonzepte dem Interessenkonstrukt (Krapp, 1998) nahe steht, ist es sinnvoll, bei Kurzskalen die kognitiv-evaluativen Items gegenüber den affektiven zu bevorzugen, um eine konzeptionelle Überschneidung mit dem Interessenkonstrukt zu vermeiden. Im Folgenden werden die Kennwerte für die kognitiven Fähigkeitsselbstkonzepte für Mathematik und Deutsch dargestellt.

Angelehnt an PISA setzt sich das Fähigkeitsselbstkonzept in Mathematik aus einer Skala mit sechs Items zusammen (Beispielitem: Kein Mensch kann alles. Für Mathematik habe ich einfach keine Begabung). 2004 beträgt Cronbachs $\alpha = .77$ in 5. Jahrgangsstufe und $\alpha = .86$ in der 7. Jahrgangsstufe.

In Deutsch wird das Fähigkeitsselbstkonzept analog zu der Konstruktion in Mathematik ebenfalls aus sechs Items generiert. Die Skala in Deutsch ist in der 5. wie auch in der 7. mit Werten von Cronbachs α > .80 hoch reliabel.

7.2.3.3 Von den Eltern gewünschter Bildungsabschluss

Die Eltern wurden zu allen Messzeitpunkten gefragt, welchen Schulabschluss sie sich für ihr Kind wünschen. Sie konnten zwischen verschiedenen Alternativen wählen, die in Tabelle 31 dargestellt sind.

Über 40 Prozent der Eltern wünschten sich bei der Befragung 2004 für ihr Kind, dass es mit der allgemeinen Hochschulreife die Schullaufbahn abschließt, 2006 äußerten fast 50 Prozent diesen Wunsch. Nur ungefähr zwei Prozent der Eltern strebten 2004 und 2006 für ihr Kind einen Hauptschulabschluss an.

Tabelle 31: Elterlicher Bildungswunsch (Schüler der 5. und 7. Klassen 2004/2006 + Antwort in Elternfragebogen)

Schulabschluss	Nennungen in %	
	2004	2006
Hauptschulabschluss	2,1 %	1,9 %
Erweiterten Hauptschulabschluss	14,7 %	7,4 %
mittlerer Schulabschluss, z. B. RS-Abschluss, Fachoberschulreife	40,5 %	37,1 %
Fachhochschulreife	3,4 %	4,7 %
allgemeine Hochschulreife/Abitur	39,2 %	48,9 %
N	2352	1369

Für weitere Analysen wurden die Angaben in der Form dichotomisiert, dass nur zwischen dem Wunsch der Eltern, ihr Kind möge die Fachhochschulreife oder allgemeine Hochschulreife erreichen, und den anderen gewünschten Bildungsabschlüssen unterschieden wurde. Der Wert 0 bedeutet, die Eltern wünschen sich für ihr Kind einen Hauptschulabschluss oder mittleren Abschluss, der Wert 1 entspricht dem Wunsch, dass eine Fachhochschulreife oder Hochschulreife von den Eltern präferiert wird.

7.2.3.4 Persönlichkeitsvariablen: Stabilität und Gewissenhaftigkeit von den „Big Five"

In vielen Untersuchungen wurde die Existenz von fünf Persönlichkeitsmerkmalen, die als „Big Five" bezeichnet werden, nachgewiesen (vgl. Kapitel 5.3.5). Entwickelt wurden die Big Five in einem lexikalischen Ansatz von Allport und Odbert, H. (1936). Auf der Grundlage dieses Modells entwickelten Paul T. Costa und Robert R. McCrae mit dem NEO-Fünf-Faktoren-Inventar (NEO-FFI) einen heute international gebräuchlichen Persönlichkeitstest für Jugendliche und Erwachsene (Costa & McCrae, 1992).

In der vorliegen Stichprobe wurden die „Big Five" zum Erhebungszeitpunkt 2004 aus zwei Perspektiven erfasst. Im Elternfragebogen gaben die Eltern Auskunft zu Eigenschaften ihrer Kinder und im Schülerfragebogen machten die Schülerinnen und

Schüler entsprechende eigene Angaben. Diese Selbstauskünfte konnten in der 5. Jahrgangsstufe nicht für die Analyse genutzt werden, da keine der Persönlichkeitsskalen reliabel wurde, d. h., bei allen Skalen war Cronbachs $\alpha < .35$ (vgl. Tabelle 32). Insgesamt wurden in den 5. Klassen diese Fragen von weniger als der Hälfte der befragten Schülerinnen und Schülern beantwortet. In der 7. Jahrgangsstufe ist die Rücklaufquote besser und die Reliabilität mit Cronbachs $\alpha > = .70$ in allen Skalen gut. 2006 wurden keine Items zu den Big Five erhoben.

Tabelle 32:   Die Big Five im Schülerfragebogen 2004

	Jahrgang	Cronbachs α	Skalen-Mittelwert	Standard-abweichung	N
Stabilität	5	.28	3.54	1.78	454
	7	.75	3.43	.61	868
Extraversion	5	.34	3.60	1.37	467
	7	.68	3.61	.66	876
Verträglichkeit	5	.34	3.60	1.17	460
	7	.75	3.46	.61	864
Gewissenhaftigkeit	5	.22	3.56	1.31	460
	7	.73	3.43	.64	868
Offenheit	5	.18	3.62	1.32	456
	7	.70	3.56	.60	860

Tabelle 33:   Die Big Five im Elternfragebogen 2004

	Klassenstufe	Cronbachs α	Skalen-Mittelwert	Standard-abweichung	N
Stabilität	5	.77	3.55	.63	582
	7	.78	3.52	.64	624
Extraversion	5	.86	3.92	.72	586
	7	.85	3.78	.69	668
Verträglichkeit	5	.78	3.89	.59	586
	7	,78	3.78	.60	666
Gewissenhaftigkeit	5	.87	3.47	.73	582
	7	.86	3.35	.75	665
Offenheit	5	.82	3.96	.63	584
	7	.81	3.80	.61	668

Aus den Fragebögen, die die Eltern beantwortet haben, liegen Skalen der Big Five für die 5. und 7. Jahrgangsstufen vor (vgl. Tabelle 33). Die Reliabilität ist für alle Persönlichkeitsfacetten sehr gut (Cronbachs $\alpha > = .77$). Eigentlich sollten für die weiteren Analysen Eltern- und Schülerangaben bezüglich der Big Five kombiniert werden. Insgesamt hätte sich damit die Validität der Skala verbessert. Da aber im 5. Jahrgang im Schülerfragebogen für die Ermittlung der Big Five viele Angaben fehlten und die Skala nicht reliabel war, wurden in den weiteren Analysen nur die Big Five-Skalen aus den Elternfragebögen verwendet. Somit ist es möglich, die Persönlichkeitsfaktoren der Big Five in den 5. und 7. Jahrgangstufen 2004 miteinander zu vergleichen.

In die Regressionsanalysen zur Testung des Risiko-Schutzfaktoren-Modells werden die Faktoren Stabilität und Gewissenhaftigkeit aus den Elternfragebögen einbezogen, da diese kennzeichnend für den resilienten Persönlichkeitsprototyp sind (Vergleich Abschnitt 5.3.5).

7.2.3.5 Familienklima

Das Familienklima wurde über die zwei Skalen *akzeptierendes Familienklima* und *restriktives Familienklima* erhoben (Tillmann et al., 1999). Die beiden Skalen wurden erstmals von Jacobs und Strittmatter (1979) verwendet, finden sich in Untersuchungen des Jugendwerks der deutschen Shell (1992) und wurden schließlich von Tillmann et al. (1999) weiterentwickelt. Die Skala für das akzeptierende Familienklima wird aus vier Items gebildet. Für das restriktive Familienklima setzt sich die Skala aus drei Items zusammen. Die Skala akzeptierendes Familienklima weist 2004 und 2006 im 5. Jahrgang eine sehr niedrige Reliabilität auf (Cronbachs α < .50). In der 7. Jahrgangsstufe zeigen sich 2004 und 2006 noch zufriedenstellende Reliabilitäten (2004: Cronbachs α = .58; 2006: Cronbachs α = .66).

Für das restriktive Familienklima zeigen sich 2006 zufriedenstellende Reliabilitäten von Cronbachs α = .58 in der 5. Jahrgangsstufe und Cronbachs α = .58 in der 7. Jahrgangsstufe. Im Jahr 2004 ist lediglich der Wert im 7. Jahrgang zufriedenstellend (Cronbachs α = .63) in der 5. Jahrgangsstufe fällt er sehr niedrig aus (Cronbachs α = .33).

Da das Familienklima eine zentrale Variable im theoretischen Modell der vorliegenden Arbeit ist, wurden das akzeptierende und das restriktive Familienklima trotz der schlechten Reliabilitäten in den 5. Jahrgängen in die weiteren Analysen aufgenommen. In anderen Untersuchungen weisen die Skalen gute Reliabilitäten auf. In PISA 2000 zeigt sich für die Stichprobe der Fünfzehnjährigen zum Beispiel für das akzeptierende Familienklima ein Wert von Cronbachs α = .72 (Kunter et al., 2002, S. 251). Die schlechten Reliabilitäten in der 5. Jahrgangstufe könnten durch das Alter der Schüler bedingt gewesen sein. Eventuell waren die Items nicht altersangemessen.

7.3   Umgang mit hierarchischen Daten

Wenn ein Datensatz mit einer hierarchischen Datenstruktur vorliegt, ist für viele Fragestellungen ein mehrebenenanalytischer Ansatz eine angemessene Methode, um Auswertungsfehler und Fehlinterprätationen zu vermeiden. Nachfolgend wird erläutert, welche Gründe für die Anwendung eines solchen Verfahrens sprechen und warum in vorliegenden Arbeit darauf verzichtet wurde. Ein wesentliches Argument für die Wahl einer anderen analytischen Methode ist dabei die fragliche Zweckmäßigkeit der Mehrebenenanalyse für die Identifikation von Risiken und protektiven Faktoren für die individuelle Schulleistung von Schülerinnen und Schülern.

Bei der Stichprobe, die in Bremen ausgewählt wurde, handelt es sich nicht um eine Zufallsauswahl, sondern um eine so genannte Klumpenstichprobe. Dieser Umstand wird bei den nachfolgenden Analysen berücksichtigt. In den meisten statistischen Verfahren geht es um unabhängige Individuen, deren Verschiedenartigkeit bei einem bestimmten Merkmal auf Eigenschaften in der Person oder auf ihre individuellen Umstände zurückgeführt wird. Dabei wird außer Acht gelassen, dass neben den individuellen Unterschieden, auch Gemeinsamkeiten vorhanden sind, wie z. B. bei Schülerinnen und Schülern der Besuch derselben Schule oder Klasse. In diesem Fall wird von einer *hierarchischen Datenstruktur* gesprochen (Bryk & Raudenbush, 1992). Innerhalb einer Schulklasse ist dabei die Ähnlichkeit größer als in unterschiedlichen Schulklassen. Eine Erklärung dafür sind Faktoren, die sich auf eine gesamte Schulklasse auswirken, wie z. B. die Persönlichkeit eines Lehrers oder die Klassenzusammensetzung. Für statistische Analysen ergeben sich dadurch Herausforderungen für die Berechnung des Standardfehlers. Mit ihm wird gemessen, wie hoch die Ungenauigkeit der Variabilität eines Merkmals ist, mit der Populationskennwerte aus Stichprobenkennwerten geschätzt werden. Diese Ungenauigkeit hängt dabei von der Variabilität des Merkmals in der Population sowie von der Stichprobengröße ab. Da die einzelnen Personen in der Stichprobe nicht unabhängig voneinander sind, ist dort die Variabilität geringer als die Variabilität in der Gesamtpopulation. Wird nun die Variabilität der Gesamtpopulation ausgehend von der Stichprobe geschätzt, wird von einem zu kleinen Standardfehler ausgegangen. Wie groß dabei die Unterschätzung ist, hängt von der Größe und der Homogenität dieser Klumpen (z. B. Klassen) ab. Das Ausmaß der Homogenität lässt sich mit der so genannten *Intraklassenkorrelation* darstellen (Hochweber, 2010). So wird das Verhältnis der Varianz eines Merkmals zwischen den einzelnen Klumpen zu der Varianz innerhalb der Klumpen bezeichnet. Die Intraklassenkorrelation zeigt, in welchem Maße die Varianz einer abhängigen Variablen auf die Gruppenzugehörigkeit einer unabhängigen Variablen zurückgeführt werden kann. Das Maß für diese Varianz ist Eta^2. Um zu überprüfen, ob sich die untersuchten Variablen systematisch in Abhängigkeit von der besuchten Schulklasse unterscheiden, werden die Intraklassenkorrelationen für die Variablen berechnet und in den weiteren Analysen berücksichtigt. Neben den Leistungen der Schülerinnen und Schüler in Mathematik, Lesen und Rechtschreibung werden Angaben wie das Geschlecht, das Selbstkonzept in Mathematik und Deutsch sowie die Persönlichkeitsfaktoren Stabilität und Gewissenhaftigkeit in die Analyse einbezogen. Zum familiären Hintergrund werden der sozioökonomische Status, gemessen über den höchsten ISEI in der Familie, die zu Hause gesprochene Umgangssprache (wird in der Familie überwiegend eine andere Sprache als Deutsch gesprochen oder nicht), das Familienklima und die Aspirationen der Eltern für einen höheren Schulabschluss (mindestens Fachhochschule) betrachtet.

In Tabelle 34 bis 37 sind die Koeffizienten der Intraklassenkorrelationen für alle Variablen der psychosozialen Skalen von Schülerinnen und Schülern abgebildet. In Tabelle 34 und Tabelle 35 finden sich die Werte für den ersten Erhebungszeitpunkt jeweils für die 5. und 7. Klasse. In Tabelle 36 und Tabelle 37 die entsprechenden Werte für 2006.

Tabelle 34: Intraklassenkorrelationen zum ersten Erhebungszeitpunkt 5. Klasse 2004

	Eta^2
Geschlecht	.009
Höchster ISEI in der Familie	.091
Deutsch als Haupt- oder Zweitsprache in der Familie	.148
Stabilität	.058
Gewissenhaftigkeit	.053
Selbstkonzept im Fach Deutsch	.048
Selbstkonzept im Fach Mathematik	.049
Rechtschreibleistung	.224
Restriktives Familienklima	.022
Akzeptierendes Familienklima	.007
Aspirationen der Eltern mindestens Fachhochschulreife	.383
Mathematikleistung	.331
Leseleistung	.269
kognitive Fähigkeiten	.147

Anmerkungen: Eta^2 = Intraklassenkorrelation

Tabelle 35: Intraklassenkorrelationen zum ersten Erhebungszeitpunkt 7. Klasse 2004

	Eta^2
Geschlecht	.016
Höchster ISEI in der Familie	.090
Deutsch als Haupt- oder Zweitsprache in der Familie	.136
Stabilität	.064
Gewissenhaftigkeit	.094
Selbstkonzept im Fach Deutsch	.193
Selbstkonzept im Fach Mathematik	.048
Rechtschreibleistung	.399
Restriktives Familienklima	.025
Akzeptierendes Familienklima	.094
Aspirationen der Eltern mindestens Fachhochschulreife	.484
Mathematikleistung	.442
Leseleistung	.400
kognitive Fähigkeiten	.279

Anmerkungen: Eta^2 = Intraklassenkorrelation

Tabelle 36: Intraklassenkorrelationen zum zweiten Erhebungszeitpunkt 5. Klasse 2006

	Eta^2
Geschlecht	0
Höchster ISEI in der Familie	.077
Deutsch als Haupt- oder Zweitsprache in der Familie	.065
Selbstkonzept im Fach Deutsch	.110
Selbstkonzept im Fach Mathematik	.096
Rechtschreibleistung	.191
Restriktives Familienklima	.040
Akzeptierendes Familienklima	.030
Aspirationen der Eltern mindestens Fachhochschulreife	.328
Mathematikleistung	.284
Leseleistung	.186
kognitive Fähigkeiten	.105

Anmerkungen: Eta^2 = Intraklassenkorrelation

Tabelle 37: Intraklassenkorrelationen zum zweiten Erhebungszeitpunkt 7. Klasse 2006

	Eta^2
Geschlecht	0
Höchster ISEI in der Familie	.054
Deutsch als Haupt- oder Zweitsprache in der Familie	.129
Selbstkonzept im Fach Deutsch	.037
Selbstkonzept im Fach Mathematik	.026
Rechtschreibleistung	.317
Restriktives Familienklima	.016
Akzeptierendes Familienklima	.014
Aspirationen der Eltern mindestens Fachhochschulreife	.366
Mathematikleistung	.331
Leseleistung	.249
kognitive Fähigkeiten	.214

Anmerkungen: Eta^2 = Intraklassenkorrelation

Für den sozialen Hintergrund zeigt sich, dass die Klassenzugehörigkeit nur in geringem Umfang zur Varianzaufklärung (Eta-Quadratwerte) beiträgt. Für das Geschlecht und für fast alle psychosozialen Variablen (Stabilität, Gewissenhaftigkeit, fachliche Selbstkonzepte, Familienklima) liegt der Varianzanteil unter 10 Prozent. Die Verteilung der Leistungen in der Stichprobe weist hingegen deutlich ausgeprägte hierarchische Strukturen auf. Der Varianzanteil, der durch die Klassenzugehörigkeit bestimmt wird, liegt bei den Leistungsvariablen für die Eta-Quadratwerte zwischen 22 und 44 Prozent (Leistungstests Rechtschreiben, Lesen, Mathematik). Ähnliche Strukturen finden sich auch bei den kognitiven Fähigkeiten. Hier liegen die Eta-Quadratwerte in den 7. Klassen 2004 und 2006 bei über 20 Prozent und in den 5. Klassen bei über 10 Prozent.

Die höchsten Koeffizienten für Eta-Quadrat finden sich bei den Aspirationen, die Eltern für den Schulbesuch ihrer Kinder hegen. Hier zeigt sich ein klassenspezifischer

Varianzanteil zwischen 33 und 48 Prozent. Die Varianz der zu Hause gesprochenen Sprache wird mit Werten zwischen 7 und 15 Prozent durch die Klassenzugehörigkeit aufgeklärt.

Insgesamt zeigt sich in den Daten eine ausgeprägte hierarchische Struktur. Mehrebenenanalysen bieten eine Möglichkei damit umzugehen und stellen eine Erweiterung der Regressionsanalyse dar (Gruehn, 2000). Erste Ansätze mit denen eine Mehrebenenstruktur in Teilaspekten analysiert werden konnte sind beispielsweise das Kontextmodell von Cronbach und Webb (1975) oder das Modell von Boyd und Iversen (1979). Ende der 1980er wurden die Mehrebenenmodelle wesentlich weiterentwickelt und bis dahin bestehende Schätzprobleme gelöst. Außerdem wurden Softwareprogramme zur Berechnung von Mehrebenenanalysen entwickelt. Diese weiterentwickelten Modellklassen können als Random-Coefficient-Modelle (RCM) zusammengefasst werden (Kreft, 1991). Hierzu gehören alle Modelle, die auf dem Slope-as-Outcome- oder Intercept-as-Outcome-Regressionsmodell beruhen (Langer, 2009). In ihnen werden komplexe Daten- und Fehlerstrukturen sowie die Effekte von Kontextmerkmalen übergeordneter Einheiten berücksichtigt. Verschiedene Statistiker haben seit Beginn der 1990er eigene Software entwickelt und Lehrbücher veröffentlicht, in denen die eigenen Programme im Anwendungsteil vorgestellt werden. Hierzu zählen beispielsweis Bryk und Raudenbush (1989, 1992) mit ihren Programmen HLM und WHLM, Longford (1990) mit VARCL oder Goldstein (1999) mit den Programmen ML3 und MLwiN. Einen Überblick über verschiedene Ansätze der RCM findet sich bei Gibbons und Hedeker (1998). Die Autoren der verschiedenen Mehrebenenansätze wählen jeweils unterschiedliche Notationen zur Darstellung. Die folgende Notation und Darstellung des Prinzips einer Mehrebenen-Regressionsanalyse orientiert sich an Hartig und Rakoczy (2010). Konkret beschrieben wird im Weiteren daher ein Modell mit auf zwei Ebenen geschachtelten Daten.

Bei Modellierung einer Mehrebenen-Regressionsanalyse kann zunächst für jede Ebene eine eigene Regressionsgleichung erstellt werden, die in ihrer Struktur einer multiplen linearen Regression entspricht. In einem Modell mit zwei Ebenen kann beispielsweise die schulische Leistung einer Schülerin/eines Schülers sowohl von Faktoren auf Schülerebene (z.B. kognitiven Fähigkeiten) wie auch von Faktoren der Schule (z.B. Schulklima) abhängen. Im Mehrebenenmodell wären in diesem Beispiel die Schüler/innen auf Ebene 1 und die Schule auf Ebene 2. Mehrebenenanalysen zeichnen sich dadurch aus, dass für jede Ebene-2-Einheit (z.B. Schule) eine eigene Regressionsgleichung formuliert wird (Hartig & Rakoczy, 2010). Die Regressionsgleichung für die *Ebene 1* (Schülerebene) setzt sich wie folgt zusammen:

$$Y_{ij} = \beta_{0j} + \beta_{1j} X_{ij} + r_{ij}$$

Legende:

Y_{ij} = abhängige Variable (z.B. Schülerleistung)
β_{0j} = Regressionskonstante (intercept)
β_{1j} = Steigungsparameter (slope)

$r =$ Fehlerterm
$i =$ Index für Individuum
$j =$ Index für Ebene-2-Einheit

Für die Ebene 2 gibt es für jede Einheit (z.B. Klasse) eine eigene Regressionskonstante β_{0j} und jede Einheit hat einen eigenen Steigungsparameter β_{1j}. Sowohl β_{0j} wie auch β_{1j} variieren also über die Ebene-2-Einheiten hinweg.
Die *Ebene-2-Gleichungen* sind wie folgt aufgebaut:

$$\beta_{0j} = \gamma_{00} + \gamma_{01}Z_j + u_{0j}$$
$$\beta_{1j} = \gamma_{10} + \gamma_{11}Z_j + u_{1j}$$

Die Ebene-2-Regressionskoeffizienten γ variieren nicht über die Gruppen (z.B. Klassen) hinweg (daher gibt es keinen j-Index). Die unsystematische Variation von β_{0j} und β_{1j} wird auf Ebene 2 durch gruppenspezifische Zufallskomponenten mit dem Erwartungswert null modelliert:

$u_{0j} =$ gruppenspezifische Zufallskomponente der Regressionskonstanten β_{0j}
$u_{1j} =$ gruppenspezifische Zufallskomponente der Regressionsgeradensteigung β_{1j}

Aus dieser Spezifikation leitet sich auch die Bezeichnung dieser Art von Mehrebenenmodellen ab: „random-coefficient model" (RCM-Modell). Wenn Z_j gleich null ist, entspricht γ_{00} dem Erwartungswert von β_{0j} und γ_{10} dem Erwartungswert von β_{1j}. Außerdem ist γ_{10} der durchschnittliche Effekt des Ebene-Prädiktors. Zusätzlich zur zufälligen Variation der β-Koeffizienten zwischen den Gruppen (Klassen) kann ein Teil der Varianz von β_{0j} und β_{1j} in der Ebene-1 Gleichung durch Ebene-2-Prädiktoren Z_s vorhergesagt werden:

$\gamma_{01} =$ Einfluss von Z auf β_{0j}
$\gamma_{01} =$ Einfluss von Z auf β_{0j}

Die Gleichungen auf Ebene 1 und Ebene 2 werden im vollständigen Modell zur Vorhersage von Y_{ij} zusammengesetzt:

$$Y_{ij} = (\gamma_{00} + \gamma_{01}Z_j + u_{0j}) + (\gamma_{10} + \gamma_{11}Z_j + u_{1j}X_{ij}) + r_{ij}$$

Nach Umformen der Gleichung ergibt sich:

$$Y_{ij} = (\gamma_{00} + \gamma_{01}Z_j + \gamma_{10}X_j + \gamma_{11}Z_jX_{ij}) + (u_{1j}X_{ij} + u_{0j} + r_{ij})$$

Die einzelnen Bestandteile der zusammengesetzten Gleichungen auf Ebene 1 und Ebene 2 sind nun:

$\gamma_{00} =$ Regressionskonstante über alle Ebene-2-Einheiten (d.h. der Erwartungswert für Y_{ij}, wenn alle Prädiktoren null sind)
$\gamma_{01}Z_j =$ Effekt des Ebene-2-Prädiktors Z_j
$\gamma_{10}X_j =$ Effekt des Ebene-1-Prädiktors X_{ij}

$\gamma_{11}Z_jX_{ij}$ = Die Cross-level-Interaktion Z_jX_{ij} resultiert daraus, dass die Ebene-1-Regressionssteigung β_{1j} durch die Ebene-2 Variable Z_j beeinflusst wird.

$u_{1j}X_{ij}$ = Heteroskedastizität: Der Fehlerterm u_{1j} ist multiplikativ verbunden mit X_{1j}; je größer X_{1j} ist, umso größer sind die Varianzen der Residuen

u_{0j} = Ebene-2-Zufallskomponente der Regressionskonstanten β_{0j}

r_{ij} = Individuen-spezifisches Residuum der Kriteriumsvariablen

In der Gleichung wird der Teil in der linken Klammer als *fixed part* (feste Effekte) und der Teil in der rechten Klammer als *random part* (Zufallseffekte) bezeichnet (Hartig & Rakoczy, 2010). Ein wesentlicher Unterschied zwischen der Mehrebenen-Regression und anderen linearen Modellen, in denen die Mehrebenenstruktur nicht berücksichtigt wird, besteht in der aufwändigen Modellierung der Residuen (Hartig & Rakoczy, 2010). Im rechten Teil der Modellgleichung sind die verschiedenen Residualterme des Modells enthalten. Die entsprechenden Varianzen dieser Residuen werden unabhängig voneinander geschätzt. Mit den Ebene-2-Residualvarianzen soll ausgedrückt werden, wie stark die Ebene-1-Koeffizienten unter Kontrolle der Ebene-2-Prädiktoren zwischen den Gruppen (z.B. Schulen) variieren.

Während in der konventionellen Regressionsanalyse die Schätzung der Modell-Parameter mit der *least-squares method* (Methode der kleinsten Quadrate) erfolgt, werden die Modellparameter in den Mehrebenen-Regressionsmodellen mit Maximum-Likelihood-Methoden geschätzt.[15]

Mit dieser kurzen Darstellung sollte das Grundprinzip der Mehrebenenanalyse verdeutlicht werden. Auf weitere Mehrebenenmodelle wie z.B. Mehrebenen-Strukturgleichungsmodelle (Heck & Thomas, 2008) oder andere Notationsweisen für Mehrebenen-Regressionsanalysen wird daher an dieser Stelle nicht näher eingegangen. Stattdessen wird im Weiteren die kritische Auseinandersetzung von Rohwer und Blossfeld (2012) zur Verwendung von Mehrebenenmodellen zur Analyse von Hypothesen, dargestellt.

Mit Mehrebenenmodellen können verschiedene Ziele verfolgt werden. Rohwer und Blossfeld (2012) unterscheiden grundsätzlich zwischen deskriptiven und analytischen Modellen. Bei dieser Differenzierung dienen deskriptive Modelle dazu, einen vorliegenden Datensatz oder eine Population zu beschreiben. Derartige Modelle beschreiben eine statistische Verteilung, die für eine Stichprobe oder eine Population definiert ist. Im Gegensatz zu den deskriptiven Modellen dienen die analytischen Modelle nicht dazu, Daten (oder eine Population) zu beschreiben, sondern Hypothesen zu formulieren, welche sich auf die Abhängigkeitsbeziehungen zwischen den Variablen beziehen. Sie können nicht mit einem deskriptiven Modell beantwortet werden, sondern erfordern ein analytisches Modell, in dem eine Hypothese über ein Abhängigkeitsverhältnis formuliert wird. Außerdem ist es bei den meisten Anwendungsfällen so, dass eine Hypothese sich nicht auf eine einzige Person (oder eine Gruppe von Personen) bezieht,

---

15 Erläuterungen zu den spezifischen Schätzmethoden finden sich beispielsweise bei Hox (2002) oder Raudenbush & Bryk (2002).

sondern auf eine generische Person, das heißt jede vorstellbare Person, um einen theoretisch begründeten Prozess zu verdeutlichen. Dies ist auch bei der Forschungsfrage in der vorliegenden Arbeit der Fall, in der für eine generische Schülerin bzw. einen generischen Schüler Risiko- und Schutzfaktoren in den Blickpunkt genommen werden.

Sowohl deskriptive wie auch analytische Modelle können oft mit einfachen linearen Regressionsgleichungen formuliert werden (vgl. Rohwer & Blossfeld, 2012). Während Rohwer & Blossfeld (2012) der Anwendung von Mehrebenenanalysen zu deskriptiven Beschreibung zustimmen, stellen sie den Nutzen der Mehrebenenanalyse für analytische Modelle, die sich auf generische Individuen beziehen, in Frage. Sie schlagen stattdessen vor, Kontextvariablen zu nutzen, um die Bedingungen zu repräsentieren, die sich davon ableiten, dass ein Individuum einer institutionellen Einheit angehört. Auch Snijders und Bosker (1999) halten es für plausibel, eine hierarchische Stichprobenstruktur und die daraus resultierenden Abhängigkeiten als reinen Störfaktor zu betrachten und mit Daten auf individueller Ebene zu arbeiten.

In der Literatur zu Mehrebenenmodellen lässt sich häufig der Ratschlag finden, dass RCM-Modelle genutzt werden können, um jeweils die relative Bedeutung von Faktoren, die Individuen oder institutionellen Einheiten zurechenbar sind, zuzuordnen (z. B. Heck & Thomas, 2008). Die Grundidee dabei ist, dass diese Modelle es erlauben Level-1-Variablen (definiert dadurch, dass sie im Level-1-Modell enthalten sind) als stellvertretende Faktoren zu interpretieren, die einem Individuum zurechenbar sind und Level-2-Variablen (definiert dadurch, dass sie im Level-2-Modell enthalten sind) als stellvertretende Faktoren die einer institutionellen Einheit zurechenbar sind.

Rohwer und Blossfeld (2012) vertreten die Ansicht, dass diese Unterscheidung zwischen Variablen nicht für substantielle (kausale) Schlussfolgerungen genutzt werden sollte. Zum einem merken sie an, dass die Unterscheidung zwischen Level-1- und Level-2-Variablen nur die schrittweise Prozedur des Mehrebenenmodell-Aufbaus widerspiegelt, ohne eine substantielle Bedeutung zu haben. Sie sehen im RCM-Modell keinerlei Unterscheidung mehr zwischen Level-1- und Level-2-Variablen.

Weiterhin konstatieren sie, dass es im Level-1-Modell keine abgrenzbare Unterscheidung zwischen kontextuellen Variablen und weiteren Prädiktor-Variablen gibt, die ohne Bezugnahme auf eine institutionelle Einheit definiert werden können. Sie legen dar, dass Kontextvariablen im Level-1-Modell verwendet werden können; es auf der anderen Seite aber nicht notwendig ist, dass Level-2-Variablen als Kontextvariablen interpretiert werden können. Nach ihrer Interpretation von RCM-Modellen können jegliche Variablen genutzt werden, die eventuell helfen könnten Parameter zu schätzen, die für die institutionelle Einheit vorausgesetzt werden, der ein Individuum angehört. Es ist demnach nicht notwendig, dass die Variable in irgendeiner Weise eine kausale Bedingung für den Prozess darstellt, in dem die Werte der abhängigen Variablen generiert werden.

Ein weiterer Ansatzpunkt für ihre Kritik betrifft die Zufallsvariablen, die im Level-2-Modell enthalten sind. Per Definition sind sie Level-2-Variablen und (deswegen) werden sie häufig als Repräsentation unbeobachteter Einflüsse auf ein Individuum interpretiert, dass sich einer institutionellen Einheit zuordnen lässt (vgl. Snijders & Bosker, 1999). Dementsprechend wird die Zufallsvariable, die im Level-1 Modell enthalten ist, interpretiert als Repräsentation der Einflüsse, die sich einem Individuum zuordnen lassen. Basierend auf diesen Interpretationen wird vorgeschlagen, dass die Varianzen der Zufallsvariablen dafür benutzt werden können, die relative Bedeutung von unbeobachteten Level-1- und Level-2-Variablen zu beurteilen (z.b. Rice et al., 1998; Heck & Thomas, 2009; Kim, Solomon & Zurlo, 2009).

Ein klarer Widerspruch leitet sich aus der Tatsache ab, dass das Level-2-Modell darauf basiert, dass vorher ein Level-1-Modell definiert wurde (Rohwer & Blossfeld, 2012). Alle Parameter des Level-2-Modells, die Varianz der Zufallsvariablen einbegriffen, hängen von der Spezifikation des Level-1-Modells ab. Das Hinzufügen weiterer Level-1-Variablen würde diese Parameter verändern und kann insbesondere zu einem Abnehmen der Varianzen der Level-2-Zufallsvariablen führen. Dies zeigt, dass, selbst wenn man die Bedeutung der Unterscheidung zwischen Level-1- und Level-2-Variablen akzeptiert, keine verlässlichen Schlussfolgerungen aus den Varianzkomponenten des stochastischen Teils des Modells gezogen werden können.

Autoren, die RCM-Modelle vorschlagen, argumentieren häufig mit „Abhängigkeiten über Beobachtungen" von Individuen, die derselben institutionellen Einheit angehören. So schreiben beispielsweise Kreft und de Leew (1998, S. 9): „Observations that are close in time and/or space are likely to be more similar than observations in time and/or space. Therefore, students in the same school are more alike than students in different schools, due to shared experiences, shared environment, etc. The sharing of the same context is likely cause of dependency among observations."

Viele ähnliche Äußerungen können in der Literatur gefunden werden. (z.B. de Leeuw, 2002; Blien, Raudenbusch & Bryk, 2002; Hox, 2002; Gorard, 2003; Heck & Thomas, 2009). Rohwer und Blossfeld (2012) bemängeln, dass der Ausdruck „Abhängigkeit über Beobachtungen" keine eindeutig definierte Bedeutung hat. Im Hinblick auf ein gemeinsames Verständnis führen sie die Stichprobentheorie an (Rohwer & Blossfeld, 2012). Eine Klumpenstichprobe würde in dem Sinne zu „Abhängigkeiten über Beobachtungen" führen, dass Einheiten, die zu derselben Gruppe (z.B. zur selben Schule) gehören, höhere Einschlusswahrscheinlichkeiten zweiter Ordnung aufweisen (verglichen mit Einheiten, die verschiedenen Clustern/Gruppen angehören). Bei einem Interesse an der Verteilung der Populationsparameter sollten bei der Berechnung der Standardfehler diese Abhängigkeiten beachtet werden.

Ihrer Ansicht nach bezieht sich das Verständnis von „Abhängigkeiten über Beobachtungen" jedoch nicht auf die Wahrscheinlichkeit der Parameter eines analytischen Mehrebenenmodells. Dementsprechend wären die Zufallsvariablen in solchen Modellen in Bezug auf ein Stichprobensystem nicht definiert, spiegeln aber die Unsicherheit wider, ein solches Modell für Vorhersagen zu verwenden. Als wichtige Unterscheidung halten sie fest (Rohwer & Blossfeld, 2012; S. 13): „In other words, analytical models relate, not to data-generating processes (literally understood), but to processes that generate facts (possibly observed and then taken as data by a data-generating process)."

Rohwer und Blossfeld (2012) argumentieren, dass die Beobachtungen, um die Parameter eines analytischen Modells zu schätzen, vielleicht aus einer geclusterten Stichprobenziehung zweiter Ordnung stammen können. Dies hätte aber keine Bedeutung für die Definition sowie die Schätzung von Standardfehlern der Parameterschätzer. So können z.b. die Parameter des Kontextmodells mit OLS (ordinary least squares) geschätzt werden, unabhängig von der Stichprobenzusammensetzung, die verwendet wird, um Beobachtungen zu generieren. Alternativ kann eine parametrische Verteilung für die abhängigen Variablen vorausgesetzt werden und dann die MLE (Maximum likelihood estimation) angewendet werden. Auf jeden Fall führen weder OLS noch MLE zu falschen Standardfehlern (Rohwer & Blossfeld, 2012). Rohwer und Blossfeld (2012) betonen, dass, bei Bezugnahme auf analytische Modelle, Standardfehler nicht definiert werden können, in dem man sich auf eine Stichprobenverteilung bezieht. Eine angemessene Alternative könnte es ihrer Ansicht nach sein, im Sinne von „Genauigkeit" zu denken, die man durch die gegebenen Beobachtungen erhält. Cum grano salis macht diese Denkmethode Standardfehler immer abhängig von den Daten, die genutzt werden, um Modellparameter zu schätzen (Rohwer & Blossfeld, 2012). Zusammenfassend kommen Rohwer und Blossfeld (2012, S. 13) zu dem Schluss: „Compared with contextual models, RCML models do not offer advantages when the goal is to explain individual outcomes. The distinction between level-1 and level-2 variables suggested by RCML models should not be used for substantive conclusions. In particular, there is no reliable meaningful interpretation for the variance components associated with the level-2 error variables."

Zentral für die Entscheidung bei der Wahl der Analysemethode in der vorliegenden Arbeit, sind zusammengefasst zwei Kritikpunkte: 1. Kritik an der Praxis Mehrebenenmodelle analytisch anzuwenden, um mit Hypothesen Ergebnisse von „generischen Individuen" erklären zu wollen. 2. Der Standpunkt von Rohwer und Blossfeld (2012), dass keine sinnvolle Interpretation der Varianzkomponenten im Mehrebenenmodell möglich ist, die mit den Ebene-2-Fehlervariablen verbunden sind.

Im Rahmen dieser Arbeit wird daher auf die Mehrebenenanalyse verzichtet, da ihr Nutzen für die Identifikation von Risiken und Schutzfaktoren der Schulleistung auf *individueller* Ebene diskutabel ist. Eine Mehrebenenanalyse wäre dann eine geeignete Analysemethode, wenn die Ebene-2-Einheiten und ihre Merkmale im Fokus des inhaltlichen Interesse stehen. In den längsschnittlichen Analysen der vorliegenden Arbeit wird die Schulform als weitere Kontextvariable in die multiplen Regressionsanalysen mit einbezogen. Der hierarchische Charakter der Daten wird weiterhin berücksichtigt, indem das Alpha-Niveau der Signifikanzen in den Regressionsanalysen konservativ mit .005 gewählt wird.

7.4   Umgang mit fehlenden Werten

In empirischen Feldstudien ist es häufig der Fall, dass nach der Erhebungsphase im Datensatz aus vielfältigen Gründen Angaben fehlen (vgl. Little & Rubin, 2002). So werden z. B. manche Antworten verweigert oder ungültig beantwortet oder es fehlen

Teilnehmerinnen oder Teilnehmer einer Längsschnittstudie zu einem Messzeitpunkt. Auch in den Datensätzen der vorliegenden Arbeit fehlen Informationen bei den für die Analysen relevanten Variablen (Tabelle 38). Aus Tabelle 38 kann man sehen, wie viele fehlende Werte es in den Datensätzen für die Querschnittsanalysen im 5. und 7. Jahrgang und im Datensatz für die Längsschnittanalyse von der 5. bis zur 7. Jahrgangsstufe gibt. Der vergleichsweise hohe Anteil an fehlenden Werten bei den Persönlichkeitsmerkmalen Gewissenhaftigkeit und Stabilität kommt dadurch zustande, dass für diese Skalen nur die Elternfragebögen berücksichtigt worden sind und die Rücklaufquote bei diesen sehr viel niedriger ist als bei den Schülerfragebögen. Die Big-Five-Skalen aus den Schülerfragebögen wurden nicht berücksichtigt, da die Skalen im 5. Jahrgang nur unzureichende Reliabilitäten aufwiesen (vgl. Kapitel 7.2.3.4).

Tabelle 38: **Anteil der fehlenden Werte in Prozent für die Daten der Bremer Schulen, 5. und 7. Klassen und Längsschnitt von der 5. bis zur 7. Jahrgangstufe für die Jahre 2004 und 2006**

	5. Klasse 2004	5. Klasse 2006	7. Klasse 2004	7. Klasse 2006	Längs-schnitt
ISEI	16.4 %	13.5 %	18.5 %	16.4 %	8.1 %
Zu Hause gesprochene Sprache	28.6 %	22.8 %	38.7 %	25.9 %	10.4 %
Selbstkonzept im Fach Deutsch	35.8 %	19.6 %	18.7 %	13.2 %	7.9 %
Selbstkonzept im Fach Mathematik	31.9 %	18.6 %	16.5 %	10.8 5	5.7 %
Stabilität	35.4 %	-	44.2 %	-	34.8 %
Gewissenhaftigkeit	35.4 %	-	44.4 %	-	34.7 %
Akzeptierendes Familienklima	17.3 %	8.5%	11.1 %	7.0 %	1.9 %
Restriktives Familienklima	21.0 %	11.0 %	12.5 %	8.1 %	2.8 %
Geschlecht	0.2 %	2.7 %	1.0 %	0.5 %	0.0 %
Kognitive Fähigkeiten	2.0 %	2.2 %	2.8 %	3.4 %	6.8 %
Aspirationen der Eltern	24.0 %	24.4 %	33.4 %	26.8 %	9.8 %
Matheleistung	4.0 %	2.5 %	3.4 %	3.4 %	3.2 %
Leseleistung	4.1 5	1.5 %	3.8 %	8.8 %	7.6 %
Rechtschreibleistung	2.1 %	1.1 %	1.7 %	2.5 %	2.2 %
Vorwissen Mathe	-	-	-	-	4.0 %
Vorwissen Lesen	-	-	-	-	4.1 %
Vorwissen Rechtschreiben	-	-	-	-	2.1 %
Anzahl der untersuchten Schülerinnen und Schüler	N = 901	N = 790	N = 1195	N = 1057	N = 776

Die fehlenden Daten (vgl. Tabelle 38) erschweren die Analysen und können im Weiteren zu drei Problemen führen (vgl. Lüdtke, Robitzsch, Trautwein & Köller, 2007):

1) Aufgrund der eingeschränkten Stichprobengröße können die Parameter nicht effizient geschätzt werden.

2) Die weitere Analyse der Datensätze mit Standardverfahren gestaltet sich schwieriger, weil dort vollständige Angaben erwartet werden.

3)   Falls es systematische Unterschiede zwischen den beobachteten und den feh-
      lenden Daten gibt, kann dies zu verzerrten Parameterschätzungen führen.

Für die fehlenden Werte lassen sich nach Rubin (1976) im Wesentlichen drei Szenari-
en unterscheiden. Erstens können Werte komplett zufällig fehlen (MCAR, *Missing
Completely At Random*), zweitens können die Werte im Wesentlichen zufällig fehlen
(MAR, *Missing At Random*) und drittens können fehlen die Werte nicht zufällig fehlen
(MNAR, *Missing Not At Random*). Die Typen der fehlenden Werte werden im Fol-
genden kurz definiert.

MCAR: Das Fehlen der Daten unter der Bedingung MCAR ist weder abhängig von
den Ausprägungen der fehlenden Variablen selbst noch von den Ausprägungen anderer Variablen im Datensatz (vgl. Lüdtke et al., 2007).

MAR: Unter der Bedingung MAR gilt, wie bei MCAR, nach Einbeziehung und
Kontrolle zusätzlich beobachteter Variablen, dass das Fehlen von Informationen bei
einer Variablen nicht durch ihre oder durch die Ausprägungen anderer Variablen bestimmt wird.

MNAR: Für den Fall das Werte nicht zufällig fehlen (MNAR), lässt sich das Fehlen der Werte auf die Ausprägungen der Variablen selbst zurückführen.

In Tabelle 39 wird jeder dieser Typen von fehlenden Daten mit einem kurzen Beispiel zu fehlenden Einkommensangaben in Datensätzen illustriert.

Tabelle 39:   Beispiel für verschiedene Typen von fehlenden Daten

	MCAR (Missing Completely At Random)	**MAR** (Missing At Random)	**MNAR** (Missing Not At Random)
Beispiel: In einem Datensatz fehlen Angaben zum Einkommen	Fehlt beim Einkommen eine Angabe, hängt dies weder von der Höhe des Einkommens noch von dem Alter der entsprechenden Person oder von der Ausprägungen weiter Variablen ab.	Nach Kontrolle des Alters, des Berufs und weiterer Variablen, lässt sich die fehlende Angabe beim Einkommen nicht auf die Ausprägung des Einkommens selbst zurückführen.	Selbst wenn das Alter und der Beruf kontrolliert werden, hängt die fehlende Angabe beim Einkommen von der Ausprägung des Einkommens ab.

(angelehnt an Lüdtke et al. 2007, S. 104)

Zusammenfassend stellen Lüdtke et al. (2007) fest, das MCAR ein Spezialfall von
MAR ist, bei dem das Fehlen der Werte nicht abhängig ist von anderen Variablen oder
der nichtsichtbaren Ausprägung der fehlenden Werte. MNAR beschreibt alle Daten-
konstellationen, bei denen die MAR-Annahme nicht zutrifft.

Die Werte in den vorliegenden Datensätzen aus Bremen fehlen nicht komplett zufällig. Auf sie trifft die MCAR-Annahme nicht zu. Bei sozial benachteiligten Schülerinnen und Schülern sowie bei solchen mit Migrationshintergrund treten häufiger fehlende Werte als bei anderen Schülern auf. Mit diesen fehlenden Werten muss in den
weitern statistischen Analysen angemessen verfahren werden.

Tabelle 40: Klassische und moderne Verfahren zur Behandlung fehlender Werte

Methode	Zentrale Vorteile	Nachteile	Empfehlung
Klassische Verfahren			
Fallweiser Aus-schluss	Einfach umzusetzen; Bias der Parameter-schätzungen in vielen Fällen nur gering.	Verlust an Power durch oft erhebliche Redukti-on der Stichprobengrö-ße; es werden Informa-tionen verschenkt.	Akzeptabel, wenn nur wenige Fälle (< 5 %) ausgeschlossen werden; für explorative Analy-sen geeignet.
Paarweiser Aus-schluss	Einfach umzusetzen; nutzt vorliegende In-formationen aus.	Bias in Parameterschät-zungen; Stichproben-größe unklar; Korrelati-onsmatrix häufig nicht positiv definit.	Sollte nicht verwendet werden.
Gewichtung	Einfach umzusetzen.	Bias in den Parameter-schätzungen.	Nur in Spezialfällen zu empfehlen
Imputationsbasierte Verfahren			
Ersetzung durch Mittelwert	Einfach umzusetzen.	Bias in den Parameter-schätzungen.	Sollte nicht verwendet werden.
Hot Deck	Keine Verteilungsan-nahmen (Imputation mit Hilfe von tatsächlich auftretenden Werten).	Relativ komplizierte Be-rechnung der Standard-fehler (insbesondere bei multivariaten Analy-sen).	Nur in Spezialfällen zu empfehlen.
Multiple Imputati-on	Es können Hilfsvariab-len in das Imputations-modell aufgenommen werden.	Relativ aufwendiges Verfahren.	Wird empfohlen.
Modellbasierte Verfahren			
Indirekter ML (EM-Algorithmus)	Kovarianzmatrix ist ML-Schätzer, Hilfsvari-ablen können berück-sichtigt werden.	Bestimmung der Stich-probengröße schwierig, keine Standardfehler.	Wird bei deskriptiven Analysen empfohlen, Probleme bei der stati-schen Inferenz
Direkter ML (FIML)	Effiziente Schätzer, in Programmen für Struk-turgleichungsmodelle verfügbar, Modellschät-zung und Behandlung der fehlenden Werte in einem Schritt.	Es können nur Variab-len berücksichtigt wer-den, die auch im Analy-semodell sind (Analy-semodell = Imputations-modell).	Bietet sich vor allem bei der Verwendung von Strukturgleichungsmo-dellen an.

(Quelle: Lüdtke et al., 2007, S. 106)
Anmerkung: ML: Maximum-Likelihood. FIML: Full Information Maximum Likelihood.

Im Umgang mit fehlenden Werten existieren verschiedenen Verfahren. Zu den klassi-schen Verfahren zählen der fallweise Ausschluss, der paarweise Ausschluss und die Gewichtung der Daten (vgl. Tabelle 40). Wesentliche imputationsbasierte Verfahren, bei denen die fehlenden Werte ersetzt werden, sind die Ersetzung durch den Mittel-

wert, die Ersetzung durch Regression, das Hot Deck Verfahren und die multiple Imputation von Daten. Zu den modellbasierten Verfahren gehören unter anderem Verfahren, die auf dem Maximum-Likelihood (ML)-Verfahren beruhen. Unterschieden werden dabei das indirekte und direkte ML-Verfahren. In Tabelle 40 werden die Verfahren kurz über jeweilige Vor- und Nachteile und Verwendungsempfehlungen
beschrieben. Für den Umgang mit den fehlenden Daten in dieser Arbeit erweist sich
das multiple Imputationsverfahren als am besten geeignet. Im Weiteren wird auf eine
Beschreibung aller Verfahren verzichtet und nur auf dieses näher eingegangen. Gute
zusammenfassende Beschreibungen zum Umgang mit fehlenden Werten, in denen auf
verschiedene Verfahren eingegangen wird finden sich z. B. bei Lüdtke et al. (2007)
oder Schafer & Graham (2002).

7.4.1 Multiple Imputation

Im Gegensatz zu Verfahren wie dem fallweisen oder paarweisen Ausschluss von Fällen, die den Nachteil haben, dass weitere Analysen fehlerbehaftete Ergebnisse produzieren können, führt das Verfahren der multiplen Imputation zu guten Parameterschätzern, bei denen diese Art von Fehlern vermieden wird. Bei der Datenimputation wird
jeder fehlende Wert durch einen möglichst sinnvollen Wert ersetzt (Imputation). Die
unterschiedlichen Verfahren unterscheiden sich durch den Umfang und die Art der Informationen, die für die Ersetzung genutzt werden und ob die Ersetzung einfach (Sin-
gle Imputation) oder mehrfach (Multiple Imputation) durchgeführt wird (Schafer &
Graham, 2002).

Das Verfahren der multiplen Imputation (MI-Verfahren) besteht aus drei getrennt
durchzuführenden Schritten (Rubin, 1987). In einem ersten Schritt werden für jeden
fehlenden Wert unter Einbezug der im Datensatz vorhandenen Informationen mehrere
Ersetzungen vorgenommen und dementsprechend mehrere vollständige Datensätze
generiert. Im zweiten Schritt werden die statistischen Analysen, wie z. B. Regressionsanalysen, für jeden der vollständigen Datensätze durchgeführt. Im dritten Schritt werden schließlich die Ergebnisse der getrennt durchgeführten Analysen unter Berücksichtigung der Unsicherheiten die sich durch die Imputation ergeben, zusammengefasst ausgewertet. Das Imputationsmodell (erster Schritt) ist also vom Analysemodell
(zweiter Schritt) getrennt und hiervon wird wiederum separat die statistische Inferenz
(dritter Schritt) berechnet.

Nach Rubins (1987) Verfahren werden die so genannten plausiblen Werte durch
das bayesianische MI-Verfahren erzeugt. Hierbei wird eine bedingte Verteilung

$$P(Y_{mis} | Y_{beob}, \theta)$$

der fehlenden Werte, unter Annahme der beobachteten Werte und des parametrischen
Modells mit Parametervektor θ, bestimmt. Aus dieser Verteilung werden dann die Imputationen für die fehlenden Werte gezogen. Die Parameter der bedingten Verteilung θ
werden für jede Imputation neu bestimmt. Man spricht von einem bayesianischen MI-

Verfahren, weil die Parameter dieser Verteilung nicht als feste Werte, sondern als eine Zufallsvariable angesehen werden (Gelman, Carlin, Stern & Rubin, 2003).

Für die MI wird ein Modell zu Grunde gelegt, in dem die gemeinsame Verteilung von beobachteten und fehlenden Werten beschrieben wird (Lüdtke et al., 2007). Dabei wird für den zu erstellenden vollständigen Datensatz in der Regel angenommen, dass die Daten multivariat normalverteilt sind. Der Parametervektor θ schließt bei dieser Annahme die Mittelwerte, Varianzen und Kovarianzen der im Imputationsmodell berücksichtigten Variablen ein. In das Modell können und sollten dabei auch Hilfsvariablen (*Auxilary Variables*) mit einbezogen werden, die im späteren Analysemodell nicht relevant sind. Die Hilfsvariablen bedingen den Ausfallprozess von Werten oder korrelieren mit den Variablen, die in die spätere Analyse einbezogen werden. Sie enthalten wichtige Informationen, die dazu führen können, dass für die fehlenden Werte die Bedingung MAR gilt.

Die zusätzliche Einbeziehung von Hilfsvariablen führt zu einer verbesserten Parameterschätzung, bei der das Imputationsmodell effizienter wird und der Bias in den Daten (Unterschiede zwischen der Gruppe mit fehlenden Werten und der Gruppe in denen Angaben gemacht wurden) sich verringert. Durch die Reduzierung des Bias gilt für die fehlenden Werte dann MAR. Dies wird durch Befunde aus Simulationsstudien von Collins, Schafer und Kam (2001) bestätigt. Wenn in ihren Studien eine Hilfsvariable in das Imputationsmodell aufgenommen wurde, die für den Ausfallprozess eine Rolle spielt, dann erhöhte sich die Effizienz und der Bias in den Daten wurde reduziert. Wurden Variablen im Imputationsmodell berücksichtigt, die keinen Effekt auf das Fehlen der Werte hatten und auch nicht mit Ausprägungen der fehlenden Variablen korreliert waren, dann verschlechterten sich dadurch die Parameterschätzungen im Modell nicht. Collins et al. (2001) kommen zu dem Schluss, dass für die Einbeziehung von Hilfsvariablen gilt, dass sie sich im schlimmsten Fall neutral und im besten Fall äußerst positiv auswirkt.

Führt man konkret ein multiples Imputationsverfahren durch, dann wird anhand der beobachteten Werte Y_{beob} und des Parameters θ die bedingte Verteilung

$$P(Y_{mis}|Y_{beob},\theta)$$

bestimmt. Aus dieser Verteilung werden dann *m* multiple Imputationen

$$Y_{mis}^{(1)},...,Y_{mis}^{(m)}$$

für die fehlenden Beobachtungen gezogen. Aus einem ursprünglich unvollständigen Datensatz entstehen nun *m* vollständige Datensätze

$$(Y_{beob},Y_{mis}^{(1)}),...,(Y_{beob},Y_{mis}^{(m)})$$

mit jeweils unterschiedlichen Imputationen für die fehlenden Werte. Die bedingte Verteilung

$$P(Y_{mis}|Y_{beob},\theta)$$

ist sehr komplex und lässt sich nur in Spezialfällen in mathematisch geschlossener Form darstellen (Lüdtke et al., 2007). Daher wird beim MI-Verfahren auf das computerintensive simulative *Markov-Chain-Monte-Carlo* (MCMC)-Verfahren zurückgegriffen. Dabei wird eine Verteilung generiert, die gegen die bedingte Verteilung $P(Y_{mis}|Y_{beob}, \theta)$ konvergiert und zwischen zwei Schritten iteriert (vgl. Gelman et al., 2003; Schafer, 1997). Zunächst werden unter Annahme des Parameterschätzers θ und der tatsächlich beobachteten Werte Y_{beob} die fehlenden Werte Y_{mis} der bedingen Verteilung $P(Y_{mis}|Y_{beob}, \theta)$ bestimmt. Der daraus resultierende vervollständigte Datensatz bildet die Grundlage für die neue Schätzung des Parametervektors θ. Mit diesem wird dann das Iterationsverfahren fortgesetzt. Dieser Prozess durchläuft anfangs eine bestimmte Anzahl von Iterationsschritten, die auch als *Burn-in-Period* bezeichnet werden, nach denen der erste vollständige Datensatz abgespeichert wird. Insgesamt wird das Verfahren dabei *m*-mal durchgeführt, so dass *m* vollständige Datensätze resultieren, die mit Standardverfahren analysiert werden können. Diese Umsetzung des MCMC-Verfahrens bezeichnet man auch als *Data Augmentation* (vgl. Tanner & Wong, 1987).

In der vorliegenden Arbeit wurde für den Umgang mit fehlenden Werten mit dem iterativen *EM-Algorithmus* gearbeitet. Diese Bezeichnung EM ergibt sich daraus, dass jede Iteration des Algorithmus aus zwei Schritten besteht, dem *expectation step* und dem *maximization step* (Dempster, Laird & Rubin, 1977). Im expectation step werden zunächst die fehlenden Werte einer Variablen durch die vorhergesagten Werte einer Regression ersetzt. Dabei ist jede der *k* Variablen einmal eine abhängige und (*k*-1)-mal eine unabhängige Variable (Lüdtke et al., 2007). Zusätzlich wird ein Fehler bei der Ersetzung der fehlenden Werte hinzugefügt, um zu gewährleisten, dass zwischen den Variablen keine deterministische Beziehung besteht. Eine solche würde dazu führen, dass die Varianz im vervollständigten Datensatz unterschätzt wird. Dieses Problem tritt auf, wenn fehlende Werte lediglich mit einer *multiplen Regression* geschätzt werden. Beim EM-Algorithmus kommt hingegen die *Stochastic Regression Imputation* (stochastische Imputation) zur Anwendung, bei der auch aus den Regressionsresiduen ein Fehlerwert gezogen oder simuliert wird (Little & Rubin, 2002). Nach dem *expectation step* liegt als Grundlage, für den *maximization step* ein vollständiger Datensatz vor. In diesem Schritt werden ausgewählte Parameter, wie z. B. Mittelwerte und Kovarianzen berechnet, indem sie durch die Maximierung der Likelihoodfunktion auf der Basis des imputieren, Datensatzes geschätzt werden. Mit den geschätzten Parametern werden dann wieder im nächsten *expectation step* Imputationen für die fehlenden Werte erzeugt. Dies wird so lange wiederholt, bis der EM-Algorithmus konvergiert. Das ist dann der Fall, wenn sich bei wiederholter Ausführung der expectation und maximization steps die Parameterwerte nicht mehr wesentlich verändern. Im Allgemeinen lässt sich feststellen, dass ein EM-Algorithmus schneller mit zunehmenden Informationen in den beobachteten Daten konvergiert (Little & Rubin, 2002). Die Informationen setzen sich dabei aus dem Anteil der fehlenden Werte sowie der Stärke der Beziehungen zwischen den berücksichtigten Variablen zusammen. Im EM-Algorithmus werden

Probleme mit fehlenden Daten also behandelt, indem sich zwei Analysemethoden für vollständige Daten abwechseln:

a) *expectation step*: Regression zur Imputation der fehlenden Werte,
b) *maximization Stepp*: Maximierung der Likelihood zur Schätzung der Parameter.

In der vorliegenden Arbeit wurden die fehlenden Daten mit dem kostenfreien Programm NORM 2.03 imputiert.[16] Dieses Programm baut auf dem EM-Algorithmus auf. In der Bremer EIKA-Studie werden 5 Datensätze analysiert, in allen fehlen sowohl für die abhängigen Variablen wie auch für die unabhängigen Variablen Werte. Zentrale abhängige Variablen sind die Leistungsergebnisse in Lesen, Rechtschreiben und Mathematik und die besuchte Schulform. Die unabhängigen Variablen bestehen aus den Determinanten der Schulleistung, die weiter in Risiken und schützende Faktoren aufgegliedert werden. Zur Ersetzung der fehlenden Werte wurde das MI-Verfahren nach Rubin (1987) angewendet.

Bei der Durchführung der MIs wurden zwei Gruppen von Variablen im Imputationsmodell berücksichtigt. Erstens wurden die Untersuchungsvariablen, wie z. B. die Leistungsergebnisse, die kognitiven Fähigkeiten der Schülerinnen und Schüler oder die Bildungsaspirationen der Eltern in die Modelle einbezogen. Zweitens wurde eine Reihe von Hilfsvariablen berücksichtigt, die entweder mit dem Ausfallprozess der Variablen in Beziehung standen (z. B. der Bildungsgrad der Eltern oder der Migrationsstatus) oder sich dadurch auszeichneten, dass sie mit den Untersuchungsvariablen korrelierten (z. B. die Klassenstufe). In Norm wird für die Variablen im Imputationsmodell eine multivariate Normalverteilung angenommen. Nach Schafer (1997) ist es aber vertretbar, wenn einige Variablen nur dichotome Informationen bereitstellen. Die Annahme der multivariaten Normalverteilung bezieht sich lediglich auf die Variablen mit fehlenden Werten. Bei Variablen ohne fehlende Werte braucht man nur von einer bedingten multivariaten Normalverteilung ausgehen. Liegen z. B. beim Geschlecht alle Angaben vor, und wird es in das Imputationsmodell aufgenommen, so sollte eine nach dem Geschlecht bedingte multivariate Normalverteilung für die übrigen Variablen im Imputationsmodell vorliegen (vgl. Lüdtke et al., 2007).

In NORM werden die Ausgangswerte (Mittelwerte, Varianzen und Kovarianzen) für die multiple Imputation mit dem EM-Algorithmus bestimmt. In allen vorliegenden Datensätzen konvergierte der EM-Algorithmus in weniger als 50 Iterationen. Nach Schafer (1997) ist Konvergenzverhalten des EM-Algorithmus von diagnostischem Wert für die danach durchzuführende multiple Imputation. Konvergiert der EM-Algorithmus nach einer geringen Anzahl von Iterationen, konvergiert erwartungsgemäß auch der MCMC-Algorithmus. Gemessen an den fehlenden Werten und der Größe der Datensätze ist die Konvergenz nach weniger als 50 Iterationen gut. Für die mul-

---

16 Neben NORM existieren weitere Programme zur Behandlung von fehlenden Werten. Übersichten hierzu finden sich bei Allison (2001), Horton und Lipsitz (2001), Hox (1999) sowie Schafer und Graham (2002).

tiple Imputation ist die Konvergenz des EM-Algorithmus bedeutsam, da es für den
MCMC-Algorithmus selber keine eindeutigen Kriterien gibt, an denen seine Konvergenz festgemacht werden kann. Um zu gewährleisten, dass der MI-Algorithmus auch
tatsächlich konvergiert, wurden als so genannte „burn-in"-Phase (Lüdtke et al.,
2007) 1000 Iterationen festgelegt, auf die 4000 Iterationen folgten. Im Abstand von jeweils
1000 Iterationen wurden dann die Imputationen gespeichert. Insgesamt wurden also
fünf vollständige Imputationsdatensätze erzeugt, in denen die fehlenden Werte jeweils
ersetzt wurden. Fünf Imputationen sind Rubin (1987) zufolge für eine effiziente Schätzung ausreichend, wenn im Datensatz nur ein moderater Datenausfall vorliegt.

Die Mittelwerts- und Regressionsanalysen im Ergebnisteil (Kapitel 8) wurden jeweils fünfmal gerechnet. Für eine Schätzung der Populationsmittelwert bzw. Beta-
Koeffizienten und Standardfehler über jeweils alle fünf Analysen hinweg müssen die
Werte nach Formeln von Rubin (1987) zu einem gemeinsamen Schätzer kombiniert
werden. Die Formeln sind für die allgemeine Schätzung von Populationsparametern
wie z. B. dem Regressionskoeffizienten $\overline{Q}$ und dem entsprechenden Standardfehler
$\sqrt{U}$ abgefasst und werden im Folgenden kurz beschrieben. Für die Bestimmung eines
Beta-Koeffizienten wird der Mittelwert über die fünf imputierten Datensätze gebildet:

$$\overline{Q} = \frac{1}{5} \sum_{i=1}^{5} \hat{Q}^{(i)}$$

Die Berechung der Standardfehler gestaltet sich etwas komplizierter. Hierbei müssen
zwei Variationsursachen beachtet werden. Zum einen gibt es bei den Daten Varianz
innerhalb der Datensätze, zum anderen liegt Varianz der Parameterschätzer zwischen
den imputierten Datensätzen vor. Die *Varianz innerhalb der Imputationen* $\overline{U}$ ergibt
sich aus dem Mittelwert über die fünf quadrierten Standardfehler:

$$\overline{U} = \frac{1}{5} \sum_{i=1}^{5} \hat{U}^{(i)}$$

Bei der Berechnung der *Varianz zwischen den Imputationen* B wird berechnet, wie
stark die Schätzungen jeweils zwischen den fünf imputierten Datensätzen voneinander
abweichen:

$$B = \frac{1}{5} \sum_{i=1}^{5} (\hat{Q}^{(i)} - \overline{Q})^2$$

Aus den beiden Varianzquellen lässt sich nun die Varianz T der Parameterschätzung
bestimmen:

$$T = \overline{U} + \left(1 + \frac{1}{5}\right) B$$

Wird in einem weiteren Schritt die Wurzel aus T gezogen, erhält man den Standardfehler.

Zusammenfassend seien hier noch mal die wichtigsten Vorteile des multiplen Imputationsverfahrens gegenüber einem fallweisen Ausschluss genannt. Erstens wird eine höhere Effizienz beide der Schätzung der Parameter erreicht. Zweitens kann durch die Berücksichtigung von Hilfsvariablen im Imputationsmodell eine durch einen selektiven Stichprobenausfall bedingter Bias korrigiert werden.

Im Gegensatz zu Verfahren wie dem fallweisen oder paarweisen Ausschluss von Fällen, die den Nachteil haben, dass weitere Analysen fehlerbehaftete Ergebnisse produzieren können, führt das Verfahren der multiplen Imputation zu guten Parameterschätzern, bei denen diese Art von Fehlern nicht auftritt. Bedingung für die multiple Imputation ist, dass fehlende Werte zufällig zustande gekommen sind. Aber selbst bei einer leichten Verletzung dieser Annahme führt das Verfahren der multiplen Imputation noch zu vergleichsweise validen Parameterschätzungen (vgl. Collins, Schafer & Kam, 2001). Bei denen aber Schätzverluste auftreten, die bei den Streuungsmaßen berücksichtigt werden müssen. Weiterführende Informationen zu Imputationsverfahren geben z. B. Graham et al. (2003), Peugh und Enders (2004), Durrant (2005), Schafer und Graham (2002) sowie in einer übersichtlichen Zusammenfassung Lüdtke, Robitzsch, Trautwein und Köller (2007).

7.5 Verfahren: Multiple Regressionsanalyse und logistische Regressionsanalyse

Die Analyse des Effektes von Risiko- und Schutzfaktoren auf die Schulkarriere erfolgt mithilfe multipler linearer und logistischer Regressionsmodelle.

Bei Analysen, die sich auf die Leistungsdaten beziehen, wird das bekannte Verfahren der *multiplen linearen Regressionsanalyse* verwendet, bei dem vorausgesetzt wird, dass die abhängige Variable kontinuierlich ist (Bortz, 2005; Sedlmeier & Renkewitz, 2008; Backhaus, Erichson, Plinke & Weiber, 2008). Die Prädiktoren werden in die Regressionen nacheinander schrittweise eingefügt. Die einzelnen Regressionsschritte werden manuell festgelegt. Somit können die verschiedenen quer- und längsschnittlichen Regressionsanalysen vergleichend interpretiert werden.

Im Gegensatz dazu werden für die Analyse der Wahrscheinlichkeiten der Zugehörigkeit zum Gymnasium multiple binäre logistische Regressionsanalysen gerechnet. Bei logistischen Regressionsanalysen kann das Kriterium binär (zwei Ausprägungen) oder multinominal (mehr als zwei Ausprägungen) beschaffen sein. In der vorliegenden Arbeit ist die Zugehörigkeit zum Gymnasium binär kodiert. Im Weiteren wird deshalb die binäre logistische Regression beschrieben.

Im Unterschied zur linearen Regression wird in der binären logistischen Regression die Eintrittswahrscheinlichkeit der gewählten Ausprägung des Kriteriums geschätzt und nicht die Höhe des Kriteriums an sich (Backhaus et al., 2008). Die logistische Regressionsanalyse kann immer dann eingesetzt werden, wenn es darum geht, Gruppenunterschiede zu erklären oder Gruppenzugehörigkeiten zu prognostizieren. Mit ihr lassen sich in dieser Arbeit die Chancenverhältnisse für die Zugehörigkeit zum Gymnasium für bestimmte Untergruppen bei Kontrolle von weiteren Variablen bestimmen. Dieses Verfahren wird im Folgenden dargestellt.

Ausgangspunkt bei der logistischen Regression ist die statistische Beurteilung des Zusammenhangs zwischen einer nominalskalierten, dichotomen Variable Y und mindestens einer unabhängigen Variablen. Bei der einfachen logistischen Regression wird die abhängige Variable mit 0 und 1 kodiert. Solche dichotomen Variablen können dahingehend interpretiert werden, dass das Eintreten bzw. Nichteintreten eines bestimmten Ereignisses mit ihnen erfasst wird (vgl. z. B. Bortz, 2005). Grundsätzlich gibt es für dichotome Variablen nur zwei mögliche, sich *ausschließende* Ausprägungen, die ein Merkmal *erschöpfend* beschreiben müssen und die allgemein mit *Ereignis findet statt* ($Y = 1$) bzw. *Ereignis findet nicht statt* ($Y = 0$) benannt werden können (vgl. Bortz & Döring, 2006). In dieser Arbeit liegt der Übergang von der Primarstufe in ein Gymnasium in dichotomer Form vor. Schülerinnen und Schüler, die ein Gymnasium besuchen, haben bei Y die Ausprägung 1, solche, die kein Gymnasium besuchen, die Ausprägung 0. Die Eintrittswahrscheinlichkeiten P für Übertritt bzw. Nichtübertritt in ein Gymnasium stehen in folgender Beziehung:

$$P(y = 0) + P(y = 1) = 1$$

Mit der *binären logistischen Regression* wird die *Wahrscheinlichkeit* eines Übertritts in das Gymnasium in Abhängigkeit von den Werten der unabhängigen Variablen (Ressourcen, schützende Faktoren und Risiken) berechnet (vgl. Backhaus et al., 2008). Um diese Wahrscheinlichkeit bestimmen zu können, wird die Existenz einer nicht empirisch beobachtbaren Variablen „Z" unterstellt, welche die binäre Ausprägung des Kriteriums (Besuch eines Gymnasiums) in Abhängigkeit der Ausprägungen der Prädiktoren des Gymnasialbesuchs erzeugen kann (vgl. Backhaus et al., 2008). Für einen Beobachtungsfall k (eine Schülerin/ein Schüler der 5. Klasse) kann dieser Zusammenhang formal wie folgt formuliert werden:

$$y_k = 1 \; \textit{falls } z_k > 0$$
$$y_k = 0 \; \textit{falls } z_k \leq 0$$

$$\text{mit: } z_k = \beta_0 + \sum_{j=1}^{J} \beta_j \cdot x_{jk} + u_{jk} \tag{1}$$

Über die latente Variable Z wird die Verbindung zwischen dem Kriterium Gymnasialbesuch und den beobachteten Prädiktoren X_j hergestellt (vgl. Backhaus et al., 2008). Die Variable Z wird dabei als aggregierte Einflussstärke der Prädiktoren interpretiert, die dazu führen, dass ein Kind ein Gymnasium besucht. Die verschiedenen Einflussgrößen erzeugen durch eine *Linearkombination* die Variable Z, mit der in dieser Form aber keine Wahrscheinlichkeitsaussage möglich ist (vgl. Backhaus et al., 2008). Um diese Aussage treffen zu können, bedarf es einer Wahrscheinlichkeitsfunktion, mit der über die Variable Z das Ereignis Gymnasialbesuch bzw. Besuch einer anderen Schulform erzeugt wird. In der logistischen Regression wird dabei auf die so genannte *logistische Funktion (p)* zurückgegriffen (vgl. Backhaus et al., 2008):

$$p = \frac{e^z}{1+e^z} \text{ bzw. } p = \frac{1}{1+e^{-z}} \tag{2}$$

mit: e = 2,718 (Euler'sche Zahl)

Mit dem logistischen Regressionsansatz wird nun unter Verwendung der logistischen Funktion die Wahrscheinlichkeit für den Gymnasialbesuch bestimmt. Der Parameter β_0 und die Regressionskoeffizienten β_j geben die Einflussstärke des jeweils betrachteten bildungsgangsrelevanten Prädiktors X_j auf die Höhe der Wahrscheinlichkeit eines Gymnasialbesuchs P(y=1) wieder. Die logistische Funktion stellt eine Wahrscheinlichkeitsbeziehung zwischen dem Ereignis y=1 (Besuch eines Gymnasiums) und den Prädiktoren her. Sie wird deswegen auch als *Linking-Function* bezeichnet und unter Beachtung der Gleichungen (1) und (2) wie folgt definiert (vgl. Backhaus et al., 2008):

$$p_k(y=1) = \frac{1}{1+e^{-z_k}} \tag{3}$$

mit: $z_k = \beta_0 + \sum_{j=1}^{J} \beta_j \cdot x_{jk} + u_k$

Die z-Werte werden auch als *Logits* bezeichnet (vgl. Backhaus et al., 2008). Das Kürzel u_k steht für einen konstanten Wert.

Abbildung 24:   Verlauf der logistischen Funktion

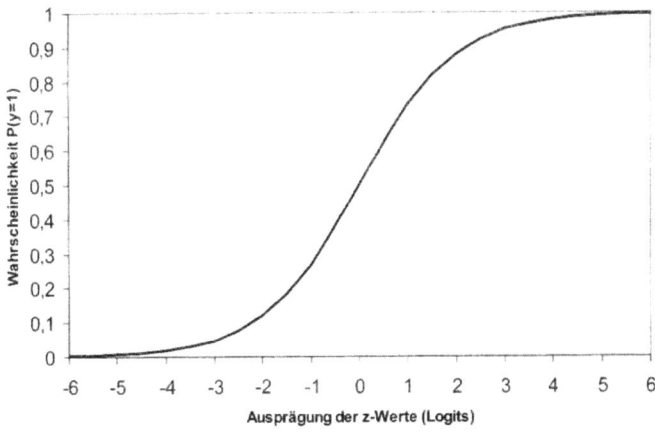

(aus Backhaus et al., 2008)

Die über die logistische Funktion erzeugte Wahrscheinlichkeitsverteilung für das Ereignis Y verläuft s-förmig. Sie hat die Eigenschaft, dass selbst für unendlich kleine oder unendlich große Werte von Z(X) die Wahrscheinlichkeiten für das Ereignis y=1 immer zwischen 0 und 1 liegen (vgl. Backhaus et al., 2008). Eine weitere Eigenschaft der Funktion ist ihre symmetrische Anordnung um den Wendepunkt P(y = 1) = 0,5. In Abbildung 24 ist der Verlauf der logistischen Regression für z-Werte im Bereich von -6 bis +6 dargestellt.

Die Modellprämisse bei der logistischen Regression ist die Unterstellung eines *nichtlinearen* Zusammenhangs zwischen der Eintrittswahrscheinlichkeit für das binäre Kriterium (Besuch eines Gymnasiums) und den Prädiktoren (vgl. Backhaus et al., 2008). Das Zustandekommen der aggregierten Einflussstärke Z im Exponenten der Linking-Funktion wird hingegen als *linear* unterstellt (vgl. Gleichung 3).

Abbildung 25: **Grundlegende Zusammenhänge zwischen den Betrachtungsgrößen der logistischen Regression**

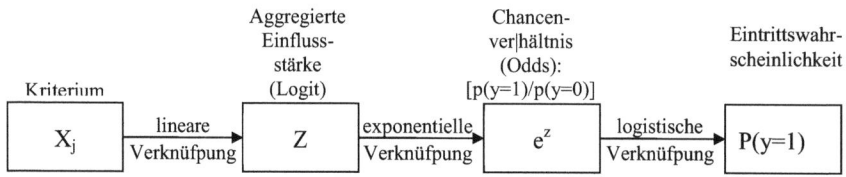

(nach Backhaus et al., 2008)

7.5.1 Interpretation der logistischen Regressionskoeffizienten

Die direkte inhaltliche Interpretation der logistischen Regressionskoeffizienten gestaltet sich schwierig, da kein linearer Zusammenhang zwischen den Kriterien X_j und den über die logistische Funktion berechneten Wahrscheinlichkeiten für einen Gymnasialbesuch $p_k(y = 1)$ besteht. Die unabhängigen Variablen bestimmen den Exponenten der e-Funktion (vgl. Gleichung 2). Sie nehmen damit, vermittelt über die Wahrscheinlichkeitsberechnung in nichtlinearer Form, Einfluss auf die Bestimmung der Eintrittswahrscheinlichkeit für das Ereignis y=1 (vgl. Backhaus et al., 2008). Die Regressionskoeffizienten sind damit weder untereinander vergleichbar, noch ist die Wirkung der Prädiktoren über die gesamte Breite ihrer Ausprägungen gleichbleibend. Das hat zur Konsequenz, dass eine (lineare) Interpretation der Schätzergebnisse in der Form, dass die Verbesserung des fachlichen Selbstkonzepts um eine Einheit die Wahrscheinlichkeit, auf ein Gymnasium überzutreten, in der Höhe des Regressionskoeffizienten erhöht, *nicht* möglich ist (vgl. Backhaus et al., 2008).

Einfacher gelingt die Interpretation der Ergebnisse der logistischen Regression, wenn nicht die Eintrittswahrscheinlichkeit P(y = 1), sondern ihr Verhältnis zur Gegenwahrscheinlichkeit 1-P(y = 1) betrachtet wird. Mit diesem Wahrscheinlichkeitsverhältnis wird die Chance (*odd*) wiedergegeben, das Ereignis *Übertritt in ein Gymnasi-*

um y = 1 im Vergleich zum Ereignis *Übertritt in eine andere Schulform y = 0* zu erhalten:

$$Odds(y=1) = \frac{p(y=1)}{1 - p(Y=1)}$$

Formel 1: **Odds der logistischen Regression:**

Die Odds entwickeln sich gemäß der e-Funktion mit dem Exponenten Z (b_0).

Die Ähnlichkeit der logistischen Regression zur *Regressionsanalyse* besteht darin, dass über einen Regressionsansatz die Gewichte bestimmt werden, mit denen die betrachteten Prädiktoren (z. B. kognitive Fähigkeiten oder fachliche Fähigkeitsselbstkonzepte) die Wahrscheinlichkeit dafür beeinflussen, dass ein Kind nach Beendigung der Grundschule in ein Gymnasium übertritt. Damit ist unmittelbar auch die Wahrscheinlichkeit verbunden, dass in eine andere Schulform hinüber gewechselt wird (*Wahrscheinlichkeit, dass eine andere Schule als ein Gymnasium besucht wird = 1 – Wahrscheinlichkeit, dass ein Gymnasium besucht wird*). Der zentrale Unterschied zur linearen Regressionsanalyse besteht im Kriterium, welches nicht metrisch skaliert ist, sondern ein nominales Skalenniveau aufweist (vgl. Backhaus et al., 2008). Während die klassische Regressionsanalyse darauf abzielen würde, den empirischen Beobachtungswert „Besuch eines Gymnasiums" zu erheben, zielt die logistische Regression auf die Ableitung der Eintrittswahrscheinlichkeit für das empirisch beobachtete Ereignis „Besuch eines Gymnasiums" ab.

Wie die Regressionsanalyse zählt die logistische Regression zur Klasse der *strukturen-prüfenden Verfahren* (Backhaus et al., 2008). In der logistischen Regression kann dabei mit unterschiedlichen Skalenniveaus gearbeitet werden. Als Prädiktoren können kategoriale und metrische Variablen in die Analyse einbezogen werden. Während bei einem metrisch skalierten Prädiktor nur ein Koeffizient geschätzt wird, der die Stärke des Effektes auf das Kriterium angibt, werden kategoriale Variablen dichotomisiert und für jede dieser so genannten *Dummy-Variablen* ein eigenständiger Koeffizient geschätzt (Backhaus et al., 2008). Durch die Analyse wird der Zusammenhang zwischen der Veränderung der für die Schulkarriere relevanten Prädiktoren und der Wahrscheinlichkeit, ein Gymnasium zu besuchen, ermittelt.

Im Gegensatz zur linearen Regressionsanalyse ist es bei der logistischen Regressionsanalyse nicht möglich, einen multiplen Regressionskoeffizienten (R^2) zu berechnen, der Auskunft über die aufgeklärte Varianz der abhängigen Variable gibt. Es kann aber ein Pseudo-R^2 berechnet werden, welches als Maß für die *Devianzreduktion*[17] Auskunft über die Modellgüte gibt. Bei dem von McFadden (1974; 1979) entwickelten Verfahren werden zwei Logitmodelle miteinander verglichen. Ein Nullmodell, in dem

---

17 Die „Devianzreduktion" in Logitmodellen ist statistisch anders definiert als der „Anteil erklärter Varianz" in linearen Regressionen, lässt sich aber in ähnlicher Weise als Maßzahl der Erklärungskraft verwenden. In beiden Fällen gibt ein Prozentwert die Verbesserung der Modellgüte an, die durch die Einbeziehung einer unabhängigen Variablen erzielt wird.

nur die Regressionskonstante berücksichtigt wird, wird mit einem erweiterten Modell mit den unabhängigen Variablen verglichen.

McFaddens Pseudo-R^2 ist ein relatives Gütemaß, welches die relative Verbesserung eines Modells gegenüber dem Nullmodell angibt. Das Pseudo-R^2 nach McFadden wird nach folgender Formel berechnet:

$$\text{McFaddens Pseudo-R}^2 = 1 - \frac{-2\ln L_1}{-2\ln L_0} = 1 - \frac{\ln L_1}{\ln L_0}$$

$-2\ln L_0$ = logarithmierte Maximum-Likelihood-Schätzungen für das Nullmodell
$-2\ln L_1$ = logarithmierte Maximum-Likelihood-Schätzungen für das Modell mit unabhängigen Variablen

McFaddens Pseudo-R^2 weist wie das R^2 in der linearen Regression einen Wertebereich von 0 bis 1 auf. Die Interpretation erfolgt daher analog wie beim bekannten Determinationskoeffizienten R^2 der linearen Regression. Aus dem Wert, den der Determinationskoeffizient R^2 in einer linearen Regression aufweist, lässt sich ablesen, wie hoch der Anteil der aufgeklärten Varianz für ein Kriterium durch einen oder mehrere Prädiktoren ist. Wird beispielsweise die Matheleistung durch die kognitiven Fähigkeiten vorhergesagt und in der Regressionsanalyse ergibt sich ein von $R^2 = .40$, dann bedeutet dies, dass 40 Prozent der Varianz der Matheleistungen durch die kognitiven Fähigkeiten aufgeklärt werden (vgl. Sedlmeier & Renkewitz, 2008).

8 Ergebnisse – Schützende Faktoren des Schulerfolgs

In den folgenden Kapiteln werden die Ergebnisse der Analysen dargestellt, die durchgeführt wurden, um das in Kapitel 0 dargestellte Modell für den Schulerfolg zu überprüfen. Der Schulerfolg wird über die Leistungsergebnisse in Lesen, Rechtschreiben und Mathematik sowie über den besuchten Bildungsgang definiert. Im Weiteren wird davon ausgegangen, dass sich unter den Determinanten der Schulleistung die in Kapitel 5 beschriebenen Schutzfaktoren finden lassen. In Übereinstimmung mit Laucht (1999) wird angenommen, dass die meisten Schutzfaktoren sowohl als Ressourcen fungieren als auch in der Interaktion mit Risikofaktoren ihre Wirkung entfalten. In den Regressionsmodellen der vorliegenden Arbeit wird als Risikofaktor ein benachteiligender sozialer Hintergrund untersucht. Dieser Hintergrund wird definiert über die Merkmale

- höchster ISEI in der Familie,
- überwiegend zu Hause gesprochene Sprache ist eine andere Sprache als Deutsch.

Die Risikofaktoren werden so rekodiert, dass sich ein negativer Zusammenhang zwischen ihnen und der Schulleistung bzw. der Zugehörigkeit zum Gymnasium ergibt. Als Bedingungsfaktoren für den Schulerfolg werden die Umweltmerkmale in der Familie in die Regression einbezogen:

- Restriktives Familienklima
- Akzeptierendes Familienklima
- Bildungsaspirationen der Eltern

Als Determinanten des Schulerfolgs, die in der Persönlichkeit des Kindes liegen, werden einbezogen:

- Geschlecht
- Kognitive Fähigkeiten
- Gewissenhaftigkeit
- Stabilität

Schließlich werden noch die Interaktionen zwischen Risiken und Determinaten bzw. Risiken und schützenden Faktoren berücksichtigt:

- Restriktives Familienklima x höchster ISEI in der Familie
- Restriktives Familienklima x Umgangssprache zu Hause
- Akzeptierendes Familienklima x höchster ISEI in der Familie
- Akzeptierendes Familienklima x Umgangssprache zu Hause
- Geschlecht x höchster ISEI in der Familie
- Geschlecht x Umgangssprache zu Hause
- Kognitive Fähigkeiten x höchster ISEI in der Familie
- Kognitive Fähigkeiten x Umgangssprache zu Hause

- Gewissenhaftigkeit x höchster ISEI in der Familie
- Gewissenhaftigkeit x Umgangssprache zu Hause
- Stabilität x höchster ISEI in der Familie
- Stabilität x Umgangssprache zu Hause
- Bildungsaspirationen der Eltern x höchster ISEI in der Familie
- Bildungsaspirationen der Eltern x Umgangssprache zu Hause

In allen folgenden Analysen werden die Haupteffekte in den Regressionsmodellen in ihrer Wirkung auf den Schulerfolg als Risiken, schützende Faktoren und Prädiktoren beschrieben. Anschließend wird auf die Interaktionseffekte näher eingegangen. Die gesamte Analyse ist in vier Schritte aufgeteilt und wird nach diesen Schritten gegliedert dargestellt:

- Analyseschritt 1: Soziale und migrationsbedingte Disparitäten bei den Leistungen am Ende der Grundschule
- Analyseschritt 2: Soziale und migrationsbedingte Disparitäten beim Übergang von der Grundschule in die Sekundarstufe I
- Analyseschritt 3: Replikation der Befunde aus dem ersten Analyseschritt in den 7. Jahrgangsstufen
- Analyseschritt 4: Längsschnittanalysen von der 5. zur 7. Jahrgangsstufe (2004–2006)

Jedem einzelnen Analyseschritt wird die jeweilige Fragestellung nochmals vorangestellt.

8.1 Analyseschritt 1: Soziale und migrationsbedingte Disparitäten bei den Leistungen am Ende der Grundschule

Die Fragestellung für den ersten Analyseschritt lautet: Inwiefern wirken Risiken und protektive Faktoren auf den Schulerfolg bzw. die Leistungen am Ende der Grundschule? Nachfolgend werden die Regressionsanalysen für die Leistungen in Lesen, Rechtschreiben und Mathematik zu Beginn der 5. Jahrgangsstufen der Jahre 2004 und 2006 dargestellt. Die Schulform (Gymnasium vs. kein Gymnasium) wird in den Analysen in den 5. Jahrgangsstufen nicht berücksichtigt, da der Übertritt aus der Primarstufe kurz zuvor stattgefunden hat und sich starke bildungsgangspezifische Effekte noch nicht entwickelt haben können.

*8.1.1 Soziale und migrationsbedingte Disparitäten bei den Leseleistungen 2004
und 2006*

8.1.1.1 Ergebnisse der Regressionsanalyse in der 5. Jahrgangstufe zur Leseleistung
im Jahr 2004

Um den Effekt der Risiken darzustellen, werden im ersten Regressionsschritt zur Vorhersage der Leseleistung am Anfang der 5. Klasse im Jahr 2004 als Risiken ein niedriger sozioökonomischer Status (SES), gemessen über den ISEI der Eltern und eine andere in Familie gesprochene Umgangssprache als Deutsch, einbezogen (vgl. Tabelle 42). Die standardisierten Beta-Koeffizienten (β) zeigen im ersten Regressionsschritt einen negativen Effekt auf die Leseleistung (ISEI: $\beta = -.18$; Umgangssprache im Elternhaus: $\beta = -.38$). Je schwächer der soziale Hintergrund ist, desto schlechter sind die Leseleistungen. Gleiches gilt für die zu Hause gesprochene Sprache. Insgesamt erklärt das Anfangsmodell 16 Prozent ($R^2 = .16$) der Varianz. Werden weitere Prädiktoren einbezogen, verändert sich der Effekt durch die Umgangssprache im Elternhaus nur geringfügig, während der Effekt des Sozialstatus deutlich absinkt und nicht mehr signifikant wird.

Nach Berücksichtigung der kognitiven Fähigkeiten (Tabelle 42: Modell 6) und den Bildungsaspirationen der Eltern (Tabelle 42: Modell 7) besteht kein *signifikanter* Zusammenhang mehr zwischen dem familiären sozioökonomischen Status (SES), gemessen über den ISEI der Eltern und der Lesekompetenz ($\beta = -.04$). Kognitive Fähigkeiten und elterliche Aspirationen wirken sich hier schützend aus. In allen weiteren Regressionsschritten bleibt der Effekt des SES, gemessen an der statistischen Signifikanz, bedeutungslos. Neben den kognitiven Fähigkeiten und den elterlichen Bildungsaspirationen gibt es keine weiteren bedeutsamen schützenden Faktoren für den negativen Effekt des SES auf die Leseleistung.

Tabelle 41: **Elterliche Aspirationen und Umgangssprache im Elternhaus, 5. Klassen 2004, Bremer Schülerinnen und Schüler aus Schulen in schwieriger Lage**

	Eltern geben als Bildungsziel einen niedrigeren Abschluss als die Fachhochschulreife an	Eltern geben als Bildungsziel Fachhochschulreife oder Abitur an
Zu Hause wird überwiegend eine andere Sprache als Deutsch gesprochen.	38.6 %	43.3 %
Zu Hause wird nur Deutsch gesprochen.	61.4 %	56.7 %
	100 % (n=293)	100 % (n=321)

Wird im Elternhaus hauptsächlich eine andere Umgangssprache als Deutsch gesprochen hat dies ebenfalls einen negativen Effekt auf die Leseleistung ($\beta = -.38$), der nach Berücksichtigung des fachlichen Selbstkonzeptes und der Persönlichkeitsfaktoren Stabilität und Gewissenhaftigkeit etwas geringer wird ($\beta = -.34$) und dann im sechsten Regressionsmodell, nach Einbezug der kognitiven Fähigkeiten, nochmals um vier

Punkte sinkt (β = -.30). Werden die elterlichen Aspirationen für die schulische Karriere berücksichtigt erhöht sich dieser Effekt wieder leicht (β = -.33). Dieser Umstand kann mit dem hohen Anteil (43 Prozent) von Familien erklärt werden, die zu Hause überwiegend eine andere Sprache als Deutsch sprechen und bei denen die Eltern gleichzeitig hohe Erwartungen an die Bildungskarriere ihrer Kinder haben (vgl. Tabelle 41). Während die hohen Bildungsaspirationen der Eltern grundsätzlich einen positiven Effekt auf die Leistungsentwicklung im Lesen haben, könnte der hohe Anteil von Kindern mit einer anderen Umgangssprache als Deutsch eine Verzerrung bewirken.

Der negative Effekt der nicht deutschen Umgangssprache wird durch die genannten Faktoren nur abgemildert aber nicht vollständig kompensiert.

Als positive Prädiktoren der Leseleistung erweisen sich das Selbstkonzept im Fach Deutsch, die Persönlichkeitseigenschaft Stabilität, die kognitiven Fähigkeiten und die elterlichen Bildungsaspirationen. Ein zusätzliches Risiko der Leseleistung ist das restriktive Familienklima.

Das Selbstkonzept im Fach Deutsch als Prädiktor für die Leseleistung (β = .21), kompensiert den negativen Effekt der Sprachfähigkeiten und des sozialen Hintergrundes leicht (Tabelle 42: Regressionsmodell 2). Die Erklärungskraft des Modells erhöht sich geringfügig um einen Prozentpunkt (R^2 = .17). Wenn die kognitiven Fähigkeiten und die Aspirationen der Eltern berücksichtigt werden (Tabelle 42: Modell 6 und 7) sinkt der Effekt des Selbstkonzeptes auf die Leseleistung (β = .16).

Stabilität erweist sich in der Analyse in Modell 3 als mittelstarker Prädiktor (β = .13), wird statistisch aber nicht mehr signifikant, wenn die kognitiven Fähigkeiten und die Aspirationen der Eltern kontrolliert werden. Für Gewissenhaftigkeit hingegen gibt es keine statistisch signifikanten Betakoeffizienten. Die Erklärungskraft des Regressionsmodells erhöht sich durch die Berücksichtigung der Persönlichkeitsfaktoren Stabilität und Gewissenhaftigkeit um zwei Prozentpunkte (R^2 = .19).

Die Beta-Koeffizienten für akzeptierendes Familienklima gehen wie bei Gewissenhaftigkeit gegen null und werden nicht signifikant. Ein restriktives Familienklima erweist sich nicht als schützender Faktor, sondern als ein weiteres Risiko für die Leseleistung (Modell 4: β = -.10, R^2 = .21). Nach Berücksichtigung der kognitiven Fähigkeiten und der elterlichen Bildungsaspirationen in Modell 7 sinkt dieser Effekt zwar auf β = -.08, bleibt aber weiterhin statistisch signifikant. Werden in die Regressionsanalyse die Interaktionseffekte, die zwischen Familienklima (akzeptierend und restriktiv) und ISEI sowie der Umgangssprache im Elternhaus bestehen, einbezogen, steigt der Effekt des restriktiven Familienklimas auf β = -.11 an. Der Anstieg des Effekts ist nur sehr gering, es handelt sich wahrscheinlich um einen kleinen Suppressoreffekt.

Das Geschlecht leistet keinen signifikanten Beitrag zur Erklärung der Leseleistung.

Die kognitiven Fähigkeiten erweisen sich mit β = .36 als ähnlich starker Prädiktor der Leseleistung wie die Umgangssprache im Elternhaus. Die Erklärungskraft erhöht sich in Modell 6 deutlich um 12 Prozentpunkte (R^2 = .33). Werden in Modell 7 die elterlichen Bildungsaspirationen in die Regression eingebracht, verkleinert sich der Betakoeffizient der kognitiven Fähigkeiten (β = .30, R^2 = .39). Die elterlichen Aspirationen sind ebenfalls ein starker Prädiktor der Leseleistung (β = .23).

Tabelle 42: **Vorhersage der Kompetenzen im Lesen 5. Klassen 2004; standardisierte Beta-Gewichte aus Regressionsanalysen, Bremer Schülerinnen und Schüler aus Schulen in schwieriger Lage**

Prädiktor/Modell	Regressionsschritte												
	1	2	3	4	5	6	7	8	9	10	11	12	13
ISEI	-.18*	-.17*	-.16*	-.15*	-.15*	-.11*	-.07	-.07	-.07	-.07	-.07	-.06	-.06
	(.032)	(.031)	(.031)	(.030)	(.031)	(.028)	(.028)	(.028)	(.028)	(.028)	(.028)	(.028)	(.028)
Umgangssprache im Elternhaus	-.38*	-.36*	-.36*	-.34*	-.34*	-.30*	-.33*	-.33*	-.32*	-.32*	-.32*	-.32*	-.32*
	(.032)	(.031)	(.033)	(.032)	(.033)	(.030)	(.030)	(.030)	(.030)	(.030)	(.030)	(.030)	(.030)
Selbstkonzept im Fach Deutsch	-	.21*	.19*	.18*	.19*	.18*	.15*	.16*	.16*	.15*	.15*	.15*	.15*
		(.033)	(.035)	(.034)	(.034)	(.033)	(.032)	(.032)	(.033)	(.032)	(.029)	(.029)	(.029)
Stabilität	-	-	.13*	.13*	.13*	.10*	.09	.09	.08	.09	.08	.08	.08
			(.040)	(.039)	(.039)	(.033)	(.034)	(.034)	(.034)	(.034)	(.033)	(.032)	(.030)
Gewissenhaftigkeit	-	-	.01	-.01	.00	.00	-.04	-.04	-.04	-.04	-.04	-.04	-.04
			(.044)	(.042)	(.042)	(.042)	(.039)	(.040)	(.039)	(.037)	(.036)	(.036)	(.034)
Akzeptierendes Familienklima	-	-	-	.02	.02	.02	.01	.01	.01	.01	.01	.01	.02
				(.039)	(.040)	(.029)	(.027)	(.027)	(.031)	(.033)	(.033)	(.033)	(.032)
Restriktives Familienklima	-	-	-	-.10*	-.10*	-.09*	-.08*	-.08*	-.08*	-.11*	-.11*	-.11*	-.10*
				(.032)	(.032)	(.028)	(.026)	(.026)	(.027)	(.034)	(.034)	(.034)	(.034)
Geschlecht	-	-	-	-	-.05	-.04	-.03	-.03	-.04	-.04	-.04	-.04	-.04
					(.030)	(.027)	(.026)	(.026)	(.026)	(.026)	(.026)	(.026)	(.026)
Kognitive Fähigkeiten	-	-	-	-	-	.36*	.30*	.30*	.30*	.30*	.30*	.30*	.30*
						(.029)	(.030)	(.030)	(.030)	(.030)	(.030)	(.030)	(.030)
Aspirationen der Eltern	-	-	-	-	-	-	.23*	.23*	.23*	.23*	.23*	.23*	.23*
							(.035)	(.035)	(.034)	(.035)	(.033)	(.033)	(.033)
Selbstkonzept x ISEI	-	-	-	-	-	-	-	-.05	-.05	-.04	-.04	-.04	-.04
								(.029)	(.028)	(.028)	(.029)	(.029)	(.029)
Selbstkonzept x Sprache	-	-	-	-	-	-	-	.03	.03	.03	.03	.03	.03
								(.028)	(.028)	(.03)	(.027)	(.027)	(.027)
Stabilität x ISEI	-	-	-	-	-	-	-	-	-.03	-.03	-.03	-.03	-.03
									(.04)	(.041)	(.036)	(.037)	(.037)
Stabilität x Sprache	-	-	-	-	-	-	-	-	.03	.03	.03	.04	.04
									(.033)	(.032)	(.031)	(.031)	(.030)
Gewissenhaftigkeit x ISEI	-	-	-	-	-	-	-	-	.00	.01	.01	.02	.01
									(.032)	(.034)	(.034)	(.034)	(.034)
Gewissenhaftigkeit x Sprache	-	-	-	-	-	-	-	-	-.04	-.05	-.04	-.04	-.04
									(.035)	(.037)	(.037)	(.037)	(.035)
Akzeptierendes Klima x ISEI	-	-	-	-	-	-	-	-	-	-.01	-.01	.00	.00
										(.038)	(.038)	(.038)	(.038)
Restriktives Klima x ISEI	-	-	-	-	-	-	-	-	-	.07	.08	.07	.07
										(.035)	(.032)	(.031)	(.033)
Akzeptierendes Klima x Sprache	-	-	-	-	-	-	-	-	-	.01	.01	.02	.02
										(.033)	(.032)	(.032)	(.033)
Restriktives Klima x Sprache	-	-	-	-	-	-	-	-	-	-.03	-.03	-.03	-.03
										(.036)	(.034)	(.034)	(.031)
Geschlecht x ISEI	-	-	-	-	-	-	-	-	-	-	-.02	-.02	-.02
											(.030)	(.030)	(.028)
Geschlecht x Sprache	-	-	-	-	-	-	-	-	-	-	-.02	-.02	-.02
											(.027)	(.027)	(.027)
Kognitive Fähigkeiten x ISEI	-	-	-	-	-	-	-	-	-	-	-	-.05	-.05
												(.029)	(.032)
Kognitive Fähigkeiten x Sprache	-	-	-	-	-	-	-	-	-	-	-	-.03	-.02
												(.027)	(.028)
Aspirationen x Sprache	-	-	-	-	-	-	-	-	-	-	-	-	-.04
													(.029)
Aspirationen der Eltern x ISEI	-	-	-	-	-	-	-	-	-	-	-	-	.01
													(.031)
Korrigiertes R^2	.16	.17	.19	.21	.21	.33	.39	.39	.39	.40	.40	.40	.40

* $p < .005$
In den Klammern sind die Standardfehler angegeben.

Die sequenziell in den Regressionsschritten 8 bis 13 eingefügten Interaktionen werden statistisch nicht signifikant und haben Beta-Koeffizienten, die kleiner als .08 sind. Nach Berücksichtigung der Interaktionseffekte zwischen den Persönlichkeitsfaktoren und den Risiken (Regressionsschritt 10) erhöht sich R^2 auf .40.

Zusammenfassend zeigt sich für die Stichprobe von 2004, dass die Persönlichkeitseigenschaft Gewissenhaftigkeit, das Familienklima und das Geschlecht keine protektive Wirkung auf die Risiken der Leseleistung (niedriger SES, andere Umgangssprache in der Familie als Deutsch) besitzen. Das fachliche Selbstkonzept und die Persönlichkeitseigenschaft Stabilität wirken sich leicht kompensierend auf die Risiken der Leseleistung aus. Die kognitiven Fähigkeiten und die Aspirationen der Eltern üben einen abmildernden Effekt auf die Risiken aus. Die genannten Faktoren wirken sich sowohl bei benachteiligten wie auch nicht benachteiligten Schülern positiv auf die Leseleistung aus. Als Ressourcen erfüllen sie durch ihre positiven Effekte auf die Leistungsergebnisse im Lesen auch eine protektive Funktion (vgl. Kapitel 5). Während der negative Effekt des SES vollständig durch schützende Faktoren kompensiert wird, wird der Effekt der Sprache nur geringfügig abgemildert.

8.1.1.2 Ergebnisse der Regressionsanalyse in der 5. Jahrgangsstufe zur Leseleistung im Jahr 2006

In der Erhebung 2006 wurden die Persönlichkeitsfaktoren nicht erfasst, daher fehlen die Merkmale Stabilität und Gewissenhaftigkeit in den Analysen zum zweiten Messzeitpunkt (vgl. Tabelle 43). Die Befunde aus den Regressionsanalysen für die Leseleistung 2006 zeigen insgesamt ähnliche Effekte wie 2004.

Der SES weist in der Regressionsanalyse 2006 vergleichbare Koeffizienten wie 2004 auf. Werden im 5. und 6. Regressionsschritt die kognitiven Fähigkeiten und die elterlichen Aspirationen in die Analyse einbezogen, so sinkt der Effekt des SES, wie schon 2004, deutlich. Eine andere Umgangssprache als Deutsch hat 2006 einen ähnlichen aber etwas niedrigeren negativen Effekt auf die Leseleistung als 2004. Im ersten Regressionsschritt ist die Erklärungskraft des Modells um zwei Prozentpunkte höher als 2004 (R^2 = .18).

Vergleichbar sind auch die Effekte des restriktiven Familienklimas, der elterlichen Aspirationen und der kognitiven Fähigkeiten. Es zeigen sich keine signifikanten Interaktionseffekte (Regressionsschritte 8-11). Sowohl 2004 wie auch 2006 sind der SES, eine andere im häuslichen Alltag gesprochene Sprache als Deutsch, ein restriktives Familienklima, die kognitiven Fähigkeiten, das fachliche Selbstkonzept und die elterlichen Aspirationen statistisch bedeutsame Prädiktoren der Leseleistung. Sowohl hohe kognitive Fähigkeiten der Schülerinnen und Schüler als auch hohe Bildungsaspirationen der Eltern wirken sich 2004 und 2006 kompensierend auf die negativen Effekte eines niedrigen familiären SES aus. Wie bereits 2004 zeigt sich dies nicht für die Effekte der Sprachdefizite, welche nur abgemildert werden.

Tabelle 43: Vorhersage der Kompetenzen im Lesen 5. Klasse 2006; standardisierte Beta-Gewichte aus Regressionsanalysen, Bremer Schülerinnen und Schüler aus Schulen in schwieriger Lage

Prädiktor/Modell	Regressionsschritte										
	1	2	3	4	5	6	7	8	9	10	11
ISEI	-.18* (.038)	-.17* (.036)	-.16* (.036)	-.16* (.036)	-.09* (.032)	-.07 (.033)	-.07 (.033)	-.07 (.033)	-.07 (.033)	-.06 (.033)	-.06 (.034)
Umgangssprache im Elternhaus	-.35* (.036)	-.32* (.036)	-.30* (.035)	-.30* (.035)	-.27* (.031)	-.28* (.030)	-.28* (.031)	-.28* (.031)	-.29* (.031)	-.29* (.031)	-.29* (.031)
Selbstkonzept im Fach Deutsch	-	.24* (.036)	.22* (.037)	.22* (.037)	.15* (.033)	.13* (.031)	.13* (.031)	.13* (.031)	.13* (.031)	.13* (.031)	.13* (.032)
Akzeptierendes Familienklima	-	-	.05 (.032)	.05 (.032)	.05 (.029)	.03 (.029)	.03 (.029)	.03 (.029)	.03 (.029)	.03 (.029)	.03 (.029)
Restriktives Familienklima	-	-	-.12* (.036)	-.12* (.037)	-.11* (.03)	-.10* (.03)	-.10* (.03)	-.10* (.030)	-.10* (.030)	-.10* (.030)	-.11* (.030)
Geschlecht	-	-	-	-.02 (.031)	-.01 (.028)	-.01 (.028)	-.01 (.029)	-.01 (.029)	-.01 (.029)	-.01 (.029)	-.01 (.029)
Kognitive Fähigkeiten	-	-	-	-	.39* (.03)	.36* (.03)	.36* (.030)	.36* (.030)	.36* (.030)	.36* (.03)	.36* (.030)
Aspirationen der Eltern	-	-	-	-	-	.15* (.033	.15* (.033)	.15* (.032)	.15* (.033)	.15* (.033)	.15* (.032)
Selbstkonzept x ISEI	-	-	-	-	-	-	-.02 (.033)	-.02 (.035)	-.02 (.035)	-.02 (.036)	-.02 (.034)
Selbstkonzept x Sprache	-	-	-	-	-	-	-.01 (.031)	-.01 (.031)	-.01 (.032)	-.00 (.032)	.01 (.031)
Akzeptierendes Klima x ISEI	-	-	-	-	-	-	-	-.03 (.030)	-.03 (.030)	-.03 (.030)	-.03 (.03)
Restriktives Klima x ISEI	-	-	-	-	-	-	-	-.02 (.03)	-.02 (.03)	-.02 (.030)	-.02 (.103)
Akzeptierendes Klima x Sprache	-	-	-	-	-	-	-	.00 (.035)	.00 (.035)	.00 (.035)	.00 (.033)
Restriktives Klima x Sprache	-	-	-	-	-	-	-	.04 (.033)	.03 (.033)	.03 (.033)	.03 (.033)
Geschlecht x ISEI	-	-	-	-	-	-	-	-	-.01 (.031)	-.00 (.031)	-.00 (.031)
Geschlecht x Sprache	-	-	-	-	-	-	-	-	-.04 (.029)	-.04 (.029)	-.04 (.029)
Kognitive Fähigkeiten x ISEI	-	-	-	-	-	-	-	-	-	-.01 (.028)	-.02 (.032)
Kognitive Fähigkeiten x Sprache	-	-	-	-	-	-	-	-	-	-.03 (.03)	-.01 (.031)
Aspirationen x Sprache	-	-	-	-	-	-	-	-	-	-	-.07 (.031)
Aspirationen der Eltern x ISEI	-	-	-	-	-	-	-	-	-	-	.03 (.03)
Korrigiertes R^2	.18	.23	.25	.25	.39	.40	.40	.40	.40	.40	.41

* $p < .005$
In den Klammern sind die Standardfehler angegeben.

Die dargestellten Interaktionseffekte sind zu beiden Messzeitpunkten nur sehr gering und verfehlten alle das Signifikanzniveau von $p < .005$. Sie abgesichert zu interpretieren ist anhand dieser Befundlage nicht möglich.

8.1.2 Soziale und migrationsbedingte Disparitäten bei den orthografischen Leistungen

8.1.2.1 Ergebnisse der Regressionsanalyse in der 5. Jahrgangstufe zu den orthografischen Leistungen im Jahr 2004

Ein niedriger SES und eine andere Umgangssprache im Elternhaus als Deutsch stellen 2004 in der 5. Jahrgangsstufe geringe Risiken für die orthografischen Leistungen dar (vgl. Tabelle 44). Im ersten Regressionsschritt wird durch sie im Regressionsmodell 5 Prozent der Leistungsvarianz im Rechtschreiben aufgeklärt ($R^2 = .05$).

Der negative Effekt des SES auf die Ergebnisse im Rechtschreiben verringert sich nach Berücksichtigung des Selbstkonzeptes im Fach Deutsch um einen Punkt auf $\beta = -.12$, die Erklärungskraft des Modells steigt auf 10 Prozent ($R^2 = .10$). Nach Einbeziehung der Persönlichkeitsfaktoren Stabilität und Gewissenhaftigkeit sinkt der Effekt des sozioökonomischen Status weiter auf $\beta = -.10$ und ist statistisch nicht mehr signifikant (p = .009). R^2 erhöht sich auf .13. In allen folgenden Regressionsschritten leistet der sozioökonomische Status keinen signifikanten Beitrag mehr zur Aufklärung der Varianz der Leistungsergebnisse im Rechtschreiben.

Wird neben Deutsch überwiegend eine andere Sprache in der Familie gesprochen, zeigt sich in der Regressionsanalyse durchgehend ein statistisch signifikanter negativer Effekt auf die orthografischen Leistungen. Nach Berücksichtigung des fachlichen Selbstkonzeptes wird dieser Zusammenhang abgeschwächt und sinkt um zwei Punkte auf $\beta = -.13$. Werden im nächsten Regressionsschritt die Persönlichkeitsfaktoren Stabilität und Gewissenhaftigkeit einbezogen, erhöht sich der Wert wieder auf $\beta = -.15$. Allerdings wirkt nur Gewissenhaftigkeit als signifikanter Prädiktor. Ist eine Schülerin oder ein Schüler also sehr gewissenhaft, wirkt sich die nicht deutsche Umgangssprache im Elternhaus leicht negativ auf die orthografischen Leistungen aus. Eventuell führt eine höhere Ausprägung der sprachlichen Defizite zu einer höheren Unsicherheit bei der Analyse eines Textes, weil zu lange über die Schreibweise eines Wortes nachgedacht wird. Dies wiederum könnte dazu führen, dass nur Rechtschreibfehler von Schülerinnen und Schülern als falsch oder richtig gekennzeichnet werden, die einfach und erkennbar sind, während schwierigere Fälle nicht bearbeitet werden. Letztlich kann dieser Befund aber nicht schlüssig aufgeklärt werden. Die Berücksichtigung von Familienklima und Geschlecht hat keine Auswirkung auf den Koeffizienten der Umgangssprache im Elternhaus. Werden die kognitiven Fähigkeiten des Kindes in die Analyse einbezogen, verringert sich der Betrag des Beta-Koeffizienten für den Effekt der Umgangssprache auf $\beta = -.12$ und ist statistisch nicht mehr signifikant (p = .024). Nach Berücksichtigung der elterlichen Aspirationen wird der Effekt der Umgangssprache im Elternhaus wieder signifikant und der Koeffizient steigt auf $\beta = -.14$ an. Es handelt sich wahrscheinlich um einen kleinen Supressoreffekt. Da der Unterschied nur sehr gering ist, wird nicht näher auf ihn eingegangen. Alle weiteren eingeführten Prädiktoren zeigten keinen Einfluss auf den Effekt, den der sprachliche Hintergrund auf die Ergebnisse im Rechtschreiben hat.

Tabelle 44: Vorhersage der orthografischen Kompetenzen 5. Klasse 2004; standardisierte Beta-Gewichte aus Regressionsanalysen, Bremer Schülerinnen und Schüler aus Schulen in schwieriger Lage

Prädiktor/Modell	1	2	3	4	5	6	7	8	9	10	11	12	13
ISEI	-.13*	-.12*	-.10	-.10	-.10	-.08	-.03	-.03	-.03	-.03	-.03	-.02	-.02
	(.036)	(.035)	(.037)	(.038)	(.038)	(.033)	(.034)	(.034)	(.158)	(.034)	(.034)	(.034)	(.034)
Umgangssprache im Elternhaus	-.15*	-.13*	-.15*	-.15*	-.15*	-.12	-.14*	-.14*	-.14*	-.14*	-.14*	-.14*	-.14*
	(.036)	(.038)	(.042)	(.044)	(.044)	(.043)	(.043)	(.042)	(.043)	(.043)	(.043)	(.041)	(.040)
Selbstkonzept im Fach Deutsch	-	.23*	.21*	.20*	.20*	.20*	.17*	.17*	.17*	.17*	.17*	.17*	.17*
		(.041)	(.042)	(.042)	(.041)	(.034)	(.032)	(.032)	(.032)	(.033)	(.033)	(.033)	(.032)
Stabilität	-	-	.05	.06	.06	.03	.03	.02	.02	.02	.02	.02	.02
			(.051)	(.052)	(.051)	(.052)	(.049)	(.048)	(.047)	(.046)	(.045)	(.045)	(.045)
Gewissenhaftigkeit	-	-	.15*	.16*	.15*	.15*	.12	.12	.11	.11	.11	.11	.11
			(.053)	(.054)	(.055)	(.041)	(.049)	(.05)	(.050)	(.050)	(.047)	(.047)	(.047)
Akzeptierendes Familienklima	-	-	-	-.04	-.04	-.04	-.05	-.04	-.04	-.04	-.04	-.04	-.04
				(.033)	(.032)	(.031)	(.031)	(.031)	(.031)	(.038)	(.038)	(.039)	(.037)
Restriktives Familienklima	-	-	-	-.03	-.02	-.02	.00	.00	.00	-.02	-.02	-.02	-.02
				(.041)	(.042)	(.039)	(.036)	(.037)	(.036)	(.047)	(.044)	(.044)	(.041)
Geschlecht	-	-	-	-	.03	.04	.05	.05	.05	.05	.05	.05	.05
					(.034)	(.032)	(.030)	(.031)	(.030)	(.031)	(.031)	(.031)	(.030)
Kognitive Fähigkeiten	-	-	-	-	-	.27*	.21*	.21*	.21*	.20*	.20*	.20*	.20*
						(.035)	(.036)	(.036)	(.036)	(.036)	(.035)	(.036)	(.036)
Aspirationen der Eltern	-	-	-	-	-	-	.25*	.24*	.24*	.24*	.24*	.24*	.24*
							(.038)	(.037)	(.038)	(.037)	(.038)	(.037)	(.038)
Selbstkonzept x ISEI	-	-	-	-	-	-	-	-.07	-.07	-.07	-.06	-.06	-.06
								(.035)	(.037)	(.080)	(.033)	(.034)	(.036)
Selbstkonzept x Sprache	-	-	-	-	-	-	-	.00	.00	-.01	.00	-.01	-.01
								(.041)	(.043)	(.044)	(.045)	(.045)	(.043)
Stabilität x ISEI	-	-	-	-	-	-	-	-	.01	.01	.01	.01	.01
									(.045)	(.044)	(.038)	(.038)	(.037)
Stabilität x Sprache	-	-	-	-	-	-	-	-	.05	.05	.05	.05	.05
									(.032)	(.045)	(.038)	(.038)	(.037)
Gewissenhaftigkeit x ISEI	-	-	-	-	-	-	-	-	-.05	-.05	-.04	-.04	-.04
									(.049)	(.05)	(.044)	(.043)	(.044)
Gewissenhaftigkeit x Sprache	-	-	-	-	-	-	-	-	-.03	-.04	-.04	-.04	-.04
									(.043)	(.046)	(.044)	(.044)	(.045)
Akzeptierendes Klima x ISEI	-	-	-	-	-	-	-	-	-	.02	.01	.02	.02
										(.035)	(.033)	(.033)	(.037)
Restriktives Klima x ISEI	-	-	-	-	-	-	-	-	-	.05	.05	.04	.04
										(.038)	(.034)	(.034)	(.032)
Akzeptierendes Klima x Sprache	-	-	-	-	-	-	-	-	-	.03	.03	.03	.03
										(.035)	(.033)	(.033)	(.037)
Restriktives Klima x Sprache	-	-	-	-	-	-	-	-	-	-.03	-.02	-.03	-.03
										(.039)	(.039)	(.039)	(.038)
Geschlecht x ISEI	-	-	-	-	-	-	-	-	-	-	-.03	-.03	-.03
											(.036)	(.036)	(.034)
Geschlecht x Sprache	-	-	-	-	-	-	-	-	-	-	.00	.00	.00
											(.031)	(.032)	(.031)
Kognitive Fähigkeiten x ISEI	-	-	-	-	-	-	-	-	-	-	-	-.03	-.04
												(.036)	(.037)
Kognitive Fähigkeiten x Sprache	-	-	-	-	-	-	-	-	-	-	-	-.03	-.04
												(.033)	(.034)
Aspirationen der Eltern x Sprache	-	-	-	-	-	-	-	-	-	-	-	-	.01
													(.033)
Aspirationen der Eltern x ISEI	-	-	-	-	-	-	-	-	-	-	-	-	.01
													(.039)
Korrigiertes R²	.05	.10	.13	.13	.13	.20	.25	.26	.26	.26	.26	.26	.26

* p < .005

In den Klammern sind die Standardfehler angegeben.

Das fachliche Selbstkonzept im Fach Deutsch ist einer der stärksten Prädiktoren der Rechtschreibleistung (eingangs: $\beta = .23$, nach Kontrolle der Persönlichkeitsfaktoren, dem Familienklima, dem Geschlecht und den kognitiven Fähigkeiten: $\beta = .17$). Ein hohes fachliches Selbstkonzept wirkt sich somit positiv auf die orthografischen Kompetenzen aus.

Bei den Persönlichkeitsfaktoren besitzt Stabilität keinen signifikanten Effekt auf die Rechtschreibleistung, während eine höhere Gewissenhaftigkeit sich in den Regressionsschritten durchgehend positiv auf die Rechtschreibleistung auswirkt (die Regressionskoeffizienten liegen zwischen $\beta = .15$ und $\beta = .11$). Nach Berücksichtigung der elterlichen Aspirationen wird Gewissenhaftigkeit als Prädiktor nicht mehr signifikant ($p = .032$).

Das Familienklima und das Geschlecht haben keinen statistisch signifikanten Effekt auf die orthografischen Kompetenzen.

Die kognitiven Fähigkeiten und die elterlichen Aspirationen sind die stärksten Prädiktoren bei der Vorhersage der orthografischen Kompetenzen. Sie bleiben auch in Modell 13 (letzter Regressionsschritt) statistisch signifikant. Nach Berücksichtigung dieser zwei Prädiktoren steigt die Erklärungskraft des Modells von 20 auf 25 Prozent an.

Die in der Regression berücksichtigten Interaktionen werden in den 5. Klassen 2004 nicht signifikant.

8.1.2.2 Ergebnisse der Regressionsanalyse in der 5. Jahrgangstufe zu den orthografischen Kompetenzen im Jahr 2006

Wie schon bei den Regressionsanalysen zur Leseleistung erwähnt, wurden in der Testung im Jahr 2006 die Variablen zur Bestimmung der Persönlichkeitsmerkmale nicht erhoben. Die Befunde für die Prädiktoren der orthografischen Kompetenzen in den 5. Klassen im Jahr 2006 (Tabelle 45) sind ansonsten vergleichbar mit denen im Jahr 2004 (Tabelle 44). Im Folgenden werden die Unterschiede und Gemeinsamkeiten zwischen den Befunden der Regressionsanalysen von 2004 und 2006 berichtet.

Ein niedriger SES stellt 2006 eingangs ein relativ niedrigeres Risiko für die orthografischen Kompetenzen dar ($\beta = .11$). Die Erklärungskraft des Modells ist im ersten Regressionsschritt mit $R^2 = .04$ um einen Prozentpunkt kleiner als 2004. Nach Berücksichtigung des Selbstkonzeptes ist der Effekt des SES nicht mehr signifikant ($p = .035$).

Eine andere Umgangssprache als Deutsch in der Familie stellt 2006 wie bereits schon 2004 durchgängig ein signifikantes Risiko für die Rechtschreibleistung dar. Abmildernd auf diesen Effekt wirken das Selbstkonzept im Fach Deutsch und die kognitiven Fähigkeiten einer Schülerin oder eines Schülers. Wenn im sechsten Regressionsschritt die elterlichen Aspirationen berücksichtigt werden, erhöht sich, wie 2004, auch 2006 der negative Effekt des sprachlichen Hintergrundes wieder leicht (von $\beta = -.10$ auf $\beta = -.12$).

Das Selbstkonzept im Fach Deutsch hat als Prädiktor 2006 in allen Regressionsschritten, einen deutlich höheren positiven Effekt auf die orthografischen Kompetenzen als 2004 (z. B. im zweiten Regressionsschritt: 2004: $\beta = .23$; 2006: $\beta = .33$). Während 2004 die kognitiven Fähigkeiten einer Schülerin oder eines Schülers und die elterlichen Aspirationen die stärksten Prädiktoren waren, ist dies 2006 das Selbstkonzept im Fach Deutsch.

Tabelle 45: **Vorhersage der orthografischen Kompetenzen 5. Klasse 2006; standardisierte Beta-Gewichte aus Regressionsanalysen, Bremer Schülerinnen und Schüler aus Schulen in schwieriger Lage**

Prädiktor/Modell	1	2	3	4	5	6	7	8	9	10	11
ISEI	-.11* (.038)	-.09 (.041)	-.09 (.04)	-.08 (.039)	-.05 (.039)	-.02 (.039)	-.02 (.039)	-.02 (.039)	-.02 (.039)	-.02 (.04)	-.01 (.04)
Umgangssprache im Elternhaus	-.17* (.036)	-.13* (.034)	-.12* (.034)	-.12* (.034)	-.10* (.033)	-.12* (.033)	-.12* (.033)	-.12* (.033)	-.12* (.033)	-.12* (.033)	-.12* (.033)
Selbstkonzept im Fach Deutsch	-	.33* (.035)	.31* (.036)	.31* (.035)	.27* (.034)	.24* (.034)	.24* (.034)	.24* (.034)	.24* (.034)	.24* (.034)	.23* (.033)
Akzeptierendes Klima	-	-	.11* (.033)	.10* (.033)	.10* (.032)	.08 (.032)	.08 (.032)	.08 (.032)	.08 (.032)	.08 (.032)	.08 (.032)
Restriktives Klima	-	-	-.05 (.035)	-.04 (.035)	-.04 (.034)	-.03 (.033)	-.03 (.033)	-.03 (.034)	-.03 (.097)	-.02 (.034)	-.03 (.033)
Geschlecht	-	-	-	.12* (.033)	.11* (.032)	.11* (.032)	.11* (.031)	.11* (.032)	.11* (.031)	.11* (.031)	.11* (.031)
Kognitive Fähigkeiten	-	-	-	-	.20* (.033)	.16* (.033)	.16* (.033)	.17* (.034)	.17* (.034)	.17* (.034)	.16* (.034)
Aspirationen der Eltern	-	-	-	-	-	.19* (.038)	.19* (.038)	.19* (.038)	.19* (.038)	.19* (.037)	.19* (.036)
Selbstkonzept x ISEI	-	-	-	-	-	-	-.02 (.035)	-.01 (.040)	-.01 (.039)	-.01 (.041)	.00 (.04)
Selbstkonzept x Sprache	-	-	-	-	-	-	-.06 (.033)	-.06 (.034)	-.06 (.034)	-.05 (.033)	-.03 (.033)
Akzeptierendes Klima x ISEI	-	-	-	-	-	-	-	-.03 (.038)	-.03 (.038)	-.03 (.038)	-.02 (.038)
Restriktives Klima x ISEI	-	-	-	-	-	-	-	.01 (.038)	.00 (.038)	.00 (.038)	.00 (.036)
Akzeptierendes Klima x Sprache	-	-	-	-	-	-	-	-.03 (.039)	-.04 (.039)	-.04 (.039)	-.02 (.038)
Restriktives Klima x Sprache	-	-	-	-	-	-	-	-.02 (.037)	-.02 (.036)	-.02 (.036)	-.02 (.034)
Geschlecht x ISEI	-	-	-	-	-	-	-	-	-.06 (.033)	-.06 (.033)	-.06 (.033)
Geschlecht x Sprache	-	-	-	-	-	-	-	-	-.01 (.033)	-.01 (.032)	-.01 (.032)
Kognitive Fähigkeiten x ISEI	-	-	-	-	-	-	-	-	-	-.01 (.036)	-.02 (.034)
Kognitive Fähigkeiten x Sprache	-	-	-	-	-	-	-	-	-	-.05 (.039)	-.03 (.042)
Aspirationen x Sprache	-	-	-	-	-	-	-	-	-	-	-.11* (.035)
Aspirationen x ISEI	-	-	-	-	-	-	-	-	-	-	-.03 (.041)
Korrigiertes R^2	.04	.15	.16	.17	.21	.24	.24	.24	.24	.25	.26

* $p < .005$
In den Klammern sind die Standardfehler angegeben.

Ein akzeptierendes Familienklima hat 2006 im Gegensatz zu 2004 einen etwas geringeren positiven Effekt auf die Leistungsergebnisse im Rechtschreiben, der aber nach Berücksichtigung der elterlichen Bildungsaspirationen nicht mehr signifikant wird ($\beta = .08$, $p = .014$).

Im Gegensatz zur Messung 2004 zeigt sich ein durchgängig signifikanter Geschlechtseffekt auf die orthografischen Kompetenzen. Mädchen im 5. Jahrgang 2006 erzielen im Schnitt etwas bessere Rechtschreibleistungen als Jungen.

Die kognitiven Fähigkeiten einer Schülerin oder eines Schülers und die elterlichen Aspirationen für die Schullaufbahn besitzen 2006 einen deutlich geringeren Effekt auf die orthografischen Kompetenzen als 2004. Sie sind dennoch, nach dem Selbstkonzept im Fach Deutsch, die bedeutsamsten Prädiktoren der Rechtschreibleistung.

8.1.3 Soziale und migrationsbedingte Disparitäten bei den Mathematikleistungen

8.1.3.1 Ergebnisse der Regressionsanalyse in der 5. Jahrgangsstufe zu den mathematischen Kompetenzen im Jahr 2004

Genau wie bei den Regressionsanalysen zum Lesen und Rechtschreiben, stellen auch bei der Domäne Mathematik in der 5. Jahrgangsstufe 2004 ein niedriger familiärer SES und eine überwiegend gesprochene nicht deutsche Sprache in der Familie Risiken für die Leistungsergebnisse dar. Im ersten Regressionsschritt, in dem nur die Risiken berücksichtigt werden, werden 12 Prozent der Mathematikleistung vorhergesagt.

Ein niedriger SES ist ein mittelstarkes Risiko für die Leistungsergebnisse in Mathematik (β = -.16). Nach Berücksichtigung des Selbstkonzeptes im Fach Mathematik sinkt der Effekt geringfügig (β = -.14) und die Erklärungskraft des Modells steigt auf 20 Prozent (R^2 = .20). Werden im dritten Modell die Persönlichkeitsfaktoren in die Analyse einbezogen, sinkt der Effekt des SES weiter (β = -.13). Wird im 5. Regressionsschritt das Geschlecht berücksichtigt, vermindert sich der Effekt nochmals (β = -.12) und die Erklärung der Leistungsvarianz in Mathematik steigt auf 24 Prozent an. Nach Einbeziehung der kognitiven Fähigkeiten im 6. Regressionsschritt verringert sich der Effekt des SES soweit, dass er statistisch nicht mehr signifikant wird (β = -.08; p = .006). Die Erklärungskraft des Gesamtmodells steigt um 19 Prozentpunkte auf R^2 = .43 an.

Das relativ hohe Risiko (β = -.27), welches eine nicht deutsche Umgangssprache in der Familie für die Leistungsergebnisse in Mathematik darstellt, sinkt nach Berücksichtigung des Selbstkonzepts im Fach Mathematik leicht (β = -.25). Die Persönlichkeitsmerkmale Stabilität und Gewissenhaftigkeit, das akzeptierende und das restriktive Familienklima sowie das Geschlecht haben keinen Einfluss auf den Effekt einer nicht deutschen Umgangssprache in der Familie. Die kognitiven Fähigkeiten hingegen wirken (wie das fachliche Selbstkonzept) kompensierend auf dieses Risiko und vermindern seinen Effekt (β = -.21). Werden im nächsten Analyseschritt die elterlichen Aspirationen berücksichtigt, erhöht sich die Erklärungskraft des Modells auf 47 Prozent, der negative Effekt der nicht deutschen Umgangssprache steigt im Betrag wieder um 2 Punkte auf β = -.23 und verbleibt auch nach Berücksichtigung weiterer Prädiktoren auf diesem Niveau. Hierbei handelt es sich wahrscheinlich wieder um einen, wegen der geringen Ausprägung vernachlässigbaren, Suppressoreffekt.

Tabelle 46: Vorhersage der mathematischen Kompetenzen 5. Klasse 2004; standardisierte Beta-Gewichte aus Regressionsanalysen, Bremer Schülerinnen und Schüler aus Schulen in schwieriger Lage

Prädiktor/Modell	1	2	3	4	5	6	7	8	9	10	11	12	13
ISEI	-.16*	-.14*	-.13*	-.13*	-.12*	-.08	-.03	-.03	-.03	-.03	-.03	-.02	-.02
	(.033)	(.033)	(.031)	(.031)	(.033)	(.027)	(.027)	(.026)	(.026)	(.026)	(.026)	(.027)	(.026)
Umgangssprache im Elternhaus	-.27*	-.25*	-.25*	-.25*	-.25*	-.21*	-.23*	-.23*	-.23*	-.23*	-.23*	-.22*	-.22*
	(.032)	(.031)	(.031)	(.032)	(.031)	(.027)	(.027)	(.027)	(.026)	(.025)	(.025)	(.025)	(.027)
Selbstkonzept im Fach Mathematik	-	.29*	.28*	.28*	.26*	.17*	.14*	.14*	.14*	.14*	.14*	.14*	.14*
		(.035)	(.036)	(.037)	(.035)	(.030)	(.029)	(.029)	(.028)	(.025)	(.026)	(.026)	(.029)
Stabilität	-	-	.09	.09	.09	.06	.05	.05	.05	.05	.05	.05	.05
			(.038)	(.038)	(.036)	(.032)	(.032)	(.032)	(.030)	(.028)	(.029)	(.028)	(.031)
Gewissenhaftigkeit	-	-	-.03	-.03	.01	.02	-.02	-.02	-.02	-.02	-.02	-.02	-.02
			(.039)	(.041)	(.034)	(.036)	(.035)	(.033)	(.031)	(.032)	(.032)	(.036)	
Akzeptierendes Familienklima	-	-	-	.01	.00	.00	-.01	-.01	-.01	.00	.00	.00	.00
				(.032)	(.032)	(.028)	(.029)	(.029)	(.026)	(.031)	(.031)	(.031)	(.038)
Restriktives Familienklima	-	-	-	.00	-.01	-.01	.00	.00	.00	-.01	-.01	-.01	.00
				(.033)	(.031)	(.026)	(.025)	(.025)	(.025)	(.030)	(.030)	(0.03)	(.034)
Geschlecht	-	-	-	-	-.20*	-.20*	-.20*	-.20*	-.21*	-.21*	-.21*	-.21*	-.21*
					(.033)	(.028)	(.027)	(.026)	(.025)	(.025)	(.025)	(.026)	(.027)
Kognitive Fähigkeiten	-	-	-	-	-	.45*	.39*	.39*	.39*	.38*	.38*	.38*	.38*
						(.028)	(.027)	(.027)	(.028)	(.027)	(.027)	(.028)	(.028)
Aspirationen der Eltern	-	-	-	-	-	-	.24*	.24*	.24*	.24*	.24*	.24*	.24*
							(.028)	(.029)	(.028)	(.027)	(.027)	(.029)	(.029)
Selbstkonzept x ISEI	-	-	-	-	-	-	-	.01	.01	.01	.02	.02	.02
								(.028)	(.026)	(.029)	(.028)	(.032)	(.033)
Selbstkonzept x Sprache	-	-	-	-	-	-	-	.00	.01	.01	.01	.01	.01
								(.025)	(.025)	(.025)	(.0)	(.031)	(.032)
Stabilität x ISEI	-	-	-	-	-	-	-	-	.00	.00	-.01	.00	.00
									(.032)	(.033)	(.033)	(.045)	(.045)
Stabilität x Sprache	-	-	-	-	-	-	-	-	.02	.02	.03	.03	.03
									(.029)	(.03)	(.03)	(.045)	(.045)
Gewissenhaftigkeit x ISEI	-	-	-	-	-	-	-	-	-.02	-.02	-.01	-.01	-.01
									(.029)	(.030)	(.031)	(.035)	(.035)
Gewissenhaftigkeit x Sprache	-	-	-	-	-	-	-	-	-.04	-.05	-.05	-.05	-.04
									(.033)	(.035)	(.035)	(.038)	(.039)
Akzeptierendes Klima x ISEI	-	-	-	-	-	-	-	-	-	.00	.00	.01	.01
										(.038)	(.038)	(.044)	(.044)
Restriktives Klima x ISEI	-	-	-	-	-	-	-	-	-	.02	.02	.02	.01
										(.024)	(.024)	(.042)	(.040)
Akzeptierendes Klima x Sprache	-	-	-	-	-	-	-	-	-	.04	.04	.04	.04
										(.033)	(.032)	(.042)	(.041)
Restriktives Klima x Sprache	-	-	-	-	-	-	-	-	-	-.01	-.01	-.01	-.01
										(.028)	(.029)	(.034)	(.033)
Geschlecht x ISEI	-	-	-	-	-	-	-	-	-	-	-.04	-.04	-.04
											(.027)	(.029)	(.028)
Geschlecht x Sprache	-	-	-	-	-	-	-	-	-	-	.02	.02	.02
											(.025)	(.026)	(.026)
Kognitive Fähigkeiten x ISEI	-	-	-	-	-	-	-	-	-	-	-	-.05	-.05
												(.028)	(.03)
Kogn. Fähigkeiten x Sprache	-	-	-	-	-	-	-	-	-	-	-	-.02	-.01
												(.032)	(.036)
Aspirationen x Sprache	-	-	-	-	-	-	-	-	-	-	-	-	-.04
													(.034)
Aspirationen x ISEI	-	-	-	-	-	-	-	-	-	-	-	-	-.01
													(.030)
Korrigiertes R-Quadrat	.12	.20	.20	.20	.24	.43	.47	.47	.47	.47	.47	.48	.48

*p < .005
In den Klammern sind die Standardfehler angegeben.

Bester Prädiktor zur Vorhersage der mathematischen Kompetenzen ist die kognitive Kompetenz einer Schülerin oder eines Schülers (im 6. Regressionsschritt: β = .45, nach Berücksichtigung der elterlichen Aspirationen β = .39). Dies bedeutet, dass Schülerinnen und Schüler, die über hohe kognitive Kompetenzen verfügen, in Mathematik eher gute Leistungen erbringen. Als weitere positive Prädiktoren folgen die elterlichen Aspirationen (Betakoeffizient liegt durchgängig bei β = .24), das Geschlecht (Betakoeffizient nach Berücksichtigung aller Haupteffekte β = -.21) sowie das fachliche Selbstkonzept (Betakoeffizient nach Berücksichtigung aller Haupteffekte β = .14). Kinder von Eltern mit hohen Aspirationen erzielen häufiger gute Leistungsergebnisse in Mathematik. Mädchen erzielen signifikant häufiger schlechte Mathematikleistungen als Jungen. Weibliches Geschlecht könnte somit in dieser Untersuchung zusätzlich zu den beiden eingangs genannten Faktoren (niedriger SES und nicht deutsche Umgangssprache in der Familie) als Risiko der Leistungsergebnisse in Mathematik angesehen werden.

8.1.3.2 Ergebnisse der Regressionsanalyse in der 5. Jahrgangsstufe zu den mathematischen Kompetenzen im Jahr 2006

In der Regressionsanalyse zu den mathematischen Kompetenzen in der 5. Jahrgangsstufe im Jahr 2006 werden die Befunde aus der Untersuchung von 2004 repliziert (vgl. Tabelle 46 und Tabelle 47). Die Haupteffekte der relevanten Prädiktoren (SES, Umgangssprache in der Familie, Selbstkonzept in Mathematik, Geschlecht, elterliche Bildungsaspirationen) besitzen 2006 nahezu identische Werte bei den standardisierten Betakoeffizienten.

Ein niedriger SES, eine nicht deutsche Umgangssprache und weibliches Geschlecht stellen wiederum Risiken für die Leistungsergebnisse in Mathematik dar. Die kognitiven Fähigkeiten wirken sich kompensierend auf den Effekt des sozialen Hintergrundes aus. Der negative Effekt der Zugehörigkeit zum weiblichen Geschlecht ist 2006 etwas geringer ausgeprägt als 2004 (2004: β = -.20; 2006: β = -.16). Die Erklärungskraft des Gesamtmodells liegt bei 48 Prozent (vgl. Tabelle 47).

Tabelle 47: Vorhersage der mathematischen Kompetenzen 5. Klasse 2006; standardisierte Beta-Gewichte aus Regressionsanalysen, Bremer Schülerinnen und Schüler aus Schulen in schwieriger Lage

Prädiktor/Modell	1	2	3	4	5	6	7	8	9	10	11
ISEI	-.17*	-.14*	-.14*	-.13*	-.06	-.03	-.03	-.03	-.03	-.02	-.01
	(.035)	(.033)	(.033)	(.032)	(.03)	(.029)	(.029)	(.029)	(.029)	(.029)	(.029)
Umgangssprache im Elternhaus	-.27*	-.24*	-.23*	-.23*	-.19*	-.22*	-.22*	-.22*	-.22*	-.22*	-.22*
	(.036)	(.032)	(.034)	(.033)	(.029)	(.028)	(.028)	(.028)	(.028)	(.027)	(.027)
Selbstkonzept im Fach Mathematik	-	.33*	.32*	.30*	.19*	.15*	.16*	.16*	.16*	.16*	.16*
		(.034)	(.035)	(.036)	(.035)	(.034)	(.034)	(.034)	(.035)	(.031)	(.031)
Akzeptierendes Familienklima	-	-	-.00	.01	.02	-.01	-.01	-.01	-.01	-.00	-.01
			(.034)	(.034)	(.03)	(.031)	(.030)	(.098)	(.029)	(.027)	(.026)
Restriktives Familienklima	-	-	-.07	-.09	-.09	-.08	-.08	-.08	-.08	-.08	-.08
			(.039)	(.039)	(.032)	(.029)	(.029)	(.03)	(.03)	(.028)	(.028)
Geschlecht	-	-	-	-.16*	-.16*	-.17*	-.17*	-.17*	-.17*	-.17*	-.17*
				(.033)	(.028)	(.028)	(.028)	(.028)	(.028)	(.027)	(.027)
Kognitive Fähigkeiten	-	-	-	-	.45*	.40*	.40*	.40*	.40*	.40*	.40*
					(.03)	(.029)	(.029)	(.029)	(.029)	(.028)	(.028)
Aspirationen der Eltern	-	-	-	-	-	.22*	.22*	.22*	.22*	.22*	.23*
						(.03)	(.03)	(.03)	(.029)	(.028)	(.028)
Selbstkonzept x ISEI	-	-	-	-	-	-	-.05	-.06	-.06	-.05	-.04
							(.027)	(.029)	(.030)	(.031)	(.031)
Selbstkonzept x zu Hause gesprochene Sprache	-	-	-	-	-	-	-.03	-.04	-.04	-.03	-.02
							(.03)	(.028)	(.028)	(.029)	(.029)
Akzeptierendes Familienklima x ISEI	-	-	-	-	-	-	-	-.00	-.01	-.01	-.00
								(.029)	(.029)	(.029)	(.029)
Restriktives Familienklima x ISEI	-	-	-	-	-	-	-	-.02	-.02	-.03	-.02
								(.029)	(.028)	(.028)	(.028)
Akzeptierendes Familienklima x zu Hause gesprochene Sprache	-	-	-	-	-	-	-	.02	.02	.02	.03
								(.026)	(.026)	(.026)	(.026)
Restriktives Familienklima x zu Hause gesprochene Sprache	-	-	-	-	-	-	-	-.02	-.02	-.02	-.02
								(.032)	(.032)	(.032)	(.031)
Geschlecht x ISEI	-	-	-	-	-	-	-	-	-.00	-.00	.00
									(.027)	(.027)	(.027)
Geschlecht x zu Hause gesprochene Sprache	-	-	-	-	-	-	-	-	-.06	-.06	-.06
									(.028)	(.028)	(.028)
Kognitive Fähigkeiten x ISEI	-	-	-	-	-	-	-	-	-	-.03	-.03
										(.032)	(.037)
Kognitive Fähigkeiten x zu Hause gesprochene Sprache	-	-	-	-	-	-	-	-	-	-.02	-.00
										(.029)	(.031)
Aspirationen der Eltern x zu Hause gesprochene Sprache	-	-	-	-	-	-	-	-	-	-	-.09
											(.033)
Aspirationen der Eltern x ISEI	-	-	-	-	-	-	-	-	-	-	-.02
											(.036)
Korrigiertes R-Quadrat	.12	.22	.23	.25	.43	.47	.47	.47	.47	.47	.48

* $p < .005$

In den Klammern sind die Standardfehler angegeben.

8.2 Analyseschritt 2: Soziale und migrationsbedingte Disparitäten beim Übergang von der Grundschule in die Sekundarstufe I

Im zweiten Analyseschritt wird untersucht, wie sich die Risiken eines niedrigen sozioökonomischen Status und einer nicht deutschen Umgangssprache in der Familie auf den Übergang von der Grundschule in die Sekundarstufe I auswirken und ob es protektive Faktoren gibt, die ggf. solche Effekte kompensieren.

Betrachtet wird die relative Chance nach der Grundschule in ein Gymnasium überzutreten. Die relative Chance wird über die *Odds ratios* angegeben (vgl. hierzu Kapitel 2.1.1).

8.2.1 Ergebnisse der logistischen Regressionsanalyse in der 5. Jahrgangsstufe zum Übertritt von der Grundschule in ein Gymnasium im Jahr 2004

Im ersten Regressionsschritt der logistischen Regression (Tabelle 48) wird nur der Effekt des sozioökonomischen Hintergrundes der Eltern statistisch signifikant, die nicht deutsche Umgangssprache in der Familie bleibt für den Übergang auf ein Gymnasium unbedeutsam. Ein niedriger SES stellt ein Risiko für den Besuch eines Gymnasiums dar. Die relative Chance ein Gymnasium zu besuchen sinkt mit einem niedrigen sozioökonomischen Status auf 0.6. Im ersten Regressionsschritt werden 8 Prozent der Varianz aufgeklärt (Nagelkerkes $R^2 = .08$). Werden in 5. Regressionsschritt die kognitiven Fähigkeiten der Schülerinnen und Schüler berücksichtigt, vermindert sich die Risikowirkung des SES. Die relative Chance, mit einem niedrigen familiären SES ein Gymnasium zu besuchen, verbessert sich und steigt auf 0.77 an. Für die Chance ein Gymnasium zu besuchen sind neben dem sozioökonomischen Status nur die kognitiven Fähigkeiten und die elterlichen Bildungsaspirationen statistisch bedeutsam.

Tabelle 48: **Vorhersage des Übertritts in ein Gymnasium am Ende der Grundschule 2004, Angabe in Odds ratios, Bremer Schülerinnen und Schüler aus Schulen in schwieriger Lage**

Prädiktor/Modell	1	2	3	4	5	6	7	8	9	10	11
ISEI	0.60*	0.61*	0.61*	0.63*	0.77*	0.76	0.76	0.75	0.75	0.73*	0.75
Umgangssprache im Elternhaus	0.90	0.87	0.90	0.98	0.86	0.86	0.85	0.84	0.84	0.84	0.99
Stabilität	-	1.19	1.19	1.16	1.08	1.10	1.08	1.07	1.07	1.07	1.08
Gewissenhaftigkeit	-	1.40	1.36	1.41	1.24	1.23	1.25	1.24	1.24	1.24	1.24
Akzeptierendes Familienklima	-	-	0.99	0.99	0.97	0.96	1.06	1.07	1.07	1.07	1.05
Restriktives Familienklima	-	-	0.77	0.77	0.85	0.85	0.85	0.85	0.85	0.85	0.87
Geschlecht	-	-	-	0.96	0.97	0.97	0.96	0.96	0.96	0.96	0.97
Kognitive Fähigkeiten	-	-	-	-	1.87*	1.87*	1.88*	1.89*	1.89*	1.90*	1.89*
Aspirationen der Eltern	-	-	-	-	-	3.77*	3.87*	3.90*	3.90*	3.90*	3.92*
Stabilität x ISEI	-	-	-	-	-	-	1.09	1.10	1.10	1.10	1.11
Stabilität x Sprache	-	-	-	-	-	-	0.88	0.88	0.88	0.88	0.89
Gewissenhaftigkeit x ISEI	-	-	-	-	-	-	0.96	0.97	0.97	0.97	0.96
Gewissenhaftigkeit x Sprache	-	-	-	-	-	-	1.02	1.05	1.05	1.05	1.07
Akzeptierendes Familienklima x ISEI	-	-	-	-	-	-	-	1.26	1.26	1.26	1.28
Restriktives Familienklima x ISEI	-	-	-	-	-	-	-	1.06	1.06	1.06	1.04
Akzeptierendes Klima x Sprache	-	-	-	-	-	-	-	1.33	1.33	1.33	1.33
Restriktives Klima x Sprache	-	-	-	-	-	-	-	0.84	0.84	0.84	0.83
Geschlecht x ISEI	-	-	-	-	-	-	-	-	0.94	0.95	0.94
Geschlecht x Sprache	-	-	-	-	-	-	-	-	0.91	0.91	0.91
Kognitive Fähigkeiten x ISEI	-	-	-	-	-	-	-	-	-	1.09	1.08
Kognitive Fähigkeiten x Sprache	-	-	-	-	-	-	-	-	-	1.00	1.02
Aspirationen der Eltern x Sprache	-	-	-	-	-	-	-	-	-	-	0.73
Aspirationen der Eltern x ISEI	-	-	-	-	-	-	-	-	-	-	0.98
Nagelkerkes R^2	.08	.13	.14	.14	.27	.47	.48	.49	.49	.49	.50

$p < .005$

In der logistischen Regressionsanalyse verfehlt der Effekt des restriktiven Familienklimas nur knapp das konservativ gewählte Signifikanzniveau von $p < .005$. Geht man davon aus, dass die hierarchische Datenstruktur wesentlich durch die Schulformen geprägt ist, und wählt das Signifikanzniveau bei $p < .01$, wäre ein restriktives Familienklima erst nach Einbeziehung der kognitiven Fähigkeiten nicht mehr signifikant. Ein restriktives Familienklima stellt, unter dem genannten Vorbehalt, ein Risiko für den

Übertritt auf ein Gymnasium dar. Die relativen Chancen des Besuchs der gymnasialen Unterstufen sind somit bei Vorliegen eines restriktiven Familienklimas ungefähr 0,8-mal geringer.

Hohe kognitive Fähigkeiten verdoppeln nahezu die relativen Chancen nach der Grundschule ein Gymnasium zu besuchen (odds ratios = 1.87). Die aufgeklärte Varianz steigt nach Berücksichtigung der kognitiven Fähigkeiten auf 27 Prozent.

Hohe Bildungsaspirationen der Eltern erhöhen deutlich die relative Chance für ein Kind, dass es nach der Grundschulzeit ein Gymnasium besucht. Sie steigt auf das 3,8-fache an. Gleichzeitig erhöht sich die aufgeklärte Varianz auf 47 Prozent.

Ansonsten zeigen sich keine signifikanten Haupteffekte bzw. odds ratios in der logistischen Regression. Auch die in den weiteren Modellen eingefügten Interaktionen zeigen keine signifikanten Effekte. Nach Einbeziehung aller Prädiktoren liegt die aufgeklärte Varianz im kompletten Modell 2004 bei 50 Prozent (Nagelkerkes R^2 = .50).

8.2.2 Ergebnisse der logistischen Regressionsanalyse in der 5. Jahrgangstufe zum Übertritt von der Grundschule in ein Gymnasium im Jahr 2006

Im Jahr 2006 wurden, die Persönlichkeitsfaktoren Gewissenhaftigkeit und Stabilität nicht erhoben (vgl. Kapitel 7.2.3.4) Im Wesentlichen werden in der Analyse 2006 die Befunde von 2004 repliziert. Der sozioökonomische Status stellte ein Risiko für den Übertritt auf ein Gymnasium dar, welches durch die kognitiven Fähigkeiten und die elterlichen Bildungsaspirationen kompensiert wird (vgl. Tabelle 49). Die kognitiven Fähigkeiten und die Bildungsaspirationen erhöhen die relative Chance ein Gymnasium zu besuchen.

Tabelle 49: Vorhersage des Übertritts in ein Gymnasium am Ende der Grundschule 2006, Angabe in Odds ratios, Bremer Schülerinnen und Schüler aus Schulen in schwieriger Lage

Prädiktor/Modell	1	2	3	4	5	6	7	8	9
ISEI	0.61*	0.61*	0.61*	0.66*	0.75	0.75	0.75	0.80	0.89
Umgangssprache im Elternhaus	0.94	0.99	0.99	1.09	0.98	0.99	0.99	0.96	1.12
Akzeptierendes Familienklima	-	1.19	1.19	1.22	1.06	1.08	1.08	1.08	1.08
Restriktives Familienklima	-	0.75*	0.74*	0.76*	0.75	0.77	0.77	0.76	0.74
Geschlecht	-	-	0.98	1.00	0.98	0.99	0.99	0.99	1.00
Kognitive Fähigkeiten	-	-	-	2.22*	1.90*	1.93*	1.93*	1.94*	1.94*
Aspirationen der Eltern	-	-	-	-	3.37*	3.37*	3.37*	3.42*	3.57*
Akzeptierendes Familienklima x ISEI	-	-	-	-	-	0.96	0.95	0.94	0.98
Restriktives Familienklima x ISEI	-	-	-	-	-	1.12	1.11	1.10	1.11
Akzeptierendes Familienklima x Sprache	-	-	-	-	-	0.81	0.81	0.82	0.84
Restriktives Familienklima x Sprache	-	-	-	-	-	0.97	0.97	0.97	0.99
Geschlecht x ISEI	-	-	-	-	-	-	0.97	0.95	0.95
Geschlecht x Sprache	-	-	-	-	-	-	1.00	1.01	1.02
Kognitive Fähigkeiten x ISEI	-	-	-	-	-	-	-	0.82	0.82
Kognitive Fähigkeiten x Sprache	-	-	-	-	-	-	-	1.19	1.19
Aspirationen der Eltern x Sprache	-	-	-	-	-	-	-	-	0.74
Aspirationen der Eltern x ISEI	-	-	-	-	-	-	-	-	0.84
Nagelkerkes R^2	.08	.11	.11	.23	.42	.43	.43	.44	.45

* p < .005

Hohe kognitive Fähigkeiten verdoppeln die relative Chance, nach der Grundschule auf ein Gymnasium überzuwechseln (odds ratios = 2.22). Die aufgeklärte Varianz steigt nach Berücksichtigung der kognitiven Fähigkeiten auf 23 Prozent. Hohe Bildungsaspirationen der Eltern erhöhen die relative Chance, ein Gymnasium zu besuchen, auf das 3,4-fache.

Im Gegensatz zu den Befunden der logistischen Regressionsanalyse von 2004 stellt 2006 ein restriktives Familienklima ein signifikantes Risiko für den Übertritt in ein Gymnasium dar. Die relative Chance, nach der Grundschule auf ein Gymnasium zu gehen, verringert sich auf das 0,8-fache.

8.3 Analyseschritt 3: Replikation der Befunde aus dem ersten Analyseschritt in den 7. Jahrgangsstufen

Die Fragestellung für den dritten Analyseschritt lautet: Lassen sich die Ergebnisse aus Analyseschritt 1 in den 7. Jahrgangsstufen 2004 und 2006 replizieren? Inwiefern wirken also die Risiken und die protektiven Faktoren auf die Leistungsergebnisse in der 7. Jahrgangsstufe?

Im Folgenden werden die Regressionsanalysen, die für die 5. Jahrgangsstufen im Jahr 2004 und 2006 durchgeführt wurden, in den 7. Jahrgangsstufen repliziert. Die Schulform (Gymnasium vs. kein Gymnasium) wird zunächst in den Analysen nicht berücksichtigt, um die Vergleichbarkeit zu den 5. Jahrgangsstufen zu gewährleisten. Im letzten Analyseschritt wird sie mit einbezogen, um zu kontrollieren, ob die Befunde stabil bleiben oder durch die Schulform beeinflusst werden.

8.3.1 Soziale und migrationsbedingte Disparitäten in der 7. Jahrgangsstufe bei den Leseleistungen 2004 und 2006

Für die Leseleistungen im 7. Jahrgang 2004 gelten im Wesentlichen die gleichen Prädiktoren wie in der Regressionsanalyse für den 5. Jahrgang 2004.

Ein niedriger familiärer SES und eine andere Umgangssprache in der Familie als Deutsch haben einen negativen Effekt auf die Leseleistung. Dieser verringert sich deutlich nach Berücksichtigung der kognitiven Fähigkeiten und der Aspirationen der Eltern (Tabelle 50).

Im ersten Regressionsschritt, bei dem nur diese beiden Risiken in der Analyse berücksichtigt werden, werden 16 Prozent der Leistungsvarianz im Lesen aufgeklärt. Der negative Effekt des SES auf die Leseleistung liegt im 7. Jahrgang 2004 im selben Bereich wie in den 5. Jahrgängen 2004 und 2006 (β = -.18). Die kognitiven Fähigkeiten kompensieren diesen negativen Effekt, der Koeffizient des SES verringert sich dadurch (β = -.10). Nach Berücksichtigung der elterlichen Bildungsaspirationen lässt sich kein signifikanter Effekt des sozialen Hintergrundes mehr feststellen (β = -.06, p = .01). Hohe kognitive Fähigkeiten und hohe elterliche Bildungsaspirationen stellen auch in der 7. Jahrgangsstufe schützende Faktoren für den negativen Effekt eines niedrigen SES dar.

Tabelle 50: Vorhersage der Kompetenzen im Lesen 7. Klasse 2004, standardisierte Beta-Gewichte aus Regressionsanalysen, Bremer Schülerinnen und Schüler aus Schulen in schwieriger Lage

Prädiktor/Modell	1	2	3	4	5	6	7	8	9	10	11	12	13	14
ISEI	-.18*	-.16*	-.15*	-.15*	-.15*	-.10*	-.06	-.06	-.05	-.05	-.05	-.05	-.05	-.03
	(.028)	(.026)	(.026)	(.026)	(.026)	(.024)	(.023)	(.023)	(.023)	(.023)	(.023)	(.023)	(.023)	(.023)
Umgangssprache im Elternhaus	-.33*	-.33*	-.34*	-.33*	-.33*	-.27*	-.29*	-.29*	-.29*	-.29*	-.29*	-.29*	-.29*	-.26*
	(.028)	(.026)	(.026)	(.026)	(.026)	(.024)	(.023)	(.023)	(.023)	(.023)	(.023)	(.023)	(.023)	(.022)
Selbstkonzept im Fach Deutsch	-	.21*	.19*	.19*	.18*	.17*	.15*	.15*	.15*	.15*	.15*	.15*	.15*	.14*
		(.030)	(.030)	(.030)	(.031)	(.028)	(.028)	(.028)	(.028)	(.024)	(.024)	(.024)	(.024)	
Stabilität	-	-	.09	.10	.10	.07	.05	.05	.05	.05	.05	.05	.05	.04
			(.035)	(.036)	(.035)	(.029)	(.026)	(.027)	(.027)	(.027)	(.026)	(.026)	(.026)	(.025)
Gewissenhaftigkeit	-	-	.04	.04	.04	.01	-.02	-.02	-.02	-.02	-.02	-.02	-.02	-.04
			(.036)	(.036)	(.037)	(.030)	(.028)	(.028)	(.028)	(.029)	(.028)	(.029)	(.027)	(.027)
Akzeptierendes Familienklima	-	-	-	-.06	-.06	-.03	-.03	-.03	-.02	-.02	-.02	-.02	-.02	-.01
				(.035)	(.035)	(.029)	(.026)	(.026)	(.027)	(.026)	(.026)	(.027)	(.025)	(.024)
Restriktives Familienklima	-	-	-	-.06	-.06	-.04	-.03	-.03	-.03	-.03	-.02	-.02	-.03	-.03
				(.030)	(.030)	(.027)	(.026)	(.027)	(.026)	(.027)	(.027)	(.027)	(.026)	(.024)
Geschlecht	-	-	-	-	.03	.04	.03	.02	.02	.02	.02	.02	.03	.03
					(.027)	(.024)	(.023)	(.023)	(.024)	(.023)	(.023)	(.023)	(.023)	(.022)
Kognitive Fähigkeiten	-	-	-	-	-	.41*	.34*	.34*	.34*	.34*	.34*	.34*	.34*	.30*
						(.024)	(.023)	(.023)	(.023)	(.023)	(.024)	(.024)	(.023)	(.024)
Aspirationen der Eltern	-	-	-	-	-	.28*	.28*	.27*	.27*	.27*	.27*	.27*	.17*
						(.026)	(.026)	(.026)	(.025)	(.025)	(.025)	(.025)	(.029)
Selbstkonzept x ISEI	-	-	-	-	-	-	-.02	-.01	-.01	-.01	-.01	-.01	-.01
							(.023)	(.025)	(.025)	(.025)	(.026)	(.026)	(.024)
Selbstkonzept x Sprache	-	-	-	-	-	-	-.02	-.02	-.02	-.02	-.02	-.01	-.01
							(.023)	(.024)	(.024)	(.024)	(.025)	(.023)	(.023)
Stabilität x ISEI	-	-	-	-	-	-	-	-.01	-.01	-.01	-.01	-.01	-.01
								(.028)	(.028)	(.028)	(.028)	(.027)	(.027)
Stabilität x Sprache	-	-	-	-	-	-	-	.00	.01	.01	.01	.02	.02
								(.035)	(.036)	(.035)	(.036)	(.032)	(.030)
Gewissenhaftigkeit x ISEI	-	-	-	-	-	-	-	-.02	-.02	-.01	-.01	-.01	-.01
								(.030)	(.029)	(.028)	(.029)	(.028)	(.026)
Gewissenhaftigkeit x Sprache	-	-	-	-	-	-	-	.00	.00	.00	.00	.01	.00
								(.027)	(.028)	(.028)	(.028)	(.026)	(.026)
Akzeptierendes Klima x ISEI	-	-	-	-	-	-	-	-	-.05	-.05	-.05	-.04	-.05
									(.032)	(.033)	(.032)	(.026)	(.026)
Restriktives Klima x ISEI	-	-	-	-	-	-	-	-	-.01	-.01	-.01	-.01	-.01
									(.026)	(.027)	(.027)	(.025)	(.025)
Akzeptierendes Klima x Sprache	-	-	-	-	-	-	-	-	-.03	-.03	-.03	-.03	-.03
									(.030)	(.030)	(.030)	(.027)	(.027)
Restriktives Klima x Sprache	-	-	-	-	-	-	-	-	-.01	-.01	-.01	-.01	-.01
									(.024)	(.024)	(.024)	(.024)	(.023)
Geschlecht x ISEI	-	-	-	-	-	-	-	-	-	-	-.02	-.02	-.02	-.02
											(.023)	(.023)	(.023)	(.023)
Geschlecht x Sprache	-	-	-	-	-	-	-	-	-	-	.00	.00	.00	-.01
											(.024)	(.024)	(.024)	(.022)
Kogn. Fähigkeiten x ISEI	-	-	-	-	-	-	-	-	-	-	-	.00	.01	.01
												(.022)	(.023)	(.022)
Kogn. Fähigkeiten x Sprache	-	-	-	-	-	-	-	-	-	-	-	-.03	-.01	-.02
												(.023)	(.025)	(.024)
Aspirationen x Sprache	-	-	-	-	-	-	-	-	-	-	-	-	-.06	-.03
													(.032)	(.035)
Aspirationen der Eltern x ISEI	-	-	-	-	-	-	-	-	-	-	-	-	-.01	.00
													(.025)	(.026)
Schulform Gymnasium	-	-	-	-	-	-	-	-	-	-	-	-	-	.21*
														(.065)
Korrigiertes R²	.16	.21	.22	.22	.22	.38	.44	.44	.44	.44	.44	.44	.44	.47

* p < .005
In den Klammern sind die Standardfehler angegeben.

Ist die Umgangssprache in der Familie nicht Deutsch, hat dies einen starken negativen Effekt auf die Leseleistung (β = -.33, R^2 = .16). Dieser Effekt wird durch die Berücksichtigung der kognitiven Fähigkeiten leicht abgemildert (Regressionsschritt 6: β = -.27, R^2 = .38). Weiterhin fällt der Nachteil durch den sprachlichen Hintergrund am Gymnasium geringer aus (Regressionsschritt 14: β = -.26). Für den negativen Effekt einer nicht deutschen Umgangssprache gibt es keine stark kompensierenden Faktoren.

Das Selbstkonzept ist ein mittelstarker Prädiktor der Leistungsergebnisse im Lesen (β = .21). Nach Berücksichtigung aller weiteren Haupt- und Interaktionseffekte liegt der Betakoeffizient des Selbstkonzeptes bei β = .14.

Die kognitiven Fähigkeiten leisten den größten Beitrag zur Vorhersage der Leseleistung (β = .41, R^2 = .38). Nach Berücksichtigung der Bildungsaspirationen der Eltern sinkt dieser Koeffizient auf β = .34 und in Modell 14 nach der Einbeziehung der Schulform auf β = .30.

Die Schulform Gymnasium ist ein guter Prädiktor der Leseleistung. Wird sie in Modell 14 berücksichtigt, erhöht sich die Erklärungskraft des Modells um 3 Punkte auf R^2 = .47. Aber auch nach Berücksichtigung der Schulform verschwinden die Effekte der nicht deutschen Umgangssprache in der Familie, der kognitiven Fähigkeiten, der elterlichen Bildungsaspirationen und des Selbstkonzeptes nicht.

Bei der Messung im 7. Jahrgang 2006 wurden, wie bereits erwähnt, die Persönlichkeitsfaktoren Stabilität und Gewissenhaftigkeit nicht erhoben. Insgesamt ist die Erklärungskraft der Modelle in der Regressionsanalyse 2006 etwas geringer als 2004. Eingangs werden durch die Risiken eines niedrigen SES und der überwiegend in der Familie gesprochenen Sprache nur 14 Prozent der Leistungsvarianz im Lesen aufgeklärt (Tabelle 51). Nach Berücksichtigung aller weiteren Prädiktoren wird in Modell 12 ein Varianzanteil von 40 Prozent aufgeklärt.

Im 7. Jahrgang 2006 werden die gleichen Prädiktoren für die Leseleistung bedeutsam wie in den vorherigen Analysen in den 5. Jahrgängen 2004 und 2006 sowie im 7. Jahrgang 2004. Es zeigen sich Unterschiede in der Höhe der Betakoeffizienten und in ihrer Stabilität in den einzelnen Modellen. Während der Effekt des SES in den bisherigen Regressionsanalysen nach der Berücksichtigung der kognitiven Fähigkeiten und der elterlichen Bildungsaspirationen statistisch nicht mehr signifikant wurde, bleibt er in dieser Analyse bis zum Modell 11 signifikant (β = -.09, p = .002). Erst im Modell 12 nach Einbeziehung der Schulform wird zusätzlich durch den SES keine statistisch signifikante Leistungsvarianz im Lesen aufgeklärt. Das Signifikanzniveau von p < .005 wird jedoch nur knapp verfehlt (β = -.07, p = .006).

Die überwiegend im elterlichen Haushalt gesprochene nicht deutsche Umgangssprache stellt in allen Modellen ein hohes Risiko für die Leistungsergebnisse im Lesen dar. Dieser Effekt wird zum Teil durch die kognitiven Fähigkeiten abgemildert. Im Gymnasium (Tabelle 51; Modell 12) wirkt sich die nicht deutsche Umgangssprache weniger negativ auf die Leseleistungen aus.

Tabelle 51: Vorhersage der Kompetenzen im Lesen 7. Klasse 2006, standardisierte Beta-Gewichte aus Regressionsanalysen, Bremer Schülerinnen und Schüler aus Schulen in schwieriger Lage

Prädiktor/Modell	1	2	3	4	5	6	7	8	9	10	11	12
ISEI	-.19*	-.18*	-.18*	-.18*	-.12*	-.10*	-.10*	-.10*	-.10*	-.10*	-.09*	-.07
	(.030)	(.030)	(.030)	(.030)	(.027)	(.027)	(.027)	(.013)	(.028)	(.028)	(.027)	(.027)
Umgangssprache im Elternhaus	-.29*	-.28*	-.27*	-.27*	-.22*	-.24*	-.24*	-.24*	-.24*	-.24*	-.24*	-.21*
	(.031)	(.030)	(.030)	(.030)	(.028)	(.028)	(.027)	(.027)	(.027)	(.027)	(.027)	(.026)
Selbstkonzept im Fach Deutsch	-	.16*	.15*	.16*	.14*	.13*	.13*	.13*	.13*	.13*	.13*	.13*
		(.030)	(.031)	(.031)	(.028)	(.027)	(.027)	(.027)	(.027)	(.027)	(.027)	(.027)
Akzeptierendes Familienklima	-	-	-.01	-.01	-.02	-.03	-.03	-.03	-.03	-.02	-.02	-.02
			(.033)	(.034)	(.028)	(.027)	(.027)	(.028)	(.028)	(.028)	(.027)	(.026)
Restriktives Familienklima	-	-	-.06	-.07	-.05	-.05	-.05	-.05	-.05	-.05	-.05	-.03
			(.033)	(.034)	(.029)	(.029)	(.028)	(.030)	(.030)	(.031)	(.030)	(.029)
Geschlecht	-	-	-	-.03	-.01	-.02	-.02	-.02	-.02	-.02	-.02	-.03
				(.030)	(.027)	(.027)	(.027)	(.027)	(.027)	(.027)	(.027)	(.025)
Kognitive Fähigkeiten	-	-	-	-	.43*	.38*	.38*	.38*	.38*	.38*	.38*	.32*
					(.026)	(.027)	(.027)	(.027)	(.027)	(.027)	(.027)	(.027)
Aspirationen der Eltern	-	-	-	-	-	.14*	.14*	.14*	.15*	.15*	.15*	.05
						(.029)	(.028)	(.028)	(.028)	(.028)	(.028)	(.029)
Selbstkonzept x ISEI	-	-	-	-	-	-	-.04	-.04	-.04	-.04	-.03	-.03
							(.025)	(.026)	(.026)	(.027)	(.028)	(.027)
Selbstkonzept x zu Hause gesprochene Sprache	-	-	-	-	-	-	-.02	-.02	-.02	-.02	-.01	-.02
							(.026)	(.027)	(.027)	(.027)	(.027)	(.027)
Akzeptierendes Familienklima x ISEI	-	-	-	-	-	-	-	-.01	-.01	-.01	-.01	-.01
								(.027)	(.027)	(.027)	(.027)	(.027)
Restriktives Familienklima x ISEI	-	-	-	-	-	-	-	.00	.00	.00	.00	.00
								(.026)	(.027)	(.028)	(.028)	(.027)
Akzeptierendes Familienklima x zu Hause gesprochene Sprache	-	-	-	-	-	-	-	.00	-.01	.00	.00	-.01
								(.031)	(.031)	(.031)	(.031)	(.028)
Restriktives Familienklima x zu Hause gesprochene Sprache	-	-	-	-	-	-	-	-.01	-.02	-.02	-.02	-.02
								(.034)	(.034)	(.034)	(.033)	(.031)
Geschlecht x ISEI	-	-	-	-	-	-	-	-	.02	.01	.02	.02
									(.029)	(.029)	(.030)	(.028)
Geschlecht x zu Hause gesprochene Sprache	-	-	-	-	-	-	-	-	-.04	-.04	-.04	-.04
									(.026)	(.027)	(.027)	(.025)
Kognitive Fähigkeiten x ISEI	-	-	-	-	-	-	-	-	-	-.03	-.01	.00
										(.026)	(.028)	(.027)
Kognitive Fähigkeiten x zu Hause gesprochene Sprache	-	-	-	-	-	-	-	-	-	-.01	.00	-.01
										(.027)	(.029)	(.028)
Aspirationen der Eltern x zu Hause gesprochene Sprache	-	-	-	-	-	-	-	-	-	-	-.02	.01
											(.029)	(.028)
Aspirationen der Eltern x ISEI	-	-	-	-	-	-	-	-	-	-	-.06	.00
											(.028)	(.027)
Schulform Gymnasium	-	-	-	-	-	-	-	-	-	-	-	.25*
												(.066)
Korrigiertes R²	.14	.16	.17	.17	.34	.36	.36	.36	.36	.36	.36	.40

* $p < .005$
In den Klammern sind die Standardfehler angegeben.

Das Selbstkonzept ist ein stabiler Prädiktor der Leistungsvarianz im Lesen. Ein höheres Selbstkonzept erhöht die Wahrscheinlichkeit einer besseren Leistung im Lesen. Nach Berücksichtigung der kognitiven Fähigkeiten und der elterlichen Bildungsaspirationen verringert sich der Effekt des fachlichen Selbstkonzeptes geringfügig.

In den Modellen zeigen das akzeptierende Familienklima, das restriktive Familienklima und das Geschlecht keinen signifikanten und statistisch bedeutsamen Effekt auf die Leistungsergebnisse im Lesen.

Die kognitiven Fähigkeiten erklären in den Modellen den höchsten Anteil der Leistungsvarianz im Lesen. Je höher die kognitiven Fähigkeiten bei Schülerinnen und Schülern ausgeprägt sind, desto höher wird im Mittel auch ihre Leseleistung sein. Die Höhe des Betakoeffizienten der kognitiven Fähigkeiten vermindert sich durch die Berücksichtigung der elterlichen Bildungsaspirationen (Tabelle 51, Modell 6) und durch die Schulform Gymnasium (Tabelle 51, Modell 12).

Die elterlichen Bildungsaspirationen wirken sich positiv auf die Leseleistung aus und erklären einen inkrementellen Anteil der Leistungsvarianz. Erst nach Berücksichtigung der Schulform Gymnasium leisten sie keinen zusätzlichen statistisch signifikanten Beitrag mehr (Tabelle 51, Modell 12).

Es gibt einen starken positiven Schulformeffekt auf die Leseleistung (Tabelle 51, Modell 12). Schülerinnen und Schüler, die ein Gymnasium besuchen, erzielen häufiger gute Leistungsergebnisse im Lesen als Kinder, die eine andere Schulform besuchen.

8.3.2 Soziale und migrationsbedingte Disparitäten in der 7. Jahrgangsstufe bei den orthografischen Leistungen 2004 und 2006

Die Befunde der Regressionsmodelle für die 7. Jahrgangsstufe im Jahr 2004 (Tabelle 52) stellen im Wesentlichen eine Replikation der Befunde aus den Analysen in den 5. Jahrgangsstufen 2004 und 2006 dar. Insgesamt ist die Erklärungskraft der Modelle für die Leistungsvarianz im Rechtschreiben höher. In Modell 1 werden 6 Prozent der Leistungsvarianz aufgeklärt, im letzten Modell 39 Prozent (Tabelle 52).

Ein niedriger SES und eine nicht deutsche Umgangssprache in der Familie stellen ein Risiko für die Leistungsergebnisse im Rechtschreiben dar. Der negative Effekt des SES kann durch hohe kognitive Fähigkeiten einer Schülerin oder eines Schülers sowie durch hohe elterliche Bildungsaspirationen kompensiert werden (vgl. Tabelle 52, Modell 6 und 7). Der negative Effekt der Umgangssprache ist am Gymnasium etwas geringer ausgeprägt (vgl. Tabelle 52, Modell 14).

Im Gegensatz zu den Befunden der Analysen in den 5. Jahrgangsstufen (Tabelle 44, Tabelle 45) ist der positive Effekt des fachlichen Selbstkonzeptes auf die Rechtschreibleistung geringer ausgeprägt und wird zunächst nach Berücksichtigung der kognitiven Fähigkeiten nicht mehr signifikant (Tabelle 52). Wird aber in Modell 14 die Schulform Gymnasium berücksichtigt, dann verdoppelt sich der Koeffizient von .07 auf .14 und wird wieder signifikant. Durch die Schulform wird ein Suppressoreffekt aufgedeckt.

Die Persönlichkeitseigenschaft Gewissenhaftigkeit, die Zugehörigkeit zum weiblichen Geschlecht, hohe kognitive Fähigkeiten sowie hohe Bildungsaspirationen der Eltern haben wie in den Regressionsmodellen für den 5. Jahrgang einen positiven Effekt auf die orthografischen Kompetenzen. Bei den Interaktionen zeigen sich keine signifikanten Effekte auf die Leistungsergebnisse im Rechtschreiben (Tabelle 52, Modell 8–14).

Tabelle 52: Vorhersage der orthografischen Kompetenzen 7. Klasse 2004, standardisierte Beta-Gewichte aus Regressionsanalysen, Bremer Schülerinnen und Schüler aus Schulen in schwieriger Lage

Prädiktor/Modell	1	2	3	4	5	6	7	8	9	10	11	12	13	14
ISEI	-.16*	-.15*	-.14*	-.14*	-.15*	-.11*	-.05	-.05	-.05	-.05	-.05	-.05	-.05	.00
	(.033)	(.033)	(.033)	(.081)	(.033)	(.030)	(.028)	(.029)	(.028)	(.028)	(.028)	(.029)	(.027)	(.030)
Umgangssprache im Elternhaus	-.18*	-.18*	-.20*	-.20*	-.19*	-.15*	-.18*	-.18*	-.18*	-.18*	-.18*	-.17*	-.18*	-.13*
	(.030)	(.029)	(.029)	(.030)	(.029)	(.027)	(.026)	(.026)	(.026)	(.026)	(.026)	(.026)	(.026)	(.026)
Selbstkonzept im Fach Deutsch	-	.11*	.11*	.10*	.10*	.08	.06	.06	.07	.06	.07	.07	.07	.14*
		(.034)	(.031)	(.032)	(.032)	(.028)	(.029)	(.031)	(.031)	(.031)	(.028)	(.028)	(.028)	(.025)
Stabilität	-	-	.02	.02	.04	.01	.00	.00	.00	.00	.00	.00	.00	.02
			(.035)	(.035)	(.034)	(.030)	(.029)	(.028)	(.028)	(.028)	(.028)	(.028)	(.029)	(.028)
Gewissenhaftigkeit	-	-	.18*	.18*	.14*	.11*	.08	.08	.08	.08	.08	.08	.08	.03
			(.037)	(.037)	(.038)	(.030)	(.032)	(.032)	(.032)	(.032)	(.033)	(.033)	(.033)	(.033)
Akzeptierendes Familienklima	-	-	-	-.05	-.04	-.02	-.02	-.02	-.02	-.02	-.02	-.02	-.02	-.01
				(.030)	(.029)	(.027)	(.027)	(.027)	(.026)	(.027)	(.027)	(.027)	(.027)	(.026)
Restriktives Familienklima	-	-	-	-.05	-.04	-.03	-.01	-.01	-.01	.00	.00	.00	.00	.02
				(.031)	(.030)	(.028)	(.027)	(.028)	(.028)	(.028)	(.028)	(.029)	(.028)	(.026)
Geschlecht	-	-	-	-	.17*	.17*	.16*	.16*	.16*	.16*	.16*	.16*	.16*	.14*
					(.028)	(.026)	(.026)	(.026)	(.026)	(.026)	(.025)	(.025)	(.026)	(.024)
Kognitive Fähigkeiten	-	-	-	-	-	.33*	.27*	.27*	.27*	.27*	.27*	.27*	.27*	.20*
						(.027)	(.074)	(.026)	(.026)	(.026)	(.027)	(.027)	(.027)	(.025)
Aspirationen der Eltern	-	-	-	-	-	-	.26*	.26*	.26*	.26*	.26*	.26*	.26*	.16*
							(.033)	(.033)	(.033)	(.033)	(.031)	(.032)	(.031)	(.030)
Selbstkonzept x ISEI	-	-	-	-	-	-	-	.01	.01	.01	.01	.01	.01	-.01
								(.052)	(.052)	(.050)	(.048)	(.047)	(.040)	(.027)
Selbstkonzept x Sprache	-	-	-	-	-	-	-	-.02	-.02	-.02	-.02	-.02	-.02	-.02
								(.030)	(.031)	(.032)	(.032)	(.031)	(.027)	(.028)
Stabilität x ISEI	-	-	-	-	-	-	-	-	.04	.04	.04	.04	.04	.01
									(.030)	(.029)	(.030)	(.030)	(.029)	(.027)
Stabilität x Sprache	-	-	-	-	-	-	-	-	-.03	-.03	-.03	-.03	-.03	-.02
									(.034)	(.027)	(.038)	(.038)	(.038)	(.028)
Gewissenhaftigkeit x ISEI	-	-	-	-	-	-	-	-	-.04	-.05	-.05	-.05	-.05	-.04
									(.030)	(.031)	(.031)	(.031)	(.031)	(.029)
Gewissenhaftigkeit x Sprache	-	-	-	-	-	-	-	-	-.04	-.05	-.05	-.05	-.04	-.04
									(.035)	(.036)	(.031)	(.031)	(.031)	(.030)
Akzeptierendes Klima x ISEI	-	-	-	-	-	-	-	-	-	.00	.00	.00	.00	-.01
										(.029)	(.028)	(.028)	(.028)	(.028)
Restriktives Klima x ISEI	-	-	-	-	-	-	-	-	-	-.03	-.03	-.03	-.03	-.02
										(.030)	(.029)	(.029)	(.030)	(.033)
Akzeptierendes Klima x Sprache	-	-	-	-	-	-	-	-	-	-.01	-.01	-.01	-.01	-.01
										(.033)	(.033)	(.034)	(.031)	(.025)
Restriktives Klima x Sprache	-	-	-	-	-	-	-	-	-	-.02	-.02	-.02	-.02	-.03
										(.032)	(.032)	(.031)	(.029)	(.024)
Geschlecht x ISEI	-	-	-	-	-	-	-	-	-	-	.00	.00	.00	.00
											(.029)	(.029)	(.030)	(.026)
Geschlecht x Sprache	-	-	-	-	-	-	-	-	-	-	.00	.00	.00	.00
											(.026)	(.026)	(.026)	(.026)
Kognitive Fähigkeiten x ISEI	-	-	-	-	-	-	-	-	-	-	-	-.02	-.02	-.02
												(.025)	(.028)	(.024)
Kogn. Fähigkeiten x Sprache	-	-	-	-	-	-	-	-	-	-	-	.01	.02	.01
												(.028)	(.028)	(.027)
Aspirationen x Sprache	-	-	-	-	-	-	-	-	-	-	-	-	-.04	.01
													(.029)	(.028)
Aspirationen x ISEI	-	-	-	-	-	-	-	-	-	-	-	-	.01	.02
													(.035)	(.027)
Schulform Gymnasium	-	-	-	-	-	-	-	-	-	-	-	-	-	.29*
														(.070)
Korrigiertes R²	.06	.12	.14	.15	.17	.27	.34	.34	.34	.34	.34	.34	.34	.39

* p < .005

In den Klammern sind die Standardfehler angegeben.

Tabelle 53: Vorhersage der orthografischen Kompetenzen 7. Klasse 2006, standardisierte Beta-Gewichte aus Regressionsanalysen, Bremer Schülerinnen und Schüler aus Schulen in schwieriger Lage

Prädiktor/Modell	1	2	3	4	5	6	7	8	9	10	11	12
ISEI	-.16*	-.14*	-.14*	-.14*	-.10*	-.06	-.06	-.06	-.06	-.06	-.05	-.03
	(.033)	(.033)	(.033)	(.033)	(.030)	(.029)	(.029)	(.029)	(.029)	(.029)	(.030)	(.030)
Umgangssprache im Elternhaus	-.17*	-.16*	-.16*	-.16*	-.12*	-.15*	-.15*	-.15*	-.15*	-.15*	-.15*	-.12*
	(.032)	(.030)	(.031)	(.031)	(.029)	(.027)	(.027)	(.027)	(.027)	(.027)	(.027)	(.026)
Selbstkonzept im Fach Deutsch	-	.23*	.23*	.21*	.20*	.18*	.18*	.18*	.17*	.17*	.17*	.18*
		(.032)	(.032)	(.033)	(.031)	(.030)	(.030)	(.030)	(.030)	(.030)	(.029)	(.029)
Akzeptierendes Familienklima	-	-	.02	.03	.02	.00	.00	.00	.00	.00	.00	.01
			(.034)	(.031)	(.029)	(.029)	(.030)	(.030)	(.030)	(.029)		(.026)
Restriktives Familienklima	-	-	-.03	-.01	.00	.03	.00	.00	.00	.00	.00	.03
			(.035)	(.036)	(.032)	(.030)	(.030)	(.031)	(.031)	(.031)	(.030)	(.028)
Geschlecht	-	-	-	.12*	.13*	.12*	.12*	.12*	.12*	.12*	.12*	.11*
				(.030)	(.028)	(.027)	(.027)	(.028)	(.028)	(.028)	(.028)	(.026)
Kognitive Fähigkeiten	-	-	-	-	.38*	.30*	.30*	.30*	.30*	.30*	.30*	.21*
					(.027)	(.028)	(.029)	(.030)	(.029)	(.029)	(.028)	(.028)
Aspirationen der Eltern	-	-	-	-	-	.24*	.24*	.24*	.24*	.24*	.25*	.11*
						(.031)	(.031)	(.032)	(.032)	(.032)	(.032)	(.033)
Selbstkonzept x ISEI	-	-	-	-	-	-	.01	.00	.00	.00	-.02	.00
							(.029)	(.030)	(.030)	(.031)	(.027)	(.027)
Selbstkonzept x zu Hause gesprochene Sprache	-	-	-	-	-	-	-.04	-.04	-.04	-.04	-.03	-.04
							(.029)	(.030)	(.030)	(.030)	(.029)	(.028)
Akzeptierendes Familienklima x ISEI	-	-	-	-	-	-	-	.00	.00	.00	.00	-.01
								(.030)	(.030)	(.030)	(.029)	(.027)
Restriktives Familienklima x ISEI	-	-	-	-	-	-	-	-.04	-.04	-.04	-.04	-.04
								(.027)	(.028)	(.028)	(.028)	(.027)
Akzeptierendes Familienklima x zu Hause gesprochene Sprache	-	-	-	-	-	-	-	.03	.03	.03	.04	.03
								(.030)	(.031)	(.030)	(.030)	(.026)
Restriktives Familienklima x zu Hause gesprochene Sprache	-	-	-	-	-	-	-	.00	.00	.00	.00	.00
								(.030)	(.030)	(.030)	(.030)	(.028)
Geschlecht x ISEI	-	-	-	-	-	-	-	-	.00	.00	.00	.01
									(.027)	(.028)	(.027)	(.025)
Geschlecht x zu Hause gesprochene Sprache	-	-	-	-	-	-	-	-	-.02	-.02	-.02	-.02
									(.029)	(.029)	(.029)	(.028)
Kognitive Fähigkeiten x ISEI	-	-	-	-	-	-	-	-	-	.00	.01	.02
										(.026)	(.028)	(.025)
Kognitive Fähigkeiten x zu Hause gesprochene Sprache	-	-	-	-	-	-	-	-	-	-.03	-.01	-.02
										(.029)	(.030)	(.029)
Aspirationen der Eltern x zu Hause gesprochene Sprache	-	-	-	-	-	-	-	-	-	-	-.05	-.01
											(.030)	(.028)
Aspirationen der Eltern x ISEI	-	-	-	-	-	-	-	-	-	-	-.02	-.02
											(.032)	(.029)
Schulform Gymnasium	-	-	-	-	-	-	-	-	-	-	-	0.35*
												(.067)
Korrigiertes R²	.06	.12	.12	.13	.27	.32	.32	.32	.32	.32	.32	.40

*p < .005
In den Klammern sind die Standardfehler angegeben.

In den Regressionsmodellen für den 7. Jahrgang 2006 werden ebenfalls im Wesentlichen die bisherigen Befunde repliziert (Tabelle 53). Die Erklärungskraft in den Modellen ist vergleichbar mit der für den 7. Jahrgang 2004. Im ersten Modell werden 6 Prozent der Leistungsvarianz im Rechtschreiben aufgeklärt und im letzten Modell 40 Prozent. Ein niedriger SES und eine andere in der Familie gesprochene Umgangssprache als Deutsch stellen, wie in allen zuvor beschriebenen Analysen, ein Risiko für die orthografischen Leistungen dar. Das Risiko eines niedrigen SES wird durch die kognitiven Fähigkeiten einer Schülerin oder eines Schülers und die elterlichen Bildungsaspirationen kompensiert (Tabelle 53, Modell 5, Modell 6). Der negative Effekt einer nicht deutschen Umgangssprache ist am Gymnasium weniger stark ausgeprägt als in anderen Bildungsgängen, wird aber nicht vollständig kompensiert.

Der positive Effekt des fachlichen Selbstkonzeptes auf die Rechtschreibleistungen ist in der 7. Jahrgangsstufe 2006 (Tabelle 53) vergleichbar mit den Befunden für die 5. Jahrgangsstufen (Tabelle 44, Tabelle 45). Er ist damit sehr viel höher ausgeprägt als in den Analysen für die 7. Jahrgangsstufe 2004 (Tabelle 52).

Das akzeptierende und das restriktive Familienklima leisten keinen Beitrag zur Aufklärung der Leistungsvarianz im Rechtschreiben. Mädchen erzielen häufiger gute Rechtschreibleistungen als Jungen.

Schülerinnen und Schüler, die über hohe kognitive Fähigkeiten verfügen, werden besser im Rechtschreiben sein als solche mit geringeren kognitiven Fähigkeiten. Nach Berücksichtigung der Schulform Gymnasium fällt die Vorhersage der Varianz in den Rechtschreibleistungen durch kognitive Fähigkeiten geringer aus (Tabelle 53, Modell 12).

Hohe elterliche Bildungsaspirationen begünstigen gute Leistungsergebnisse im Rechtschreiben. Nach Berücksichtigung der Schulform Gymnasium fällt dieser Effekt wesentlich geringer aus (Tabelle 53, Modell 12). Es gibt einen positiven Zusammenhang zwischen der Zugehörigkeit zum Gymnasium und den Rechtschreibleistungen (Tabelle 53, Modell 12). Signifikante Interaktionseffekte treten nicht auf (Tabelle 53, Modell 7–12).

8.3.3 Soziale und migrationsbedingte Disparitäten in der 7. Jahrgangsstufe bei den Leistungen in Mathematik 2004 und 2006

In der 7. Jahrgangsstufe 2004 (Tabelle 54) werden im Wesentlichen die Befunde aus den Analysen in den 5. Jahrgangsstufen 2004 (Tabelle 46) und 2006 (Tabelle 47) repliziert. Ein niedriger SES und eine nicht deutsche Umgangssprache in der Familie stellen ein Risiko für die Mathematikleistung dar. Ein hohes fachliches Selbstkonzept in Mathematik, männliches Geschlecht, hohe kognitive Fähigkeiten und hohe elterliche Bildungsaspirationen wirken sich positiv auf die Leistungsergebnisse in Mathematik aus (Tabelle 54).

Der negative Effekt eines niedrigen SES auf die Leistungsergebnisse wird durch hohe kognitiven Fähigkeiten und hohe elterliche Bildungsaspirationen kompensiert (Tabelle 54, Modell 6 und 7). Der negative Effekt, den eine nicht deutsche Umgangssprache in der Familie auf Mathematikleistungen hat, besteht in allen Regressionsmodellen und wird nur geringfügig durch die kognitiven Fähigkeiten abgemildert.

Ein hohes mathematisches Selbstkonzept einer Schülerin oder eines Schülers wirkt sich in allen Modellen positiv auf die Leistungsergebnisse in Mathematik aus. Die Effektstärke wird durch hohe kognitive Fähigkeiten und hohe elterliche Aspirationen etwas verringert (Tabelle 54, Modell 6 und 7).

Die Persönlichkeitsfaktoren Stabilität und Gewissenhaftigkeit sowie ein akzeptierendes oder restriktives Familienklima besitzen keinen statistisch signifikanten Effekt auf die Mathematikleistung.

Tabelle 54: Vorhersage der mathematischen Kompetenzen 7. Klasse 2004, standardisierte Beta-Gewichte aus Regressionsanalysen, Bremer Schülerinnen und Schüler aus Schulen in schwieriger Lage

Prädiktor/Modell	1	2	3	4	5	6	7	8	9	10	11	12	13	14
ISEI	-.21*	-.18*	-.18*	-.18*	-.17*	-.13*	-.07	-.07	-.07	-.07	-.07	-.06	-.06	-.04
	(.029)	(.028)	(.029)	(.03)	(.029)	(.024)	(.026)	(.025)	(.027)	(.026)	(.027)	(.025)	(.025)	(.023)
Umgangssprache	-.25*	-.25*	-.25*	-.25*	-.25*	-.19*	-.21*	-.21*	-.20*	-.20*	-.20*	-.20*	-.21*	-.18*
im Elternhaus	(.028)	(.027)	(.028)	(.029)	(.028)	(.079)	(.024)	(.023)	(.023)	(.023)	(.023)	(.023)	(.024)	(.023)
Selbstkonzept im	-	.31*	.30*	.30*	.28*	.19*	.15*	.15*	.15*	.15*	.15*	.15*	.15*	.15*
Fach Mathematik		(.028)	(.029)	(.029)	(.028)	(.024)	(.024)	(.024)	(.024)	(.023)	(.023)	(.023)	(.025)	(.025)
Stabilität	-	-	.08	.09	.08	.05	.04	.03	.04	.03	.04	.04	.04	.03
			(.048)	(.049)	(.048)	(.03)	(.033)	(.029)	(.029)	(.029)	(.030)	(.030)	(.034)	(.033)
Gewissenhaftigkeit	-	-	.02	.03	.05	.02	-.02	-.02	-.02	-.01	-.01	-.02	-.01	-.04
			(.031)	(.032)	(.032)	(.029)	(.027)	(.026)	(.025)	(.026)	(.026)	(.026)	(.027)	(.027)
Akzeptierendes	-	-	-	-.07	-.07	-.05	-.04	-.04	-.04	-.03	-.03	-.03	-.03	-.03
Familienklima				(.032)	(.032)	(.025)	(.024)	(.023)	(.023)	(.023)	(.023)	(.023)	(.024)	(.022)
Restriktives	-	-	-	-.02	-.03	-.02	-.01	-.01	-.01	.00	.00	.00	.00	.00
Familienklima				(.028)	(.028)	(.024)	(.024)	(.024)	(.024)	(.023)	(.023)	(.023)	(.024)	(.024)
Geschlecht	-	-	-	-	-.10*	-.10*	-.13*	-.13*	-.13*	-.13*	-.13*	-.13*	-.13*	-.13*
					(.028)	(.023)	(.022)	(.022)	(.022)	(.022)	(.022)	(.023)	(.023)	(.022)
Kognitive	-	-	-	-	-	.47*	.41*	.41*	.41*	.41*	.41*	.41*	.41*	.36*
Fähigkeiten						(.024)	(.022)	(.022)	(.023)	(.022)	(.022)	(.023)	(.023)	(.023)
Aspirationen der	-	-	-	-	-	-	.28*	.28*	.28*	.27*	.27*	.27*	.27*	.15*
Eltern							(.028)	(.028)	(.027)	(.025)	(.025)	(.028)	(.027)	(.034)
Selbstkonzept x ISEI	-	-	-	-	-	-	-	-.04	-.04	-.04	-.04	-.03	-.04	-.04
								(.028)	(.022)	(.023)	(.024)	(.027)	(.03)	(.029)
Selbstkonzept x	-	-	-	-	-	-	-	-.05	-.05	-.05	-.04	-.04	-.03	-.02
Sprache								(.023)	(.021)	(.022)	(.022)	(.025)	(.026)	(.025)
Stabilität x ISEI	-	-	-	-	-	-	-	.00	.00	.00	.01	.00	.01	
								(.025)	(.026)	(.026)	(.029)	(.03)	(.031)	
Stabilität x Sprache	-	-	-	-	-	-	-	-.02	.00	.01	.01	.01	.01	
								(.027)	(.024)	(.025)	(.031)	(.031)	(.029)	
Gewissenhaftigkeit x	-	-	-	-	-	-	-	-.02	-.02	-.03	-.02	-.03	-.03	
ISEI								(.026)	(.025)	(.025)	(.028)	(.03)	(.028)	
Gewissenhaftigkeit x	-	-	-	-	-	-	-	-.02	-.02	-.03	-.03	-.02	-.02	
Sprache								(.026)	(.025)	(.028)	(.033)	(.032)	(.031)	
Akzeptierendes	-	-	-	-	-	-	-	-	-.01	-.01	-.01	.00	-.01	
Klima x ISEI									(.024)	(.024)	(.031)	(.031)	(.028)	
Restriktives Klima x	-	-	-	-	-	-	-	-	-.01	-.01	-.01	-.01	-.01	
ISEI									(.035)	(.037)	(.040)	(.042)	(.043)	
Akzeptierendes	-	-	-	-	-	-	-	-	-.03	-.02	-.02	-.03	-.03	
Klima x Sprache									(.022)	(.022)	(.03)	(.025)	(.024)	
Restriktives Klima x	-	-	-	-	-	-	-	-	-.04	-.04	-.04	-.04	-.04	
Sprache									(.022)	(.022)	(.023)	(.023)	(.022)	
Geschlecht x ISEI	-	-	-	-	-	-	-	-	-	.01	.01	.01	.01	
										(.023)	(.029)	(.028)	(.028)	
Geschlecht x	-	-	-	-	-	-	-	-	-	.05	.05	.05	.04	
Sprache										(.026)	(.027)	(.027)	(.026)	
Kognitive Fähig-	-	-	-	-	-	-	-	-	-	-	-.02	-.03	-.02	
keiten x ISEI											(.022)	(.024)	(.024)	
Kogn. Fähigkeiten	-	-	-	-	-	-	-	-	-	-	-.03	-.01	-.02	
x Sprache											(.026)	(.025)	(.023)	
Aspirationen x	-	-	-	-	-	-	-	-	-	-	-	-.06	-.02	
Sprache												(.026)	(.026)	
Aspirationen der	-	-	-	-	-	-	-	-	-	-	-	.03	.04	
Eltern x ISEI												(.033)	(.035)	
Schulform	-	-	-	-	-	-	-	-	-	-	-	-	-	.25*
														(.067)
Korrigiertes R-Quadrat	.12	.22	.23	.23	.24	.44	.50	.51	.51	.51	.51	.51	.51	.55

*p < .005
In den Klammern sind die Standardfehler angegeben.

Tabelle 55 Vorhersage der mathematischen Kompetenzen 7. Klasse 2006, standardisierte Beta-Gewichte aus Regressionsanalysen, Bremer Schülerinnen und Schüler aus Schulen in schwieriger Lage

Prädiktor/Modell	1	2	3	4	5	6	7	8	9	10	11	12
ISEI	-.17*	-.14*	-.14*	-.14*	-.10*	-.06	-.06	-.06	-.06	-.05	-.05	-.03
	(.032)	(.031)	(.031)	(.031)	(.028)	(.027)	(.027)	(.026)	(.027)	(.027)	(.027)	(.026)
Umgangssprache im Elternhaus	-.19*	-.20*	-.19*	-.19*	-.14*	-.16*	-.16*	-.16*	-.16*	-.16*	-.16*	-.13*
	(.031)	(.031)	(.031)	(.031)	(.027)	(.026)	(.026)	(.026)	(.026)	(.027)	(.026)	(.025)
Selbstkonzept im Fach Mathematik	-	.26*	.27*	.26*	.15*	.13*	.13*	.13*	.13*	.13*	.13*	.14*
		(.035)	(.036)	(.037)	(.032)	(.029)	(.029)	(.029)	(.029)	(.029)	(.028)	(.028)
Akzeptierendes Familienklima	-	-	-.06	-.06	-.06	-.08*	-.08*	-.08*	-.08	-.08	-.08	-.07
			(.035)	(.035)	(.029)	(.027)	(.027)	(.029)	(.029)	(.029)	(.028)	(.028)
Restriktives Familienklima	-	-	-.03	-.05	-.04	-.04	-.04	-.04	-.04	-.03	-.03	-.01
			(.033)	(.034)	(.029)	(.029)	(.029)	(.030)	(.030)	(.030)	(.029)	(.027)
Geschlecht	-	-	-	-.07	-.08*	-.10*	-.10*	-.10*	-.10*	-.10*	-.10*	-.10*
				(.029)	(.026)	(.026)	(.026)	(.026)	(.026)	(.026)	(.027)	(.024)
Kognitive Fähigkeiten	-	-	-	-	.45*	.38*	.38*	.38*	.38*	.38*	.37*	.30*
					(.027)	(.028)	(.028)	(.028)	(.028)	(.029)	(.028)	(.027)
Aspirationen der Eltern	-	-	-	-	-	.23*	.23*	.23*	.23*	.23*	.23*	.11*
						(.030)	(.030)	(.030)	(.030)	(.030)	(.031)	(.031)
Selbstkonzept x ISEI	-	-	-	-	-	-	-.03	-.03	-.02	-.01	-.01	-.02
							(.027)	(.027)	(.031)	(.031)	(.032)	(.029)
Selbstkonzept x Sprache	-	-	-	-	-	-	-.04	-.04	-.05	-.04	-.04	-.05
							(.026)	(.027)	(.027)	(.027)	(.028)	(.026)
Akzeptierendes Klima x ISEI	-	-	-	-	-	-	-	.01	.01	.01	.01	.01
								(.030)	(.041)	(.030)	(.029)	(.027)
Restriktives Klima x ISEI	-	-	-	-	-	-	-	.02	.02	.02	.01	.01
								(.028)	(.028)	(.029)	(.028)	(.026)
Akzeptierendes Klima x Sprache	-	-	-	-	-	-	-	.02	.02	.02	.02	.02
								(.034)	(.027)	(.034)	(.033)	(.028)
Restriktives Klima x Sprache	-	-	-	-	-	-	-	-.02	-.03	-.02	-.02	-.02
								(.027)	(.028)	(.028)	(.028)	(.025)
Geschlecht x ISEI	-	-	-	-	-	-	-	-	.03	.03	.03	.03
									(.027)	(.026)	(.026)	(.025)
Geschlecht x Sprache	-	-	-	-	-	-	-	-	-.01	-.01	-.01	-.01
									(.027)	(.027)	(.027)	(.025)
Kognitive Fähigkeiten x ISEI	-	-	-	-	-	-	-	-	-	-.04	-.03	-.02
										(.024)	(.026)	(.025)
Kogn. Fähigkeiten x Sprache	-	-	-	-	-	-	-	-	-	-.01	.00	.00
										(.027)	(.029)	(.027)
Aspirationen x Sprache	-	-	-	-	-	-	-	-	-	-	-.04	.00
											(.028)	(.026)
Aspirationen der Eltern x ISEI	-	-	-	-	-	-	-	-	-	-	-.04	-.03
											(.030)	(.027)
Schulform	-	-	-	-	-	-	-	-	-	-	-	.31*
												(.064)
Korrigiertes R-Quadrat	.07	.14	.14	.15	.33	.37	.38	.37	.37	.38	.38	.44

*$p < .005$

In den Klammern sind die Standardfehler angegeben.

Im Vergleich zu den Befunden der 5. Jahrgangsstufen fällt in der 7. Jahrgangsstufe der Geschlechtseffekt geringer aus. Dennoch erzielen Jungen auch hier häufiger bessere Leistungen in Mathematik als Mädchen.

Die kognitiven Fähigkeiten stellen den besten Prädiktor der Mathematikleistung dar. Je höher sie ausgeprägt sind, desto besser sind auch die Leistungsergebnisse. Hohe elterliche Aspirationen haben ebenfalls einen positiven Effekt auf die Mathematikleistung. Besuchen Schülerinnen oder Schüler ein Gymnasium, fallen beide Effekte geringer aus. Für die Schulform Gymnasium zeigt sich ein positiver Effekt auf die Leistungsergebnisse in Mathematik.

Auch in den Regressionsmodellen für die 7. Klasse 2006 (Tabelle 55) zeigen sich im Wesentlichen die gleichen Befunde wie in den 5. Jahrgängen 2004 (Tabelle 46) und 2006 (Tabelle 47) sowie in der 7. Jahrgangstufe 2004 (Tabelle 54).

Ein niedriger SES und eine andere Umgangssprache als Deutsch in der Familie erweisen sich erneut als Risiken für die Mathematikleistung. Hohe kognitive Fähigkeiten sowie hohe elterliche Bildungsaspirationen wirken sich kompensierend bzw. abmildernd auf diese Risiken aus (Tabelle 55, Modell 5 und 6). Ein hohes fachliches Selbstkonzept in Mathematik, hohe kognitive Fähigkeiten sowie hohe elterliche Aspirationen wirken sich positiv auf die Leistungsergebnisse in Mathematik aus. Diese Effekte fallen am Gymnasium etwas geringer aus (Tabelle 55, Modell 12).

Insgesamt zeigt sich ein positiver Schulformeffekt auf die Matheleistung für Schülerinnen und Schüler des gymnasialen Bildungsganges. Sie erzielen häufiger bessere Leistungsergebnisse in Mathematik als dies bei Schülerinnen und Schülern der Fall ist, die eine andere Schulform besuchen.

8.4   Analyseschritt 4: Längsschnittanalysen von der 5. zur 7. Jahrgangsstufe (2004–2006)

Die Fragestellung für den vierten Analyseschritt lautet: Inwiefern wirken Risiken und protektive Faktoren auf den Schulerfolg bzw. die Leistungen im Längsschnitt?

In den vorausgegangenen Analysen konnten wesentliche Prädiktoren zur Vorhersage der Leistungen in Lesen, Rechtschreiben und Mathematik ermittelt werden. Da die Ergebnisse der durchgeführten Querschnittsanalysen in Bezug auf die Leistungsentwicklung nicht kausal interpretiert werden sollten (Bortz & Döring, 2006), wird im Rahmen von Längsschnittanalysen überprüft, welche dieser Prädiktoren eine Veränderung der Leistungen in Lesen, Rechtschreiben und Mathematik über die Zeit hinweg erklären können.

Es wird davon ausgegangen, dass sich zentrale Prädiktoren der vorausgegangenen Querschnittstudien zur Vorhersage der einzelnen Leistungen auch im Längsschnitt als bedeutsam erweisen. Diese Annahme wird größtenteils durch die Befunde bestätigt.

8.4.1   *Soziale und migrationsbedingte Disparitäten bei der Leistungsentwicklung im Lesen im Längsschnitt von der 5. zur 7. Jahrgangsstufe (2004–2006)*

In den Modellen zur Entwicklung der Leseleistung im Längsschnitt von der 5. zur 7. Jahrgangsstufe (Tabelle 56) wurden die gleichen Variablen berücksichtigt wie in den Querschnittsanalysen (Tabelle 42, Tabelle 43, Tabelle 50, Tabelle 51). Als zusätzliche Variable wurde das Vorwissen in den Regressionsanalysen mit berücksichtigt. Im Eingangsmodell wird 15 Prozent der Varianz in den Leseleistungen aufgeklärt (Tabelle 56, Modell 1). Nach Berücksichtigung aller Haupt- und Interaktionseffekte lassen sich 58 Prozent der Leistungsvarianz aufklären (Tabelle 56, Modell 16).

Tabelle 56 **Vorhersage der Leseleistungen aus dem Längsschnitt 2004–2006, standardisierte Beta-Gewichte aus Regressionsanalysen, Bremer Schülerinnen und Schüler aus Schulen in schwieriger Lage**

Prädiktor/Modell	1	2	3	4	5	6	7	8	9	10	11	12	13	14	15	16
ISEI	-.23* (.036)	-.21* (.034)	-.20* (.035)	-.19* (.035)	-.19* (.035)	-.14* (.031)	-.08* (.026)	-.07 (.026)	-.07 (.026)	-.07 (.026)	-.03 (.082)	-.04 (.079)	-.04 (.078)	-.03 (.078)	-.03 (.081)	-.03 (.081)
Umgangssprache	-.26* (.035)	-.26* (.034)	-.27* (.036)	-.25* (.037)	-.25* (.037)	-.19* (.034)	-.01 (.029)	-.02 (.029)	-.02 (.029)	-.02 (.030)	.01 (.080)	.03 (.078)	.03 (.077)	.03 (.077)	.03 (.081)	.03 (.026)
Selbstkonzept in Deutsch	-	.21* (.040)	.20* (.043)	.17* (.043)	.17* (.042)	.16* (.041)	.06 (.031)	.05 (.032)	.06 (.031)	.05 (.030)	.05 (.029)	.05 (.028)	.05 (.027)	.05 (.027)	.05 (.027)	.05 (.027)
Stabilität	-	-	.03 (.053)	.04 (.052)	.04 (.052)	.00 (.045)	-.07 (.041)	-.07 (.040)	-.07 (.039)	-.07 (.039)	-.07 (.036)	-.07 (.033)	-.07 (.033)	-.07 (.033)	-.07 (.033)	-.06 (.033)
Gewissenhaftigkeit	-	-	.05 (.045)	.04 (.049)	.04 (.049)	.04 (.039)	.04 (.032)	.04 (.032)	.03 (.032)	.03 (.032)	.03 (.031)	.03 (.031)	.03 (.030)	.03 (.030)	.03 (.031)	.03 (.031)
Akzeptierendes Familienklima	-	-	-	.02 (.026)	.02 (.026)	.02 (.021)	.03 (.016)	.04 (.017)	.04 (.017)	.05* (.017)	.05* (.017)	.05* (.016)	.05* (.016)	.05* (.016)	.06* (.016)	.06* (.016)
Restriktives Familienklima	-	-	-	-.11* (.026)	-.12* (.024)	-.07* (.023)	-.02 (.025)	-.02 (.024)	-.02 (.024)	-.02 (.024)	-.01 (.021)	-.01 (.020)	-.01 (.020)	-.01 (.021)	-.01 (.021)	-.01 (.021)
Geschlecht	-	-	-	-	-.04 (.034)	-.02 (.034)	.03 (.025)	.03 (.025)	.03 (.025)	.03 (.025)	.03 (.025)	.03 (.025)	.03 (.025)	.03 (.025)	.02 (.025)	.02 (.025)
Kognitive Fähigkeiten	-	-	-	-	-	.42* (.031)	.19* (.029)	.17* (.031)	.17* (.030)	.17* (.030)	.17* (.030)	.17* (.030)	.17* (.030)	.17* (.030)	.17* (.030)	.17* (.030)
Vorwissen: Leseleistung	-	-	-	-	-	-	.61* (.032)	.59* (.033)	.59* (.032)	.59* (.032)	.59* (.033)	.58* (.033)	.58* (.033)	.58* (.033)	.58* (.033)	.57* (.034)
Aspirationen der Eltern	-	-	-	-	-	-	-	.06 (.030)	.06 (.029)	.06 (.029)	.06 (.029)	.06 (.029)	.07 (.028)	.06 (.028)	.06 (.028)	.04 (.032)
Selbstkonzept x ISEI	-	-	-	-	-	-	-	-	-.05 (.029)	-.05 (.033)	-.05 (.034)	-.05 (.034)	-.05 (.029)	-.05 (.029)	-.05 (.149)	-.05 (.030)
Selbstkonzept x Sprache	-	-	-	-	-	-	-	-	-.02 (.030)	-.02 (.033)	-.02 (.036)	-.02 (.035)	-.02 (.034)	-.02 (.034)	-.02 (.034)	-.02 (.033)
Stabilität x ISEI	-	-	-	-	-	-	-	-	-	-.01 (.029)	-.02 (.028)	-.02 (.024)	-.02 (.028)	-.02 (.029)	-.01 (.029)	-.01 (.029)
Stabilität x Sprache	-	-	-	-	-	-	-	-	-	.02 (.043)	.02 (.041)	.02 (.039)	.02 (.037)	.02 (.037)	.02 (.037)	.02 (.037)
Gewissenh. x ISEI	-	-	-	-	-	-	-	-	-	.02 (.034)	.03 (.031)	.02 (.031)	.02 (.030)	.02 (.030)	.02 (.030)	.02 (.031)
Gewissenh. x Sprache	-	-	-	-	-	-	-	-	-	-.05 (.041)	-.04 (.040)	-.04 (.039)	-.04 (.033)	-.03 (.033)	-.04 (.035)	-.04 (.037)
Akzeptierendes Klima x ISEI	-	-	-	-	-	-	-	-	-	-	-.03 (.027)	-.03 (.027)	-.03 (.027)	-.03 (.028)	-.03 (.027)	-.03 (.027)
Restriktives Klima x ISEI	-	-	-	-	-	-	-	-	-	-	-.04 (.059)	-.03 (.058)	-.03 (.058)	-.03 (.058)	-.04 (.063)	-.04 (.064)
Akzep. Klima x Sprache	-	-	-	-	-	-	-	-	-	-	-.02 (.028)	-.02 (.028)	-.02 (.028)	-.02 (.028)	-.02 (.028)	-.02 (.028)
Restrik. Klima x Sprache	-	-	-	-	-	-	-	-	-	-	-.04 (.058)	-.06 (.054)	-.05 (.054)	-.06 (.055)	-.06 (.060)	-.06 (.061)
Geschlecht x ISEI	-	-	-	-	-	-	-	-	-	-	-	.03 (.027)	.03 (.026)	.03 (.026)	.03 (.026)	.04 (.026)
Geschlecht x Sprache	-	-	-	-	-	-	-	-	-	-	-	-.04 (.026)	-.04 (.025)	-.05 (.025)	-.05 (.025)	-.05 (.025)
Kogn. Fähigk. X ISEI	-	-	-	-	-	-	-	-	-	-	-	-	-.01 (.026)	-.01 (.030)	.01 (.031)	.01 (.031)
Kogn. Fähigk. X Sprache	-	-	-	-	-	-	-	-	-	-	-	-	.01 (.027)	.03 (.032)	.01 (.032)	.01 (.032)
Leseleistung x ISEI	-	-	-	-	-	-	-	-	-	-	-	-	-	-.01 (.030)	-.01 (.032)	-.01 (.033)
Leseleistung x Sprache	-	-	-	-	-	-	-	-	-	-	-	-	-	-.03 (.032)	-.04 (.034)	-.05 (.034)
Aspirationen x Sprache	-	-	-	-	-	-	-	-	-	-	-	-	-	-	.05 (.029)	.06 (.029)
Aspirationen x ISEI	-	-	-	-	-	-	-	-	-	-	-	-	-	-	-.04 (.030)	-.04 (.030)
Schulform Gymnasium	-	-	-	-	-	-	-	-	-	-	-	-	-	-	-	.06 (.069)
Korrigiertes R-Quadrat	.15	.19	.19	.20	.20	.37	.57	.58	.58	.58	.58	.58	.58	.58	.58	.58

*p < .005
In den Klammern sind die Standardfehler angegeben.

Ein niedriger familiärer SES und eine nicht deutsche Umgangssprache in der Familie wirken als Risiken auf die Leseleistung. Nach Berücksichtigung der kognitiven Fähigkeiten, des Vorwissens und der elterlichen Aspirationen (Tabelle 56, Modell 6–8) sinkt der Effekt des SES und wird nicht mehr signifikant (β = -.07; p = .01). Der negative Effekt einer nicht deutschen Umgangssprache wird vollständig durch die kognitiven Fähigkeiten und das Vorwissen kompensiert (Tabelle 56, Modell 6 und 7).

Die Persönlichkeitsfaktoren Stabilität und Gewissenhaftigkeit besitzen in der Analyse keinen signifikanten Effekt auf die Leseleistung.

Ein akzeptierendes Familienklima wirkt sich leicht positiv auf die Leseleistung aus, der Effekt wird erst ab Modell 10 signifikant. Ein restriktives Familienklima wirkt sich als Risiko für die Leistungsentwicklung im Lesen aus. Dieser negative Effekt wird durch die kognitiven Fähigkeiten und das Vorwissen kompensiert.

Das Geschlecht hat keinen signifikanten Effekt auf die Leseleistung.

Die kognitiven Fähigkeiten erweisen sich eingangs als guter Prädiktor der Leseleistung (Tabelle 56, Modell 6, β = .42). Wird im folgenden Modell 7 das Vorwissen mit einbezogen, halbiert sich der Betakoeffizient auf β = .19. Das Vorwissen erweist sich als der beste Prädiktor zur Vorhersage der Leseleistung (β = .61).

Die in Modell 8 eingeführten elterlichen Bildungsaspirationen leisten keinen zusätzlichen signifikanten Beitrag zur Aufklärung der Varianz in der Leseleistung. Gleiches gilt für die Schulform und alle berücksichtigten Interaktionen.

Im Endmodell 16 (Tabelle 56) leisten nur noch das Vorwissen (β = .57), die kognitiven Fähigkeiten (β = .17) und ein akzeptierendes Familienklima (β = .06) einen signifikanten Beitrag zur Erklärung der Leistungsvarianz in der Leseleistung.

Im Gegensatz zu den querschnittlichen Analysen wird in den längsschnittlichen Modellen zum ersten Mal das akzeptierende Familienklima, wenn auch nur mit einem kleinen Effekt, bedeutsam. In den Querschnittsanalysen leisteten die Bildungsaspirationen der Eltern und die Schulform einen bedeutsamen Beitrag zur Erklärung der Varianz in der Leseleistung. In der Längsschnittanalyse wird durch sie nach Berücksichtigung der kognitiven Fähigkeiten und des Vorwissens keine weitere *zusätzliche* Varianz aufgeklärt.

Für die Leistungsentwicklung im Lesen sind nach Berücksichtigung des Vorwissens nur die kognitiven Fähigkeiten statistisch bedeutsam.

8.4.2 *Soziale und migrationsbedingte Disparitäten bei der Leistungsentwicklung in Mathematik im Längsschnitt von der 5. zur 7. Jahrgangsstufe (2004–2006)*

In der längsschnittlichen Untersuchung der Risiken und schützenden Faktoren für die Leistungsergebnisse in Mathematik lassen sich im Wesentlichen die Befunde aus den Querschnittsanalysen replizieren. Ein niedriger familiärer SES sowie eine nicht deutsche Umgangssprache in der Familie stellen ein Risiko für die Mathematikleistung dar (Tabelle 57). Ein positives Selbstkonzept im Fach Mathematik, hohe kognitive Fähigkeiten und hohe Bildungsaspirationen wirken sich positiv auf die Leistungsergebnisse in Mathematik aus. Stärkster positiver Prädiktor der Mathematikleistung ist das zusätzlich in der Längsschnittanalyse berücksichtigte Vorwissen in Mathematik.

Nach Berücksichtigung der kognitiven Fähigkeiten und des Vorwissens verbleibt in der Analyse kein signifikanter negativer Effekt des SES (Tabelle 57, Modell 6 und 7). Der negative Effekt einer nicht deutschen Umgangssprache in der Familie wird durch die kognitiven Fähigkeiten und das Vorwissen nur zum Teil kompensiert und bleibt auch nach Berücksichtigung weiterer Prädiktoren (Tabelle 57, Modell 16) ein signifikantes Risiko für die Mathematikleistung.

Ein hohes fachliches Selbstkonzept in Mathematik hat einen positiven Effekt auf die Leistungsergebnisse. Dieser Effekt wird nach Berücksichtigung der kognitiven Fähigkeiten (Tabelle 57, Modell 6) und des Vorwissens (Tabelle 57, Modell 7) nicht mehr signifikant ($\beta = .09$, $p = .015$). In den folgenden Modellen 7–15 ändert sich der Betakoeffizient des Selbstkonzeptes nur geringfügig ($\beta = .08$) und wird nicht signifikant. Berücksichtigt man in Modell 16 zusätzlich die Schulform, so erhöht er sich ($\beta = .09$) und wird signifikant ($p = .002$). Hierbei handelt es sich wieder um einen minimalen Suppressoreffekt, der an dieser Stelle nicht weiter interpretiert wird. Die Persönlichkeitsfaktoren Stabilität und Gewissenhaftigkeit und ein akzeptierendes Familienklima sind keine signifikanten Prädiktoren der Mathematikleistung.

Nach Berücksichtigung des Geschlechts besitzt das restriktive Familienklima in Modell 5 einen sehr geringen aber signifikanten negativen Effekt ($\beta = .07$, $p = .001$) auf die Leistungsergebnisse in Mathematik. Dies deutet auf einen schwach ausgeprägten Interaktionseffekt zwischen Geschlecht und restriktivem Familienklima hin. Nach Berücksichtigung der kognitiven Fähigkeiten in Modell 6 verschwindet dieser Effekt wieder. Dafür zeigt sich ein kleiner Geschlechtseffekt, der nur knapp das Signifikanzniveau verfehlt ($\beta = -.09$, $p = .005$). Mädchen haben demnach bei Berücksichtigung der kognitiven Fähigkeiten im Modell etwas schlechtere Leistungsergebnisse als Jungen. Dies deutet auf einen geringen Interaktionseffekt zwischen Geschlecht und kognitiven Fähigkeiten hin.

Hohe kognitive Fähigkeiten sind bei der ersten Berücksichtigung in Modell 6 ein starker positiver Prädiktor der Mathematikleistung ($\beta = .49$). Bezieht man in Modell 7 das Vorwissen mit ein, so fällt dieser Erklärungsanteil stark ab ($\beta = .18$) und wird nach Einbeziehung der elterlichen Bildungsaspirationen in Modell 8 nochmals etwas geringer ($\beta = .13$).

Das Vorwissen der Schülerinnen und Schüler erweist sich als bedeutendster Prädiktor zur Erklärung der Varianz in den Mathematikleistungsergebnissen. Je höher das Vorwissen ist, desto besser fallen auch die Mathematikleistungen aus. Die Erklärungskraft des Vorwissens vermindert sich geringfügig bei Berücksichtigung der elterlichen Bildungsaspirationen in Modell 8. Hohe elterliche Bildungsaspirationen erweisen sich als ein mittlerer positiver Prädiktor zur Erklärung der Mathematikleistungen.

Die in den Modellen 9 bis 15 berücksichtigten Interaktionen werden allesamt nicht statistisch signifikant und besitzen nur sehr geringe Effekte.

Tabelle 57   Vorhersage der Matheleistung aus dem Längsschnitt 2004–2006, standardisierte Beta-Gewichte aus Regressionsanalysen, Bremer Schülerinnen und Schüler aus Schulen in schwieriger Lage

Prädiktor/ Modell	1	2	3	4	5	6	7	8	9	10	11	12	13	14	15	16
ISEI	-.17*	-.15*	-.14*	-.15*	-.14*	-.10*	-.06	-.03	-.03	-.03	-.01	-.02	-.01	-.02	-.01	-.00
	(.036)	(.034)	(.034)	(.035)	(.035)	(.035)	(.028)	(.027)	(.027)	(.028)	(.076)	(.075)	(.074)	(.074)	(.076)	(.075)
Umgangssprache	-.22*	-.22*	-.23*	-.22*	-.22*	-.16*	-.06	-.09*	-.09*	-.09*	-.09*	-.09*	-.09*	-.09*	-.09*	-.09*
	(.035)	(.035)	(.036)	(.036)	(.035)	(.032)	(.030)	(.031)	(.030)	(.030)	(.074)	(.074)	(.074)	(.074)	(.074)	(.074)
Selbstkonzept in Mathematik		.34*	.34*	.33*	.32*	.18*	.09	.08	.08	.08	.08	.08	.08	.08	.08	.09*
		(.042)	(.040)	(.042)	(.043)	(.041)	(.035)	(.033)	(.032)	(.032)	(.032)	(.030)	(.030)	(.030)	(.030)	(.030)
Stabilität			.04	.05	.06	.02	-.02	-.03	-.03	-.02	-.02	-.02	-.02	-.02	-.02	-.02
			(.058)	(.054)	(.053)	(.047)	(.050)	(.045)	(.045)	(.043)	(.036)	(.036)	(.035)	(.035)	(.035)	(.034)
Gewissenhaftigkeit			.04	.04	.06	.07	.07	.05	.05	.05	.05	.05	.05	.05	.05	.04
			(.062)	(.069)	(.066)	(.050)	(.046)	(.047)	(.048)	(.046)	(.036)	(.036)	(.035)	(.035)	(.035)	(.034)
Akzeptierendes Familienklima				-.05	-.05	-.04	-.02	-.02	-.02	-.02	.00	.00	.00	.00	.00	.00
				(.032)	(.028)	(.025)	(.021)	(.022)	(.024)	(.025)	(.025)	(.025)	(.022)	(.022)	(.021)	(.020)
Restriktives Familienklima				-.06	-.07*	-.06	-.05	-.04	-.04	-.04	-.04	-.04	-.03	-.03	-.03	-.03
				(.021)	(.022)	(.022)	(.021)	(.018)	(.018)	(.018)	(.018)	(.018)	(.017)	(.017)	(.017)	(.016)
Geschlecht					-.08	-.09	.02	.01	.01	.01	.01	.01	.01	.01	.01	.00
					(.034)	(.031)	(.030)	(.031)	(.031)	(.031)	(.032)	(.032)	(.030)	(.030)	(.030)	(.030)
Kognitive Fähigkeiten						.40*	.18*	.13*	.13*	.12*	.13*	.13*	.13*	.13*	.12*	.12*
						(.034)	(.038)	(.037)	(.037)	(.035)	(.035)	(.036)	(.036)	(.036)	(.036)	(.036)
Vorwissen: Matheleistung							.49*	.44*	.44*	.44*	.44*	.44*	.44*	.44*	.44*	.39*
							(.041)	(.040)	(.040)	(.040)	(.040)	(.040)	(.040)	(.040)	(.041)	(.038)
Aspirationen der Eltern								.19*	.19*	.18*	.18*	.18*	.18*	.18*	.18*	.11*
								(.032)	(.032)	(.032)	(.032)	(.032)	(.031)	(.031)	(.032)	(.035)
Selbstkonzept x ISEI									-.04	-.04	-.04	-.04	-.03	-.03	-.03	-.03
								(.029)	(.029)	(.029)	(.031)	(.032)	(.038)	(.039)	(.034)
Selbstkonzept x Sprache									-.04	-.03	-.03	-.03	-.02	-.03	-.03	-.04
								(.028)	(.028)	(.028)	(.028)	(.030)	(.039)	(.040)	(.030)
Stabilität x ISEI										.05	.05	.05	.05	.05	.06	.05
									(.035)	(.035)	(.035)	(.034)	(.034)	(.034)	(.036)
Stabilität x Sprache										-.06	-.06	-.06	-.06	-.06	-.06	-.06
									(.038)	(.038)	(.037)	(.037)	(.037)	(.038)	(.037)
Gewissenh. x ISEI										.00	.00	.00	.00	.00	.00	.00
									(.033)	(.032)	(.032)	(.032)	(.032)	(.032)	(.032)
Gewissenh. x Sprache										.01	.01	.01	.02	.02	.02	.02
									(.037)	(.037)	(.036)	(.036)	(.036)	(.036)	(.034)
Akzeptierendes Klima x ISEI											.03	.03	.02	.02	.02	.02
										(.030)	(.030)	(.029)	(.029)	(.029)	(.029)
Restriktives Klima x ISEI											-.02	-.01	-.02	-.01	-.02	-.02
										(.038)	(.036)	(.035)	(.036)	(.036)	(.036)
Akzep. Klima x Sprache											-.01	-.01	-.01	-.01	.00	.01
										(.031)	(.031)	(.030)	(.030)	(.030)	(.030)
Restrikt. Klima x Sprache											.00	-.01	.00	.00	.00	.00
										(.034)	(.035)	(.035)	(.041)	(.035)	(.036)
Geschlecht x ISEI												.01	.01	.01	.01	.01
											(.032)	(.031)	(.031)	(.031)	(.031)
Geschlecht x Sprache												-.02	-.01	-.01	-.01	.00
											(.029)	(.028)	(.029)	(.030)	(.029)
Kogn. Fähigk. X ISEI													-.04	-.05	-.04	-.04
												(.029)	(.035)	(.036)	(.035)
Kogn. Fähigk. X Sprache													-.01	-.02	-.02	-.02
												(.030)	(.034)	(.035)	(.035)
Vorwissen x ISEI														.00	.01	.02
													(.038)	(.039)	(.039)
Vorwissen x Sprache														.02	.03	.02
													(.037)	(.038)	(.040)
Aspirationen x Sprache															-.03	-.01
														(.030)	(.031)
Aspirationen x ISEI															-.02	-.02
														(.032)	(.031)
Schulform Gymnasium																.16
																(.073)
Korrigiertes R-Quadrat	.09	.21	.21	.22	.22	.36	.48	.50	.51	.51	.51	.51	.51	.51	.51	.52

*$p < .005$

In den Klammern sind die Standardfehler angegeben.

Wird in Modell 16 die Schulform Gymnasium mit einbezogen, so sinken die Betakoeffizienten bei dem Vorwissen und den elterlichen Bildungsaspirationen ab, während sich die Koeffizienten einer nicht deutschen Umgangssprache in der Familie und der kognitiven Fähigkeiten nicht verändern. Die Schulform Gymnasium hat als Prädiktor einen mittleren positiven Effekt auf die Mathematikleistung. Dieser Prädiktor verfehlt aber deutlich das vorgegebene Signifikanzniveau von p < .005 (Tabelle 57, Modell 16: β = .16, p = .028).

Für die Leistungsentwicklung in Mathematik sind nach Berücksichtigung des Vorwissens die kognitiven Fähigkeiten, die elterlichen Bildungsaspirationen, die Umgangssprache im Elternhaus statistisch bedeutsam.

8.4.3 Soziale und migrationsbedingte Disparitäten bei der Leistungsentwicklung im Rechtschreiben im Längsschnitt von der 5. zur 7. Jahrgangsstufe (2004–2006)

In der längsschnittlichen Regressionsanalyse (Tabelle 58) lassen sich wesentliche Befunde aus den Querschnittsanalysen (vgl. Tabelle 44, Tabelle 45, Tabelle 52, Tabelle 53) replizieren. Ein niedriger SES und eine nicht deutsche Umgangssprache in der Familie stellen Risiken für die Leistungsergebnisse im Rechtschreiben dar. Ein hohes Selbstkonzept im Fach Deutsch, weibliches Geschlecht, hohe kognitive Fähigkeiten, ein gutes Vorwissen und hohe elterliche Bildungsaspirationen wirken sich positiv auf die Rechtschreibleistung aus. Das Eingangsmodell mit den Risiken klärt 6 Prozent der Leistungsvarianz im Rechtschreiben auf (Tabelle 58). Nach Berücksichtigung aller Haupt- und Interaktionseffekte werden 53 Prozent der Varianz aufgeklärt.

Die negative Wirkung eines niedrigen SES und einer nicht deutschen Umgangssprache in der Familie kann durch die kognitiven Fähigkeiten und das Vorwissen von Schülerinnen und Schülern kompensiert werden (Tabelle 58, Modell 6 und 7). Der negative Effekt eines niedrigen SES wird zusätzlich leicht durch ein hohes Selbstkonzept in Deutsch und durch Einbeziehung der Persönlichkeitsfaktoren Stabilität und Gewissenhaftigkeit abgemildert (Tabelle 58, Modell 2 und 3).

Ein hohes Selbstkonzept wirkt sich positiv auf die Rechtschreibleistung aus. Nach Berücksichtigung des Vorwissens in Modell 7 verringert sich dieser Effekt und wird statistisch nicht mehr signifikant (β = .09, p = .046).

Die Persönlichkeitsfaktoren und das Familienklima haben keinen signifikanten Effekt auf die Leistungsergebnisse im Rechtschreiben.

Mädchen erzielen häufiger gute Leistungsergebnisse im Rechtschreiben als Jungen (Modell 5: β = .10). Dieser Effekt bleibt auch nach Berücksichtigung der kognitiven Fähigkeiten, des Vorwissens, der elterlichen Bildungsaspirationen und weiterer Interaktionen bis zum letzten Modell stabil (Modell 16, β = .11).

Tabelle 58   Vorhersage der Rechtschreibleistung aus dem Längsschnitt 2004–2006, standardisierte Beta-Gewichte aus Regressionsanalysen, Bremer Schülerinnen und Schüler aus Schulen in schwieriger Lage

Präd./ Modell	1	2	3	4	5	6	7	8	9	10	11	12	13	14	15	16
ISEI	-.19*	-.16*	-.14*	-.14*	-.14*	-.10*	-.07	-.05	-.05	-.05	.01	.00	.00	.00	.01	.01
	(.036)	(.036)	(.035)	(.036)	(.035)	(.033)	(.027)	(.027)	(.028)	(.028)	(.074)	(.074)	(.074)	(.073)	(.074)	(.073)
Umgangssprache	-.14*	-.13*	-.16*	-.15*	-.15*	-.10*	-.03	-.05	-.05	-.05	-.13	-.10	-.10	-.10	-.10	-.09
	(.037)	(.037)	(.037)	(.037)	(.034)	(.029)	(.030)	(.030)	(.030)	(.077)	(.075)	(.075)	(.074)	(.074)	(.075)	
Selbstkonzept in Deutsch	-	.29*	.26*	.25*	.24*	.23*	.09	.08	.08	.08	.08	.08	.08	.08	.08	.08
		(.037)	(.043)	(.046)	(.047)	(.043)	(.040)	(.036)	(.037)	(.037)	(.037)	(.037)	(.037)	(.037)	(.037)	(.037
Stabilität	-	-	.06	.07	.07	.03	.05	.04	.04	.04	.04	.04	.04	.04	.04	.03
			(.052)	(.052)	(.052)	(.047)	(.046)	(.044)	(.044)	(.043)	(.044)	(.044)	(.043)	(.039)	(.039)	(.038)
Gewissenhaftigkeit	-	-	.13	.12	.10	.10	.01	.00	.00	.01	.00	.00	.00	.01	.01	.00
			(.048)	(.052)	(.051)	(.042)	(.036)	(.036)	(.036)	(.035)	(.035)	(.034)	(.032)	(.032)	(.033)	(.032)
Akzeptierendes Familienklima	-	-	-	.02	.02	.03	.06	.06	.06	.07	.07	.07	.07	.07	.08	.08
				(.036)	(.035)	(.033)	(.032)	(.032)	(.031)	(.032)	(.033)	(.033)	(.033)	(.032)	(.034)	(.033)
Restriktives Familienklima	-	-	-	-.05	-.01	-.01	.00	.01	.01	.01	.01	.01	.01	.01	.01	.02
				(.028)	(.050)	(.027)	(.021)	(.022)	(.023)	(.023)	(.023)	(.023)	(.023)	(.024)	(.023)	(.024)
Geschlecht	-	-	-	-	.10*	.11*	.10*	.11*	.11*	.10*	.10*	.10*	.10*	.10*	.10*	.11*
					(.035)	(.032)	(.028)	(.027)	(.027)	(.027)	(.027)	(.027)	(.026)	(.026)	(.026)	(.026)
Kognitive Fähigkeiten	-	-	-	-	-	.35*	.19*	.15*	.15*	.15*	.14*	.14*	.15*	.15*	.15*	.13*
						(.032)	(.032)	(.033)	(.034)	(.034)	(.034)	(.034)	(.034)	(.034)	(.034)	(.033)
Vorwissen Rechtschreiben	-	-	-	-	-	-	.52*	.49*	.49*	.50*	.50*	.50*	.50*	.50*	.50*	.48*
							(.034)	(.036)	(.035)	(.035)	(.036)	(.036)	(.036)	(.036)	(.035)	(.036)
Aspirationen der Eltern	-	-	-	-	-	-	-	.13*	.13*	.13*	.13*	.14*	.14*	.14*	.14*	.08
								(.032)	(.032)	(.032)	(.032)	(.032)	(.032)	(.031)	(.031)	(.034)
Selbstkonzept x ISEI	-	-	-	-	-	-	-	-	.00	.00	.00	.00	.00	-.02	-.01	-.02
									(.027)	(.032)	(.034)	(.035)	(.031)	(.031)	(.032)	(.032)
Selbstkonzept x Sprache	-	-	-	-	-	-	-	-	-.02	-.02	-.01	-.01	-.01	-.02	-.02	-.01
									(.036)	(.037)	(.039)	(.029)	(.029)	(.030)	(.030)	(.030)
Stabilität x ISEI	-	-	-	-	-	-	-	-	-	-.02	-.02	-.02	-.02	-.02	-.02	-.02
										(.038)	(.038)	(.040)	(.036)	(.035)	(.036)	(.037)
Stabilität x Sprache	-	-	-	-	-	-	-	-	-	-.03	-.03	-.03	-.03	-.03	-.03	-.03
										(.043)	(.046)	(.043)	(.037)	(.037)	(.038)	(.037)
Gewissenh. x ISEI	-	-	-	-	-	-	-	-	-	.02	.02	.02	.02	.02	.02	.02
										(.030)	(.031)	(.031)	(.031)	(.031)	(.031)	(.025)
Gewissenh. x Sprache	-	-	-	-	-	-	-	-	-	-.01	-.01	.00	.00	.00	.00	.00
										(.036)	(.038)	(.037)	(.034)	(.035)	(.035)	(.034)
Akzeptierendes Klima x ISEI	-	-	-	-	-	-	-	-	-	-	-.03	-.03	-.03	-.03	-.02	-.03
											(.029)	(.029)	(.029)	(.030)	(.029)	(.029)
Restriktives Klima x ISEI	-	-	-	-	-	-	-	-	-	-	-.07	-.06	-.06	-.06	-.07	-.06
											(.037)	(.037)	(.036)	(.035)	(.035)	(.034)
Akzept. Klima x Sprache	-	-	-	-	-	-	-	-	-	-	.02	.02	.02	.02	.02	.02
											(.031)	(.031)	(.029)	(.029)	(.029)	(.029)
Restrikt. Klima x Sprache	-	-	-	-	-	-	-	-	-	-	.09	.06	.06	.06	.06	.05
											(.035)	(.036)	(.036)	(.034)	(.035)	(.035)
Geschlecht x ISEI	-	-	-	-	-	-	-	-	-	-	-	.02	.02	.02	.02	.02
												(.028)	(.028)	(.028)	(.029)	(.027)
Geschlecht x Sprache	-	-	-	-	-	-	-	-	-	-	-	-.07	-.07	-.07	-.07	-.06
												(.028)	(.028)	(.027)	(.027)	(.027)
Kogn. Fähig. x ISEI	-	-	-	-	-	-	-	-	-	-	-	-	.01	-.01	-.01	.00
													(.029)	(.032)	(.033)	(.032)
Kogn. Fähig. x Sprache	-	-	-	-	-	-	-	-	-	-	-	-	.02	.01	.01	.01
													(.028)	(.029)	(.030)	(.030)
Vorwissen x Sprache	-	-	-	-	-	-	-	-	-	-	-	-	-	.04	.05	.03
														(.030)	(.031)	(.031)
Aspirationen x Sprache	-	-	-	-	-	-	-	-	-	-	-	-	-	-	-.02	.00
															(.031)	(.031)
Aspirationen x ISEI	-	-	-	-	-	-	-	-	-	-	-	-	-	-	-.03	-.02
															(.031)	(.031)
Schulform Gymnasium	-	-	-	-	-	-	-	-	-	-	-	-	-	-	-	.13
																(.072)
Korrigiertes R²	.06	.15	.18	.18	.19	.30	.51	.52	.52	.52	.52	.52	.52	.52	.52	.53

* p < .005. In den Klammern sind die Standardfehler angegeben.

Die kognitiven Fähigkeiten sind wie schon in den Querschnittsanalysen ein guter Prädiktor der Rechtschreibleistungen (Modell 6, β = .35, Änderung in R^2 = .11). Wird in
Modell 7 das Vorwissen einbezogen, sinkt der Betakoeffizient der kognitiven Fähigkeiten auf β = .19 und die Erklärungskraft des Modells steigt um 21 Prozentpunkte auf
R^2 = .51 an. Das Vorwissen klärt den größten Anteil der Varianz in den Rechtschreibleistungen auf. Je höher das Vorwissen ist, desto besser sind auch die Recht-
schreibergebnisse.

Hohe elterliche Aspirationen wirken sich leicht positiv auf die Leistungsergebnisse
im Rechtschreiben aus (Modell 8, β = .16), die aufgeklärte Varianz in den Leistungsergebnissen steigt dabei aber nur um einen Prozentpunkt auf β = .52.

Für die in den Modellen 7-15 eingefügten Interaktionen zwischen den Risiken und
den schützenden Faktoren zeigen sich keine eigenen Effekte auf die Rechtschreibleistung.

Im Modell 16 wird die Variable Schulform (Gymnasium vs. Nicht-Gymnasium)
mit aufgenommen. Sie besitzt keinen signifikanten Effekt (β = .13, p = .06), erhöht
aber die Erklärungskraft der Analyse um einen Prozentpunkt auf R^2 = .51. Außerdem
verringern sich die Beta-Koeffizienten der kognitiven Fähigkeiten und des Vorwissens
geringfügig. Die elterlichen Bildungsaspirationen sind nach der Berücksichtigung der
Schulform nicht mehr signifikant (β = .08, p = .028).

Für die Leistungsentwicklung im Rechtschreiben sind nach Berücksichtigung des
Vorwissens lediglich die elterlichen Bildungsaspirationen und die kognitiven Fähigkeiten statistisch bedeutsam.

8.5 Mittelwertsvergleiche

Im Folgenden wird untersucht, ob sich sozial schwache Schülerinnen und Schüler mit
niedrigem familiären SES von anderen Schülerinnen und Schülern unterscheiden. Ein
niedriger familiärer SES wird angenommen, wenn der höchste ISEI-Wert in der Familie (HISEI) kleiner 39 ist (vgl. Schümer, 2004). Hierfür werden die Mittelwerte der
zentralen Variablen der vorliegenden Arbeit verglichen. Es werden jeweils die Mittelwerte für die Risiken, die schützenden Faktoren und die Ressourcen der Schulleistung
sowie die Mittelwerte der Leistungsergebnisse gegenübergestellt (vgl. Tabelle 59, Tabelle 60).

Auf Grund der hierarchischen Struktur der Daten können die Unterschiede bei den
elterlichen Bildungsaspirationen, den kognitiven Fähigkeiten und den Leistungsergebnissen nur interpretiert werden, wenn sie auf einem Niveau von p < .005 signifikant
werden. Diese Bedingung wird für die Bildungsaspirationen und die Leistungsergebnisse sowohl im Jahr 2004 als auch 2006 in allen Jahrgangsstufen erfüllt. Die Unterschiede bei den kognitiven Fähigkeiten können im Jahr 2006 auf Grund zur hohen
Fehlerwahrscheinlichkeit nicht interpretiert werden.

Sowohl im Jahr 2004 wie auch 2006 unterscheiden sich in den 5. und
7. Jahrgangsstufen die Gruppen mit niedrigem und höherem SES bezüglich der Umgangssprache in der Familie. In der Gruppe mit niedrigem SES ist der Anteil an Fami-

lien höher, in denen zu Hause überwiegend eine andere Sprache als Deutsch gesprochen wird (Tabelle 59, Tabelle 60). Der gleiche Zusammenhang gilt auch für das fachliche Selbstkonzept in Deutsch und die elterlichen Bildungsaspirationen. Es gibt in Familien mit niedrigem SES einen höheren Anteil an Schülerinnen und Schülern mit niedrigem fachlichem Selbstkonzept in Deutsch. Niedrige elterliche Bildungsaspirationen treten ebenfalls häufiger bei Schülerinnen und Schülern mit einem niedrigen familiären SES auf.

Tabelle 59   **Mittelwertvergleiche zwischen Bremer Schülerinnen und Schüler der 5. und 7. Jahrgangsstufen 2004 mit niedrigen und hohen familiären sozioökonomischen Status**

Variablen	5. Jahrgang 2004				7. Jahrgang 2004			
	ISEI < 39		ISEI ≥ 39		ISEI < 39		ISEI ≥ 39	
	M	SE	M	SE	M	SE	M	SE
Nicht deutsche Umgangssprache	.47**	(.032)	.72**	(.026)	.51**	(.027)	.73**	(.025)
Selbstkonzept in Deutsch	2.77*	(.060)	2.96*	(.052)	2.69*	(.039)	2.82*	(.038)
Selbstkonzept in Mathematik	2.82	(.057)	2.88	(.055)	2.67	(.040)	2.77	(.042)
Stabilität	3.49	(.043)	3.59	(.037)	3.51	(.038)	3.53	(.035)
Gewissenhaftigkeit	3.45	(.051)	3.53	(.043)	3.33	(.044)	3.36	(.044)
Akzeptierendes Familienklima	4.30*	(.048)	4.52*	(.093)	4.13*	(.04)	4.24*	(.037)
Restriktives Familienklima	2.15*	(.098)	1.93*	(.051)	2.17	(.041)	2.06	(.039)
Geschlecht	.50	(.027)	.51	(.026)	.47	(.022)	.44	(.024)
Kognitive Fähigkeiten	27.29**	(.317)	28.95**	(.306)	29.88*	(.236)	30.94*	(.287)
Aspirationen der Eltern	.47**	(.031)	.60**	(.028)	.34**	(.025)	.51**	(.027)
Leistungsergebnisse Mathematik	98.18**	(1.539)	107.34**	(1.632)	120.36**	(1.120)	131.60**	(1.439)
Leistungsergebnisse Lesen	96.94**	(1.491)	108.38**	(1.629)	114.08**	(1.144)	124.12**	(1.388)
Leistungsergebnisse Rechtschreiben	8.36**	(.256)	9.63**	(.280)	11.66**	(.244)	13.48**	(.278)

Mittelwertsunterschiede auf unterschiedlichem Signifikanzniveau: * $p < .05$, **$p < .005$, M= Mittelwert, SE = Standardfehler

Zu beiden Messzeitpunkten zeigen sich in der 5. und 7. Jahrgangsstufe keine signifikanten Mittelwertsunterschiede für das Selbstkonzept im Fach Mathematik und für das Geschlecht. Der Anteil von Mädchen und Jungen und die Höhe des mathematischen Selbstkonzeptes sind in der vorliegenden Stichprobe also unabhängig vom sozialen Hintergrund. Bei den nur 2004 erhobenen Persönlichkeitseigenschaften Stabilität und Gewissenhaftigkeit zeigen sich ebenfalls keine Unterschiede zwischen den Gruppen mit niedrigem und hohem familiären SES.

Die Mittelwerte für die Skala des akzeptierenden Familienklimas sind 2004 in der 5. und 7. Jahrgangsstufe in der Gruppe mit dem schwachen sozialen Hintergrund niedriger als in der Vergleichsgruppe (Tabelle 59). Diese Unterschiede bestehen zum zweiten Messzeitpunkt 2006 nicht (Tabelle 60). Das restriktive Familienklima tritt 2006 sowohl in der 5. wie auch in der 7. Jahrgangsstufe ausgeprägter in der Gruppe mit schwachem sozialen Hintergrund auf. 2004 zeigt sich dies nur für die 5. Jahrgangsstufe.

Tabelle 60 **Mittelwertvergleiche zwischen Bremer Schülerinnen und Schüler der 5. und 7. Jahrgangsstufen 2006 mit niedrigen und hohen familiären sozioökonomischen Status**

Variablen	5. Jahrgang 2006				7. Jahrgang 2006			
	ISEI < 39		ISEI ≥ 39		ISEI < 39		ISEI ≥ 39	
	M	SE	M	SE	M	SE	M	SE
Nicht deutsche Umgangssprache	.52**	(.029)	.72**	(.027)	.52**	(.025)	.75**	(.025)
Selbstkonzept in Deutsch	2.85	(.051)	2.99	(.050)	2.84	(.038)	2.96	(.043)
Selbstkonzept in Mathematik	2.81*	(.051)	2.95*	(.047)	2.74*	(.040)	2.87*	(.046)
Akzeptierendes Familienklima	4.39	(.042)	4.40	(.044)	4.21	(.039)	4.29	(.039)
Restriktives Familienklima	2.13*	(.052)	1.97*	(.05)	2.10*	(.041)	1.98*	(.041)
Geschlecht	.53	(.026)	.52	(.029)	.49	(.022)	.50	(.026)
Kognitive Fähigkeiten	27.13*	(.294)	28.33*	(.312)	31.08*	(.252)	32.08*	(.304)
Aspirationen der Eltern	.49**	(.029)	.65**	(.029)	.45**	(.025)	.62**	(.028)
Leistungsergebnisse Mathematik	99.14**	(1.578)	109.33**	(1.879)	115.37**	(1.127)	124.89**	(1.568)
Leistungsergebnisse Lesen	99.23**	(1.388)	110.68**	(1.636)	120.16**	(1.258)	131.02**	(1.701)
Leistungsergebnisse Rechtschreiben	7.86**	(.257)	9.54**	(.319)	13.51**	(.276)	15.36**	(.333)

Mittelwertsunterschiede auf unterschiedlichem Signifikanzniveau: * p < .05, **p < .005, M= Mittelwert, SE = Standardfehler

Auch die Mittelwerte für die kognitiven Fähigkeiten und die Leistungsergebnisse unterscheiden sich 2004 in allen Jahrgangsstufen signifikant voneinander. Schülerinnen und Schüler mit niedrigem familiären SES erzielen dabei im Mittel niedrigere Leistungsergebnisse als Schüler mit einem höheren familiären SES. Der Mittelwertvergleich zeigt, dass ein niedriger familiärer SES ein Risiko für die Leistungsergebnisse darstellt. Insgesamt weisen die beschriebenen Mittelwertsunterschiede darauf hin, dass in der vorliegenden Stichprobe Schülerinnen und Schüler mit einem niedrigen familiären SES in vielfacher Hinsicht benachteiligt sind. Gleiches gilt mit Ausnahme der kognitiven Fähigkeiten für das Jahr 2006.

9 Zusammenfassung und Diskussion

In der vorliegenden Arbeit wurde untersucht, welche Faktoren bei einer erwartungswidrig positiven Schulkarriere von Schülerinnen und Schülern in der Sekundarstufe I eine zentrale Rolle spielen und in welchem Verhältnis sie zueinander stehen. Für die statistische Modellierung wurde ausgehend von den in Kapitel 3 skizzierten Rahmenmodellen der Schulleistung und den in Kapitel 4 erörterten Ansätzen zu Disparitäten im Bildungssystem ein Modell entwickelt. Dabei wurde das in Kapitel 5 dargestellte theoretische Modell der Risiko- und Schutzfaktoren aus der Gesundheitsforschung in den Kontext von erwartungswidrig positiven Schulkarrieren übertragen. Dieses Modell wird anhand von Daten der ersten beiden Wellen der Längsschnittstudie EIKA überprüft, die im Abstand von zwei Jahren in Bremen erhoben wurden.

9.1 Befunde zur Überprüfung des Modells der Risiken und schützenden Faktoren

Im Bereich der Gesundheitsforschung wurde das Risiko-Schutzfaktoren-Modell in vielen Untersuchungen zur Erklärung von Resilienz von belasteten Kindern und Jugendlichen herangezogen (vgl. Bender & Lösel, 1998; Laucht et al., 2000; Meyer-Probst & Reis, 2000; Werner & Smith, 2001). In der vorliegenden Arbeit wurde die Übertragbarkeit des Modells auf den Bereich der Schule überprüft. Es wurde untersucht, inwieweit schützende Faktoren bei sozial schwachen Schülerinnen und Schülern in Bezug auf die Schulleistung und die Schulkarriere wirksam werden. Dies wurde anhand von Regressionsanalysen in vier Querschnitten (5. und 7. Schuljahrgang 2004 und 2006) und einem Längsschnitt überprüft. In das Modell wurden als Risiken jeweils ein niedriger familiärer SES und als Indikator für Sprachdefizite eine nicht deutsche Umgangssprache in der Familie einbezogen. Als potenziell schützende Faktoren, Resilienzmerkmale und Ressourcen der Schulleistung wurden das fachliche Selbstkonzept, die Persönlichkeitsfaktoren Stabilität und Gewissenhaftigkeit aus dem Big-Five-Instrumentarium, das Familienklima, die kognitiven Fähigkeiten und die Bildungsaspirationen der Eltern untersucht. In den längsschnittlichen Regressionsanalysen wurde zusätzlich das Vorwissen berücksichtigt. Durch das Risiko-Schutzfaktoren-Modell konnte die Schulleistung in den Domänen Lesen, Mathematik und Rechtschreiben vorhergesagt werden. So konnte gezeigt werden, dass es für die Schulleistung sowohl fächerübergreifende als auch domänenspezifische schützende Faktoren und Resilienzmerkmale gibt.

In zwei weiteren Analysen wurde für Schülerinnen und Schüler am Ende der Grundschulzeit das Risiko-Schutzfakoren-Modell für die relativen Chancen eines Übertritts auf ein Gymnasium getestet. Im Folgenden werden die Befunde des Risiko-Schutzfaktoren-Modells zunächst für die Schulleistung zusammengefasst und diskutiert. Anschließend wird die Relevanz des Risiko-Schutzfaktoren-Modells für den Übertritt auf ein Gymnasium bewertet.

9.1.1 Risiken und kompensierende Faktoren für die Leistungen in Mathematik, Lesen und Rechtschreiben: Effekte eines niedrigen sozioökonomischen Hintergrundes und einer nicht deutschen Umgangssprache in der Familie

Wie angesichts von Befunden aus der empirischen Bildungsforschung zu erwarten war, erwiesen sich in allen für die vorliegende Arbeit durchgeführten Regressionsanalysen der niedrige sozioökonomische Hintergrund sowie mangelnde Sprachkenntnisse in Deutsch als ungünstig für die Leistungsergebnisse der Schülerinnen und Schüler in den Bereichen Lesen, Rechtschreiben und Mathematik. Ein niedriger familiärer SES sowie mangelnde Sprachkenntnisse können somit zu Recht als Risiken der Schulleistung angesehen werden (vgl. Kap. 5). Die negativen Effekte der Risiken waren in den einzelnen Domänen (Lesen, Mathematik, Rechtschreiben) und in den Jahrgangsstufen 5 und 7 allerdings unterschiedlich stark ausgeprägt. Im Folgenden wird diskutiert, inwieweit schützende Faktoren in Bezug auf die Schulleistungen der Schülerinnen und Schüler mit niedrigem sozioökonomischen Status und/oder Migrationshintergrund wirksam werden (vgl. Kapitel 6).

9.1.1.1 Fächerübergreifende schützende Faktoren der Schulleistung

In allen untersuchten Domänen stellen in den Querschnittsanalysen vor allem mangelnde Sprachkenntnisse ein Risiko für die schulischen Leistungen dar. Dieses wird nur geringfügig durch den Einbezug anderer Variablen beeinflusst. Das heißt, in Bezug auf die nachteilige Wirkung, die mangelnde Sprachkenntnisse auf die Schulleistungen besitzen, werden *keine* nennenswerten *schützenden Faktoren* wirksam. Diese Befunde stützen die hohe Bedeutsamkeit von Sprachkenntnissen für eine erfolgreiche Teilnahme am Unterricht und stehen in Einklang mit bisherigen Studien zum Zusammenhang zwischen Sprachfähigkeiten und Schulleistungen (Bos et al., 2003; Deutsches PISA-Konsortium, 2001; 2002; 2003; 2004; 2005; 2008, Lehmann & Peek, 1997; Lehmann, Vieluf, Nikolova & Ivanov, 2006). In den Längsschnittanalysen wirken sich mangelnde Sprachkenntnisse hingegen nach Berücksichtigung des Vorwissens in Lesen und Rechtschreiben nicht mehr negativ auf die Leistungsergebnisse aus. In Mathematik besteht zwar ein signifikanter Effekt. Dieser ist aber nur marginal. Die Längsschnittanalyse zeigt, dass es keine Beeinträchtigung der Leistungsentwicklung durch eine nicht deutsche Umgangssprache in der Familie gibt.

Auch ein niedriger familiärer SES stellt ein Risiko für die Leistungsergebnisse von Schülerinnen und Schülern dar. Vergleicht man die Ergebnisse der querschnittlichen Analysen mit denen der längsschnittlichen, zeigt sich ein ähnlicher Befund wie schon bei den Sprachdefiziten. Ein niedriger familiärer SES beeinträchtigt nicht die Leistungsentwicklung.

Im Gegensatz zu sprachlichen Defiziten ergeben sich jedoch Hinweise auf schützende bzw. kompensierende Faktoren in den Querschnittsanalysen: Als schützende Faktoren und Resilienzmerkmale, die auf Seiten der Schülerinnen und Schüler kompensierend wirksam werden, haben sich ein *hohes fachliches Selbstkonzept* und *hohe kognitive Fähigkeiten* erwiesen. Schützende Faktoren für die schulischen Leistungen auf Umweltseite sind vor allem *hohe Bildungsaspirationen der Eltern* und der *Besuch eines Gymnasiums.*

In engen Definitionen von schützenden Faktoren wird davon ausgegangen, dass schützende Faktoren ausschließlich bei Risiken wirksam werden (Scheithauer & Petermann, 1999). Für solche Interaktionseffekte gibt es bislang aber nur äußerst schwache Befunde. So stellten Garmezy, Masten und Tellegen (1984) einen schützenden Interaktionseffekt zwischen kognitiven Fähigkeiten und Schulleistung fest, der nur bei belasteten Schülerinnen und Schülern auftrat. Ihre Forschungsergebnisse können aber vernachlässigt werden, weil zum einen der in dieser Untersuchung festgestellte Effekt nur äußerst schwach ausgeprägt war und zum anderen ihre Analyse methodische Mängel aufweist (vgl. Kapitel 5.4.1). In der vorliegenden Arbeit ließen sich keine schützenden Effekte nachweisen, die ausschließlich bei Schülerinnen und Schülern wirksam werden, die durch ihren sozialen Hintergrund benachteiligt sind.

Auch für die These, dass schützende Faktoren und Resilienzmerkmale mit steigendem Risiko an Bedeutung zunehmen (Scheithauer & Petermann, 1999, Laucht et al., 1997), ließen sich keine Belege finden. Mit höherem Risiko steigt die Bedeutung der protektiven Faktoren nicht. Vielmehr stellen in der vorliegenden Arbeit alle schützenden Faktoren und Resilienzmerkmale immer auch Ressourcen der Schulleistung dar. Hohe kognitive Fähigkeiten, hohe elterliche Bildungsaspirationen und hohe fachliche Selbstkonzepte nützen also allen Schülerinnen und Schülern unabhängig von der Belastung durch ihren sozialen Hintergrund gleichermaßen.

Gewissenhaftigkeit und Stabilität wirken sich nicht als Resilienzmerkmale aus. Der von Schnabel, Asendorpf und Ostendorf (2002) beschriebene resiliente Persönlichkeitsprototyp, der durch hohe Werte in den Dimensionen Gewissenhaftigkeit und Stabilität gekennzeichnet ist, entfaltet also in diesem Zusammenhang seine Wirksamkeit nicht. Der in der vorliegenden Arbeit untersuchte benachteiligende soziale Hintergrund stellt ein längerfristiges strukturelles Risiko für die schulische Leistung dar. Der resiliente Persönlichkeitstyp wird tendenziell eher in akuten herausfordernden Situationen mit Stress, Konflikten oder Unsicherheiten wirksam. Benachteiligungen der Schulleistungen durch einen niedrigen SES und Sprachdefizite treten jedoch nicht akut, sondern eher dauerhaft auf. Dies mag eine Erklärung dafür sein, weshalb sich weder Gewissenhaftigkeit noch Stabilität als Resilienzmerkmale erweisen.

In der Familienumwelt finden sich wichtige Ressourcen für den schulischen Erfolg von Kindern. So wird in der Rahmenkonzeption der PISA-Studie das elterliche Erziehungs- und Unterstützungsverhalten als Ressource aufgeführt (Baumert & Artelt, 2003). In der vorliegenden Arbeit wurden als Variablen des familiären Hintergrundes die elterlichen Bildungsaspirationen und das Familienklima (akzeptierend und restriktiv) berücksichtigt. In den Analysen zeigten sich beim akzeptierenden Familienklima keine Effekte, während hohe Bildungsaspirationen sowohl positiv mit der Schulleistung zusammenhängen als auch schützend auf den Effekt eines niedrigen familiären SES einwirken. Dass das akzeptierende Familienklima für die Schulleistung in den Analysen keine Effekte aufweist, war nicht zu erwarten. Allerdings wies die Skala für das akzeptierende Familienklima in den 5. Jahrgängen 2004 und 2006 unzureichende

Reliabilitäten auf, was vermutlich zu diesem Befund führt. Eventuell waren die Fragen zu komplex für Fünftklässler. Aber auch in den Analysen für den 7. Jahrgang 2006 zeigten sich bei hinreichender Reliabilität keine Effekte. Dies könnte möglicherweise darauf zurückgeführt werden, dass mit zunehmendem Alter neben dem Einfluss der Familie der Einfluss der Peers an Bedeutung gewinnt (Geulen, 2003).

Der positive Effekt der elterlichen Bildungsaspirationen auf die Schulleistung in den Querschnittsanalysen ist konform zu früheren Befunden (vgl. Helmke & Weinert, 1997).

Hohe kognitive Fähigkeiten begünstigen in allen durchgeführten Regressionsanalysen bessere Schulleistungen. Diese Vorhersage der Leistungen in Lesen, Rechtschreiben und Mathematik durch die kognitiven Fähigkeiten in den Querschnittsanalysen ist nicht überraschend und zeigt sich in vielen Forschungsarbeiten (Bos & Pietsch, 2004; Deutsches PISA-Konsortium, 2001; 2002; 2003; 2004; 2005; 2008; Lehmann, Gänsfuß & Peek, 1999; Lehmann & Peek, 1997;) und wird auch durch allgemeine Rahmenmodelle der Schulleistung gestützt (vgl. Kap. 3; Baumert, Stanat & Watermann, 2006; Walberg, 1990). Auch längsschnittlich erweisen sich hohe kognitive Fähigkeiten sich als Vorteil für eine positive Leistungsentwicklung.

In den 7. Jahrgängen zeigt sich zudem ein bedeutender Effekt der Schulform (Gymnasium vs. nicht Gymnasium). Besuchen Schülerinnen und Schüler ein Gymnasium wirkt sich dies positiv auf ihre Schulleistungen aus.

Im Längsschnitt variieren die Befunde für die Leistungsentwicklung. Dabei erweist sich in allen Längsschnittanalysen das Vorwissen als stärkster Prädiktor der schulischen Leistung. Dies ist konform zu Befunden anderer Untersuchungen (vgl. Baumert, Stanat & Watermann, 2006; Wang, Haertel & Walberg, 1993).

Zusammenfassend ist festzuhalten, dass sich das aus der Gesundheitsforschung adaptierte Modell der Risiko- und Schutzfaktoren auf den Bereich der schulischen Leistungen übertragen lässt und im Wesentlichen gültig ist. Einschränkend ist anzumerken, dass sich keine schützenden Faktoren finden ließen, die nicht auch als Ressourcen für die Schulleistung wirksam wurden.

Nach dieser fächerübergreifenden Diskussion des Risiko-Schutzfaktoren-Modells der Schulleistung, werden im Folgenden die Befunde zu den einzelnen Kompetenzen in Lesen, Mathematik und Rechtschreiben zusammengefasst. Befunde, die nicht fachübergreifend gelten, werden diskutiert.

9.1.1.2 Schützende Faktoren bei der Lesekompetenz

Für die Leseleistungen wirkt sich ein niedriger SES in den Querschnittsanalysen sowohl in den 5. wie auch in den 7. Jahrgangsstufen als ein Risiko mit mittlerer Effektstärke aus. Da in den querschnittlich durchgeführten Regressionsanalysen 2004 und 2006 und in der Längsschnittanalyse für die Leseleistung ein niedriger familiärer SES zu niedrigen Leseleistungen führt, bestätigt sich seine Eigenschaft als *Risiko* der Leseleistung. Diese Eigenschaft wird auch durch die Befunde anderer Untersuchungen belegt (vgl. McElvany, Becker & Lüdtke, 2009). Der negative Effekt eines niedrigen SES kann in fast allen Querschnittsanalysen der vorliegenden Arbeit durch hohe kognitive Fähigkeiten der Schülerinnen und Schüler sowie hohe Bildungsaspirationen der Eltern kompensiert werden. Lediglich bei der Analyse der Daten von Schülerinnen und Schülern in der 7. Jahrgangsstufe 2006 verbleibt der niedrige sozioökonomische Status auch nach Einbezug dieser beiden Faktoren als geringes Risiko für die Leseleistung. Die benachteiligende Wirkung von mangelnden Sprachkenntnissen zeigt sich in den Querschnittsanalysen. Im Gegensatz zum Risiko eines niedrigen SES lassen sich in den Analysen aber keine bedeutsamen, kompensatorisch wirkenden Faktoren finden.

Trotz ihrer sehr geringen schützenden Wirkung erweisen sich die kognitiven Fähigkeiten und die elterlichen Aspirationen als gute Prädiktoren der Leseleistung. Die Befunde zur Vorhersage der Leseleistung durch die kognitiven Fähigkeiten zeigen sich beispielsweise in der Studie von Schiefele, Artelt, Schneider und Stanat (2004). Als weiterer positiver Prädiktor der Leseleistung ist das fachliche Selbstkonzept in Deutsch zu nennen. Im Gegensatz zu den zwei anderen Faktoren besitzt das Selbstkonzept allerdings eine noch geringere schützende Wirkung, die aber in allen vier Querschnittsanalysen statistisch signifikant wird.

Die Persönlichkeitseigenschaft Stabilität (Costa & McCrae, 1992) trägt nur sehr wenig zur Erklärung der Leseleistung bei. Lediglich in der 5. Jahrgangstufe 2004 zeigt sich ein geringer signifikanter Effekt. Die Persönlichkeitseigenschaft Gewissenhaftigkeit, das akzeptierende Familienklima und das Geschlecht sind für die Varianzaufklärung der Leseleistung nicht von Bedeutung. Das restriktive Familienklima ist ebenfalls kein bedeutsamer Prädiktor der Leseleistung. Neben den Risikofaktoren „niedriger SES" und „nicht deutsche Umgangssprache in der Familie" erweist sich aber in den 5. Jahrgängen 2004 und 2006 das „restriktive Familienklima" als geringes, aber statistisch signifikantes Risiko für die Leistungsergebnisse im Lesen.

In der Längsschnittanalyse gibt es nach Berücksichtigung des Vorwissens keine Beeinträchtigung der Leistungsentwicklung im Lesen durch mangelnde deutsche Sprachkenntnisse und/oder eines niedrigen SES. Außerdem gilt, dass nach Berücksichtigung des Vorwissens, neben diesem nur noch die kognitiven Fähigkeiten für die Leistung bedeutsam sind.

9.1.1.3 Schützende Faktoren bei der mathematischen Kompetenz

Für die Mathematikleistungen stellte sich in den Querschnittsanalysen 2004 und 2006 der sozioökonomische Hintergrund zunächst als ein mittelstarkes Risiko dar, welches jedoch nach Berücksichtigung der kognitiven Fähigkeiten der Schülerinnen und Schüler und dem Einbezug der elterlichen Aspirationen für den Schulabschluss ihrer Kinder statistisch nicht mehr von Bedeutung ist. Die Befunde für den 5. und den 7. Jahrgang über beide Messzeitpunkte sind vergleichbar.

Wird im Elternhaus der Schülerinnen und Schüler neben Deutsch eine andere Sprache überwiegend gesprochen, hat dies zu allen Messzeitpunkten einen deutlichen negativen Effekt auf die Leistungsergebnisse in Mathematik. Dieses durch die nicht deutsche Umgangssprache in der Familie bedingte Risiko für die Mathematikleistung bleibt in den Querschnittsanalysen auch nach Berücksichtigung weiterer relevanter

Faktoren bestehen. Dies bedeutet, dass auch bei den Leistungen in Mathematik, sich im Gegensatz zum Risiko eines niedrigen SES in den Analysen keine bedeutsamen kompensatorisch wirkenden Faktoren finden lassen.

Für die Mathematikleistung gab es in den Querschnittsanalysen einen starken Geschlechtseffekt, d. h., Mädchen erzielten häufiger schlechtere Leistungen in Mathematik als Jungen. Dieser Befund war zu erwarten und findet sich in vielen anderen Untersuchungen zur mathematischen Kompetenz (z. B. Frey, Asseburg, Ehmke & Blum, 2008). Man könnte auch „männliches Geschlecht" als Schutzfaktor ansehen, wie dies beispielsweise Rutter (1985) tut. Im Rahmen dieser Arbeit führt eine solche Sichtweise nicht weiter, weil sich allein aus diesem Befund keine praktischen Implikationen ableiten lassen. Von Interesse sind die Ursachen dieses Effektes. Einige neuere Befunde deuten darauf hin, dass dieser Unterschied soziokulturell begründet ist (beispielsweise Hyde & Mertz, 2009).

Der stärkste positive Prädiktor für die Leistung in Mathematik sind die kognitiven Fähigkeiten gefolgt von den elterlichen Bildungsaspirationen und dem fachlichen Selbstkonzept. Die Persönlichkeitseigenschaften Gewissenhaftigkeit und Stabilität und das Familienklima leisten keinen Erklärungsbeitrag zur mathematischen Kompetenz.

In der Längsschnittanalyse wirkt sich eine nicht deutsche Umgangssprache nach Berücksichtigung des Vorwissens zwar nur schwach aber dennoch statistisch signifikant negativ auf die Matheleistung aus. Dies bedeutet, dass die Leistungsentwicklung in Mathematik durch sprachliche Defizite geringfügig beeinträchtigt wird. Das Vorwissen stellt in der Längsschnittanalyse den stärksten Prädiktor der Matheleistung dar.

9.1.1.4 Schützende Faktoren bei der orthografischen Kompetenz

Für die Leistungsergebnisse im Rechtschreiben stellte in den Querschnittsanalysen 2004 und 2006 der niedrige familiäre SES nur ein geringes Risiko dar. Dieses konnte vor allem in den 7. Jahrgangsstufen durch hohe kognitive Fähigkeiten und hohe elterliche Bildungsaspirationen kompensiert werden. In den 5. Jahrgängen wirkt sich ein niedriger familiärer SES kaum als Risiko aus.

Eine nicht deutsche Umgangssprache in der Familie ist in allen Querschnittsanalysen ein Risiko für die Leistungsergebnisse im Rechtschreiben, welches sich durchgängig auch nach Berücksichtigung aller weiteren Prädiktoren zeigt. Auch für die Leistungen im Rechtschreiben gilt für das Risiko mangelnder Sprachkenntnisse in Deutsch, dass sich keine bedeutsamen kompensatorisch wirkenden Faktoren finden lassen.

Das fachliche Selbstkonzept in Deutsch, weibliches Geschlecht, hohe kognitive Fähigkeiten und hohe elterliche Bildungsaspirationen haben positive Effekte auf die Leistungsergebnisse im Rechtschreiben. Dies repliziert die Befunde anderer Untersuchungen (vgl. Valtin et al., 2003, 2004; Weinert & Helmke, 1997).

In der Längsschnittanalyse gibt es nach Berücksichtigung des Vorwissens keine Beeinträchtigung der Leistungsentwicklung im Rechtschreiben durch mangelnde deutsche Sprachkenntnisse und/oder einen niedrigen familiären SES. Außerdem gilt, dass nach Berücksichtigung des Vorwissens, neben diesem nur noch die kognitiven Fähig-

keiten, das Geschlecht und die elterlichen Bildungsaspirationen für die Leistung bedeutsam sind.

Nachdem die Befunde für Risiken und Schutzfaktoren der Schulleistung berichtet
und diskutiert wurden, werden im Folgenden die Ergebnisse der Analysen zum Risiko-
Schutzfaktoren-Modell für den Übertritt von der Grundschule auf das Gymnasium
dargestellt und diskutiert.

9.1.2 Risiken und kompensierende Faktoren für den Besuch eines Gymnasiums: Effekte eines niedrigen sozioökonomischen Hintergrundes und einer nicht deutschen Umgangssprache in der Familie

In das Risiko-Schutzfaktoren-Modell für den Wechsel von der Primarstufe auf das
Gymnasium wurden die gleichen Risiken und schützenden Faktoren einbezogen wie in
den bisher diskutierten Analysen zur Schulleistung in den 5. Jahrgängen.

Die relative Chance (odds ratio), nach der Grundschulzeit auf ein Gymnasium
überzuwechseln, sinkt mit einem niedrigen familiären SES. Ein niedriger SES in der
Familie stellt also erwartungsgemäß ein Risiko für den Besuch eines Gymnasiums dar.
Dieser Befund steht im Einklang mit den gängigen Theorien zum Effekt des elterli-
chen SES auf den Besuch eines bestimmten Bildungsganges (vgl. Boudon, 1974;
Breen & Goldthorpe, 1997; Erikson & Jonsson, 1996). Einschränkend ist allerdings zu
sagen, dass der soziale Hintergrund in der vorliegenden Arbeit nur acht Prozent der
Varianz der Schulzugehörigkeit aufklärt.

Werden in den Regressionsmodellen für die Erhebungsjahre 2004 und 2006 die
kognitiven Fähigkeiten der Schülerinnen und Schüler berücksichtigt, vermindert sich
die Risikowirkung des elterlichen SES. Nach Berücksichtigung der elterlichen Bildungsaspirationen lässt sich kein statistisch signifikanter Zusammenhang mehr zwischen einem niedrigen elterlichem SES und der relativen Chance auf ein Gymnasium
überzuwechseln, feststellen. Die hohe Bedeutung, die Bildungsaspirationen für den
Übertritt nach der Grundschulzeit haben, bestätigt sich auch in anderen Untersuchungen (vgl. Schauenberg, 2007).

Die kognitiven Fähigkeiten der Schülerinnen und Schüler und die Bildungsaspirationen der Eltern kompensieren als schützende Faktoren auf Personen- und Umweltseite die Effekte eines niedrigen SES. Hohe kognitive Fähigkeiten erweisen sich somit als
Resilienzmerkmal und hohe elterliche Bildungsaspirationen als Schutzfaktor.

Neben ihrer protektiven Wirkung sind die kognitiven Fähigen und die elterlichen
Bildungsaspirationen gute Prädiktoren für die Zugehörigkeit zum Gymnasium. Die relativen Chancen für den Übertritt auf ein Gymnasium verdoppeln sich fast bei hohen
kognitiven Fähigkeiten eines Kindes. Hohe elterliche Bildungsaspirationen zählen
ebenfalls zu den Ressourcen und verdreifachen die relativen Chancen eines Gymnasialbesuchs. Durch kognitive Fähigkeiten und elterliche Bildungsaspirationen werden
über 40 Prozent der Varianz der Gymnasialzugehörigkeit aufgeklärt. Der starke Effekt
der Bildungsaspirationen auf den Gymnasial-Übertritt ist sicherlich zum Teil auch damit erklärbar, dass in Bremen zum Zeitpunkt der Untersuchung die Eltern entscheiden

konnten, welche Schulform ihr Kind besucht: Die Schulempfehlung der Lehrkräfte hat in Bremen nur empfehlenden Charakter. Letztendlich entscheiden die Eltern, welchen Bildungsgang ihr Kind besucht (vgl. Bellenberg, Hovestadt & Klemm, 2004).

Ob die Schülerinnen und Schüler neben Deutsch zu Hause überwiegend eine andere Sprache sprechen, hat keinen signifikanten Effekt auf den Übertritt von der Grundschule auf ein Gymnasium. Selbst wenn die nicht signifikanten relativen Chancen betrachtet werden, zeigt sich nur eine sehr geringe Benachteiligung durch eine nicht deutsche Umgangssprache. Der sprachliche Hintergrund stellt in der untersuchten Stichprobe kein Risiko dar. Somit können sich auch keine Resilienzmerkmale und schützenden Faktoren zeigen. Ein ähnlicher Befund findet sich auch in einer Untersuchung zu Effekten von Migration und Schulklassenzugehörigkeit auf die Übergangsempfehlung am Ende der Grundschulzeit (Tiedemann, 2007). In der Untersuchung von Tiedemann (2007) gab es keinen Zusammenhang zwischen dem Migrationsstatus von Schülerinnen und Schülern und der Übergangsempfehlung, die sie von ihren Klassenlehrkräften erhalten haben.

Neben den positiven Prädiktoren in den Regressionsmodellen wirkt sich ein restriktives Familienklima negativ auf die relative Chance aus, ein Gymnasium zu besuchen. Ein restriktives Familienklima kann zusätzlich zu einem niedrigen SES als ein Risiko für den Gymnasialbesuch angesehen werden. Die relative Chance des Übertritts auf ein Gymnasium ist bei Vorliegen eines restriktiven Familienklimas ungefähr 0,8-mal geringer, als wenn dies nicht der Fall wäre. Die entsprechenden Koeffizienten werden allerdings nur in den Regressionsmodellen für den Jahrgang 2006 signifikant, 2004 wird das Signifikanzniveau knapp verfehlt.

Ansonsten zeigen sich keine signifikanten Haupteffekte bzw. *odds ratios* in der logistischen Regression. Die statistisch nicht signifikanten Koeffizienten der Persönlichkeitseigenschaften Gewissenhaftigkeit und Stabilität deuten darauf hin, dass sie sich positiv auf den Übertritt auf ein Gymnasium auswirken. Dieser Befund ist aber wegen der nicht gegebenen Signifikanz statistisch nicht abgesichert.

9.2 Praktische Implikationen

Im Folgenden sollen aus den theoretischen Befunden praktische Implikationen abgeleitet werden. Die Ergebnisse der vorliegenden Arbeit zeigen, dass die mit einem Migrationshintergrund häufig einhergehenden mangelnden Sprachkenntnisse in Deutsch sich insgesamt gravierender auf die schulischen Leistungen auswirken als ein niedriger sozioökonomischer Status, und dass ihre negative Wirkung nur in geringem Umfang durch Ressourcen kompensiert werden kann. Die in der vorliegenden Arbeit untersuchten relevanten Ressourcen (fachspezifisches Deutsch- und Mathematik-Selbstkonzept, hohe kognitive Fähigkeiten) kompensieren den Effekt von mangelnden Sprachkenntnissen nur geringfügig. Damit zeigt sich erneut, wie wichtig die Beherrschung der Sprache als Basiskompetenz ist, die es Schülerinnen und Schülern erst ermöglicht, dem Unterricht in der Schule (erfolgreich) zu folgen (vgl. Baumert & Artelt, 2003). Es sollte daher so frühzeitig wie möglich mit Sprachförderung begonnen werden, dies ist schon in der Vorschulzeit möglich. Entsprechende Förderprogramme oder Materialien wurden in einigen Bundesländern bereits entwickelt. Zu nennen wären hier beispielsweise das Projekt „Sag' mal was" der Landesstiftung Baden-Württemberg (Weber & Potnar, 2006) oder die Handreichung „Sprachförderung von Anfang an" aus Nordrhein-Westfalen (Fuchs & Siebers, 2002). Auch auf EU-Ebene existieren Initiativen, die durch Aufklärungsarbeit auf die Bedeutung des Sprachenlernens im frühen Kindesalter hinweisen, wie die Kampagne „Piccolingo", die sich an Eltern mit zwei bis sechsjährigen Kindern wendet (Directorate General Education and Culture [DG EAC], 2009). Auch wenn eine Evaluation der Wirksamkeit solcher Programme oftmals noch aussteht, stellen sie zumindest eine Chance dar, die schulische Benachteiligung auf Grund von Sprachdefiziten zu vermindern.

Unabhängig von der Wirksamkeit der genannten Sprachförderprogramme lassen sich damit jedoch nicht alle auf Migration zurückgehenden Sprachprobleme von Schülerinnen und Schülern lösen. Nicht wenige Kinder immigrieren nach Deutschland, wenn sie etwas älter sind. Auch diese Kinder sollten die Möglichkeit erhalten, die deutsche Sprache zu erlernen. Hier sind Maßnahmen zu empfehlen, wie sie im Rahmen zweier in Baden-Württemberg verfolgter Ansätze umgesetzt werden: Erstens werden dort Vorbereitungsklassen für Jugendliche mit Migrationshintergrund an Schulen eingerichtet, an denen es mindestens zehn Schülerinnen und Schüler gibt, die die deutsche Sprache nicht oder nur unzureichend beherrschen (Deutsches Institut für Internationale Pädagogische Forschung [DIPF], 2009). In diesen Vorbereitungsklassen sollen die Schülerinnen und Schüler eine Möglichkeit erhalten, die deutsche Sprache zu erlernen. In der Grundschule umfassen diese in der Regel einjährigen Kurse bis zu 18 Wochenstunden, in Hauptschulen bis zu 25. Zweitens werden in Baden-Württemberg bis zu vierwöchige Förderkurse in Deutsch, Mathematik und anderen Fächern eingerichtet, die sich nicht nur an Kinder oder Jugendliche mit Migrationshintergrund richten, sondern an alle Schülerinnen und Schüler mit Schwierigkeiten in einzelnen Fächern. Diese Förderkurse umfassen bis zu vier Wochen. Durch sie sollen Wissenslücken in den jeweiligen Fächern geschlossen werden. Ziel der Förderkurse ist es, dass die benachteiligten Schülerinnen und Schüler das Klassenziel erreichen. Zusätzliche Maßnahmen werden an Schulen mit besonders hohem Ausländeranteil angeboten. Ähnliche Konzepte existieren auch in den anderen Bundesländern (Deutsches Institut für Internationale Pädagogische Forschung [DIPF], 2009). Eine Vielzahl von Projekten findet sich im Programm der Bund-Länder Kommission (BLK) *Förderung von Kindern und Jugendlichen mit Migrationshintergrund* (FÖRMIG), an dem sich insgesamt 10 Bundesländer beteiligen (vgl. Gogolin, Neumann & Roth, 2003). Diese Maßnahmen und alle weiteren Schritte, die zur Sprachförderung unternommen werden, sind vor dem Hintergrund der Befunde in der vorliegenden Arbeit empfehlenswert, um Benachteiligungen durch mangelnde Sprachkenntnisse zu vermeiden. Zu betonen ist aber, dass Fördermaßnahmen vor ihrer flächendeckenden Einführung evaluiert werden sollten, um sicherzustellen, dass die Maßnahmen zielführend sind.

Im Vergleich zu den Nachteilen, die sich für Schülerinnen und Schüler aus Sprachdefiziten ergeben, fällt die schulische Benachteiligung durch einen niedrigen sozioökonomischen Status der Eltern geringer aus. Zudem ist sie nicht in sämtlichen in der vorliegenden Arbeit untersuchten Domänen in gleichem Maße nachweisbar. Dennoch ist ein schwacher sozialer Hintergrund ein nicht zu vernachlässigendes Risiko für den schulischen Erfolg. Dieses Risiko wird fachübergreifend durch umweltbezogene schützende Faktoren und personenbezogene Resilienzmerkmale der Schulleistung abgemildert. In diesem Zusammenhang hat die vorliegende Arbeit gezeigt, dass sich auf Personenebene hohe kognitive Fähigkeiten, positive fachliche Selbstkonzepte, ein hohes Vorwissen, und auf Umweltebene hohe elterliche Bildungsaspirationen risikomildernd auswirken. Erfolgversprechend sind also Maßnahmen, die zur Entwicklung dieser Ressourcen beitragen. Empfehlenswert ist auch hier eine frühe Förderung der Kinder, wie sie z. B. im *Head-Start-Projekt* (vgl. Dau, 1973) oder im *Carolina Abecedarian Projekt* (Masse & Barnett, 2002) durchgeführt wurde. Dabei zeigten die Evaluationsbefunde dieser Förderprojekte, dass sich die Förderung im Vorschulalter positiv auf die spätere Schulkarriere auswirkt (vgl. Kapitel 5.4.3). Von den frühen Fördermaßnahmen dürften insbesondere auch sozial schwache Schülerinnen und Schüler profitieren. Da die Befunde gezeigt haben, wie wichtig hohe elterliche Bildungsaspirationen sind, ist zu überlegen, wie Eltern dazu veranlasst werden könnten, hohe Aspirationen auszubilden. Denkbar ist, dass für die Entwicklung von hohen Bildungsaspirationen zunächst ein Bewusstsein für die Bedeutung von Schulabschlüssen vorhanden sein muss: Je höher ein Bildungsabschluss ist, desto mehr Wahlmöglichkeiten ergeben sich bei der Entscheidung für einen Beruf, da für viele Berufe heutzutage ein höherer Schulabschluss die Voraussetzung ist. Mit steigendem Bildungsgrad steigen die Möglichkeiten, einen besser bezahlten Beruf zu ergreifen, und sinkt zugleich die Wahrscheinlichkeit, arbeitslos zu werden (vgl. Reinberg & Hummel, 2007). Letztlich spielen also Bildungsabschlüsse eine wichtige Rolle bei der Verteilung von Lebenschancen (vgl. Maaz, Baumert & Cortina, 2008). Über die Bedeutsamkeit von Bildungsabschlüssen für die Berufslaufbahn sollten die Eltern informiert und aufgeklärt werden. Dies könnte dazu beitragen, dass mehr Eltern hohe Bildungsaspirationen für die Schullaufbahn ihrer Kinder entwickeln.

Um aus den Befunden der vorliegenden Arbeit praktische Implikationen abzuleiten, bieten auch die Arbeiten von Bourdieu (1983) und Boudon theoretische Orientierung. Nach Bourdieus Überlegungen geht ein niedriger SES einer Familie häufig mit niedrigem ökonomischem, kulturellem und sozialem Kapital einher. Diese Kapitalmängel führen wiederum in Gestalt von primären und sekundären Herkunftseffekten zur Benachteiligung im Schulsystem (Boudon, 1974). Auch in der vorliegenden Arbeit zeigen sich diese Kapitalmängel: Schülerinnen und Schüler mit einem schwachen sozialen Hintergrund erzielen durchschnittlich schlechtere Ergebnisse in den Leistungstests und besuchen seltener ein Gymnasium als andere Schülerinnen und Schüler (vgl. Kapitel 8). Sollen die negativen Effekte eines niedrigen SES abgemildert oder kompensiert werden, besteht ein möglicher Ansatzpunkt darin, den Erwerb von ökonomischem, kulturellem und sozialem Kapital bei benachteiligten Kindern zu fördern. Hierfür ist eine Vielzahl von Maßnahmen in unterschiedlichen Bereichen denkbar. Im Rahmen dieser Arbeit werden im Folgenden nur einige Anregungen geben. Auf ökonomischer Ebene ist beispielsweise der einklagbare Anspruch auf einen kostenlosen Kindergartenplatz, bzw. Vorschulplatz für jedes Kind denkbar. Vorstellbar sind auch kostenfreie kulturelle und soziale Angebote im Lebensumfeld der Kinder, wie sie z. B. im Rahmen der Stadtteilprogramme des 1999 initiierten Bund-Länder-Programmes „Stadtteile mit besonderem Entwicklungsbedarf – die soziale Stadt" ermöglicht werden (Bundesministerium für Verkehr, Bau und Stadtentwicklung [BMVBS], 2008). Ein Beispiel für die Förderung der sozialen Kompetenz von Kindern und Familien ist das Programm „Entwicklungsförderung in Familien: Eltern- und Kindertraining" (EFFEKT), das im Rahmen der Studie „Soziale Kompetenz für Kinder und Familien" entwickelt wurde (Bundesministerium für Familie, Senioren, Frauen und Jugend [BMFSFJ], 2004). Denkbar ist auch die Förderung der elterlichen Erziehungskompetenzen, beispielsweise durch Elternschulungen (vgl. Bundesarbeitsgemeinschaft Familienbildung & Beratung e.V., 2009; Pettinger & Rollik, 2005). Insgesamt zielen derartige Maßnahmen darauf ab, die Lebensbedingungen und Möglichkeiten sozial benachteiligter Familien auf vielen Ebenen zu verbessern. Auch hier sei darauf hingewiesen, dass viele Maßnahmen, einschließlich der eben genannten Elternschulungen, noch evaluiert werden müssen, um ihre Wirksamkeit zu belegen. Auch hier sollten wiederum nur solche Programme und Maßnahmen zur Umsetzung kommen, die die intendierten Effekte auch tatsächlich erzielen.

Einschränkend ist weiterhin anzumerken, dass die genannten Maßnahmen und Projekte zum überwiegenden Teil nur Angebote sein können, die Familien auf freiwilliger Basis nutzen. Denn letztlich besitzen die Eltern das Erziehungsrecht und die Erziehungsverantwortung. Dieses Grundrecht in Art. 6 Abs. 2 des Grundgesetzes lautet: „Pflege und Erziehung der Kinder sind das natürliche Recht der Eltern und die zuvörderst ihnen obliegende Pflicht". Bei Überlegungen zu Maßnahmen müssen daher immer die Rechte und Bedürfnisse der Eltern und die Interessen des Kindes berücksichtigt werden.

9.3 Limitationen der vorliegenden Arbeit und Ausblick auf zukünftige Forschung

In der vorliegenden Arbeit wurde das aus dem Kontext der Gesundheitsforschung stammende theoretische Modell der Risiko- und Schutzfaktoren in den schulischen Kontext übertragen und auf die Erklärung von erwartungswidrig erfolgreichen Schulkarrieren angewendet. Zusammenfassend ist zu sagen, dass ein Großteil der im Modell angenommenen Zusammenhänge zwischen Risiken, schützenden Faktoren, Ressourcen und den Schulleistungen sowie der Schulkarriere im Einklang mit den in der vorliegenden Arbeit analysierten Daten steht. Im Hinblick auf Schlussfolgerungen zur Bewährung des Modells muss jedoch berücksichtigt werden, dass bei der Übertragung des Modells auf den schulischen Kontext zwei Setzungen im Hinblick auf die Risiken und Schutzfaktoren vorgenommen wurden: Erstens wurden in den klassischen Studien in diesem Forschungsbereich eine Vielzahl von Risiken und schützenden Faktoren gleichzeitig untersucht. So wurden beispielsweise in der Längsschnittstudie auf der hawaiianischen Insel Kauai unter anderem Geburtskomplikationen, psychisch kranke Eltern, ein geringes Bildungsniveau der Eltern, andauernde Armut oder chronische familiäre Disharmonie gleichzeitig als multiple Risikofaktoren einbezogen (Werner & Smith 1982, 1992, 2001; Werner, 1999a, 1999b, 2000, 2001). In der vorliegenden Arbeit hingegen wurden gezielt nur ein niedriger familiärer SES und Sprachdefizite als zwei Risiken der Schulleistung untersucht. Einerseits wird mit dieser Vorgehensweise gegen die gängige Praxis bei Modellen in der Gesundheitsforschung verstoßen, möglichst viele Risiken gleichzeitig in der Untersuchung zu berücksichtigen. Andererseits zeigt sich, dass bei einer Begrenzung auf zwei Risiken die Risikowirkung eindeutig feststellbar ist. Die Berücksichtigung einer Vielzahl von Risiken ist somit nicht notwendig. Die Begrenzung auf zwei Risiken hat zudem den Vorteil, dass die Risikowirkung neben der eindeutigen Feststellbarkeit auch benennbar ist. Dies ist bei der gleichzeitigen Einbeziehung einer Vielzahl von Risiken nur schwer möglich: Bei multiplen vorliegenden Risiken lässt sich die Risikostärke und -wirkung eines einzelnen Faktors kaum identifizieren. Auch in zukünftigen Arbeiten empfiehlt es sich daher, nur wenige Risiken, diese aber theoretisch gut fundiert, in Risiko-Schutz-Modellen zu berücksichtigen, um valide Aussagen über ihre Wirksamkeit treffen zu können. In der vorliegenden Arbeit wurden als Risiken der Schulleistung primär ein schwacher sozialer Hintergrund und Sprachdefizite untersucht. Wie sich gezeigt hat, handelt es sich hierbei tatsächlich um relevante Faktoren. In künftigen Arbeiten sollten jedoch weitere Risiken für die Schulkarriere untersucht werden. So deuten bereits die Befunde der vorliegenden Arbeit an, dass ein restriktives Familienklima ein Risiko für die Schulleistung darstellt. Vorstellbar wäre für künftige Studien auch die Berücksichtigung des Wohnumfeldes, da Befunde anderer Studien darauf hinweisen, dass dies eine Quelle der Benachteiligung darstellen könnte (vgl. z. B. Ward, 1989).

Zweitens wurde in der vorliegenden Arbeit klar benannt, wie sich die schützenden Faktoren auswirken. Schützende Faktoren werden in Regressionsmodellen immer dann wirksam, wenn sich nach ihrer Berücksichtigung die negative Wirkung eines schwachen sozialen Hintergrundes auf die Schulleistung verringert. In den meisten Risiko-Schutz-Modellen der Gesundheitsforschung ist dies sehr viel unspezifischer und allgemeiner gehalten. In diesen Modellen wird eine schützende Wirkung nur dann festgestellt, wenn Kinder und Jugendliche in der Lage sind, trotz belastender Lebensumstände diejenigen Fähigkeiten und Persönlichkeitseigenschaften auszubilden, die ansonsten eine gesunde Entwicklung im Jugendalter kennzeichnen. In der vorliegenden Arbeit könnte ein Nachteil darin bestehen, dass die Reichweite der Schutzfaktoren begrenzter ist. Es werden keine so umfassenden Schutzwirkungen auf die Entwicklung angenommen wie in den Modellen der Gesundheitsforschung. Ein eindeutiger Vorteil ist allerdings, dass die schützende Wirkung eindeutig belegt oder widerlegt werden kann. Daher gilt für zukünftige Forschungsvorhaben für die Schutzfaktoren, wie zuvor schon für die Risiken beschrieben, dass sie theoretisch gut fundiert und nur in begrenzter Anzahl in Risiko-Schutz-Modelle einbezogen werden sollten, um valide Aussagen über ihre Wirksamkeit treffen zu können.

Ebenso wird in der vorliegenden Arbeit nicht der Anspruch erhoben, alle schützenden Faktoren und Resilienzmerkmale der Schulleistung und Schulkarriere berücksichtigt zu haben, die kompensierend auf den Effekt eines benachteiligenden sozialen Hintergrundes wirken. Es wurden nur einige zentrale Variablen auf Umwelt- und Kindesseite ausgewählt, deren Bedeutung für das untersuchte Modell sich aus den theoretischen Überlegungen zu Schulleistungen, Schulübertritt sowie Risiko- und Schutzfaktoren ableitet. Dabei erwiesen sich hohe elterliche Bildungsaspirationen, hohe kognitive Fähigkeiten und hohe fachliche Selbstkonzepte zugleich als Ressourcen und als schützende Faktoren der Schulleistung. Für den Schulwechsel von der Primarstufe auf das Gymnasium wirken sich hohe kognitive Fähigkeiten und hohe elterliche Aspirationen kompensierend auf den Effekt eines niedrigen familiären SES aus.

Vermutlich wirken sich neben den Bildungsaspirationen auch weitere familiäre Bedingungen protektiv auf die schulischen Leistungen und die Schulkarriere aus, die in dieser Arbeit nicht berücksichtigt wurden. In zukünftigen Analysen sollte, wie bereits beim restriktiven Familienklima erwähnt, auch das akzeptierende Familienklima differenzierter und umfassender als in der vorliegenden Arbeit erfasst werden. Außerdem sollten weitere Faktoren der Familie einbezogen werden, die enger mit der Schulleistung zusammenhängen. Zum Beispiel könnte erfasst werden, wie und in welchem Umfang Eltern Unterstützung bei den Hausaufgaben leisten (vgl. Niggli et al., 2007).

Schulspezifische schützende Faktoren wurden in der vorliegenden Arbeit nicht berücksichtigt. Hier sollten Unterrichts- und Lehrermerkmale als schützende Faktoren einbezogen werden. Lehrermerkmale lassen sich einteilen in die Dimensionen professionelles Wissen, professionelle Motivation und bevorzugte Unterrichtsmethoden (vgl. Scheerens, 2008). Zum professionellen Wissen zählen beispielsweise das inhaltliche und das pädagogische Wissen. Indikatoren für die professionelle Motivation wären z. B. die Arbeitszufriedenheit oder die Erwartungen an die Schülerinnen und Schüler. Bei den Unterrichtsmethoden kann direktes und „konstruktivistisches Unterrichten" erhoben werden (Scheerens, 2008). Für alle genannten Merkmale ist anzunehmen, dass sie neben ihrer Eigenschaft als Ressourcen der Schulleistung auch eine schützende Funktion besitzen. Auf Schülerebene könnten die Lernstrategien (beispielsweise Elaborationsstrategien oder Memorierungsstrategien), das Unterrichtsinteresse, die Motivation und die Selbstwirksamkeit relevante Variablen mit schützendem Charakter sein.

Zwei wesentliche Herausforderungen der vorliegenden Arbeit waren fehlende Werte und der teilweise hierarchische Charakter der Daten. Der Umgang mit fehlenden Werten erfolgte nach dem aktuellen Stand der Forschung (vgl. Lüdke, Robitzsch, Trautwein & Köller, 2007). Hierzu wurden die fehlenden Werte mittels des aufwändigen Verfahrens der multiplen Imputation mit dem Programm NORM 2.03 ersetzt (Rubin, 1987; Schafer, 2000). Insgesamt wurden jeweils fünf Imputationen gerechnet. Anschließend wurden in den Analysen die Ergebnisse (z. B. Standardfehler) nochmals korrigiert. Durch diese Vorgehensweise ergibt sich nur ein geringer Varianzverlust. Insgesamt ist die multiple Imputation im Vergleich zu anderen Verfahren am besten geeignet, um mit fehlenden Werten umzugehen (vgl. Lüdtke et al., 2007). Unabhängig vom Vorgehen bei der Imputation bleibt anzumerken, dass die Ausfallquote in der vorliegenden Arbeit im Vergleich zu anderen längsschnittlichen Schulleistungsstudien (vgl. beispielsweise Lehmann, Gänsfuß & Peek, 1999) überhaupt sehr gering war. Dies ist einer intensiven Kontaktpflege zu den beteiligten Schulen zu verdanken. Dies sollte auch für zukünftige Forschungen so beibehalten werden. Darüber hinaus könnten Schülerinnen und Schüler, die beim eigentlichen Testtermin nicht anwesend waren, an einem separaten Termin erneut getestet werden, um den Stichprobenausfall weiter zu minimieren. Hier wären allerdings Verzerrungen durch die mögliche Weitergabe von Testmaterialien zu befürchten.

Für einige Variablen (Leistungsvariablen, Bildungsaspirationen) zeigte sich eine ausgeprägte hierarchische Struktur bezogen auf die Zugehörigkeit zu einer bestimmten Klasse. Dies führt bei der Berechnung von statistischen Analysen zu einer höheren Fehlervarianz bei den Ergebnissen. Um dem Umstand Rechnung zu tragen, dass die Angaben teilweise nicht unabhängig von der Klassenzugehörigkeit waren, wurde in den Analysen ein sehr konservatives Signifikanzniveau angelegt. Bei der Darstellung der Ergebnisse wurden nur die Koeffizienten interpretiert, die auch unter dieser Bedingung noch signifikant wurden. Zur Analyse von Kompositionseffekten, die sich beispielsweise durch die Zugehörigkeit zu einer bestimmen Klasse ergeben, sollte in zukünftigen Forschungen mit Mehrebenen-Analyseverfahren gearbeitet werden (vgl. Baumert, Stanat & Watermann, 2006; Schümer, 2004). Auf diese Weise können durch Kompositionseffekte bedingte Risiken und schützende Faktoren in statistischen Modellen berücksichtigt werden. In der vorliegenden Arbeit war dies nicht notwendig, weil zunächst eine Übertragbarkeit der Risiko-Schutzfaktoren-Modelle der Gesundheitsforschung auf den schulischen Bereich getestet werden sollte. In den Modellen aus der Gesundheitsforschung fanden bisher vor allem Variablen auf Individualebene Berücksichtigung. Deshalb wurden auch in der vorliegenden Arbeit nur solche Variablen in die Modelle einbezogen.

Durch ein konservatives Signifikanzniveau nicht zu beeinflussen, ist die Tatsache, dass die verwendete Stichprobe in Bezug auf SES und Migrationsstatus nicht repräsentativ für alle Schülerinnen und Schüler an Bremer Schulen ist: Bei den in die Studie einbezogenen Schulen handelt es sich um Schulen in schwieriger Lage, die unter anderem durch einen höheren Anteil an Schülerinnen und Schülern aus Familien mit einem niedrigen SES und mit Migrationshintergrund gekennzeichnet sind. Dies ist für die vorliegende Arbeit jedoch kein Nachteil. Die Stichprobe ist vielmehr gerade deshalb hervorragend zur Beantwortung der Forschungsfrage geeignet, weil sich in ihr sowohl viele Schülerinnen und Schüler mit ungünstigen Ausgangsvoraussetzungen finden, als auch viele Schülerinnen und Schüler, die eine erwartungswidrig erfolgreiche Schulkarriere eingeschlagen haben. Um Varianz auf Schulebene aufzuklären, sollten in zukünftigen Forschungen die Befunde der vorliegenden Arbeit in großen repräsentativen Studien erhärtet werden. Das Sample sollte nicht nur aus Schulen in schwieriger Lage rekrutiert werden, sondern die Stichprobe sollte so gezogen werden, dass sie repräsentativer für eine allgemeine Grundgesamtheit von Schulen ist.

Die Befunde der vorliegenden Arbeit legen es nahe, dass viele der Variablen, die sich in bisherigen Untersuchungen und den Rahmenmodellen der Schulleistung als Ressourcen erwiesen haben, auch als schützende Faktoren in Betracht kommen. Insgesamt liefert die vorliegende Arbeit damit erste Belege für eine Generalisierbarkeit des Risiko-Schutzfaktoren-Modells auf den schulischen Kontext und das Kriterium Schulerfolg. Insofern kann die Studie als erfolgreich betrachtet werden.

10   Literatur

Adams, R. & Wu, M. (2002). *PISA 2000 technical report.* Paris: OECD.

Ajzen, I. (1985). From intentions to actions: A theory of planned behavior. In J. Kuhl & J. Beckmann (Hrsg.), *Action control: From cognition to behavior.* (S. 11-39). Berlin [u.a.]: Springer.

Ajzen, I. (1991). The theory of planned behavior. *Organizational Behavior and Human Decision Processes, 50,* 179-211.

Ajzen, I. (2002). Perceived Behavioral Control, Self-Efficacy, Locus of Control, and the Theory of Planned Behavior. *Journal of Applied Social Psychology 32,* 1-20.

Ajzen, I. (2005). *Attitudes, personality, and behavior* (2. Aufl.). Milton-Keynes, England: Open University Press / McGraw-Hill.

Ajzen, I. & Madden, T. J. (1986). Prediction of goal-directed behaviour: Attitudes, intentions, and perceived behavioural control. *Journal of Experimental Social Psychology, 22,* 453-474.

Allison, P. D. (2001). *Missing data.* Thousand Oaks, CA: Sage.

Arbeitnehmerkammer Bremen (Hrsg.). (2005). *Bericht 2005 > Schwerpunkt: „Armut und Bildung", Armut in Bremen.* [07.09.2009]; verfügbar unter: www.arbeitnehmerkammer.de/cms/upload/Downloads/Armutsbericht/w_armutsbericht2005.pdf

Aronson, D. T. & Briggs, L. J. (1983). Contributions of Gagné and Briggs to a prescriptive model of instruction. In C. M. Reigeluth (Ed.), *Instructional design theories and models* (S. 75–100). Hillsdale, NJ: Lawrence Erlbaum Associates.

Asendorpf, J. B. & van Aken, M. A. G. (1999). Resilient, Overcontrolled, and Undercontrolled Personality Prototyps in Childhood: Replicability, Predictive Power, and the Trait-Type Issue. *Journal of Personality and Social Psychology, 77,* 815-832.

Asendorpf, J. B., Borkenau, P., Ostendorf, F. & van Aken, M. A. G. (2001). Carving personality description at its joints: Confirmation of three replicable personality prototypes for both children and adults. *European Journal of Personality, 15,* S. 169-198.

Atkinson, J. W. (1957). Motivational determinants of risk-taking behaviour. *Psychological Review, 64,* 359-372.

Atkinson, J. W. (1964). *An introduction to motivation.* Princeton: Van Nostrand.

Atkinson, J. W. (1974). *Motivation and achievement.* New York: Wiley.

Backhaus, K., Erichson, B., Plinke, W. & Weiber, R. (2008). *Multivariate Analysemethoden. Eine anwendungsorientierte Einführung* (12., vollständig überarbeitete Aufl.). Berlin: Springer.

Bamberg, S. & Lüdemann, C. (1996). Eine Überprüfung der Theorie des geplanten Verhaltens in zwei Wahlsituationen mit dichotomen Handlungsalternativen: Rad vs. PKW und Container vs. Hausmüll. *Zeitschrift für Sozialpsychologie 2,* 32-46.

Bamberg, S. & Schmidt P. (1993). Verkehrsmittelwahl. Eine Anwendung der Theorie geplanten Verhaltens. *Zeitschrift für Sozialpsychologie 24,* 25-37.

Baumert, J. & Artelt, C. (2003). Konzeption und technische Grundlagen der Studie. In Deutsches PISA-Konsortium (Hrsg.), *PISA 2000. Ein differenzierter Blick auf die Länder der Bundesrepublik Deutschland.* (S. 11-50). Opladen: Leske + Budrich.

Baumert, J., Blum, W., Brunner, M., Jordan, A., Klusmann, U., Krauss, S., Kunter, M., Neubrand, M. & Tsai, Y-M. (2005). Professional Knowledge of Teachers, Cognitively Activating Instruction, and the Development of Mathematical Competence (COACTIV). Presentation at the meeting of the OECD INES taskforce on Teaching Effectiveness, Reykjavik, 2005.

Baumert, J. & Köller, O. (1998). Nationale und internationale Schulleistungsstudien. Was können sie leisten, wo sind ihre Grenzen? *Pädagogik, 50* (6), 12-18.

Baumert, J. & Köller, O. (2000). Unterrichtsgestaltung, verständnisvolles Lernen und multiple Zielerreichung im Mathematik- und Physikunterricht der gymnasialen Oberstufe. In J. Baumert, W. Bos & R. H. Lehmann (Hrsg.), *Dritte Internationale Mathematik- und Naturwissenschaftsstudie: Mathematische und naturwissenschaftliche Bildung am Ende der Schullaufbahn, Bd. 2: Mathematische und physikalische Kompetenzen am Ende der gymnasialen Oberstufe.* (S. 271-316). Opladen: Leske + Budrich.

Baumert, J. & Köller, O. (2005). Sozialer Hintergrund, Bildungsbeteiligung und Bildungsverläufe im differenzierten Sekundarschulsystem. In V. Frederking, H. Heller & A. Scheunpflug (Hrsg.), *Nach PISA. Konsequenzen für Schule und Lehrerbildung.* (S. 9-21) Wiesbaden: VS Verlag für Sozialwissenschaften.

Baumert, J., Köller, O. & Schnabel, K. (2000). Schulformen als differentielle Entwicklungsmilieus. Eine ungehörige Fragestellung? In G. Lind & M. Demmer (Hrsg.), *Messung sozialer Motivation. Eine Kontroverse.* (S. 28-68). Frankfurt am Main: Gewerkschaft Erziehung und Wissenschaft.

Baumert, J., Kunter, M., Brunner, M., Krauss, S., Blum, W. & Neubrand, M. (2004). Mathematikunterricht aus Sicht der PISA-Schülerinnen und Schüler und ihrer Lehrkräfte. In Deutsches PISA-Konsortium (Hrsg.), *PISA 2003. Der Bildungsstand der Jugendlichen in Deutschland – Ergebnisse des zweiten internationalen Vergleichs.* (S. 314-354). Münster/New York/München/Berlin: Waxman.

Baumert, J. & Schümer, G. (2001). Familiäre Lebensverhältnisse. Bildungsbeteiligung und Kompetenzerwerb. In Deutsches PISA-Konsortium. (Hrsg.) *PISA 2000. Basiskompetenzen von Schülern und Schülerinnen im internationalen Vergleich* (S. 323-410). Opladen: Leske + Budrich.

Baumert, J. & Schümer, G. (2002). Familiäre Lebensverhältnisse, Bildungsbeteiligung und Kompetenzerwerb im nationalen Vergleich. In Deutsches PISA-Konsortium (Hrsg.) *PISA 2000 – Die Länder der Bundesrepublik Deutschland im Vergleich* (S. 159-202). Opladen: Leske & Budrich.

Baumert, J., Stanat, P. & Watermann, R. (2006). Schulstruktur und die Entstehung differenzieller Lern- und Entwicklungsmilieus. In J. Baumert, P. Stanat & R. Watermann(Ed.), *Herkunftsbedingte Disparitäten im Bildungswesen: Differenzielle Bildungsprozesse und Probleme der Verteilungsgerechtigkeit* (S. 95-188). Wiesbaden: VS Verlag für Sozialwissenschaften.

Baumert, J., Watermann, R. & Schümer, G. (2003). Disparitäten der Bildungsbeteiligung und des Kompetenzerwerbs. *Zeitschrift für Erziehungswissenschaft, 6*(1), 46-72.

Baur, R. (1972). Elternhaus und Bildungschancen. Eine Untersuchung über die Bedeutung des Elternhauses für die Schulwahl nach der 4. Klasse Grundschule. Weinheim: Beltz.

Beck, L. & Ajzen, I. (1991). Predicting Dishonest Actions Using the Theory of Planned Behavior. *Journal of Research in Personality 25,* 285-301.

Becker, G. S. (1993). Human capital. A theoretical and empirical analysis with special reference to education. Chicago: University of Chicago Press.

Becker, R. (2000). Klassenlage und Bildungsentscheidungen. Eine empirische Anwendung der Wert-Erwartungstheorie. *Kölner Zeitschrift für Soziologie und Sozialpsychologie, 52* (3), S. 450-474.

Becker, R. (2003). Educational Expansion and Persistent Inequalities of Education: Utilising the Subjective Expected Utility Theory to Explain the Increasing Participation Rates in Upper Secondary School in the Federal Republic of Germany. *European Sociological Review, 19,* S. 1-24.

Becker, R. (2007). Wie nachhaltig sind die Bildungsaufstiege wirklich? Eine Reanalyse der Studie von Fuchs und Sixt (2007) über die soziale Vererbung von Bildungserfolgen in der

Generationenabfolge. *Kölner Zeitschrift für Soziologie und Sozialpsychologie, 59*, S. 512-523.

Becker, R. & Lauterbach, W. (2004a). Bildung als Privileg? Erklärungen und Befunde zu den Ursachen der Bildungsungleichheit. Wiesbaden: VS Verlag für Sozialwissenschaften.

Becker, R. & Lauterbach, W. (2004b). Dauerhafte Bildungsungleichheiten. Ursachen, Mechanismen, Prozesse und Wirkungen. In R. Becker & W. Lauterbach (Hrsg.), *Bildung als Privileg? Erklärungen und Befunde zu den Ursachen der Bildungsungleichheit* (S. 9-40). Wiesbaden: VS Verlag für Sozialwissenschaften.

Becker, R. & Schubert, F. (2006). Soziale Ungleichheit von Lesekompetenzen. Eine Matching-Analyse im Längsschnitt mit Querschnittsdaten in PIRLS 2001 und PISA 2000. *Kölner Zeitschrift für Soziologie und Sozialpsychologie, 58* (2), 253-284.

Bellenberg, G. (1999). Individuelle Schullaufbahnen. Eine empirische Untersuchung über Bildungsverläufe von der Einschulung bis zum Abschluß. Weinheim: Juventa.

Bellenberg, G., Hovestadt, G. & Klemm, K. (2004). *Selektivität und Durchlässigkeit im allgemein bildenden Schulsystem*. Essen: Universität Duisburg-Essen.

Bender, D. & Lösel, F. (1998). Protektive Faktoren der psychisch gesunden Entwicklung junger Menschen: Ein Beitrag zur Kontroverse um saluto- und pathogenetische Ansätze. In J. Margraf, J. Siegrist & S. Neumer (Hrsg.), *Gesundheits oder Krankheitstheorie? Saluto- vs. pathogenetische Ansätze im Gesundheitswesen.* (S. 117-145). Berlin: Springer.

Blien, U., Wiedenbeck, M. & Arminger, G. (1994). Reconcilling Macro and Micro Perspectives by Multilevel Models: An Application to Regional Wage Differences. In: Borg, I. & Mohler, P. P. (Hrsg.), *Trends and Perspectives in Empirical Social Research*, 266-282. Berlin: de Gruyter.

Block, J. H. & Block, J. (1980). The role of ego-control and ego-resilience in the organization of behavior. In W.A. Collins (Ed.), *Development of cognition, affect and social relations* (S. 39-101). Hillsdale, NJ: Erlbaum.

Bloom, B. S. (1964). Stability and change in human characteristics. New York: Wiley.

Bloom, B. S. (1976). *The process of schooling*. New York: McGraw-Hill.

Blossfeld, H. (1985). *Bildungsexpansion und Berufschancen*. Frankfurt a. Main, New York: Campus Verlag.

Blossfeld, H. (1988). Sensible Phasen im Bildungsverlauf. Eine Längsschnittanalyse über die Prägung von Bildungskarrieren durch den gesellschaftlichen Wandel. *Zeitschrift für Pädagogik, 34* (1), S. 45-64.

Bohrhardt, R. (2000). Familienstruktur und Bildungserfolg. Stimmen die alten Bilder? *Zeitschrift für Erziehungswissenschaft, 5* (2), 189-207.

Bong, M. & Skaalvik, E. M. (2003). Academic Self-Concept and Self-Efficacy. How Different Are They Really? *Educational Psychology Review, 15*, 1-40.

Bortz, J. (2005). *Statistik für Human- und Sozialwissenschaftler* (6., vollständig überarbeitete und aktualisierte Aufl.). Heidelberg: Springer.

Bortz, J. & Döring, N. (2006). *Forschungsmethoden und Evaluation. für Human- und Sozialwissenschaftler.* (4., überarb. Aufl.). Berlin [u.a.]: Springer.

Bos, W., Lankes, E.-M., Prenzel, M., Schwippert, K., Walther, G. & Valtin, R. (Hrsg.) (2003). *Erste Ergebnisse aus IGLU. Schülerleistungen am Ende der vierten Jahrgangsstufe im internationalen Vergleich*. Münster: Waxmann.

Bos, W., Schwippert, K. & Stubbe, T. C. (2007). Die Koppelung von sozialer Herkunft und Schülerleistung im internationalen Vergleich. In W. Bos, S. Hornberg, K. H. Arnold, G. Faust, L. Fried, E. Lankes, K. Schwippert & R. Valtin (Hrsg.), *IGLU 2006. Lesekompetenzen von Grundschulkindern in Deutschland im internationalen Vergleich.* (S. 225-247). Münster/New York/München/Berlin: Waxmann.

Boudon, R. (1974). Education, opportunity and social inequality. New York: Wiley.

Bourdieu, P. (1983). Ökonomisches Kapital, kulturelles Kapital, soziales Kapital. In R. Kreckel (Hrsg.), *Soziale Welt. Sonderband 2* (S. 183-198). Göttingen: Otto Schwarz.

Boyd, L. H. & Iversen, G. R. (1979). *Contextual analysis: concepts and statistical techniques.* Belmont, CA: Wadsworth.

Brauns, H., Haun, D. & Steinmann, S. (1997). Die Konstruktion eines international vergleichbaren Klassenschemas (EGP). Erwerbsstatistische Besonderheiten am Beispiel von Labour Force Surveys der Bundesrepublik Deutschland, Frankreichs, Großbritanniens und Ungarns. Mannheim: Mannheimer Zentrum für Europäische Sozialforschung (MZES).

Breen, R. & Goldthorpe, J. H. (1997). Explaining educational differentials. Towards a formal rational action theory. *Rationality and Society, 9,* 275-305.

Brophy, J. (2001). Generic Aspects of Effective Teaching. In M.C. Wang & H.J. Walberg, *Tomorrow's Teachers.* McCutchan Publishing Company.

Bruner, J. S. (1966). *The process of education.* Cambridge: Harvard University Press.

Bruner, J. S. (1966). *Toward a Theory of Instruction.* New York: Newton.

Bryk, A. S. & Raudenbush, S. W. (1992). *Hierachical linear models. Applications and data analysis methods.* Newbury Park, London, New Delhi: SAGE.

Bryk, A. S. & Raudenbush, S. W., Seltzer, M. & Congdon, R. T. (1989). *An introduction to HLM: computer program and users' guide.* Chicago, IL: Scientific Software International Inc.

Bundesarbeitsgemeinschaft   Familienbildung   &   Beratung   e.V.   (2009). www.familienbildung.de; 05.10.2009.

Bundesministerium für Familie, Senioren, Frauen und Jugend (BMFSFJ) (Hrsg.) (2004). *Soziale Kompetenz für Kinder und Familien.* Berlin: BMFSFJ.

Bundesministeriums für Verkehr, Bau und Stadtentwicklung (BMVBS) (Hrsg.) (2008). *Statusbericht 2008 zum Programm Soziale Stadt.* Berlin: BMVBS.

Campbell, D. T. & Erlebacher, A. (1970). How regression artifacts in quasi-experimental evaluations can mistakenly make compensatory education look harmful. In J. Hellmuth (Hrsg.), *Disadvandged child. Compensatory education. A national debate* (Vol. 3, S. 185-210). New York: Bruner/Mazel.

Campbell, F. A. & Ramey, C. T. (1994). Effects of early intervention on intellectual and academic achievement: A follow-up study of children from low-income families. *Child Development, 65,* 684-698.

Campbell, F. A., Helms, R., Sparling, J. J. & Ramey, C. T. (1998). Early-childhood programs and success in school. The Abecedarian study. In W. S. Barnett & S. S. Boocock (Hrsg.), *Early care and education for children in poverty. Promises, programs, and long-term results* (S. 145-166). Albany: University of New York Press.

Carroll, J. B. (1963). A model of school learning. *Teacher College Record, 64,* 723-733.

Caspi, A. (1998). Personality development across the life course. In W. Damon & N. Eisenberg (Hrsg.), *Handbook of child psychology: Vol. 3 Social, emotional, and personality development.* (5. Aufl.). (S. 311-388). New York: Wiley.

Circirelli, V. G., Evans, J. W. & Schulle, J. (1969). The impact of Head Start. An evaluation of the effects of Head Start on children's cognitive and affective development. Ohio: University Press.

Clarke-Stewart, K. A. (1988). Parent's effects on children's development. A decade of progress? *Journal of Aplied Developmental Psychology, 9,* 41-84.

Coddington, R. D. (1972a). The significance of life events as etiologic factors in the diseases of children, I: A survey of professional workers. *Journal of Psychosomatic Research, 16,* 7-18.

Coddington, R. D. (1972b). The significance of life events as etiologic factors in the diseases of children, II: A study of a normal population. *Journal of Psychosomatic Research, 16,* 205-213.

Coleman, J. S. (1987). The relation between school and social structure. In M.T. Hallinan (Ed.), *The social organization of schools. New conceptualisation of the learning process* (S. 177-204). New York: Plenum.

Coleman, J. S. (1988). Social capital in the creation of human capital. *American Journal of Sociology, 94,* 95–120.

Coleman, J. S. (1991). Soziales Kapital. In J. S. Coleman (Hrsg.), *Grundlagen der Sozialtheorie, Bd. 1, Handlungen und Handlungssysteme,* (S. 389-417). München: Oldenbourg.

Coleman, J. S. (1998). Parent, Teacher and Student Collaboration. The power of three. London: Paul Chapman.

Collins, L. M., Schafer, J. L. & Kam, C. (2001). A comparison of inclusive and restrictive strategies in modern missing data procedures. *Psychological Methods, 6,* S. 330-351.

Cooley, W. W. & Leinhardt, G. (1975). *The application of a model for investigating classroom processes.* Pittsburgh: University of Pittsburgh, Learning Research & Development Center.

Cortina, K. S., Baumert, J., Leschinsky, A., Mayer, K. U. & Trommer, L. (Hrsg.) (2003). *Das Bildungswesen in der Bundesrepublik Deutschland. Strukturen und Entwicklungen im Überblick.* Reinbek bei Hamburg: Rowohlt.

Cortina, K. S., Baumert, J., Leschinsky, A., Mayer, K. U. & Trommer, L. (2008). Das Bildungswesen in der Bundesrepublik Deutschland. Strukturen und Entwicklungen im Überblick ; [der neue Bericht des Max-Planck-Instituts für Bildungsforschung]. (vollständig überarbeitete Neuausgabe). Reinbek bei Hamburg: Rowohlt.

Costa, P. T. & McCrae, R. R. (1992). Revised NEO Personality Inventory (NEO-PI-R) and NEO Five Factor Inventory. Professional Manual. Odessa: Psychological Assessment Ressources.

Cronbach, L. J. & Webb, N. (1975). Between class and within class effects in a reported aptitude x treatment interaction: A reanalysis of a study by G. L. Anderson. *Journal of Educational Psychology, 67,* 717-724.

D'Agostino, J. V. (2000). Instructional and school effects on students' longitudinal reading and mathematics achievements. *School Effectiveness and School Improvement, 11*(2), 197-235.

Dau, R. (1973). Projekt „Head Start" in Kritik und Gegenkritik. Modellfall eines kompensatorischen Vorschulprogramms? In D. Höltershinken (Hrsg.), *Vorschulerziehung 2. Ausländische Erfahrungen und Tendenzen* (S. 86-97). Freiburg: Herder.

Davies, P. T. & Windle, M. (1997). Gender-Specific Pathways Between Maternal Depressive Symptoms, Family Discord, and Adolescent Adjustment. *Developmental Psychology, 33,* S. 657-668.

de Leeuw, J. (2002). Series Editor's Introduction to Hierarchical Linear Models. In Raudenbush, S. W. & Bryk, A. S. (Hrsg.) *Hierarchical Linear Models* (2. Aufl.) Thousand Oaks: Sage.

Dempster, A. P., Laird, N. & Rubin, D. B. (1977). Maximum Likelihood from Incomlete Data via the EM Algorithm. *Journal of the Royal Statistical Society. Series B (Methodological), 39,* S. 1-38.

DESI-Konsortium (2006). Unterricht und Kompetenzerwerb in Deutsch und Englisch. Zentrale Befunde der Studie Deutsch Englisch Schülerleistungen International. Frankfurt: Deutsches Institut für Internationale Pädagogische Forschung (dipf).

Deutsches Institut für Internationale Pädagogische Forschung [DIPF] (Hrsg.) (2009). http://www.bildungsserver.de/innovationsportal/bildungplus.html?artid =395, 05. Oktober 2009.

Deutsches PISA-Konsortium (Hrsg.) (2000). Schülerleistungen im internationalen Vergleich: Eine neue Rahmenkonzeption für die Erfassung von Wissen und Fähigkeiten. Berlin: Max-Planck-Institut für Bildungsforschung.

Deutsches PISA-Konsortium (Hrsg.) (2001). PISA 2000. Basiskompetenzen von Schülerinnen und Schülern im internationalen Vergleich. Opladen: Leske & Budrich.

Deutsches PISA-Konsortium (Hrsg.) (2002). *PISA 2000. Die Länder der Bundesrepublik Deutschland im Vergleich.* Opladen: Leske & Budrich.

Deutsches PISA-Konsortium (Hrsg.) (2003). PISA 2000. Ein differenzierter Blick auf die Länder der Bundesrepublik Deutschland. Opladen: Leske & Budrich.

Deutsches PISA-Konsortium (Hrsg.) (2004). PISA 2003. Der Bildungsstand der Jugendlichen in Deutschland. Ergebnisse der zweiten internationalen Vergleichs. Münster: Waxmann.

Deutsches PISA-Konsortium (Hrsg.) (2005). PISA 2003. der zweite Vergleich der Länder in Deutschland – Was wissen und können Jugendliche? Münster [u. a.]: Waxmann.

Deutsches PISA-Konsortium (Hrsg.) (2008). PISA 2006 in Deutschland. Die Kompetenzen der Jugendlichen im dritten Ländervergleich. Münster: Waxmann.

Dika, S. & Singh, K. (2002). Applications of social capital in educational literature. A critical synthesis. *Review of Educational Research, 72* (1), 31-60.

Directorate General Education and Culture (DG EAC) (2009). www.piccolingo.eu, 5.10.2009.

Ditton, H. & Krüsken, J. (2006). Der Übergang von der Grundschule in die Sekundarstufe I. *Zeitschrift für Erziehungswissenschaft, 3,* 348-372.

Ditton, H. (1992). Ungleichheit und Mobilität durch Bildung. München: Juventa.

Dreeben, R. & Barr, R. (1988). Classroom composition and the design of instruction. *Sociology of Education, 61,* S. 129-142.

Duncan, O. D., Featherman, D. L. & Duncanm, B. (1972). *Socioeconomic Background and Achievement.* New York: Seminar Press.

Dunn, L. M. & Markwardt, F. C. (1970). *Peabody individual achievement test.* Circle Pines, Mont.: American Guidance Service.

Durrant, G. B. (2005). Imputation methods for handling itemnonresponse in the social sciences. A methodological review. *National Centre for Research Methods Working Paper Series.*

Eccles, J. S. (2005). Subjective Task Value and the Eccles et al. Model of Achievement-Related Choices. In A. J. Elliot & C. S. Dweck (Hrsg.), *Handbook of competence and motivation.* (S. 105-121). New York: Guilford Publications.

Eccles, J. S., Adler, T. F., Futterman, R., Goff, S. B., Kaczala, C. M., Meece, J. L. & Midgley, C. (1983). Expectancies, values and academic behaviours. In J. T. Spence (Hrsg.), *Achievement and Achievement Motives: psycholog. and sociolog. approaches.* (S. 75-146). San Francisco: Freeman.

Eccles, J. S., Barber, B. & Jozefowicz, D. (1999). Linking gender to educational, occupational, and recreational choices: Applying the Eccles et al. model of achievement-related choices. In W. B. Swann, J. H. Langlois & L. A. Gilbert (Hrsg.), *Sexism and stereotypes in modern society: The gender science of Janet Taylor Spence.* (S. 153-192). Washington: American Psychological Association.

Ehmke, T. & Baumert, J. (2008). Soziale Disparitäten des Kompetenzerwerbs und der Bildungsbeteiligung in den Ländern: Vergleiche zwischen PISA 2000 und 2006. In Deutsches PISA-Konsortium (Hrsg.), *PISA 2006 in Deutschland – Die Kompetenzen der Jugendlichen im dritten Ländervergleich.* (S. 319-342). Münster/New York/München/ Berlin: Waxmann.

Ehmke, T., Siegle, T. & Hohensee, F. (2005). Soziale Herkunft im Ländervergleich. In Deutsches PISA-Konsortium (Hrsg.), *PISA 2003 – Der zweite Vergleich der Länder in Deutschland – Was wissen und können Jugendliche?* (S. 235-268). Münster/New York/München/Berlin: Waxmann.

Einsiedler, W. (2003). Unterricht in der Grundschule. In Cortina, K. S., Baumert, J., Leschinsky, A., Mayer, K. U. & Trommer, L. (Hrsg.) *Das Bildungswesen in der Bundesrepublik*

Deutschland. Strukturen und Entwicklungen im Überblick (285-341). Reinbek bei Hamburg: Rowohlt.

Elias, P. & Birch, M. (1991). *Harmonisierung von Berufsklassifizierungen.* http://www2.warwick.ac.uk/fac/soc/ier/research/isco88/germanisco.doc, 5.10.2009.

Ericsson, K. A. & Crutcher, R. J. (1990). The nature of exceptional performance. In P. B. Baltes, D. L. Featherman & R.M. Lerner (Hrsg.), *Life-span development and behaviour* (Vol. 10, S. 187-217). Hillsdale, NJ: Erlbaum.

Erikson, R. & Goldthorpe, J. H. (1992). The Constant Flux. A Study of Class Mobility in Industrial Societies. Oxford: Clarendon Press.

Erikson, R. & Jonsson, J. O. (1996). Explaining Class Inequality in Education: The Swedish Test Case. In R. Erikson (Hrsg.), *Can Education Be Equalized? The Swedish Case in Comparative Perspective.* (S. 1-63). Stockholm: Westview Press.

Erikson, R., Goldthorpe, J. H. & Portocarero, L. (1979). Intergenerational class mobility in three Western European societies: England, France and Sweden. *British Journal of Sociology, 30*(4), 415-441.

Erten, S. (2000). Empirische Untersuchungen zu Bedingungen der Umwelterziehung. Ein interkultureller Vergleich auf der Grundlage der Theorie des geplanten Verhaltens. Dissertation. Universität Giessen.

Eßel-Ullmann, G. (2009). Effekte eines Konzepts zur Entwicklung von Schule und Unterricht an Schulen in benachteiligter Lage. Eine Evaluationsstudie des Programms EIKA zur Eingliederung Jugendlicher in die Berufs- und Arbeitswelt. Dissertation. Nürnberg.

Esser, H. (1999). Die Wert-Erwartungstheorie. In H. Esser (Hrsg.), *Soziologie – Spezielle Grundlagen, Band 1: Situationslogik und Handeln.* (Bd. 1), (S. 247-293). Frankfurt/Main, New York: Campus Verlag.

Farran, D. (1990). Effects of intervention with disadvantaged and disabled children: A decade review. In S. Meisels & J. Shonkoff (Hrsg.) Handbook of early childhood intervention (S. 501-539). New York: Cambridge University Press.

Feinstein, L. & Peck, S. C. (2008). Unexpected Pathways Through Education: Why Do Some Students Not Succeed in School and What Helps Others Beat the Odds? *Journal of Social Issues, 64*(1), 1-20.

Fend, H. (1981). *Theorie der Schule.* (2. Aufl.). München: Urban & Schwarzenberg.

Fishbein, M. & Ajzen, I. (1975). Belief, Attitude, Intention and Behavior: an introduction to theory and research. Reading, Massachusetts: Addison-Wesley.

Floud, J. E., Halsey, A. H. & Martin, F. M. (1956). *Social class and educational opportunity.* London: William Heinemann Ltd.

Forehand, R., Miller, K. S., Dutra, R. & Chance, M. W. (1997). Brief reports: Role of parenting in adolescent deviant behavior: Replication across and within two ethnic groups. *Journal of Consulting and Clinical Psychology, 65,* S. 1036-1041.

Fraser, B. J., Walberg, H. J., Welch, W. W. & Hattie, J. A. (1987). Syntheses of educational productivity research. *International Journal of Education Research, 11,* S. 145-252.

Frey, A., Asseburg, R., Ehmke, T. & Blum, W. (2008). Mathematische Kompetenz im Ländervergleich. In Deutsches PISA-Konsortium (Hrsg.), *PISA 2006 in Deutschland. Die Kompetenzen der Jugendlichen im dritten Ländervergleich.* (S. 127-147). Münster/New York/München/Berlin: Waxmann.

Frick, P. J. (1994). Family dysfunction and the disruptive behavior disorders. A review of recent empirical findings. In T. H. Ollendick & R. J. Prinz (Hrsg.), *Advances in clinical child psychology.* (Bd. 16), (S. 203-226). New York: Plenum.

Fries, E. (2008). Die biologische Programmierung von späterer Gesundheit und Krankheit durch Erlebnisse in der Kindheit. *reportpsychologie, 33,* S. 472-483.

Fromm, S. (2005). Binäre logistische Regressionsanalyse – Eine Einführung für Sozialwissenschaftler mit SPSS. *Bamberger Beiträge zur empirischen Sozialforschung, 11,* Bamberg: Professur für Methoden der empirischen Sozialforschung.

Fuchs, M. & Sixt, M. (2007). Zur Nachhaltigkeit von Bildungsaufstiegen. Soziale Vererbung von Bildungserfolgen über mehrere Generationen. *Kölner Zeitschrift für Soziologie und Sozialpsychologie, 59,* S. 1-29.

Fuchs, R. & Siebers, C. (2002). *Sprachförderung von Anfang an.* Köln: Sozialpädagogisches Inst. NRW.

Gagné, R. M. (1962). The acquisition of knowledge. *Psychological Review, 69,* 355-365.

Gagné, R. M. (1974). *Essentials of learning instruction.* Hinsdale, IL: The Dryden Press.

Gagné, R. M. (1980). *Die Bedingungen menschlichen Lernens.* Hannover: Hermann Schroedel Verlag.

Gagné, R. M. (1985). *The Conditions of Learning and the Theory of Instruction.* (4. Aufl.). New York: Holt, Rinhart & Winston.

Gagné, R. M. & Driscoll, M. P. (1988). *Essentials of learning for instruction.* (2. Aufl.). Englewood Cliffs, NJ: Prentice Hall.

Gambetta, D. (1987). Where They Pushed or Did They Jump? Individual Decision Mechanisms in Education. Cambridge: Cambridge University Press.

Ganzeboom, H. B. G. & Treiman, D. J. (1996). Internationally Comparable Measures of Occupational Status for the 1988 International Standard Classification of Occupations. *Social Science Research, 25,* S. 201-239.

Ganzeboom, H. B. G., de Graaf, P. M., Treiman, D. J. & de Leeuw, J. (1992). A Standard International Socio-Economic Index of Occupational Status. *Social Science Research, 21,* S. 1-56.

Garmezy, N., Masten, A. S. & Tellegen, A. (1984). The Study of Stress and Competence in Children: A Building Block for Developmental Psychopathology. *Child development, 55,* S. 97-111.

Geißler, R. (2005). Die Metamorphose der Arbeitertochter zum Migrantensohn. In P. A. Berger & H. Kahlert (Hrsg.), *Institutionalisierte Ungleichheiten.* Weinheim und München: Juventa Verlag.

Gelman, A., Carlin, J., Stern, H. & Rubin, D. B. (2003). *Bayesian data analysis.* London: Chapman & Hall.

Geulen, D. (2003). Sozialisation. In H. Joas (Hrsg.), *Lehrbuch der Soziologie.* (S. 123-144). Frankfurt/Main: Campus Verlag.

Gibbons, R. D. & Hedeker, D. (1998). *Applications of mixed-effect models in Biostatistics.* Chicago, Ill.: University of Illinois at Chicago, Division of Epidemiology & Biostatistics, School of Public Health.

Glaser, R. (1976). Components of a psychology of instruction: Toward a science of design. *Review of Educational Research, 46,* S. 1-24.

Glaser, R. (1984). Education and thinking: The role of knowledge. *American Psychologist, 39,* S. 93-104.

Goffman, E. (1972). Asyle. über die soziale Situation psychiatrischer Patienten und anderer Insassen. Frankfurt am Main: Suhrkamp.

Gogolin, I., Neumann, U. & Roth, H. (2003). Förderung von Kindern und Jugendlichen mit Migrationshintergrund. Gutachten. Bonn: BLK.

Goldstein, H. (1999). *Multilevel statistical models.* (3. Internetaufl.) London: University of London, Institute of Education.

Goldthorpe, J. H. (2000). On sociology: Numbers, narratives, and the integration of research and theory. Oxford: Oxford University Press.

Gorard, S. (2003). What is Multi-level Modelling For? *British Journal of Educational Studies* 51, 46-63.

Graham, J. W., Cumsille, P. E. & Elek-Fisk, E. (2003). Methods for handling missing data. In J. A. Schinka & W. F. Velicer (Hrsg.), *Handbook of psychology: Research methods in psychology* (Vol. 2, S. 87–114). New York: John Wiley & Sons.

Gruehn, S. (2000). Unterricht und schulisches Lernen: Schüler als Quellen der Unterrichtsbeschreibung. Münster: Waxmann.

Gustafsson, J.-E. & Undheim, J. O. (1996). Individual differences in cognitive functions. In D. C. Berliner & R. C. Calfee (Hrsg.), *Handbook of educational psychology* (186–242). New York: Simon & Schuster Mcmillan.

Haertel, G. D., Walberg, H. J. & Weinstein, Th. (1983). Psychological models of educational performance: A theoretical synthesis of constructs. *Review of Educational Research, 53*, 75-91.

Halsey, A. H. & Gardner, L. (1953). Selection for secondary education and achievement in four grammar schools. *British Journal of Sociology, 4 (1)*, 60-75.

Handl, J. (1985). Mehr Chancengleichheit im Bildungssystem. Erfolg der Bildungsreform oder statistisches Artefakt? *Kölner Zeitschrift für Soziologie und Sozialpsychologie, 37* (4), S. 698-722.

Harnischfeger, A. & Wiley, D. E. (1976). The Teaching-Learning Process in Elementary Schools: A Synoptic View. *Curriculum Inquiry, 6,* S. 5-43.

Harnischfeger, A. & Wiley, D. E. (1977). Kernkonzepte des Schullernens. Zeitschrift für Entwicklungspsychologie und Pädagogische Psychologie, 9(3), 207–228.

Hartig, J. Rakoczy (2010). Mehrebenenanalyse. In Holling, H. & Schmitz, B. (Hrsg.) *Handbuch Statistik, Methoden und Evaluation.* Göttingen: Hogrefe.

Heck, R. H. & Thomas, S. L. (2008). *An Introduction to Multilevel Modeling Techniques.* (2. Aufl.). New York: Routledge.

Heckhausen, H. (1985). Emotionen im Leistungshandeln aus ontogenetischer Sicht. In Eggers, C. (Hrsg.), Emotionalität und Motivation im Kindes- und Jugendalter. (S. 95-131) Frankfurt am Main: Fachbuchhandlung für Psychologie.

Heckhausen, J. (2006). *Motivation und Handeln.* (3., überarb. und aktual. Aufl.) Heidelberg: Springer.

Heller, K. (1997). Individuelle Faktoren der Schulleistung. In Weinert, F. E. & Helmke, A. (Hrsg.), *Entwicklung im Grundschulalter* (183-201). Weinheim: Psychologische Verlags Union.

Heller, K. A. & Perleth, C. (2000). Kognitiver Fähigkeitstest für 4. bis 12. Klassen, Revision. Göttingen: Beltz.

Helmke, A. & Weinert, F. E. (1997): Bedingungsfaktoren schulischer Leistungen. In F. E. Weinert (Hrsg.), *Psychologie des Unterrichts und der Schule* (71-176). Göttingen: Hogrefe.

Helmke, A. (1997). Individuelle Bedingungsfaktoren für Schulleistung: Ergebnisse aus dem SCHOLASTIK-Projekt. In F. E. Weinert & A. Helmke (Hrsg.), *Entwicklung im Grundschulalter.* (S. 203-216). Weinheim: BeltzPVU.

Helmke, A. (2003). *Unterrichtsqualität. Erfassen, bewerten, verbessern.* Seelze: Kallmeyer.

Helmke, A. & Schrader, F. (2006). Determinanten der Schulleistung. In D. H. Rost (Hrsg.), *Handwörterbuch Pädagogische Psychologie.* (3., überarb. und erw. Aufl.). (S. 83-94). Weinheim und Basel: Beltz Verlag.

Helsper, W., Böhme, J. & Kramer, R. (2001). *Schulkultur und Schulmythos.* (1. Aufl.) Opladen: Leske + Budrich.

Henz, U. & Maas, I. (1995). Chancengleichheit durch die Bildungsexpansion? *Kölner Zeitschrift für Soziologie und Sozialpsychologie, 47,* S. 605-634.

Hillmert, S. (2004). Soziale Ungleichheit im Bildungsverlauf: zum Verhältnis von Bildungsinstitutuionen und Entscheidungen. In R. Becker & W. Lauterbach (Hrsg.), *Bildung als Privileg.* (1. Aufl.). (S. 69-97). Wiesbaden: VS Verlag für Sozialwissenschaften.

Hochweber, J. (2010). Was erfassen Mathematiknoten? Korrelate von Mathematik-Zeugnisnoten auf Schüler- und Schulklassenebene in Primar- und Sekundarstufe. Münster/New York/München/Berlin: Waxmann.

Horton, N. J. & Lipsitz, S. R. (2001): Multiple imputation in practice: Comparison of software packages for regression models with missing variables. _The American Statistican, 55,_ 244-254.

Hox, J. J. (1999). A review of current software for handling missing data. _Kwantitatieve Methoden, 62,_ 123-138.

Hox, J. J. (2002). Multilevel Analysis: Techniques and applications. Mahwah: Erlbaum.

Hradil, S. (2000). Lebenstil. In B. Schäfers (Hrsg.), _Grundbegriffe der Soziologie._ (6. Aufl.). (S. 204-207). Opladen: Leske + Budrich.

Hradil, S. (2001). _Soziale Ungleichheit in Deutschland._ 8. Aufl. Opladen: Leske & Budrich.

Hradil, S. (2006). Soziale Milieus – eine praxisorientierte Forschungsperspektive. _Aus Politik und Zeitgeschichte, 44-45,_ S. 3-10.

Hyde, J. S. & Mertz, J. E. (2009). Gender, culture, and mathematics performance. _Proceedings of the National Academy of Sciences of the United States of America (PNAS), 106,_ S. 8801-8807.

Jahoda, M., Lazarsfeld, P. F. & Zeisel, H. (1933). Die Arbeitslosen von Marienthal. Ein soziographischer Versuch über die Wirkungen langdauernder Arbeitslosigkeit. Leipzig: Hirzel.

John, O. P. & Srivastava, S. (1999). The Big Five trait taxonomoy: History, measurement, and theoretical perspectives. In L. A. Pervin & O. P. John (Hrsg.), _Handbook of personality: Theory and research._ 2. Aufl., (S. 102-138). New York: The Guilford Press.

Julius, H. & Goetze, H. (2000). Resilienz. In J. Borchert (Hrsg.), _Handbuch der Sonderpädagogik._ (S. 294-304). Göttingen, Toronto, Zürich: Hogrefe.

Kalmijn, M. & Kraaykamp, G. (1996). Race, Cultural Capital, and Schooling: An Analysis of Trends in the United States. _Sociology of Education, 69,_ S. 34.

Kazdin, A. E. (1995). _Conduct disorders in childhood and adolescence._ (2. Aufl.). Thousand Oaks, CA: Sage.

Kim, T. K., Solomon, P. & Zurlo, K. A. (2009). Applying Hierarchical Linear Modeling (HLM) to Social Work Administration Research. _Administration in Social Work_ 33, 262-277.

Kirchgässner, G. (1991). _Homo oeconomicus – Das ökonomische Modell individuellen Verhaltens und seine Anwendung in den Wirtschafts- und Sozialwissenschaften._ Tübingen: Mohr.

Klauer, K. J. (2001). Anlage und Umwelt. In F. E. Weinert (Hrsg.), _Psychologie des Unterrichts und der Schule_ (1–6). Göttingen: Hogrefe.

Klauer, K. J. (Hrsg.) (1993). _Kognitives Training._ Göttingen: Hogrefe.

Klee, R., Bamberg, S., Erten, S. & Graf, D. (2000): Analysing determinants of educational methods in enviromental education by using the theory of planned behavior. In Bayrhuber, H. & Unterbruner, U. (Hrsg.), _Lehren und Lernen im Biologieunterricht._ Innsbruck, Wien, München. 46-53.

Koglin, U., Janke, N. & Petermann, F. (2009). Werden IQ-Veränderungen vom Kindergarten-zum Schulalter durch psychosoziale Risikofaktoren beeinflusst? _Zeitschrift für Entwicklungspsychologie und Pädagogische Psychologie, 41,_ S. 132-141.

Köhler, H. (1992). Bildungsbeteiligung und Sozialstruktur in der Bundesrepublik. Zu Stabilität und Wandel von Bildungschancen. Berlin: Max-Planck-Institut für Bildungsforschung.

Kohn, M. L. & Schooler, C. (1983). Work and Personality: An Inquiry into the Impact of Social Stratification. Norwood, N.J.: Ablex Publ. Co.

Köller, O. (2008). Lehr-Lern-Forschung. In W. Schneider & M. Hasselhorn (Hrsg.), _Handbuch Pädagogische Psychologie._ (Bd. 10), (S. 210-222). Göttingen: Hogrefe.

Köller, O., Eßel-Ullmann, G. & Paasch, D. (2005). *Ergebnisbericht: Erste Ergebnisse der Lernausgangslagenuntersuchung zu Beginn des Schuljahres 2004/2005*. Unveröffentlichtes Manuskript, IQB – Berlin.

Köller, O. & Baumert, J. (2008). Entwicklung schulischer Leistungen. In Oerter, R. & Montada, L. (Hrsg.), *Entwicklungspsychologie*. *6. vollständig überarbeitete Auflage* (S. 735-768). Weinheim: Beltz PVU.

Köller, O., Eßel-Ullmann, G. & Paasch, D. (2007). *Ergebnisbericht: Deskriptive Befunde der zweiten Lernausgangslagenerhebung im September/Oktober 2006*. Unveröffentlichtes Manuskript, IQB – Berlin.

Köller, O., Trautwein, U., Lüdtke, O. & Baumert, J. (2006). Zum Zusammenspiel von schulischer Leistung, Selbstkonzept und Interesse in der gymnasialen Oberstufe. *Zeitschrift für Pädagogische Psychologie, 10*, S. 27-39.

Köller, O., Watermann, R., Trautwein, U. & Lüdtke, O. (Hrsg.) (2004): Wege zur Hochschulreife in Baden-Württemberg. TOSCA – eine Untersuchung an allgemein bildenden und beruflichen Gymnasien. Opladen: Leske & Budrich.

Kounin, J. S. (1970). *Discipline and group management in classrooms*. New York, NY [u. a.]: Holt, Rinehart und Winston.

Kounin, J. S. (1976). *Techniken der Klassenführung*. Bern: Huber.

Krapp, A. (1998). Entwicklung und Förderung von Interessen im Unterricht. *Psychologie in Erziehung und Unterricht, 44*, S. 185-201.

Krathwohl, D. R., Bloom, B. S. & Masia, B. B. (1964). *Taxonomy of educational objectives, Handbook II: Affective domain*. New York: McKay.

Kreft, I. (1991). Using hierarchically linear models to analyze multilevel data. *ZUMA-Nachrichten, 29*, 44-56.

Kreft, I. & de Leeuw, J. (1998). *Introducing Multilevel Modeling*. Thousand Oaks; CAkrf: Sage.

Kristen, C. (1999). Bildungsentscheidungen und Bildungsungleichheit – ein Überblick über den Forschungsstand. Mannheim: Mannheimer Zentrum für Europäische Sozialforschung.

Krupp, H.-J. (1979): Probleme der Messung von Einkommen und Vermögen als Hintergrundmerkmale für allgemeine Bevölkerungsumfragen. In Pappi, F. Urban (Hrsg.), *Sozialstrukturanalysen mit Umfragedaten: Probleme der standardisierten Erfassung von Hintergrundsmerkmalen in allgemeinen Bevölkerungsumfragen*. (S. 207-215) Königstein/Ts.: Athenaeum-Verlag.

Kühn, R. (1987). Welche Vorhersage des Schulerfolgs ermöglichen Intelligenztests? Eine Analyse gebräuchlicher Verfahren. In R. Horn, K. Ingenkamp & R. S. Jäger (Hrsg.), *Tests und Trends 6. Jahrbuch der Pädagogischen Diagnostik* (26–64). München: Psychologische Verlags Union.

Kultusministerkonferenz [KMK] (Hrsg.) (1964). Abkommen zwischen den Ländern der Bundesrepublik zur Vereinheitlichung auf dem Gebiete des Schulwesens. Hamburg: KMK.

Kultusministerkonferenz [KMK] (Hrsg.) (2003). Übergang von der Grundschule in die Schulen des Sekundarbereichs I. Bonn.

Kunter, M., Schümer, G., Artelt, C., Baumert, J., Klieme, E., Neubrand, M., Prenzel, M., Schiefele, U., Schneider, W., Stanat, P., Tillmann, K. & Weiß, M. (2002). *PISA 2000: Dokumentation der Erhebungsinstrumente*. Berlin: Max-Planck-Institut für Bildungsforschung.

Kunz, V. (2004). *Rational Choice*. Frankfurt/Main: Campus Verlag.

Langer, W. (2009). *Mehrebenenanalyse*. *Eine Einführung für Forschung und Praxis* (2. Aufl.). Wiesbaden: Verlag für Sozialwissenschaften.

Lang, F. R. & Lüdtke, O. (2005). Der Big Five-Ansatz der Persönlichkeitsforschung: Instrumente und Vorgehen. In S. Schumann, & H. Schoen (Hrsg.), *Persönlichkeit: Eine verges-*

sene Größe der empirischen Sozialforschung (S. 17-27). Wiesbaden: Verlag für Sozialwissenschaften.

Laucht, M. (1999). Risiko- vs. Schutzfaktor? Kritische Anmerkungen zu einer problematischen Dichotomie. In G. Opp, M. Fingerle & A. Freytag (Hrsg.), *Was Kinder stärkt: Erziehung zwischen Risiko und Resilienz* (S. 303-314). München: Ernst Reinhardt.

Laucht, M., Esser, G. & Schmidt, M. H. (1997). Wovor schützen Schutzfaktoren? Anmerkungen zu einem populären Konzept der modernen Gesundheitsforschung. *Zeitschrift für Entwicklungspsychologie und Pädagogische Psychologie, 29,* S. 260-270.

Laucht, M., Esser, G. & Schmidt, M. H. (1998). Risiko- und Schutzfaktoren der frühkindlichen Entwicklung: Empirische Befunde. *Zeitschrift für Kinder- und Jugendpsychiatrie, 26,* 6-20.

Laucht, M., Esser, G. & Schmidt, M. H. (1999). Was wird aus Risikokindern? Ergebnisse der Mannheimer Längsschnittstudie im Überblick. In G. Opp, M. Fingerle & A. Freytag (Hrsg.), *Was Kinder stärkt: Erziehung zwischen Risiko und Resilienz* (S. 71-93). München: Ernst Reinhardt.

Laucht, M., Schmidt, M. G., Ihle, W., Marcus, A., Stöhr, R. & Weindrich, D. (1996). Viereinhalb Jahre danach: Mannheimer Risikokinder im Vorschulalter. *Zeitschrift für Kinder- und Jugendpsychiatrie, 24,* S. 67-81.

Laucht, M., Schmidt, M. H. & Esser, G. (2000). Risiko- und Schutzfaktoren in der Entwicklung von Kindern und Jugendlichen. *Frühförderung interdisziplinär, 19 (3),* 97-108.

Lehmann, R. H. & Nikolova, R. (2005). *ELEMENT. Erhebungen zum Lese- und Mathematikverständnis. Entwicklungen in den Klassenstufen 4 bis 6 in Berlin. Bericht über die Untersuchung 2003 an Berliner Grundschulen und grundständigen Gymnasien.* Berlin: Senatsverwaltung für Bildung, Jugend und Sport.

Lehmann, R. H. & Peek, R. (1997). *Aspekte der Lernausgangslage von Schülerinnen und Schülern der fünften Klassen an Hamburger Schulen – Bericht über die Untersuchung im September 1996.* Hamburg: Behörde für Schule, Jugend und Berufsbildung.

Lehmann, R. H., Gänsfuß, R. & Peek, R. (1999). *Aspekte der Lernausgangslage und der Lernentwicklung von Schülerinnen und Schülern an Hamburger Schulen – Klassenstufe 7. Bericht über die Untersuchung im September 1998.* Hamburg: Behörde für Schule, Jugend und Berufsbildung.

Lehmann, R. H., Hunger, S., Ivanov, S. & Gänsfuß, R. unter Mitarbeit von Hoffmann, E. (2004). LAU 11. *Aspekte der Lernausgangslage und der Lernentwicklung Klassenstufe 11. Ergebnisse einer längsschnittlichen Untersuchung in Hamburg.* Hamburg: Behörde für Schule, Jugend und Berufsbildung.

Lehmann, R. H., Peek, R., Gänsfuß, R. & Husfeldt, V. (2002). *Aspekte der Lernausgangslage und der Lernentwicklung – Klassenstufe 9. Ergebnisse einer Längsschnittuntersuchung in Hamburg.* Hamburg: Behörde für Schule, Jugend und Berufsbildung.

Lehmann, R. H., Vieluf, U., Nikolova, R. & Ivanov, S. (2006). *LAU 13. Aspekte der Lernausgangslage und Lernentwicklung – Klassenstufe 13 – Erster Bericht.* Hamburg: Behörde für Schule, Jugend und Berufsbildung .

Leutner, D. (2006). Instruktionspsychologie. In D. H. Rost (Hrsg.), *Handwörterbuch Pädagogische Psychologie.* (3. Aufl.). (S. 261-270). Weinheim: PVU.

Lewin, K. (1926) Vorsatz, Wille und Bedürfnis, mit Vorbemerkungen über die psychischen Kräfte und Energien und die Struktur der Seele. *Psychologische Forschung, 7,* 294-38.

Lewin, K. (1936). *Principles of topological psychology.* New York: McGraw-Hill.

Lewin, K. (1946). Behavior and development as a function of the total situation. In: L. Carmichael (Hrsg.), *Manual of child psychology.* New York, Wiley, S. 791-844.

Lewin, K., Dembo, T., Festinger, L. & Sears, P. S. (1944). Level of aspiration. In Hunt, J. M. (Hrsg.), *Personality and the behavior disorders. Vol. 1.* New York: Ronald Press, 333-378

Little, R. J. A. & Rubin, D. B. (2002). *Statistical analysis with missing data.* (2. Aufl.). Hoboken, NJ: Wiley.

Longford, N. T. (1990). *VARCL. Software for variance component analysis of data with nested random effects (Maximum Likelihood).* Princeton, N.J.: Educational Testing Service.

Lösel, F. & Bender, D. (1994). Lebenstüchtig trotz schwieriger Kindheit: Psychische Widerstandskraft im Kindes- und Jugendalter. *Psychoscope, 15,* S. 14-17.

Lösel, F. & Bender, D. (1999). Von generellen Schutzfaktoren zu differentiellen protektiven Prozessen: Ergebnisse und Probleme der Resilienzforschung. In G. Opp, M. Fingerle & A. Freytag (Hrsg.), *Was Kinder stärkt: Erziehung zwischen Risiko und Resilienz.* (S. 37-58). München: Ernst Reinhardt Verlag.

Lösel, F., Bliesener, T. & Köferl, P. (1990). Psychische Gesundheit trotz Risikobelastung in der Kindheit: Untersuchungen zur „Invulnerabilität". In I. Seiffge-Krenke (Hrsg.), *Krankheitsverarbeitung von Kindern und Jugendlichen.* (S. 103-123). Berlin: Springer.

Lösel, F., Kolip, P. & Bender, D. (1992). Streß-Resistenz im Multiproblem-Milieu: Sind seelisch widerstandsfähige Jugendliche „Superkids"? *Zeitschrift für Klinische Psychologie, 21,* S. 48-63.

Lüdtke, O., Robitzsch, A., Trautwein, U. & Köller, O. (2007). Umgang mit fehlenden Werten in der psychologischen Forschung: Probleme und Lösungen. *Psychologische Rundschau, 58,* S. 103-117.

Luthar, S. S., Cicchetti, D. & Becker, B. (2000). The Construct of Resilience: A Critical Evaluation and Guidelines for Future Work. *Child Development, 71,* S. 543-562.

Maaz, K., Baumert, J. & Cortina, K. S. (2008). Soziale und regionale Ungleichheit im deutschen Bildungssystem. In K. S. Cortina, J. Baumert, A. Leschinsky, K. U. Mayer & L. Trommer (Hrsg.), *Das Bildungswesen in der Bundesrepublik Deutschland.* (S. 205-280). Reinbek bei Hamburg: Rowohlt Taschenbuch Verlag.

Maaz, K., Chang, P. & Köller, O. (2004). Führt institutionelle Vielfalt zur Öffnung im Bildungswesen? Sozialer Hintergrund und kognitive Grundfähigkeit der Schülerschaft an allgemein bildenden und beruflichen Gymnasien. In O. Köller, R. Watermann, U. Trautwein & O. Lüdtke (Hrsg.), *Wege zur Hochschulreife in Baden-Württemberg. TOSCA – Eine Untersuchung an allgemein bildenden und beruflichen Gymnasien.* (S. 153-203).

Maaz, K., Hausen, C., McElvany, N. & Baumert, J. (2006). Stichwort: Übergänge im Bildungssystem. *Zeitschrift für Erziehungswissenschaft, 3,* S. 299-327.

Mack, W. (1995). *Intelligenz und Expertiseerwerb. Empirische Studien zur Kompetenzentwicklung bei Kfz-Mechanikern.* Dissertation. München: Ludwig Maximilians-Universität.

Manstetten, R. (2002) *Das Menschenbild in der Ökonomie – Der homo oeconomicus und die Anthropologie von Adam Smith.* Freiburg: Alber.

Marsh, H. W. & Hattie, J. A. (1996). Theoretical perspectives on the structure of self-concept: A developmental perspective. *Merril Palmer Quaterly, 45,* 567-601.

Marsh, H. W. & Hau, K. (2003). Big-fish-little-pond effect on academic self-concept: A cross-cultural (26-country) test of the negative effects of academically selective schools. *American Psychologist, 58,* S. 364-376.

Marsh, H. W. (1987). The big-fish-little-pond effect on academic self-concept. *Journal of Educational Psychology, 79,* S. 280-295.

Marsh, H. W., Trautwein, U., Lüdtke, O., Baumert, J. & Köller, O. (2007). The Big-Fish-Little-Pond Effect: Persistent Negative Effects of Selective High Schools on Self-Concept After Graduation. *American Educational Research Journal, 44,* S. 631-669.

Marx, K. (1867). *Das Kapital.* (1. Aufl.). Berlin: Dietz.

Masse, L. N. & Barnett, W. S. (2002). A Benefit Cost Analysis of the Abecedarian Early Childhood Intervention, *http://nieer.org/resources/research/AbecedarianStudy.pdf.*

Masten, A. S. (2001). Resilienz in der Entwicklung: Wunder des Alltags. In G. Röper, von Hagen, C. & Noam, G. (Hrsg.), *Entwicklung und Risiko. Perspektiven einer Klinischen Entwicklungspsychology* (S. 192-219). Stuttgart: Kohlhammer.

McElvany, N., Becker, M. & Lüdtke, O. (2009). Die Bedeutung familiärer Merkmale für Lesekompetenz, Wortschatz, Lesemotivation und Leseverhalten. *Zeitschrift für Entwicklungspsychologie und Pädagogische Psychologie, 41,* S. 121-131.

McFadden, D. L. (1974). Conditional logit analysis of qualitative choice behavior. In P. Zarembka (Hrsg.), *Frontiers in econometrics.* (S. 105-142). New York: Academic Press.

McFadden, D. L. (1979). Quantitative methods for analysing of travel behaviour of individuals: Some recent developments. In D. A. Hensher & P. R. Stopher (Hrsg.), *Behavioral travel modelling.* (S. 279-318). London: Croom Helm.

Mehan, H. (1992). Understanding Inequality in Schools: The Contribution of Interpretive Studies. *Sociology of Education, 65* (1), S. 1-20.

Merkens, H. & Dohle, K. (1997). Effcts of cultural capital in periods of social change: The election of school tracks as a taken opportunity. In F. Heyting (Hrsg.), *Educational studies in Europe.* (S. 103-112). Providence, RI: Berghahn Books.

Merkens, H. & Wessel, A. (2002). Zur Genese von Bildungsentscheidungen. Eine empirische Studie in Berlin und Brandenburg. Baltmannsweiler: Schneider-Verl. Hohengehren.

Messersmith, E. E. & Schulenberg, J. E. (2008). When Can We Expect the Unexpected? Predicting Educational Attainment When it Differs from Previous Expectations. *Journal of Social Issues, 64*(1), 195-211.

Meulemann, H. (1985). Bildung und Lebensplanung. Die Sozialbeziehung zwischen Elternhaus und Schule. Frankfurt/New York: Campus Verlag.

Meulemann, H. (1992). Expansion ohne Folgen? Bildungschancen und sozialer Wandel in der Bundesrepublik. In W. Glatzer (Hrsg.), *Entwicklungstendenzen der Sozialstruktur.* Frankfurt/New York: Campus Verlag.

Meyer, H. (2004). *Was ist guter Unterricht?.* Berlin: Cornelson Scriptor.

Meyer-Probst, B. & Reis, O. (2000). Risikofaktoren und Risikobewältigung im Kontext – Schlußfolgerungen aus der Rostocker Längsschnittstudie nach 25 Jahren. *Frühförderung interdisziplinär, 19,* S. 109-118.

Meyer-Probst, B. & Teichmann, H. (1984). *Risiken für die Persönlichkeitsentwicklung im Kindesalter.* Leipzig: Thieme.

Mietzel, G. & Willenberg, H. (2000). *HST 4/5. Hamburger Schulleistungstest für 4. und 5. Klasse. Handanweisung.* Göttingen, Toronto, Zürich: Hogrefe.

Mincer, J. (1962). On-The-Job Training: Costs, Returns, and some Implications. *Journal of Political Economy, 70,* S. 50-79.

Minister für Arbeit, Gesundheit und Soziales des Landes Nordrhein-Westfahlen (1977). *Modellversuch 1970-1975, Abschlussbericht. Informationen für jeden, Heft 12.* Düsseldorf.

Müller, H. & Weihrich, M. (1992). Lebensweise und Lebensstil. Zur Soziologie moderner Lebensführung. In H. Vetter (Hrsg.), *Muster moderner Lebensführung.* (S. 89-130). München: Deutsches Jugendinstitut e.V.

Müller, W. & Haun, D. (1994). Bildungsungleichheit im sozialen Wandel. *Kölner Zeitschrift für Soziologie und Sozialpsychologie, 46,* S. 1-43.

Muthén, L. K. & Muthén, B. O. (2004). *Mplus: Statistical analysis with latent variables. User's guide.* (3. Aufl.). Los Angeles: Muthén & Muthén.

Neuenschwander, M. P. & Garrett, J. L. (2008). Causes and Consequences of Unexpected Educational Transitions in Switzerland. *Journal of Social Issues, 64*(1), 41-57.

Niederländische Schulinspektionsbehörde (2009). http://www.onderwijsinspectie.nl.

Niegemann, H. (2006). Lehr-Lern-Forschung. In D. H. Rost (Hrsg.), Handwörterbuch Pädagogische Psychologie (3. Aufl.) (S. 386-392). Weinheim: Beltz/PVU.

Niggli, A., Trautwein, U., Schnyder, I., Lüdtke, O. & Neumann, M. (2007). Elterliche Unterstützung kann hilfreich sein, aber Einmischung schadet: Familiärer Hintergrund, elterliches Hausaufgabenengagement und Leistungsentwicklung. *Psychologie in Erziehung und Unterricht, 54,* S. 1-14.

Oerter, R. (2008). Kindheit. In R. Oerter & L. Montada (Hrsg.), *Entwicklungspsychologie.* (6. Aufl.). (S. 225-270). Weinheim: BeltzPVU.

Organisation for Economic Co-operation and Development [OECD] (Hrsg.) (2001). *Lernen für das Leben. Erste Ergebnisse von PISA 2000.* Paris: OECD.

Organisation for Economic Co-operation and Development [OECD] (Hrsg.) (2004). *Lernen für die Welt von morgen – erste Ergebnisse von Pisa 2003.* Paris: OECD.

Organisation for Economic Co-operation and Development [OECD] (Hrsg.) (2005). *PISA 2003 technical report.* Paris: OECD.

Organisation for Economic Co-operation and Development [OECD] (Hrsg.) (2006). Where immigrant students succeed. A comparative review of performance and engagement in PISA 2003. Paris: OECD.

Ostendorf, F. & Angleitner, A. (2004). NEO-PI-R. NEO-Persönlichkeitsinventar nach Costa und McCrae. Revidierte Fassung von Fritz Ostendorf und Alois Angleitner. Göttingen: Hogrefe.

Otto, Luther B. & Atkinson, Maxine P. (1997): Parental involvement and adolescent development. *Journal of Adolescent Research, 12,* 68-89.

Pagani, L., Tremblay, R. E., Vitaro, F., Kerr, M. & McDuff, P. (1998). The Impact of Family Transition on the Development of Delinquency in Adolescent Boys: A 9-year Longitudinal Study. *Journal of Child Psychlology and Psychiatry, 39,* S. 489-499.

Pellegrini, D. y. T., Masten, A. S. & Ferrarese, M. (1987). Correlates of social and academic competence in middle childhood. *Journal of Child Psychlology and Psychiatry, 28,* S. 699-714.

Petermann, F. (1997). Klinische Kinderpsychologie – Begriffsbestimmung und Grundlagen. In F. Petermann (Hrsg.), *Fallbuch der Klinischen Kinderpsychologie. Erklärungsansätze und Interventionsverfahren.* (S. 1-14). Göttingen, Toronto, Zürich: Hogrefe.

Petermann, F. (2000). Klinische Kinderpsychologie – Begriffsbestimmung und Grundlagen. In F. Petermann (Hrsg.), *Fallbuch der Klinischen Kinderpsychologie und -psychotherapie.* (2. Aufl.). (S. 14-26). Göttingen, Bern, Toronto, Seattle: Hogrefe.

Petermann, F. & Schmidt, M. H. (2006). Ressourcen – ein Grundbegriff der Entwicklungspsychologie und Entwicklungspsychopathologie? *Kindheit und Entwicklung, 15,* S. 118-127.

Pettinger, R. & Rollik, H. (2005). *Familienbildung als Angebot der Jugendhilfe. Rechtliche Grundlagen – familiale Problemlagen – Innovationen.* Berlin: BMFSFJ.

Peugh, J. L. & Enders, C. K. (2004). Missing data in educational research: A review of reporting practices and suggestions for improvement. *Review of Educational Research, 74,* 525-556.

Picht, G. (1964). *Die deutsche Bildungskatastrophe.* Olten, Walter-Verlag.

Plies, K. & Schmidt, P. (1996). Intention=Verhalten? Eine repräsentative Längsschnittstudie zur Überprüfung der Theorie des geplanten Verhaltens im Kontext der AIDS-Prävention. *Zeitschrift für Sozialpsychologie 27,* 70-80.

Prenzel, M. (2007). PISA 2006: Wichtige Ergebnisse im Überblick. In Deutsches PISA-Konsortium (Hrsg.), *PISA 2006. Die Ergebnisse der dritten internationalen Vergleichsstudie.* Münster/New York/München/Berlin: Waxman.

Prior, M., Smart, D., Sanson, A. & Oberklaid, F. (1993). Sex Differences in Psychological Adjustment from Infancy to 8 Years. *Journal of the American Academy of Child and Adolescent Psychiatry, 32,* S. 291-304.

Ramm, G., Prenzel, M., Heidemeier, H. & Walter, O. (2004). Soziokulturelle Herkunft: Migration. In Deutsches PISA-Konsortium (Hrsg.), *PISA 2003. Der Bildungsstand der Jugendlichen in Deutschland – Ergebnisse des zweiten internationalen Vergleichs.* (S. 254-282). Münster/New York/München/Berlin: Waxmanm.

Ramseier, E. & Brühwiler, C. (2003). Herkunft, Leistung und Bildungschancen im gegliederten Bildungssystem: Vertiefte PISA-Analyse unter Einbezug der kognitiven Grundfähigkeiten. *Schweizerische Zeitschrift für Bildungswissenschaften, 25* (1), 23-59.

Rank, B. (1997). *Erwartungs-Wert-Theorien.* München [u. a.]: Hampp.

Raudenbush, S. W. & Bryk, A. S. (2002). Hierarchical linear models. Applications and data analysis methods (2. Aufl.). London: Sage.

Rayneri, L. J., Gerber, B. L. & Wiley, L. P. (2003). Gifted Achievers and Gifted Underachievers: The Impact of Learning Style Preferences in the Classroom. *Journal of Secondary Gifted Education, 14* (4), 197-204.

Reinberg, A. & Hummel, M. (2007). Der Trend bleibt – Geringqualifizierte sind häufiger arbeitslos. *IAB Kurzbericht (18).*

Renkl, A. (1996). Vorwissen und Schulbildung. In Möller, J. & Köller, O. (Hrsg.), *Emotionen, Kognitionen und Schulleistung.* Weinheim: Psychologische Verlags Union.

Rheinberg, F. (1999). Motivation und Emotion im Lernprozess: Aktuelle Befunde und Forschungsperspektiven. In Jerusalem, M. & Pekrun, R. (Hrsg.), *Emotion, Motivation und Leistung.* Göttingen: Hogrefe.

Rice, N., Carr-Hill, R., Dixon, P., Sutton, M. (1998). The Influence of Households on Drinking Behaviour: A Multilevel Analysis. *Social Science & Medicine.* 46, 971-979.

Robins, R. W., John, O. P. & Caspi, A. (1998). The typological approach to studying personality. In R. B. Cairns, L. Bergman & J. Kagan (Hrsg.), *Methods and models for studying the individual.* (S. 135-160). Thousand Oaks: Sage.

Robins, R. W., John, O. P., Caspi, A., Moffitt, T. E., Stouthamer-Loeber, M. & Stouthamer-Loeber, M. (1996). Resilient, overcontrolled, and undercontrolled boys: Three replicable personality types. *Journal of Personality and Social Psychology, 70,* S. 157-171.

Rodax, K. (1995). Soziale Ungleichheit und Mobilität durch Bildung in der Bundesrepublik Deutschland. *Österreichische Zeitschrift für Soziologie, 20,* S. 3-27.

Rohwer, G. & Blossfeld, H.-P. (2012). Contextual and Random Coefficient Multilevel Models. A Comparison. *NEPS Working Paper,*6.Bamberg: Otto-Friedrich-Universität, Nationales Bildungspanel.

Roscigno, V. J. & Ainsworth-Darnell, J. W. (1999). Race, cultural capital, and educational resources: Persistent inequalities and achievement returns. *Sociology of Education, 72,* S. 158-178.

Rothbaum, F. & Weisz, J. (1994). Parental Caregiving and Child Externalizing Behavior in Nonclinical Samples: A meta-analysis. *Psychological Bulletin, 116,* S. 55-74.

Rubin, D. B. (1976). Inference and missing data. *Biometrika, 63,* S. 581-592.

Rubin, D. B. (1987). Multiple imputation for nonresponse in surveys. New York: Wiley.

Rutter, M. (1985). Family and school influences on cognitive development. *Journal of Child Psychology and Psychiatry,* 26, 683-704.

Rutter, M. (1990). Psychosocial resilience and protective mechanisms. In J. Rolf, A. S. Masten, D. Cicchetti, K. H. Nuechterlein & S. Weintraub (Hrsg.), *Risk and protective factors in the development of psychopathology.* (S. 181-214). Cambridge: Cambridge University Press.

Sameroff, A. J., Seifer, R. & Elias, P. K. (1982). Sociocultural Variability in Infant Temperament Ratings. *Child Development, 53,* S. 164-173.

Sameroff, A. J., Seifer, R., Baldwin, A. & Baldwin, C. (1993). Stability of Intelligence from Preschool to Adolescence: The Influence of Social and Family Risk Factors. *Child Development, 64,* S. 80-97.

Sauer, J. (2001). Prognose von Schulerfolg. In Rost, D. H. (Hrsg.), *Handwörterbuch Pädagogische Psychologie* (544-555). Weinheim: Beltz.

Sauer, J. & Gamsjäger, E. (1996). *Ist Schulerfolg vorhersagbar?* Göttingen: Hogrefe.

Schafer, J. L. (1997). *Analysis of incomplete mulitvariate data.* London: Chapman & Hall.

Schafer, J. L. (2000). NORM: Multiple Imputation of Incomplete Data under a Normal Model [Computer Software].

Schafer, J. L. & Graham, J. W. (2002). Missing data: Our view of the state of the art. *Psychological Methods, 7,* 147-177.

Schauenberg, M. (2007). Übertrittsentscheidungen nach der Grundschule. Empirische Analysen zu familialen Lebensbedingungen und Rational-Choice. München: Herbert Utz Verlag.

Scheerens, J. (2008). *Review and meta-analyses of school and teaching effectiveness.* Twente: Department of Educational Organization and Management – University of Twente.

Scheerens, J. & Bosker, R. (1997). *The Foundations of Educational Effectiveness.* Oxford: Pergamon.

Scheerens, J., Seidel, T., Witziers, B., Hendriks, M. & Doornekamp, G. (2005). *Positioning the supervision frameworks for primary and secondary education of the Dutch Educational Inspectorate in current educational discourse and validating core indicators against the knowledge base of educational effectiveness research.* Enschede / Kiel: University of Twente / Institute for Science Education (IPN).

Scheithauer, H. & Petermann, F. (1999). Zur Wirkungsweise von Risiko- und Schutzfaktoren in der Entwicklung von Kindern und Jugendlichen. *Kindheit und Entwicklung, 8,* S. 3-14.

Scheithauer, H., Niebank, K. & Petermann, F. (2000). Biopsychosoziale Risiken in der frühkindlichen Entwicklung: Das Risiko- und Schutzfaktorenkonzept aus entwicklungspsychopathologischer Sicht. In F. Petermann, K. Niebank & H. Scheithauer (Hrsg.), *Risiken in der frühkindlichen Entwicklung. Entwicklungspsychopathologie der ersten Lebensjahre* (S. 65-97). Göttingen: Hogrefe.

Schelsky, H. (1957). Soziologische Bemerkungen zur Rolle der Schule in unserer Gesellschaft. In H. Schelsky (Hrsg.), *Schule und Erziehung in der industriellen Gesellschaft.* (1. Aufl.). (S. 9-50). Würzburg: Werkbund-Verlag.

Schelsky, H. (1965). Auf der Suche nach der Wirklichkeit. Gesammelte Aufsätze. Düsseldorf/Köln: Diederichs.

Schenk-Danziger, L. (1980). Möglichkeiten und Grenzen kompensatorischer Erziehung. Wien: Jugend und Volk.

Schiefele, U., Artelt, C., Schneider, W. & Stanat, P. (2004). *Struktur, Entwicklung und Förderung von Lesekompetenz: Vertiefende Analysen im Rahmen von PISA 2000.* Wiesbaden: VS Verlag für Sozialwissenschaften.

Schimpl-Neimanns, B. (2000). Hat die Bildungsexpansion zum Abbau der sozialen Ungleichheit in der Bildungsbeteiligung geführt? Methodische Überlegungen zum Analyseverfahren und Ergebnisse multinominaler Logit-Modelle für den Zeitraum 1950–1989. (Bd. 2). Mannheim: ZUMA.

Schmidt, M. H. (1993). Was trägt das Umfeld zur Entstehung psychischer Störungen bei und wie beeinflußbar ist es? In F. Poustka & G. Lehmkuhl (Hrsg.), *Gefährdung der kindlichen Entwicklung.* (S. 16-26). München: Quintessenz.

Schnabel, K., Asendorpf, J. B. & Ostendorf, F. (2002). Replicable Types and Subtypes of Personality: German NEO-PI-R versus NEO-FFI. *European Journal of Personality*, S. S7-S24.

Schnell, R., Hill, P. B. & Esser, E. (2008). *Methoden der empirischen Sozialforschung.* (8., unveränd.l Aufl.). München [u.a.]: Oldenbourg.

Schroeder, S. (2006). Lehr-Lern-Forschung: Unterrichtsforschung und Instruktionspsychologie. In N. Groeben & B. Hurrelmann (Hrsg.), *Empirische Unterrichtsforschung in der Literatur- und Lesedidaktik.* (S. 177-238). München: Juventa Verlag.

Schultz, T. W. (1961). Investment in Human Capital. *American Economic Review, 51,* S. 203-211.

Schümer, G. (2004). Zur doppelten Benachteiligung von Schülern aus unterprivilegierten Gesellschaftsschichten im deutschen Schulwesen. In Schümer, G., Tillmann, K.-J., Weiß, M. (Hrsg.): *Die Institution Schule und die Lebenswelt der Schüler. Vertiefende Analysen der PISA-2000-Daten zum Kontext von Schülerleistungen* (73-114). VS Verlag für Sozialwissenschaften: Wiesbaden.

Schwanzer, A. D., Trautwein, U., Lüdtke, O. & Sydow, H. (2005). Entwicklung eines Instruments zur Erfassung des Selbstkonzepts junger Erwachsener. *Diagnostica, 51,* S. 183-194.

Schwippert, K., Bos, W. & Lankes, E. (2003). Heterogenität und Chancengleichheit am Ende der vierten Jahrgangsstufe im internationalen Vergleich. In W. Bos, E. Lankes, M. Prenzel, K. Schwippert, G. Walther & R. Valtin (Hrsg.), *Erste Ergebnisse aus IGLU. Schülerleistungen am Ende der vierten Jahrgangsstufe im internationalen Vergleich.* (S. 265-302). Münster/New York/München/Berlin: Waxmann.

Sedlmeier, P. & Renkewitz, F. (2008). *Forschungsmethoden und Statistik in der Psychologie.* München [u.a.]: Pearson Studium.

Shalvelson, R. J., Hübner, J. J. & Stanton, G. C. (1976). Selfconcept: Validation of construct interpretations. *Review of Educational Research, 46,* 407-441.

Sheppard, B. H., Hartwich & J., Warshaw, P. R. (1988): The theory of reasoned action. A meta-analysis of past research with recommendations for modifications and future research. *Journal of Consumer Research 15,* 325-343.

Simmel, G. (2009). *Philosophie des Geldes.* (Nachdr. [der Ausg.] Leipzig, Duncker & Humblot, 1907, 2. Aufl.). Köln: Anaconda.

Smith, M. S. & Bissel, J. S. (1979). Report analysis: the impact of Head Start. *Harvard Educational review, 40,* 51-104.

Snijders, T. & Bosker, R. (1999). Multilevel analysis. An introduction to basic and advanced multilevel modeling. Thousand Oaks, CA: Sage.

Solga, H. (2008). Wie das deutsche Schulsystem Bildungsungleichheiten verursacht. *WZBrief Bildung, 01.*

Sparks, P. & Shepherd, R. (1992): Self-Identity and the theory of planned behavior. Assessing the role of identification with "green consumerism". *Social Psychology Quarterly, 55,* 388-399.

Spellerberg, A. (1996). Soziale Differenzierung durch Lebensstile: Eine empirische Untersuchung zur Lebensqualität in West- und Ostdeutschland. eine empirische Untersuchung zur Lebensqualität in West- und Ostdeutschland. Berlin: Edition Sigma.

Spranger, E. (1914). *Lebensformen.* Halle.

Stanat, P. (2003). Schulleistungen von Jugendlichen mit Migrationshintergrund: Differenzierung despkriptiver Befunde aus PISA und PISA-E. In Deutsches PISA-Konsortium (Hrsg.), *PISA 2000 – Ein differenzierter Blick auf die Länder der Bundesrepublik Deutschland.* Opladen: Leske + Budrich.

Stanat, P. (2008). Heranwachsende mit Migrationshintergrund im deutschen Bildungswesen. In K. S. Cortina, J. Baumert, A. Leschinsky, K. U. Mayer & L. Trommer (Hrsg.), *Das Bildungswesen in der Bundesrepublik Deutschland.* (S. 685-743).

Stanat, P., Artelt, C., Baumert, J., Klieme, E., Neubrand, M., Prenzel, M., Schiefele, U., Schneider, W., Schümer, G., Tillmann, K. & Weiß, M. (2003). PISA und PISA-E: Zusammenfassung der bereits vorliegenden Befunde. In Deutsches PISA-Konsortium (Hrsg.), *PISA 2000. Ein differenzierter Blick auf die Länder der Bundesrepublik Deutschland.* (S. 51-75). Opladen: Leske + Budrich.

Stanton-Salazar, R. D. (2001). *Manufacturing Hope and Despair: The School and Kin Support Networks of U.S.-Mexican Youth.* New York: Teachers College Press.

Statistisches Bundesamt (Hrsg.). (2008). *Bevölkerung mit Migrationshintergrund – Ergebnisse des Mikrozensus 2006 – Fachserie 1 Reihe 2.2 – Bevölkerung und Erwerbstätigkeit.* Wiesbaden: Statistisches Bundesamt.

Stouthamer-Loeber, M., Loeber, R., Farrington, D., Zhang, Q., Van Kammen, W. & Maguin, E. (1993). The double edge of protective and risk factors for delinquincy: Interrelations and developmental patterns. *Development and Psychopathology, 5,* S. 683-701.

Tanner, M. A. & Wong, W. H. (1987). The Calculation of Posterior Distributions by Data Augmentation. *Journal of the American Statistical Association, 82,* S. 528- 540.

Teichmann, H., Meyer-Probst, B. & Roether, D. (1991). *Risikobewältigung in der lebenslangen psychischen Entwicklung.* Berlin: Verlag Gesundheit.

Tiedemann, J. & Billmann-Machecha, E. (2007). Zum Einfluss von Migration und Schulklassenzugehörigkeit auf die Übergangsempfehlung für die Sekundarstufe I. *Zeitschrift für Erziehungswissenschaft, 10,* S. 108-120.

Tillmann, K.-J., Meier, U. (2003). Familienstrukturen, Bildungslaufbahnen und Kompetenzerwerb. In Deutsches PISA-Konsortium (Hrsg.) (2003): *PISA 2000 – Ein differenzierter Blick auf die Länder der Bundesrepublik Deutschland.* (361-392). Opladen: Leske & Budrich.

Tolman, E. C. (1932). *Purposive behavior in animals and men.* Appleton Century Crofts: New York.

Trautwein, U., Köller, O., Lehmann, R. & Lüdtke, O. (2006): *Der Leistungsstand Hamburger Abiturienten: Vertiefende Analyse und ein Benchmark-Vergleich auf Grundlage der Studie Aspekte der Lernausgangslageund der Lernentwicklung – Klassenstufe 13, Hamburg,* unter: http://www.hamburgerbildungsserver.de/index.phtml?site=schule.qualitaet.lau

Trudewind, C. & Wegge, J. (1989). Anregung – Instruktion – Kontrolle. Die verschiedenen Rollen der Eltern als Lehrer. *Unterrichtswissenschaft, 17,* S. 133-155.

Valtin, R., Badel, I., Löffler, I., Meyer-Schepers, U. & Voss, A. (2003). Orthographische Kompetenzen von Schülerinnen und Schülern der vierten Klasse. In Bos, W., Lankes, E.-M., Prenzel, M., Schwippert, K., Walther, G. & Valtin, R. (Hrsg.), *Erste Ergebnisse aus IGLU. Schülerleistungen am Ende der vierten Jahrgangsstufe im internationalen Vergleich* (S. 227-264). Münster/New York/München/Berlin: Waxmann.

Valtin, R., Löffler, I., Meyer-Schepers, U. & Badel, I (2004). Orthographische Kompetenzen von Schülerinnen und Schülern der vierten Klasse im Vergleich der Länder. In Bos, W., Lankes, E.-M., Prenzel, M., Schwippert, K., Walther, G. & Valtin, R. (Hrsg.), *IGLU. Einige Länder der Bundesrepublik Deutschland im nationalen und internationalen Vergleich* (S. 141-164). Münster/New York/München/Berlin: Waxmann.

Van den Putte, B. (1991). 20 Years of the theory of reasoned action of Fishbein and Ajzen: A Meta-Analysis. Promotionsschrift Universität Amsterdam.

Van der Werf, M.P.C. (2005). Leren in het studiehuis: consumeren, construeren ofengageren? Groningen: GION.

Walberg, H. J. (1981). A psychological theory of educational productivity. In F. H. Farley & N. Gordon (Hrsg.), *Psychology and education.* (S. 54-92). Berkeley: McCutchan.

Walberg, H. J. (1986). Synthesis of research on teaching. In M. C. Wittrock (Hrsg.), *Handbook of research on teaching.* (S. 214-229). Washington, DC: American Educational Research Association.

Walberg, H. J. (1990). A theory of educational productivity: fundamental substance and method. In P. Vedder (Hrsg.), *Fundamental studies in educational research.* (S. 19-34). Lisse: Swets & Zeitlinger.

Walberg, H. J. & Uguroglu, M. E. (1983). Motivation and educational productivity: theories, results, and implications. In L. F. Fyans (Hrsg.), *Achievement motivation. Recent trends in theory and research*. (S. 114-134). New York: Plenum.

Waldmann, M. R. (1996). Kognitionspsychologische Theorien von Begabung und Expertise. In F. E. Weinert (Hrsg.), *Psychologie des Lernens und der Instruktion*. (S. 445-476). Göttingen: Hogrefe.

Walter, O. & Taskinen, P. (2007). Kompetenzen und bildungsrelevante Einstellungen von Jugendlichen mit Migrationshintergrund in Deutschland: Ein Vergleich mit ausgewählten OECD-Staaten. In Deutsches PISA-Konsortium (Hrsg.), *PISA 2006 – Die Ergebnisse der dritten internationalen Vergleichsstudie*. (S. 337-367). Münster [u.a.]: Waxmann.

Wang, M. C., Haertel, G. D. & Walberg, H. J. (1993). Toward a Knowledge Base for School Learning. *Review of Educational Research, 63*, S. 249-294.

Watermann, R. & Baumert, J. (2006). Entwicklung eines Strukturmodells zum Zusammenhang zwischen sozialer Herkunft und fachlichen und überfachlichen Kompetenzen: Befunde natioal und international vergleichender Analysen. In J. Baumert, P. Stanat & R. Watermann (Hrsg.), *Herkunftsbedingte Disparitäten im Bildungswesen: Differenzielle Bildungsprozesse und Probleme der Verteilungsgerechtigkeit. Vertiefende Analysen im Rahmen von PISA 2000*. (1. Aufl.). Wiesbaden: VS Verlag für Sozialwissenschaften.

Weber, A. & Potnar, C. (2006). *Sag' mal was – Sprachförderung für Vorschulkinder. Eine Projektdarstellung*. Stuttgart: Landesstiftung Baden-Württemberg.

Weber, M. (1980, orig. 1921). Wirtschaft und Gesellschaft. Grundriss der verstehenden Soziologie. Tübingen.

Weber, M. (Hrsg.) (1972). *Gesammelte Aufsätze zur Religionssoziologie*. (6. Auflage). Tübingen: Mohr Siebeck.

Weiß, R. H. (1998). *Grundintelligenztest CFT 20*. (4. Aufl.). Göttingen: Hogrefe.

Werner, E. E. (1999a). Children of the garden island. In A. Slater & D. Muir (Hrsg.), *The Blackwell reader in developmental psychology*. (S. 482-492). Oxford: Blackwell Publisher.

Werner, E. E. (1999b). Entwicklung zwischen Risiko und Resilienz. In G. Opp, M. Fingerle & A. Freitag (Hrsg.), *Was Kinder stärkt: Erziehung zwischen Risiko und Resilienz*. (S. 25-36). München: Ernst Reinhardt Verlag.

Werner, E. E. (2000). Protective factors and individual resilience. In J. P. Shonkoff & S. J. Meisels (Hrsg.), *Handbook of early childhood intervention*. (S. 115-132). Cambridge: Cambridge University Press.

Werner, E. E. (2001). The Children of Kauai: Pathways from birth to midlife. In R. K. Silbereisen & M. Reitzle (Hrsg.), *„Psychologie 2000". Bericht über den 42. Kongreß der Deutschen Gesellschaft für Psychologie in Jena 2000*. Berlin: Pabst Science Publishers.

Werner, E. E. & Smith, R. S. (1982). *Vulnerable but invincible: A study of resilient children*. New York: McGraw-Hill.

Werner, E. E. & Smith, R. S. (1992). *Overcoming the odds: High risk children from birth to adulthood*. Ihaca: Cornell University Press.

Werner, E. E. & Smith, R. S. (2001). *Journeys from childhood to midlife: risk, resilience, and recovery*. Ihaca: Cornell University Press.

Wigfield, A. & Eccles, J. S. (2000). Expectancy – Value theory of achievement motivation. *Contemporary Educational Psychology, 25*, S. 68-81.

Wild, E., Hofer, M. & Pekrun, R. (2001). Psychologie des Lernens. In A. Krapp & B. Weidenmann (Hrsg.), *Pädagogische Psychologie*. (4. Aufl.). (S. 207-280). Weinheim: Beltz PVU.

Wissenschaftlicher Beirat für Familienfragen (2002). *Die bildungspolitische Bedeutung der Familie – Folgerungen aus der PISA-Studie*. Schriftenreihe des Bundesministeriums für Familie, Senioren und Jugend. Bd. 224. Stuttgart: Kohlhammer.

Wustmann, C. (2005). Resilienz. In Bundesministerium für Bildung und Forschung (BMBF) (Hrsg.), *Auf den Anfang kommt es an: Perspektiven für eine Neuorientierung frühkindlicher Bildung.* (S. 119-189). Bonn, Berlin: Bundesministerium für Bildung und Forschung.

Wustmann, C. (2007). Die Stärken und Entwicklungsprozesse der Kinder be(ob)achten – Eine Botschaft aus der Resilienzforschung. *<undKinder>, 79,* S. 41-43.

Zeanah, C. H., Boris, N. W. & Larrieu, J. (1997). Infant development and developmental risk: A review of the Past 10 Years. *Journal of the American Academy of Child and Adolescent Psychiatry, 36,* S. 165-178.

Zinnecker, J. & Georg, W. (1996). Soziale Interaktionen in der Familie und ihre Wirkung auf Schulleistungen und Schulerfolg des Kindes. *Kindheit in Deutschland. Aktueller Survey über Kinder und ihre Eltern.* (S. 303-314). Weinheim: Juventa Verlag.

11 Abkürzungsverzeichnis

BLK   *Bund-Länder Kommission*
DESI   *Deutsch-Englisch-Schülerleistungen-International*
DIPF   *Deutsches Institut für Internationale Pädagogische Forschung*
EGP   Klassenschema nach *Erikson, Goldthorpe & Portocarero*, 1979
EIKA   *Entwicklung und Implementierung eines neuen Konzeptes zur Eingliede-rung Jugendlicher in die Berufs- und Arbeitswelt in Schulen mit erhöhtem Förderbedarf*
ESCS   *Index of economic, social and cultural status* (Index des wirtschaftlichen, sozialen und kulturellen Status).
FIML   *Full Information Maximum Likelihood*
FÖRMIG   *Förderung von Kindern und Jugendlichen mit Migrationshintergrund*
HISEI   *Highest international socio-economic index* (Höchster internationaler sozi-oökonomischer Index der beruflichen Stellung). Der HISEI entspricht der jeweils höchsten beruflichen Stellung der Mutter oder des Vaters.
IGLU   *Internationale Grundschul-Lese-Untersuchung*
IQB   *Institut zur Qualitätsentwicklung im Bildungswesen* der Humboldt-Universität zu Berlin
ISCED   *Internationale Standardklassifikation des Bildungswesens*
ISCO-88   *International Standard Classification of Occupation* von 1988
ISEI   *international socio-economic index*
LAU   *Aspekte der Lernausgangslage und der Lernentwicklung* (Längsschnittun-tersuchung in Hamburg)
MAR   *Missing At Random*
MCAR   *Missing Completely At Random*
MI   *Multiple Imputation*
ML   *Maximum-Likelihood*
MNAR   *Missing Not At Random*
OECD   *Organisation for Economic Cooperation and Development*
PISA   *Programme of International Student Assessment*
SD   *standard deviation* (Standardabweichung)
SE   *standard error* (Standardfehler)
SES   *socioeconomic status* (sozioökonomischer Status)
SIOPS   *Standard International Occupational Prestige Scale*
TIMMS   *Third International Mathematics and Science Study*

12 Abbildungsverzeichnis

13 Tabellenverzeichnis

14 Anhang

Abbildung 26: Anteil ausländischer Schüler an der Gesamtschülerzahl je Bremer Ortsteil in Prozent

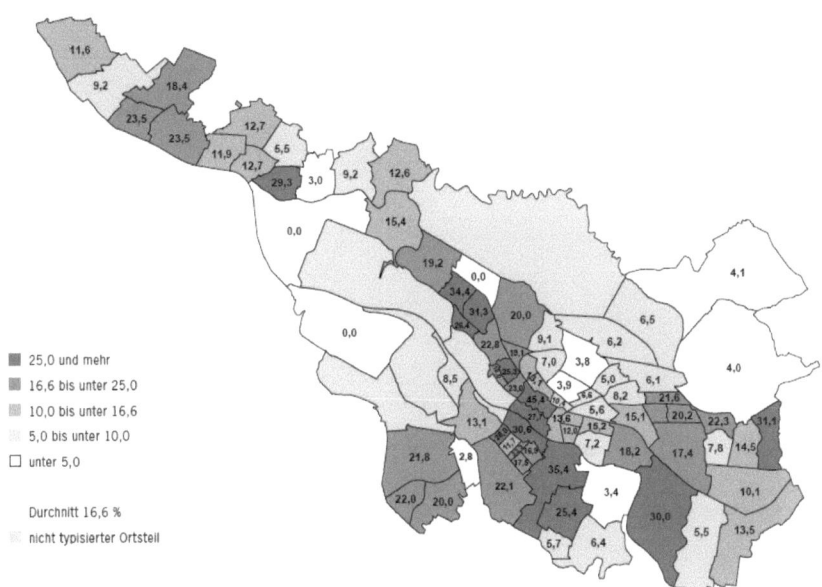

Quelle: Arbeitnehmerkammer Bremen, 2005, S. 35